Avaliação psicológica

Dados Internacionais de Catalogação na Publicação (CIP)
(Câmara Brasileira do Livro, SP, Brasil)

Barroso, Sabrina Martins
   Avaliação psicológica : da teoria às aplicações / Sabrina Martins Barroso, Fabio Scorsolini-Comin, Elizabeth do Nascimento. – Petrópolis, RJ : Vozes, 2015.

5ª reimpressão, 2023.

ISBN 978-85-326-5012-2
1. Avaliação psicológica I. Scorsolini-Comin, Fábio. II. Nascimento, Elizabeth do. III. Título.

15-02802                                    CDD-150.287

Índices para catálogo sistemático:
1. Avaliação psicológica    150.287

Sabrina Martins Barroso
Fabio Scorsolini-Comin
Elizabeth do Nascimento

# Avaliação psicológica

## Da teoria às aplicações

Petrópolis

© 2015, Editora Vozes Ltda.
Rua Frei Luís, 100
25689-900  Petrópolis, RJ
www.vozes.com.br
Brasil

Todos os direitos reservados. Nenhuma parte desta obra poderá ser reproduzida ou transmitida por qualquer forma e/ou quaisquer meios (eletrônico ou mecânico, incluindo fotocópia e gravação) ou arquivada em qualquer sistema ou banco de dados sem permissão escrita da editora.

**CONSELHO EDITORIAL**

**Diretor**
Volney J. Berkenbrock

**Editores**
Aline dos Santos Carneiro
Edrian Josué Pasini
Marilac Loraine Oleniki
Welder Lancieri Marchini

**Conselheiros**
Elói Dionísio Piva
Francisco Morás
Gilberto Gonçalves Garcia
Ludovico Garmus
Teobaldo Heidemann

**Secretário executivo**
Leonardo A.R.T dos Santos

---

*Editoração*: Maria da Conceição B. de Sousa
*Diagramação*: Sheilandre Desenv. Gráfico
*Capa*: Jardim Objeto
*Ilustração de capa*: walls4joy.com

ISBN 978-85-326-5012-2

Este livro foi composto e impresso pela Editora Vozes Ltda.

# Sumário

*Prefácio,* 7

*Apresentação,* 9

Capítulo 1  Documentos normativos e de orientação para a avaliação psicológica, 13
Autoras: Elizabeth do Nascimento e Alina Gomide Vasconcelos

Capítulo 2  Elaboração de documentos escritos com base em avaliação psicológica: cuidados técnicos e éticos, 44
Autora: Maria Cristina Barros Maciel Pellini

Capítulo 3  Avaliação psicológica da personalidade, 58
Autoras: Marcela Mansur-Alves e Renata Saldanha Silva

Capítulo 4  Exemplo de documento técnico: avaliação de um caso de suspeita de TDAH, 92
Autoras: Marcela Mansur-Alves e Renata Saldanha Silva

Capítulo 5  Inteligência Geral e as Altas Habilidades/Superdotação, 103
Autoras: Carmen Elvira Flores-Mendoza Prado e Keith F. Widaman

Capítulo 6  Avaliação dos relacionamentos amorosos na contemporaneidade: o construto percepção dos filhos sobre a conjugalidade dos pais, 154
Autores: Cilio Ziviani, Terezinha Féres-Carneiro, Fabio Scorsolini-Comin e Manoel Antônio dos Santos

Capítulo 7  Avaliação psicológica com propósitos clínicos, 187
Autoras: Blanca Susana Guevara Werlang, Irani Iracema de Lima Argimon e Samantha Dubugras Sá

Capítulo 8 Avaliação psicológica no contexto hospitalar, 217
Autores: Josafá Lima Ramos e Rodrigo Sanches Peres

Capítulo 9 Avaliação neuropsicológica: bases teóricas e aplicações, 237
Autoras: Janice da Rosa Pureza, Hosana Gonçalves, Caroline Cardoso, Nicolle Zimmermann e Rochele Paz Fonseca

Capítulo 10 Avaliação psicológica no contexto prisional: compartilhando saberes e fazeres, 271
Autores: Vilene Eulálio de Magalhães, Rodrigo Ribeiro de Souza e Márcia Campos de Arruda Lamêgo

Capítulo 11 Avaliação psicológica em Orientação Profissional e de Carreira no Brasil: instrumentos disponíveis e evidências empíricas, 305
Autoras: Sonia Regina Pasian, Lucy Leal Melo-Silva e Erika Tiemi Kato Okino

Capítulo 12 Escolhendo uma profissão: um exemplo de processo de orientação profissional, 333
Autora: Sabrina Martins Barroso

Capítulo 13 Avaliação psicológica no contexto do trânsito: práticas, alcances e limites, 350
Autoras: Tatiane Dias Bacelar e Sabrina Martins Barroso

Capítulo 14 Exercícios de apoio para ensino da avaliação psicológica, 378
Autoras: Sabrina Martins Barroso, Marcela Fortunato e Marcela Garrido Reghim

*Os autores*, 395

# *Prefácio*

A área da avaliação psicológica no Brasil vem apresentando franco crescimento nos últimos anos. Desde que o Conselho Federal de Psicologia (CFP) criou a Câmara Interinstitucional de Avaliação Psicológica, em 1997, institui-se uma verdadeira preocupação institucional e de caráter nacional com a área. De lá para cá, muitos foram os avanços e tropeços em busca de um aperfeiçoamento dos instrumentos e dos métodos de avaliação. A avaliação psicológica passou a ser motivo de discussões, encontros, congressos e cursos de educação continuada Brasil afora. Porém, todos sabemos, muito há para ser realizado.

Nesse cenário, a década de 2000 foi marcada por diversas resoluções instituídas pelo CFP como forma de organizar a área. Podemos até chamar esta de a Década das Resoluções, já que doze delas foram estabelecidas entre os anos de 2000 e 2010 (algumas revisando outras anteriores), todas relacionadas à área de avaliação psicológica. Entre elas, a principal, 02/2003, que regulamentou o uso, a elaboração e a comercialização de testes psicológicos.

Então, os pesquisadores da área passaram a ser incentivados a criar ou a adaptar novos testes psicológicos. O país carecia de instrumentos de qualidade (hoje carece de diversidade de instrumentos, penso eu). Houve uma resposta imediata dos pesquisadores, aumentando a tal lista do SATEPSI (Sistema de Avaliação de Testes Psicológicos). Concomitantemente, uma nova postura, mais rigorosa e exigente com os fundamentos da avaliação psicológica, estava tomando conta do país: preocupação com a validade dos processos de avaliação, a validade dos testes e, mesmo, dos psicólogos ao conduzir processos de avaliação. Não precisávamos somente de testes válidos, mas, como digo aos meus alunos, de "psicólogos válidos".

Toda essa movimentação atingiu as salas de aula dos cursos de graduação em Psicologia espalhados pelo país, sendo necessária a adaptação dos professores da área para que pudessem repassar aos alunos essa nova postura e os novos instrumentos. É claro que atingiu, também, psicólogos já formados que precisavam se adequar às novas normas. Para dar conta de tamanha mudança, muitos cursos foram implementados, cursos rápidos em congressos ou cursos de extensão em universidades e centros de formação. O Instituto Brasileiro de Avaliação Psicológica teve um papel fundamental nesse processo, estimulando os pesquisadores e professores para a formação continuada através da organização de congressos e cursos de especialização.

A realidade hoje então é marcada pela necessidade de contínuo aperfeiçoamento. Este livro aponta para essa direção. Seu caráter teórico-prático vem preencher algumas das lacunas deixadas nesse caminho de avanços e tropeços. Escrito tanto por pessoas com vasta experiência na área, que se envolveram com todo esse processo, quanto por psicólogos que se formaram nessa realidade de preocupação e renovação da área, oferece uma visão ampla das possibilidades do uso da avaliação psicológica. Convido vocês, em especial os que querem aprender um pouco mais sobre a área, a um passeio pelas páginas deste livro. Boa leitura!

*Profa.-Dra. Denise Ruschel Bandeira*
Coordenadora do Programa de Pós-graduação em Psicologia
da Universidade Federal do Rio Grande do Sul

# *Apresentação*

Entre as diversas possibilidades de atuação dos profissionais em Psicologia, a avaliação psicológica é a única de caráter exclusivo. Havendo passado ao longo dos anos por momentos de exaltação e descrédito, essa prática vem recebendo nos últimos anos um papel mais condizente com sua importância. O Conselho Federal de Psicologia dedicou o ano temático de 2011 ao debate sobre a avaliação psicológica. O chamado ano da avaliação psicológica teve como objetivo mapear as necessidades para qualificação da área e discutir a adequação das ferramentas aos parâmetros éticos da profissão e aos contextos de utilização. Um dos resultados surgidos dessa profunda discussão foi a constatação da necessidade de uma formação mais sólida em avaliação psicológica, baseada nos preceitos científicos, práticos e éticos da profissão. A busca por essa formação tem sido conduzida de modo mais expressivo pelas entidades e associações relacionadas ao ensino, à pesquisa e à prática da avaliação psicológica no Brasil, mas esbarra na complexidade do tema e na escassez de material que aborde o "fazer" em avaliação psicológica.

O ensino da avaliação psicológica é bastante complexo e perpassa não apenas os questionamentos epistemológicos acerca da área, mas também os protocolos técnicos, as práticas e formas de atuação, os usos e compreensões de suas estratégias, bem como a pesquisa como modo de repensar e aprimorar constantemente o campo. O diálogo interdisciplinar é outra característica a ser destacada, haja vista que a avaliação psicológica é uma prática exclusiva do profissional de Psicologia e que historicamente contribuiu para a inserção desses profissionais em diferentes contextos, como o educacional, prisional, hospitalar, clínico, comunitário, entre outros.

A coletânea *Avaliação psicológica: da teoria às aplicações* busca colaborar no desenvolvimento no ensino e na prática da avaliação psicológica no contexto brasileiro. Sua organização teve como norte alguns dos elementos discutidos nos diversos fóruns e seminários propostos pelo Conselho Federal de Psicologia, entre eles a necessidade de constantes pesquisas na área, bem como de fomentar a formação dos alunos em níveis de graduação e pós-graduação para uma prática comprometida com a ética e com os diversos desdobramentos da avaliação psicológica na compreensão e tratamento do ser humano em diferentes contextos.

O livro propõe-se não apenas a congregar as pesquisas desenvolvidas por docentes, pesquisadores e psicólogos de diferentes instituições, mas sim a estabelecer um diálogo com os profissionais de Psicologia em formação, motivo pelo qual se pretende uma obra com finalidades didáticas. Para atender a essa demanda, cada capítulo apresenta uma parte teórica acerca do contexto no qual a avaliação psicológica será abordada, seguida de uma parte aplicada, na qual são discutidos estudos de casos e exemplos práticos, com ênfase nos limites e nas possibilidades do processo de avaliação.

O livro reúne profissionais de diferentes instituições públicas e privadas, como: as Universidades Federais de Minas Gerais, do Triângulo Mineiro, de Uberlândia, do Rio de Janeiro, Universidade de São Paulo, das Pontifícias Universidades Católicas do Rio de Janeiro, Rio Grande do Sul e de Minas Gerais, do Centro Universitário UMA, Faculdade Ciências da Vida, Secretaria de Estado da Defesa Social de Minas Gerais, Faculdade de Estudos Administrativos de Minas Gerais, Escola Superior de Negócios de Belo Horizonte e Fundação de Hematologia e Hemoterapia do Amazonas. A maior parte dos autores está diretamente envolvida com o ensino, a atuação prática e a pesquisa. Assim, mostra-se não apenas a diversidade das instituições, mas também as redes de pesquisas construídas em todo o Brasil e que possuem como interesse primário o desenvolvimento do campo da avaliação psicológica.

O livro inicia-se discutindo os documentos normativos para a avaliação psicológica e exemplifica como construir um dos principais documentos, o laudo psicológico. Prossegue discutindo temas caros à área, tais como personalidade, inteligência e conjugalidade, apresentando na sequência diferentes áreas de atuação profissional em que o processo avaliativo está inserido, a saber: contexto clínico, hospitalar, neuropsicológico, prisional, de orientação profissional e no trânsito. Além disso, considerando seu caráter assumidamente didático, há um capítulo dedicado a exercícios que podem ser incorporados à prática docente.

A partir da diversidade de aplicações e reflexões sobre a avaliação psicológica, consideramos que a presente obra atende aos desafios deflagrados na área e contribui para o ensino, a pesquisa e a atuação neste importante campo da Psicologia. Agradecemos aos autores envolvidos na coletânea e desejamos a todos uma leitura proveitosa desse material.

*Sabrina Martins Barroso*
*Fabio Scorsolini-Comin*
*Elizabeth do Nascimento*

*Capítulo 1*
# Documentos normativos e de orientação para a avaliação psicológica

*Elizabeth do Nascimento*
*Alina Gomide Vasconcelos*

## Introdução

Podemos localizar ao longo da história da Psicologia, em âmbito internacional e brasileiro, inúmeros esforços empreendidos com o intuito de promover a condução de avaliações psicológicas que sejam adequadas do ponto de vista ético, técnico e científico. Dentre os produtos desses esforços estão a formulação de documentos referendados por associações acadêmicas e profissionais de Psicologia e de Educação. Mas antes de abordarmos diretamente alguns desses documentos, podemos indagar: Por que elaborar documentos normativos em avaliação psicológica (AP)? As principais razões são de natureza ética: garantir o bem-estar das pessoas envolvidas e a realização de uma atividade de forma competente e de qualidade. Mas por qual motivo é preciso reforçar e normatizar uma atividade que parte de dois princípios éticos que são claros e básicos em todo exercício profissional? As respostas podem ser muitas, mas certamente a primeira delas a se considerar é o desconhecimento dos muitos aspectos envolvidos na realização de uma atividade técnico-científica como é o caso da avaliação psicológica. O processo de formação em uma área de conhecimento específica exige que as dimensões técnicas e científicas sustentem tais princípios éticos porque são elas que geram informações a serem assimiladas pelo profissional por meio da capacitação, do treinamento supervisionado e da prática. Portanto, espera-se que determinadas habilidades e competências sejam desenvolvidas e aperfeiçoadas ao longo do tempo.

Dentre os importantes documentos normativos sobre a AP citaremos alguns deles com as respectivas fontes de acesso para que o leitor interessado possa conhecê-los. Em seguida, daremos destaque a documentos normativos brasileiros que são propriamente resoluções do Conselho Federal de Psicologia (CFP) e a documentos internacionais produzidos pela *International Testing Comission* (ITC) e pela *American Psychological Association*. O nosso propósito no presente capítulo é contextualizar e sumariar de forma analítica essas fontes e não apresentá-las na íntegra. Ao final do capítulo apresentaremos uma proposta prática para avaliação da qualidade de um teste psicológico, conforme diretrizes presentes nos documentos aqui contemplados.

## Documentos normativos e fontes de acesso

Uma primeira consideração a se fazer sobre os documentos internacionais e brasileiros listados a seguir é que podemos situá-los em duas categorias: guias/diretrizes e resoluções. Os documentos internacionais podem ser considerados guias, ou seja, possuem um caráter de orientação e não de obrigatoriedade. Já os documentos produzidos nacionalmente abrangem as duas categorias, ou seja, dispomos de resoluções emitidas pelo CFP e também de guias de orientação, tais como, os documentos publicados pelo Instituto Brasileiro de Avaliação Psicológica (IBAP) e pela Associação Brasileira de Rorschach e Métodos Projetivos (ASBRo).

## Entidades e documentos internacionais

A necessidade de documentos internacionais para orientar o uso adequado dos testes psicológicos e educacionais ocorre ao se considerar que os países diferem amplamente em relação ao grau de controle legal que exercem sobre a compra, o uso dos testes e as consequências dos resultados obtidos para as pessoas avaliadas (ITC, 2010). Nesse contexto, pretende-se que, ao existir orientações internacionalmente aceitas, estas possam auxiliar as associações de cada país a desenvolver diretrizes locais próprias. No âmbito internacional, duas entidades envolvidas com as questões da avaliação psicológica podem ser destacadas, a saber, a *International Test Commission* ([ITC] – Comissão Internacional de Testes) e *American Psychological Association* ([APA] – Associação Americana de Psicologia).

Os guias produzidos por essas entidades ganharam ampla aceitação internacional e representam esforços no sentido de estabelecer referências técnicas e éticas para atuação na área da testagem psicológica e educacional. Logo, são uma fonte de consulta dos elementos essenciais para a prática da avaliação psicológica dos profissionais e pesquisadores brasileiros, bem como para o desenvolvimento de documentos nacionais. A seguir, é feita uma breve apresentação dessas entidades e os documentos de orientação produzidos pelas mesmas.

### International Test Commission (ITC) e *os guias de orientações aos usuários dos testes psicológicos e educacionais*

A ITC (Comissão Internacional de Testes) é uma associação internacional comprometida com o uso adequado dos testes psicológicos estabelecida desde a década de 1970. Seu objetivo principal é facilitar o intercâmbio de informações entre seus membros no intuito de estimular a cooperação internacional em projetos na área de avaliação psicológica e educacional relevantes do ponto de vista científico e ético.

Atualmente, a entidade é composta por 800 membros de diferentes nacionalidades. Qualquer psicólogo que tenha interesse em testes educacionais e psicológicos pode se tornar um membro da ITC. É preciso apenas observar que há outras duas categorias exclusivas de afiliação à entidade para grupos de psicólogos que possuem grau de representatividade em nível nacional ou estão envolvidos com o desenvolvimento de trabalhos de construção de novos testes. Para maiores detalhes sobre a afiliação, pode-se consultar o endereço eletrônico: http://www.intestcom.org/Membership/Membership+Categories.php.

Todas as publicações desta entidade podem ser acessadas livremente no endereço eletrônico http://www.intestcom.org/ e estão sob a forma de guias, textos didáticos e boletins informativos. A seguir, serão apresentados a periodicidade e o conteúdo que o leitor poderá encontrar em cada uma delas. Os guias de orientações aos usuários dos testes psicológicos e educacionais possuem como intuito fornecer recomendações sobre quatro importantes aspectos da testagem:

*1) Guidelines on Test Use* (Orientações para o Uso dos Testes; ITC, 2000): Foi proposto no intuito de delimitar as competências e os conhecimentos necessários aos usuários dos testes em termos de padrões éticos e profissionais. Dentre os padrões éticos, são recomendados que o profissional respeite os limites de uma atuação que garanta o uso competente dos testes, responsabilidade quanto à segurança do material utilizado em uma avaliação psicológica como a confidencialidade dos resultados.

Em relação às práticas profissionais recomendadas, enfatiza-se a responsabilidade técnica do usuário quanto à seleção dos testes mais adequados para as características do examinando e situação de avaliação. Deve-se observar que os testes devem apresentar evidências mínimas de validade e precisão, bem como normas de interpretação compatíveis com o perfil do examinando. Além disso, também é responsabilidade técnica do usuário estar atento a todas as etapas da avaliação psicológica. Ele deve apresentar competências e habilidades que incluem desde o estabelecimento do *rapport* adequado com o examinando como também a capacitação teórica e técnica para administrar, corrigir, analisar e interpretar os resultados dos testes. Todo psicólogo deve apresentar formação e domínio técnico do teste que escolher utilizar, caso contrário, pode comprometer a utilidade dos resultados. Há orientações também sobre a comunicação dos resultados obtidos ao indivíduo e aos demais envolvidos, quando for apropriado (em casos, p. ex., se solicitação de avaliação psicológica pelo médico, por professores). Em geral, a comunicação dos resultados deve ocorrer nas modalidades oral e escrita e ser pautada na clareza tendo em vista o nível técnico e linguístico do interlocutor. Ademais, recomenda-se que ela aconteça em uma sessão de entrevista devolutiva. Há uma versão em português brasileiro desse documento publicada sob a responsabilidade do IBAP que pode ser acessada por meio do endereço: http://www.ibapnet.org.br/docs/DiretrizesITC.PDF

*2) Guidelines on Translating and Adapting Tests* (Orientações para a Tradução e Adaptação de Testes; ITC, 2010): Fornece orientações detalhadas sobre as etapas de adaptação de testes para um novo contexto e destaca a relevância de se considerar os aspectos linguísticos e culturais nesse processo. O processo de adaptação de um teste tem como objetivo alcançar uma versão do instrumento com estímulos e características psicométricas semelhantes ao original para que possa produzir resultados comparáveis. Logo, é preciso reconhecer a necessidade de desenvolver estudos de adaptação linguística e cultural que não se limitem apenas à tradução dos estímulos dos testes verbais. É preciso que haja um trabalho que identifique a compatibilidade dos estímulos verbais e não verbais das versões original e adaptada como também de todo o material necessário para administração e interpretação dos escores. Estes cuidados pretendem evitar viés cultural nos resultados obtidos. Atualmente há uma equipe designada pela ITC responsável pela atualização deste guia e uma nova versão estava prevista para 2013.

*3) Guidelines on Computer-Based and Internet-delivered Testing* (Orientações para Testes Computadorizados e via internet; ITC, 2005): Apresenta um conjunto de recomendações específicas sobre o uso de testes computadorizados. Essa preocupação surgiu diante do aumento da demanda de testes para serem utilizados via meio eletrônico. Um exemplo dessa situação é a necessidade de profissionais das áreas da Psicologia Organizacional e do Trabalho e Psicologia Educacional de selecionar candidatos de um país para instituições com sedes localizadas em outros países. Diante desse contexto, várias orientações foram destacadas além daquelas já enfatizadas sobre a importância da competência ética e técnica do profissional que inclui a avaliação da qualidade psicométrica dos testes e o domínio técnico das etapas de administração, correção e interpretação dos resultados.

Primeiramente, destaca-se que o psicólogo deve estar atento às exigências técnicas relacionadas ao hardware e software, tais como, a qualidade do material que inclui resolução adequada do monitor ou telas do computador, uso de *layout* e cores que diferenciam as instruções e itens, entre outros. Ademais, o psicólogo deve apresentar familiaridade com os procedimentos de apresentação dos itens para prontamente agir quando ocorrer falhas técnicas durante a aplicação do teste e solucionar dúvidas dos examinandos. Finalmente, deve garantir a segurança dos instrumentos quanto à privacidade e confidencialidade dos resultados guardados eletronicamente impossibilitando que sejam divulgados em meio eletrônico.

*4) Guidelines on Quality Control in Scoring, Test Analysis and Reporting of Test Scores* (Orientações para o Controle de Qualidade na Pontuação, Análise e Interpretação dos Resultados dos Testes; ITC, 2012): Composto por orientações práticas gerais para garantir a eficácia, precisão e qualidade relacionadas à pontuação, correção e interpretação dos escores dos testes. Ou seja, as recomendações visam alertar para possíveis erros, como, por exemplo, dificuldades que podem acontecer devido ao uso incorreto do crivo de correção, ao somatório dos escores dos itens, como também na transformação dos escores brutos em escores padronizados. Erros podem acarretar processos legais e perda da credibilidade nos testes. Além disso, podem trazer consequências relevantes para o examinando, uma vez que, os resultados de uma avaliação são utilizados como fontes de informação para a tomada de decisões em diferentes contextos, como, por exemplo, sobre contratações, admissão em instituições escolares, escolha profissional, prognósticos e intervenções de profissionais de saúde. Recomenda-se que o profissional seja treinado adequadamente para utilizar qualquer técnica e, quando possível que dois profissionais pontuem independentemente os resultados de um mesmo indivíduo para que sejam comparados. Sugere-se que as informações da avaliação psicológica sejam guardadas por um período de tempo de acordo com as leis locais.

Além da publicação dos guias de orientações aos usuários dos testes psicológicos e educacionais, no endereço eletrônico da ITC é possível acessar textos didáticos sob a denominação de *On-line Readings in Testing and Assessment* ([ORTA] – Textos online[1] sobre Testagem e Avalia-

---

1. A expressão "on-line" caracteriza a informação disponível para acesso imediato via computador (Houaiss, 2009).

ção) de autoria de especialistas na área. Dentre os assuntos discutidos, o leitor pode encontrar textos sobre a teoria clássica dos testes, definição dos princípios psicométricos relevantes para o desenvolvimento, validação e normatização dos testes, bem como sobre as características individuais classicamente estudadas pela Psicologia (inteligência, personalidade e interesses). Houve a preocupação de desenvolver textos com uma linguagem apropriada/de fácil entendimento. Além disso, há textos disponíveis a respeito do uso dos testes em contextos específicos, tais como, educacional, ocupacional e clínico. Na área educacional, por exemplo, discute-se a testagem e avaliação de crianças e adolescentes. Já sobre questões no contexto ocupacional, apresentam-se as especificidades sobre a testagem situacional, os centros de avaliação, a contribuição dos testes de integridade e, finalmente, a testagem no ambiente militar. Há também um texto sobre as implicações sociais e éticas do uso dos testes. Deixa-se o convite para o leitor acessar o endereço eletrônico (http://www.intestcom.org/Publications/ORTA.php) e selecionar textos sobre assuntos do seu interesse. Há um esforço para que o conteúdo da ORTA seja atualizado semestralmente, por isso, sempre há novidades.

No mesmo endereço, o leitor também pode acessar boletins informativos semestrais nomeados de *The ITC Newsletter* (Boletins informativos da ITC) nos quais são veiculadas comunicações breves a respeito de temas e resultados de estudos recentes na área de Avaliação Psicológica desenvolvidos por pesquisadores de diversos países. Por exemplo, no boletim informativo publicado em dezembro de 2012, foi apresentada a nova diretoria do ITC como também um resumo dos temas apresentados na XVIII Conferência do ITC que aconteceu em Amsterdam em 2012. O intuito da Conferência foi divulgar assuntos em pauta sobre a avaliação psicológica, tais como, a avaliação educacional na entrada no Ensino Médio, possíveis impactos de se avaliar as pessoas em um idioma diferente do seu idioma materno, entre outros assuntos.

## American Psychological Association e Standards for Educational and Psychological Testing (*Padrões de Testagem educacional e psicológica*)

Outra entidade do contexto internacional com ações relevantes no âmbito da avaliação psicológica é a *American Psychological Association*

(APA – Associação Americana de Psicologia). A APA é uma entidade norte-americana com aproximadamente 134.000 associados entre pesquisadores, educadores, clínicos e estudantes. Possui como missão desenvolver, comunicar e aplicar o conhecimento psicológico em benefício da sociedade nas várias de atuação da Psicologia (APA, 2013). Especificamente, na área da Avaliação Psicológica, em 1999, a APA conjuntamente com a *American Educational Research Association* ([AERA] – Associação Americana de Pesquisa em Educação) e a *National Council on Measurement in Education* ([NCME] – Conselho Nacional de Mensurações em Educação) publicaram uma versão atualizada dos *Standards for Educational and Psychological Testing* (Padrões de Testagem Educacional e Psicológica).

Os Padrões de Testagem Educacional e Psicológica são fontes de critérios técnicos para o desenvolvimento, avaliação da qualidade e uso adequado dos escores dos testes utilizados no âmbito da Psicologia e da educação. Seu conteúdo encontra-se dividido em três partes. Na primeira parte do volume, explicita-se que a qualidade de um teste deve atender aos parâmetros de validade, precisão e apresentar procedimentos padronizados para aplicação, correção e interpretação dos escores para um contexto específico (AERA, APA, NCME, 1999). Enfatiza-se que as evidências de validade e precisão não são propriedades estáveis de um teste e sim características dos seus escores que podem variar de acordo com a amostra utilizada como referência. Nesse sentido, os estudos psicométricos se fazem sempre necessários no intuito de corroborar a utilidade e interpretação esperada dos escores em uma amostra específica.

Na segunda parte do volume, há recomendações sobre os direitos e responsabilidades dos envolvidos no processo de testagem (autores, editoras, usuários, examinadores e testandos). Há também a discussão de tendências atuais que afetam as evidências de validade, entre elas, o impacto e o cuidado ao se utilizar instrumentos em indivíduos que apresentam deficiências e em pessoas oriundas de populações de diferentes origens linguísticas. Finalmente, na terceira parte do volume, discute-se a aplicação de testes em contextos específicos, tais como, na testagem psicológica clínica, educacional, na seleção de pessoas e nas políticas públicas. Por exemplo, na seleção de pessoas orienta-se que sejam avaliadas características psicológicas que apresentem uma associação relevante com o desempenho futuro no cargo em questão a fim de oferecer informações úteis para decidir sobre qual indivíduo deve ser selecionado. Já no contexto clínico, a testagem possui como objetivo oferecer uma compreensão ampla do examinando, seja para fins terapêuticos ou diagnósticos.

Para ter acesso a uma cópia dos *Standards*, o leitor deverá acessar o seguinte endereço eletrônico: http://www.aera.net/ Estava prevista para 2013 uma publicação atualizada da versão de 1999.

## Entidades e documentos nacionais

*Conselho Federal de Psicologia e resoluções relacionadas à avaliação psicológica*

Os documentos brasileiros mais importantes na atualidade são as resoluções publicadas pelo Conselho Federal de Psicologia (CFP) regulamentado em 1977. Estes documentos, além de orientar a prática profissional, possuem o papel de fiscalizar e disciplinar, prevendo a aplicação de sanções mediante o não cumprimento de condutas específicas na prática da avaliação psicológica. Uma consideração a se fazer é que as resoluções do CFP, principalmente, a que versa sobre os testes psicológicos, foi pautada em grande medida nos documentos internacionais aqui listados. Para obter as Resoluções do CFP, o leitor deverá acessar o seguinte endereço eletrônico: http://site.cfp.org.br/legislacao/resolucoes-do-cfp Neste endereço, estão listadas as resoluções, sendo que as abordadas no presente capítulo poderão ser localizadas ao preencher os campos no lado esquerdo da página do endereço eletrônico citado.

No ano 2000, ocorreu o I Fórum Nacional de Avaliação Psicológica, ocasião em que as demandas relativas ao uso dos testes psicológicos foram amplamente discutidas, sistematizadas e documentadas. Em seguida, o IV Congresso Nacional de Psicologia apresentou várias propostas acerca do tratamento a ser dispensado aos testes psicológicos. A partir de então, em razão da necessidade de aprimorar os instrumentos e procedimentos técnicos de trabalho dos psicólogos, para que fosse garantida a qualidade técnica e ética dos métodos e técnicas utilizados na avaliação psicológica, foi encaminhada ao CFP a demanda de elaboração de Resoluções diretamente relacionadas à avaliação psicológica. Nesse contexto, três resoluções serão destacadas, sendo elas: CFP n. 030/2001, CFP n. 001/2002, CFP n. 002/2003. Essas resoluções sofreram alterações ao longo do tempo, o que acarretou em publicação de versões atualizadas de cada uma delas.

**1) Resolução CFP n. 012/2000 – Institui o manual para avaliação psicológica de candidatos à Carteira Nacional de Habilitação e condutores de veículos automotores**

Até o ano de 2000, o psicólogo brasileiro não dispunha de uma orientação técnica formalmente estabelecida para a realização da avaliação psicológica de candidatos à Carteira Nacional de Habilitação (CNH). Nesta data, tendo em vista as novas exigências do Código de Trânsito Brasileiro e as demandas apresentadas pelo grupo de trabalho denominado Câmara Interinstitucional de Avaliação Psicológica, o CFP instituiu a resolução n. 012/2000. O objetivo geral desta resolução foi estabelecer princípios norteadores para embasar tecnicamente a avaliação psicológica de candidatos à CNH e condutores de veículos automotores.

*Sumário analítico*

A resolução CFP n. 012/2000 foi formulada no intuito de delimitar os princípios técnicos e éticos que o psicólogo deve observar ao realizar uma avaliação psicológica de candidatos à CNH. Na resolução, é possível esclarecer o conceito de avaliação psicológica que é convergente com aquele atualizado na resolução CFP n. 030/2001. Ademais, apresentam-se as características psicológicas do candidato à CNH, os possíveis instrumentos a serem utilizados para o psicólogo fundamentar sua avaliação (entrevistas, testes e observação) e a relevância de considerar as orientações previstas nos respectivos manuais para aplicação e interpretação dos resultados.

Em 2002, este documento foi revogado pela resolução CFP n. 07/2009 devido principalmente às mudanças realizadas nas resoluções do Conselho Nacional de Trânsito (CONTRAN) que tiveram um efeito no trabalho do psicólogo nessa área. Dentre as atualizações propostas, as habilidades mínimas esperadas do candidato à CNH foram apresentadas, sendo elas: 1) Capacidade de tomada de informação que abrange habilidades como atenção, detecção, discriminação e identificação de sinais específicos no ambiente do trânsito; 2) Processamento de informação e tomada de decisão que incluem capacidade de resolver problemas novos, memória e orientação espacial; 3) Comportamentos adequados às situações de trânsito, tais como, tempo de reação, coordenação viso e audioespacial, entre outros; 4) Traços de personalidade relacionados ao controle emocional, ansiedade, impulsividade e agressividade.

No documento, são feitas considerações sobre os recursos avaliativos que podem ser utilizados para investigar as características psicológicas do candidato à obtenção da habilitação, sendo elas: testes psicológicos, entrevista e observações comportamentais como também outras técnicas reconhecidas como válidas pela Psicologia. Sobre o uso dos testes, enfatiza-se atenção e a necessidade de seguir rigorosamente os aspectos de padronização da aplicação, correção e interpretação explicitados no manual de cada instrumento. Ademais, recomenda-se que os resultados obtidos sejam interpretados preferencialmente de forma conjunta com informações obtidas por meio de outros recursos avaliativos. Já em relação à entrevista psicológica, esta é obrigatória e individual neste contexto de avaliação psicológica. Ressalta-se que o profissional deve estar atento ao seu uso em caráter inicial para verificar as condições psicológicas e físicas do candidato como também para estabelecer as condições adequadas de *rapport*. No anexo à resolução, o psicólogo tem acesso a uma sugestão de um roteiro de entrevista psicológica que pode ser utilizado nesse contexto.

Finalmente, há recomendações sobre as informações que devem constar no laudo com ênfase na conclusão. As informações advindas de diferentes formas avaliativas devem ser integradas para que o psicólogo fundamente sua decisão. De acordo com a resolução, a partir da avaliação psicológica realizada é possível obter três resultados de classificação do desempenho do candidato à CNH sendo eles: apto, inapto temporário e inapto. O leitor deve realizar a leitura da resolução para conhecer os critérios que devem ser preenchidos para classificar adequadamente o resultado do examinando.

Esta resolução foi alterada pela resolução CFP n. 009/2011, na qual se propôs alterações na redação do Anexo II. Este documento trata da recomendação de que o profissional sempre esteja atento aos aspectos psicométricos de validade, normas nacionais específicas e continuamente atualizadas por estudos nacionais referentes aos instrumentos psicológicos utilizados no contexto do trânsito. Enfatiza-se, ainda, a necessidade de que investigações sejam desenvolvidas a fim de explicitar a capacidade de predição dos escores de instrumentos utilizados na avaliação do candidato à CNH em relação a um fenômeno relevante no contexto do trânsito, tais como, acidentes, respeito às leis, entre outros.

**2) Resolução CFP n. 030/2001 – Manual de Elaboração de Documentos Escritos produzidos pelo psicólogo, decorrentes de avaliação psicológica**

Até o ano de 2000, o psicólogo brasileiro não dispunha de uma orientação técnica formalmente estabelecida para produzir documentos escritos decorrentes da avaliação psicológica. Tendo em vista as discussões realizadas durante o I Fórum Nacional de Avaliação Psicológica, o CFP instituiu a resolução n. 30/2001 tendo em vista estabelecer os princípios norteadores para a confecção de documentos escritos.

*Sumário analítico*

A resolução CFP n. 030/2001 foi formulada no intuito de delimitar os princípios técnicos e éticos que o psicólogo deve observar ao elaborar uma comunicação escrita. Nesse sentido, deve-se estar atento à qualidade da linguagem escrita e dos princípios estabelecidos no Código de Ética Profissional na elaboração de documentos (CFP, 2005). É importante registrar que esta resolução já foi submetida a duas atualizações gerando as respectivas versões nos anos de 2002 (CFP n. 17/2002) e 2003 (CFP n. 007/2003) que atualmente está em vigor. A última versão confirma as recomendações gerais e traz mudanças estruturais específicas na forma de redação e modelos dos documentos escritos para servirem de guia prático para o profissional.

Nessa resolução, são descritas a estrutura geral e as principais diferenças entre as quatro modalidades de documentos escritos que podem ser produzidos pelo psicólogo, a saber, atestado, declaração, parecer e laudo psicológicos. Dentre estes documentos, o parecer e o laudo são utilizados para comunicar os resultados de uma avaliação psicológica.

O laudo ou relatório psicológico é um documento em que são descritas detalhadamente as informações acerca da situação de avaliação psicológica de maneira completa (CFP, 2003; Cunha, 2000). Por isso, sua estrutura é mais complexa do que aquela observada nos outros tipos de documentos. De acordo com a resolução citada, este documento é composto inicialmente pelos dados de identificação do autor, do interessado e pela descrição da demanda; a seguir, sugere-se apresentar os procedimentos que incluem as técnicas e instrumentos escolhidos pelo psicólogo para investigar as características psicológicas relevantes para responder à situação-problema; ademais, é nesse tópico do documento em que se realiza a integração dos dados coletados, das observações comportamentais e com a fundamentação teórica pertinente. Finalmente, destaca-se que o psicólogo deve apresentar a conclusão gerada a partir dos dados de modo a estabelecer hipóteses explicativas sobre o problema avaliado e, se for oportuno, fazer encaminhamentos e recomendações (CFP, 2003; Cunha, 2000; Guzzo & Pasquali, 2001).

Já o parecer é definido como um documento que apresenta uma resposta pontual sobre uma questão específica fundamentada no conhecimento psicológico e na ética profissional (CFP, 2003; Cunha, 2000). Sua estrutura é condensada em quatro pontos: identificação do parecerista e do autor da solicitação, descrição da questão problema, análise minuciosa e teoricamente fundamentada das variáveis envolvidas e, finalmente, conclusão em que se explicita o posicionamento final do parecerista (CFP, 2003). É importante ressaltar que o parecer pode ser utilizado fora do âmbito da avaliação psicológica, tais como, nos casos em que o psicólogo é convocado a se posicionar frente a questões propostas na interface com outras áreas profissionais e de interesse público. É interessante enfatizar que, em qualquer modalidade de documento escrito, sugere-se que o psicólogo opte por uma linguagem adequada ao nível cultural e cognitivo do destinatário (Cunha, 2000; Guzzo & Pasquali, 2001) e forneça informações sobre o local, data em que foi elaborado, assinatura e número de registro no Conselho Regional de Psicologia ao final do documento.

Nota-se que há uma carência de manuscritos disponíveis que ensinem a redação destes documentos escritos. Além da resolução específica do CFP, é possível citar alguns autores que fornecem orientações práticas sobre a redação de laudos, entre eles, Silva e Alchieri (2011), Cruz, Alchieri e Sardá (2002), Guzzo e Pasquali (2001) e Cunha (2000). Dentre as orientações está a que recomenda que o psicólogo evite estabelecer conclusões fundamentadas em juízo de valor e aspectos religiosos e preconceituosos (Cruz, Alchieri & Sardá, 2002; Wechsler, 2001). Além disso, reitera-se que o conteúdo do laudo deva oferecer uma visão dinâmica e integrada dos resultados do indivíduo nos diferentes instrumentos e técnicas aos quais foi submetido (Guzzo & Pasquali, 2001). Enfatiza-se também que o psicólogo inclua recomendações específicas para as dificuldades observadas sob a forma de encaminhamento para outros profissionais (Wechsler, 2001). Do ponto de vista ético, Cunha (2000) ressalta a importância de se considerar a identidade daquele que receberá a comunicação dos resultados da avaliação. Por exemplo, pode haver casos que os resultados devem ser repassados aos responsáveis pela criança ou a juízes, a outros profissionais da saúde e até mesmo à empresa contratante. Por isso, é importante distinguir quem será o receptor do documento para preservar a comunicação das informações necessárias sobre o indivíduo avaliado. Poderão ocorrer casos em que diferentes tipos de comunicação serão necessários para cada tipo de receptor. Ao neurologista pode ser importante informações que auxiliem na formulação da hipótese diagnóstica, ao psicoterapeuta interessa o entendimento dinâmico do caso, e à escola como manejar o problema no âmbito escolar de modo a minimizar a influência sobre o aprendizado (Cunha, 2000).

### 3) Resolução CFP n. 001/2002: Avaliação psicológica em concursos públicos

No contexto do I Fórum Nacional de Avaliação Psicológica foi também problematizada a ocorrência de grande número de recursos judiciais contra os resultados da avaliação psicológica em concursos públicos e processos seletivos. Uma hipótese levantada para explicar parcialmente esta situação foi a falta de conhecimento por parte dos psicólogos sobre questões legais e da jurisprudência nesse contexto. Nesse sentido, dentre outras propostas, recomendou-se que o CFP normatizasse as condições e os critérios mínimos para a realização do processo de avaliação psicológica em concursos públicos, o que culminou na resolução 001/2002.

*Sumário analítico*

A resolução CFP n. 001/2002 foi proposta com o objetivo de orientar psicólogos e as pessoas jurídicas envolvidas a respeito da avaliação psicológica realizada em concursos públicos e processos seletivos. Além da orientação sobre o uso de técnicas que possuam qualidades psicométricas adequadas (validade, precisão, padronização e normatização), orienta-se que os critérios de indicação baseados na avaliação psicológica sejam pautados no perfil profissiográfico das características psicológicas favoráveis ao desempenho adequado no cargo pretendido sendo que os mesmos devem ser apresentados no edital. Ademais, há orientações sobre a publicação dos resultados por meio da apresentação dos nomes dos candidatos indicados e sobre os direitos e deveres do candidato no processo de recurso à instância competente. Todos os candidatos podem conhecer o resultado da avaliação em uma entrevista de devolução. No caso de candidatos não indicados, eles podem ser acompanhados ou representados por um psicólogo que, após avaliar os testes, poderá apresentar recurso à instância superior.

**4) Resolução CFP n. 002/2003 – Define e regulamenta o uso, a elaboração e a comercialização de testes psicológicos e revoga a resolução CFP n. 025/2001**

Após o IV Congresso Nacional de Psicologia, o CFP formou, no ano de 2002, a Comissão Consultiva em Avaliação Psicológica regulamentada pela resolução CFP n. 002/2003, com o intuito de apreciar a qualidade dos testes psicológicos desenvolvidos e comercializados no território nacional. Esta resolução revogou a anterior (resolução CFP n. 025/2001), pois seu conteúdo abarcou não apenas a necessidade de aprimorar os instrumentos e procedimentos dos testes psicológicos como também a relevância em se construir um sistema contínuo de avaliação dos mesmos e em divulgar os requisitos mínimos obrigatórios para os instrumentos de avaliação psicológica em seu Anexo I.

Este movimento desencadeou também a criação do Sistema de Avaliação dos Testes Psicológicos (SATEPSI) que consiste em um sistema de certificação de instrumentos de avaliação psicológica para uso profissional. Desde então, os manuais dos testes comercializados no território nacional são submetidos a uma avaliação da Comissão Consultiva de Avaliação Psicológica (CCAP) formada por especialistas na área cuja função é elaborar parecer a partir da análise das qualidades psicométricas mínimas exigidas de um teste psicológico. Este parecer é encaminhado para julgamento em Plenária do CFP que emite a recomendação final. Desde então, testes desenvolvidos no Brasil ou adaptações de instrumentos estrangeiros passaram a ser submetidos a esse sistema, conforme as regras estabelecidas pela resolução.

*Sumário analítico*

A resolução CFP n. 002/2003 foi uma resposta do CFP a uma demanda da categoria profissional e da própria sociedade que poderia ser prejudicada pelo uso indevido das técnicas psicológicas. Foi formulada com a finalidade de definir o que é um teste psicológico e regulamentar a elaboração, uso e a comercialização de instrumentos psicológicos no Brasil. De acordo com esta resolução, os testes psicológicos devem possuir requisitos mínimos para serem reconhecidos como tais e possam ser utilizados pelos profissionais da Psicologia. Dentre estes aspectos, devem apresentar fundamentação teórica, evidências empíricas de validade e precisão e um sistema padronizado de aplicação, correção e interpretação dos escores. Finalmente, dispõe que será considerada falta ética, a utilização de testes psicológicos que não constam na relação de testes com parecer favorável pelo CFP, exceto nos casos de pesquisa. Essa resolução dispõe de um anexo intitulado "Anexo 1 – Critérios de Avaliação da Qualidade de Testes Psicológicos", que é utilizado por parecerista *ad hoc* para analisar o instrumento psicológico encaminhado ao CFP. Trata-se de um formulário estruturado em três partes: a) descrição geral do teste; b) requisitos técnicos; e c) consideração e análise dos requisitos mínimos. A primeira parte envolve a identificação do teste, por meio de informações sobre autoria, editora, data de publicação e características gerais do manual. Tanto nessa quanto nas outras duas partes do formulário são solicitadas informações sobre a versão original e também da versão adaptada, quando for o caso. A segunda parte, sobre os requisitos técnicos, inclui a definição e caracterização do construto psicológico que o teste pretende avaliar, as áreas de aplicação, a fundamentação teórica e os requisitos psicométricos e técnicos (análise de itens, evidências de precisão e de validade, descrição do sistema de correção e interpretação). Nessas duas partes, o parecerista deverá redigir a informação solicitada, assinalar se está presente ou não, bem como avaliar em escalas do tipo *likert* (p. ex.: muito inconsistente a muito consistente em uma escala de 1 a 5) a qualidade da informação. Para cada tópico é solicitada também uma avaliação conclusiva que varia de insuficiente (nível C) a excelente (nível A+). Na terceira e última parte, os requisitos mínimos previstos na resolução são sistematizados para que o parecerista, ao preencher cada campo, possa compor o parecer final de modo a concluir se o teste atende os requisitos. Há um espaço final para que o parecer fundamentado seja redigido, incluindo recomendações (http://site.cfp.org.br/wp-content/uploads/%202003/03/%20formul% C3%A1rio%20-anexo-%20res-02-03.pdf).

Especificamente, o SATEPSI apresenta documentos sobre a avaliação de testes psicológicos, lista de testes com parecer favorável e desfavorável, além de uma série de outros informativos relacionados ao assunto, como, por exemplo, instrumentos sobre os quais há dúvida de ser de uso privativo de psicólogos. Por isso, deve ser entendido como um espaço de consulta permanente pelos profissionais da Avaliação Psicológica, pois as informações são constantemente atualizadas.

Cabe enfatizar que o parecer favorável do SATEPSI a um instrumento psicológico não é um atestado de excelência. Uma indicação favorável reconhece somente que no manual do instrumento psicológico são reportados os requisitos mínimos de qualidade conforme a resolução CFP n. 002/2003. Por isso, dentre os testes que possuem um parecer favorável, é possível encontrar instrumentos que apresentam diferentes graus de qualidade em termos teóricos e psicométricos. Cabe ao profissional usuário do teste avaliar se o instrumento que deseja utilizar possui as condições técnicas necessárias para proceder a sua utilização no contexto profissional específico.

É interessante notar que as exigências propostas por esta resolução desencadeou o desenvolvimento de pesquisas para garantir as condições mínimas dos instrumentos e, consequentemente, contribuiu para a melhoria da qualidade dos manuais de testes. Em 2004, esta resolução foi alterada quanto ao prazo de revisão entre os estudos de padronização e psicométricos dos instrumentos pela resolução CFP n. 006/2004. Na nova redação, os dados empíricos das propriedades de um teste psicológico deverão ser revisados periodicamente, não podendo o intervalo entre um estudo e outro ultrapassar: 15 anos, para os dados referentes à padronização/normatização, e 20 anos, para os referentes à validade e à precisão.

Em 2012, esta resolução foi novamente atualizada a partir da publicação da resolução CFP n. 005/2012 na qual se enfatiza os requisitos éticos e de defesa dos direitos humanos para o reconhecimento de instrumentos de avaliação ou mensuração de características psicológicas como testes psicológicos. Ressaltou-se que o psicólogo não poderá desenvolver ou aplicar testes que caracterizem negligência, preconceito, exploração ou violência com base em convicções políticas, filosóficas, morais, ideológicas, religiosas, raciais ou de orientação sexual.

## Instituto Brasileiro de Avaliação Psicológica e guias de orientação

O Instituto Brasileiro de Avaliação Psicológica (IBAP) é uma entidade nacional com ações relevantes no âmbito da avaliação psicológica e possui como objetivos o desenvolvimento e validação de técnicas e procedimentos, treinamento, formação pós-graduada, realização de estudos e publicações técnico-científicas. Fundado em 1997, desde então, promove debates da área de avaliação psicológica por meio do Congresso Brasileiro, que ocorre no intervalo de 2 anos, e dos textos divulgados por especialistas sobre temáticas atuais que podem ser acessadas no endereço eletrônico da entidade (http://www.ibapnet.org.br). Dentre estas publicações, há a Revista de Avaliação Psicológica, publicada trimestralmente, cujo compromisso é a divulgação de manuscritos originais relativos a temas de interesse aos profissionais deste campo de trabalho.

Outra publicação da entidade é um boletim informativo denominado "Avaliação em Foco", cujo objetivo é estimular a reflexão nos campos de atuação do psicólogo que faz uso da avaliação psicológica. Nesse sentido, contempla informações sobre questões da prática profissional e ferramentas utilizadas pelos psicólogos nesta área. Há também entrevistas com profissionais especialistas em diferentes áreas da avaliação como também destina um espaço para discutir dúvidas frequentes dos leitores e divulgação de eventos. Os boletins são de acesso livre no endereço eletrônico do IBAP e há edições disponíveis duas vezes ao ano, por isso o leitor pode buscar por novidades de tempos em tempos.

*Associação Brasileira de Rorschach e Métodos Projetivos e guias de orientação*

A Associação Brasileira de Rorschach e Métodos Projetivos (ASBRo) é uma associação científica nacional, fundada em 1993 e organizada em torno de três objetivos principais, sendo eles: a) desenvolver as técnicas projetivas de avaliação psicológica, com especial atenção ao Psicodiagnóstico de Rorschach; b) promover o aprimoramento técnico-científico dos psicólogos nas técnicas projetivas; c) favorecer o intercâmbio científico entre especialistas em técnicas projetivas tanto no Brasil como no mundo. Com esses intuitos, oferece cursos de formação e de aprimoramento profissional, promove congressos nacionais e disponibiliza documentos na forma de boletins em seu endereço eletrônico (http://www.asbro.org.br).

Tendo em vista a formação teórica e prática dos psicólogos que utilizam métodos projetivos como também divulgar os desenvolvimentos que ocorrem na área de avaliação psicológica, a ASBRo organiza o Congresso da Associação Brasileira de Rorschach e Métodos Projetivos, que acontece no intervalo de dois anos. Ademais, disponibiliza documentos no formato de boletins em seu endereço eletrônico (http://www.asbro.org.br) com informações a respeito de publicações (artigos, dissertações e teses) e eventos (congressos, simpósios, cursos) relacionados à área e também sobre lançamentos de livros e notícias do CFP.

A ASBRo é filiada à *International Society of Rorschach and Projective Methods* (ISR – Sociedade Internacional de Rorschach e Métodos Projetivos), uma associação internacional comprometida com o intercâmbio científico entre especialistas, profissionais e pesquisadores na área dos métodos projetivos. A entidade foi estabelecida desde a década de 1950 e possui duas publicações oficiais, o Boletim da ISR e o Periódico intitulado Rorschachiana, que se encontra no seu vigésimo segundo volume. Atualmente, a entidade é composta por 2.800 membros de diferentes nacionalidades. Para maiores detalhes sobre a afiliação, pode-se consultar o endereço eletrônico da entidade (http://www.rorschach.com/).

## Seleção de um teste psicológico

O leitor poderá notar que a iniciativa do CFP em editar resoluções sobre testes psicológicos e sobre a avaliação psicológica é recente e pautada em documentos internacionais, que possuem o caráter de guias, elaborados bem antes da década de 2000. Esse aspecto aponta que as preocupações de natureza ética e técnica sobre a prática adequada da avaliação psicológica acompanha a história da Psicologia.

Conforme rege a resolução CFP n. 002/2003 e sua versão mais recente (a de n. 005/2012), o profissional deverá utilizar testes psicológicos que estejam dentre os considerados favoráveis pelo CFP, cuja lista pode ser encontrada no endereço eletrônico do SATEPSI, conforme exposto anteriormente. Então, para que a prática profissional ocorra em consonância com as exigências normativas atuais é necessário que o psicólogo mantenha uma atitude de constante atualização, pois um teste psicológico pode, por exemplo, passar da condição de favorável para não favorável, como já ocorreu. Caso isso aconteça, exigirá do profissional não mais utilizar um teste que domina tecnicamente e substituir por outro que conste como favorável na lista do SATEPSI. Essa mudança de condição de um teste psicológico deve-se ao caráter temporário das evidências de validade e das normas de referência para correção e interpretação dos resultados, conforme prevê a resolução citada e os documentos internacionais.

Vale ressaltar que o estímulo ao desenvolvimento de uma atitude de atualização sobre os testes psicológicos não se limita à identificação sobre a sua condição frente ao CFP. Também diz respeito à busca de informações técnico-científicas disponíveis em outros meios de divulgação. Geralmente, estudos científicos com um teste psicológico são realizados após a publicação do manual técnico e evidências de sua utilidade clínica e prática são acumuladas ao longo do tempo. Estes estudos publicados sob o formato de dissertações e artigos científicos devem ser fontes de consulta constante dos profissionais que utilizam estes instrumentos.

Nesse sentido, um elemento que continua sendo constantemente reforçado ao longo da história da Psicologia é a necessidade de o psicólogo conhecer a fundamentação teórica utilizada na construção do teste psicológico para fazer um uso apropriado dele. É compreensível que o interesse prático esteja presente no cotidiano do profissional, pois ao ser demandado a realizar avaliações psicológicas, tende a privilegiar o aprendizado sobre como aplicar, corrigir e interpretar os resultados de um teste.

No entanto, esta abordagem pragmática não é suficiente para o conhecimento do teste e a interpretação dos seus escores, pois outros aspectos devem ser conhecidos e compreendidos pelo profissional. A utilização apropriada de um teste psicológico que permita compreender as informações obtidas sobre a característica psicológica avaliada envolve o entendimento do processo de construção do teste e acompanhamento permanente das pesquisas desenvolvidas ao longo do tempo. É importante, portanto, que o profissional conheça a fundamentação teórica que sustenta a conceituação da característica psicológica avaliada, acompanhe os estudos científicos que investigam essa característica, identifique como foi o processo de operacionalização dessa característica por meio dos estímulos que compõem o teste, se informe sobre os estudos empíricos em amostras de indivíduos cujos resultados informam a legitimidade da interpretação das respostas ao teste sobre a característica psicológica (validade) e o grau de confiabilidade dos resultados (margem de erro dos escores), bem como as características da população-alvo em que o teste poderá ser aplicado e para quais contextos existem evidências de sua efetividade. Com esse conhecimento o profissional poderá identificar mais claramente quais são os alcances e limites das interpretações possíveis a partir do uso de um teste psicológico e identificar em que situações o seu uso é indicado. Poderá compreender melhor as respostas geradas em diferentes situações e quais interpretações são fundamentadas e pertinentes.

Como fontes de referências para os interessados sobre o assunto, nota-se que a produção científica brasileira sobre testes psicológicos e sobre a avaliação psicológica cresceu enormemente nos últimos anos, particularmente, com a criação de revistas especializadas. Além dos periódicos científicos, tem crescido a produção de livros técnicos em nível nacional, estando disponível uma lista significativa de títulos. Além disso, os congressos científicos realizados periodicamente constituem outra importante fonte de informações atualizadas sobre os testes e a avaliação psicológica. O IBAP e a ASBRo promovem congressos sediados em diferentes estados brasileiros em intervalos de dois anos. É digno de nota também o evento realizado por instituições de Ensino Superior de Minas Gerais intitulado Encontro Mineiro de Avaliação Psicológica (EMAP). Nos últimos anos, esses eventos têm expandido a sua abrangência, tornando-se internacionais, no intuito de buscar a integração com pesquisadores e profissionais de diferentes países, especialmente com os ibero-americanos.

Em síntese, queremos reforçar que não é suficiente saber se o teste pode ou não ser usado na prática profissional segundo a avaliação realizada pela Comissão do CFP. O domínio, ou seja, o conhecimento teórico e prático sobre um determinado teste psicológico é o que possibilitará ao profissional avaliar a qualidade e a pertinência de usá-lo em avaliações e testagens psicológicas a que venha realizar.

A seguir, apresentamos um estudo de caso com perguntas que poderão ser respondidas pelo usuário do teste (estudante ou profissional de Psicologia) com a finalidade de auxiliar na seleção de testes psicológicos a serem utilizados na avaliação psicológica.

## Um exemplo sobre a seleção de testes psicológicos

Na avaliação psicológica de um indivíduo adulto, o psicólogo poderá considerar relevante avaliar a inteligência. A consulta ao sistema SATEPSI permite identificar vários testes de inteligência que se encontram com parecer favorável para essa faixa etária; entre eles estão: Bateria de

Raciocínio Diferencial (BRD), Bateria TSP, Beta-III, Bateria das Funções Mentais (BFM), Bateria de Provas de Raciocínio (BPR-5), G-36, G-38, R1, Matrizes Progressivas de Raven – Escala Geral, Teste Conciso de Raciocínio (TCR), TONI-3, D70, Raciocínio Analógico Dedutivo, Teste de Cubos, Teste de Inteligência (TI), Teste de Inteligência Verbal (TIV), V-47, WASI e WAIS-III. Cada um desses testes parte de uma concepção de inteligência, privilegiando determinados aspectos do funcionamento intelectual, e utiliza de diferentes tipos de estímulos (verbais e/ou não verbais). Como exemplo, o profissional poderá selecionar a Escala Wechsler de Inteligência para Adultos – terceira edição (WAIS-III) por ser o teste que permitirá uma avaliação detalhada dessa característica psicológica, estando assim em consonância com os objetivos da avaliação psicológica em tela. Vamos, então, identificar as respostas às perguntas listadas no tópico anterior que justificam essa escolha:

1) Quais são os propósitos da avaliação psicológica?

Resposta: A avaliação psicológica em pauta tem como propósito investigar a queixa de que a pessoa atendida possui limitações de ordem intelectual.

2) Quais características do examinando são importantes de se levar em conta ao selecionar o teste?

Resposta: Pessoa adulta (21 anos de idade), sexo masculino, Ensino Médio incompleto, não apresenta dificuldades visuais, auditivas, motoras (membros superiores) e de comunicar-se verbalmente.

3) Qual é a descrição conceitual da característica psicológica avaliada pelo teste?

Resposta: Refere-se à *"capacidade conjunta ou global do indivíduo para agir com finalidade, pensar racionalmente e lidar efetivamente com seu meio ambiente"* (Wechsler, 2004). O autor considerava a inteligência como global por caracterizar o comportamento do indivíduo como um todo e conjunta por ser composta de habilidades qualitativamente diferenciáveis, mas não inteiramente independentes, sendo então, multifacetada e multideterminada. O autor ressaltou que inteligência e habilidades intelectuais são diferentes, pois a inteligência é inferida segundo os modos como as habilidades se manifestam sob diferentes condições e circunstâncias.

4) O teste selecionado atende às questões 1 e 2?

Resposta: Sim, pois avalia vários aspectos do desempenho intelectual de indivíduos adultos por meio de estímulos verbais e não verbais. Desse modo, poderá oferecer informações detalhadas sobre a característica psicológica. É considerado um dos testes mais importantes para estimar a capacidade intelectual de um indivíduo mundialmente.

5) Quais outras fontes de informação sobre a característica psicológica podem ser utilizadas para comparar com os resultados levantados pelo teste?

Resposta: Entrevistas, observação e desempenho em outros testes. Nas entrevistas, poderão ser levantadas informações sobre a história de vida, incluindo histórico de doenças e aspectos sobre o desempenho acadêmico, laboral, social e afetivo, bem como as percepções que o indivíduo tem sobre suas dificuldades e como as tem vivenciado. Será importante levantar também informações sobre as necessidades de apoio para resolver problemas do cotidiano. Ao longo das entrevistas e da aplicação de outros testes também poderão ser observados aspectos comportamentais e linguísticos, ligados ao raciocínio, à comunicação verbal e não verbal, entre outros.

6) As informações disponíveis no manual sobre o teste são suficientes e claras?

Resposta: Sim. O manual descreve de forma clara aspectos teóricos e práticos sobre o teste. O manual brasileiro relata estudos realizados com a versão original americana e também a pesquisa de adaptação para o contexto brasileiro. Uma limitação do manual é a ausência de um capítulo que apresente detalhadamente fundamentação teórica sobre inteligência.

7) Quais informações considero relevantes sobre a construção e/ou adaptação do teste?

Resposta: O WAIS-III é um teste desenvolvido para o contexto norte-americano e, por isso, precisou ser submetido a um processo de adaptação dos itens para o contexto nacional. O manual brasileiro apresenta as etapas do estudo de adaptação que incluiu, inicialmente, a tradução dos itens e análise teórica realizada por especialista para verificar se os itens tal como traduzidos continuavam bons representantes do construto que pretendiam avaliar. Em seguida, foram apresentados os estudos das propriedades psicométricas desta primeira versão adaptada do WAIS-III em uma amostra composta por 788 participantes com o objetivo de verificar os aspectos relacionados à validade, confiabilidade e padronização do instrumento. A partir dos resultados obtidos em todas as fases do processo, modificações foram realizadas nos itens e os resultados das análises indicaram a presença de evidências teóricas e empíricas satisfatórias que confirmam a possibilidade de utilizar o WAIS-III adaptado no contexto brasileiro.

8) As afirmações feitas pelos autores do teste estão bem-fundamentadas e existem evidências teóricas e empíricas que as sustentam?

Resposta: Sim. A literatura sobre evidências de validade que corrobora, inclusive, a utilidade clínica do teste é bastante extensa, sendo publicada desde o ano de 1997, quando a versão do instrumento foi publicada nos Estados Unidos da América. O manual técnico relata estudos sobre evidências de validade com diferentes grupos (clínicos e não clínicos), bem como com construtos relacionados, além de evidências sobre a validade convergente, discriminante e sobre a estrutura interna. A pesquisa de adaptação brasileira levantou evidências de validade para grupos não clínicos. Estudos brasileiros complementares têm sido publicados e contemplam idosos saudáveis e com suspeita de demência, adultos com deficiência mental, deficientes visuais, entre outros. As informações acumuladas sobre evidências de validade fundamentam e legitimam as interpretações que podem ser feitas. Os estudos sobre a precisão geraram coeficientes bastante satisfatórios quanto à estabilidade temporal e consistência interna, o que indica que os escores gerados a partir do teste são confiáveis e estáveis. Embora o WAIS seja em sua origem ateórico, ou seja, não foi construído com base em uma teoria específica sobre a inteligência, ao longo do tempo esforços vem sendo feitos no sentido de aproximá-lo das concepções modernas da inteligência. Há concordância de que as quatro dimensões investigadas (compreensão verbal, memória de trabalho, organização perceptual e velocidade de processamento) estão alinhadas com os modelos teóricos recentes sobre a inteligência.

9) Qual é a qualidade de todo o material do teste (estímulos, folhas de resposta, crivos e manual)?

Resposta: O material é de boa qualidade. A apresentação em dois volumes: um técnico e outro com as instruções de aplicação facilita bastante o processo de aplicação do teste, tendo em vista que cada tarefa (14 ao todo) possui instrução específica. Em geral, os estímulos não verbais são de tamanho grande o que facilita a visualização, com exceção dos do subteste Arranjo de Figuras. Os conteúdos dessa tarefa também têm se mostrado de difícil entendimento para o contexto brasileiro. A folha de resposta é prática e didática e oferece dicas sobre alguns procedimentos de aplicação, como por exemplo, se há necessidade de usar o cronômetro, qual o tempo limite, se existem critérios de início e de suspensão da aplicação, entre outros. É necessário ter folhas de ofício adicionais para registrar as respostas verbais, pois os campos na folha de registro são reduzidos. A correção das tarefas verbais, particularmente, do subteste Vocabulário, exige tempo e julgamento, sendo os exemplos de respostas apresentados algumas vezes pouco esclarecedores. O teste é considerado caro e é necessário comprar folha de registro e de aplicação de alguns subtestes.

10) O conteúdo do teste é apropriado para os objetivos da avaliação psicológica?

Resposta: Sim, pois: a) apresenta uma variedade de tarefas verbais e não verbais, o que permite ao indivíduo se expressar de diferentes maneiras. Algumas tarefas são dependentes do processo de escolarização enquanto outras não; b) os conteúdos foram adaptados para o contexto brasileiro; c) como se trata de um teste de desempenho, os itens estão ordenados em dificuldade crescente, havendo critérios de suspensão da aplicação da tarefa, o que pode evitar que o indivíduo se sinta muito frustrado caso fracasse em várias delas sucessivamente; d) como o indivíduo não apresenta dificuldades visuais, auditivas, motoras e de comunicação verbal, poderá responder aos estímulos apresentados de modo a expressar as suas habilidades. Um cuidado é observar se o indivíduo apresentará sinais de cansaço ou desmotivação, tendo em vista o teste ser extenso e com previsão de tempo de aplicação de aproximadamente 2 horas.

11) Quais são as características da amostra que participou da pesquisa de normatização do teste?

Resposta: A amostra foi composta por 788 adolescentes e adultos da comunidade, com idades entre 16 e 89 anos, de ambos os sexos, com diferentes níveis de instrução, residentes em Minas Gerais, sem indícios de prejuízos cognitivos, neurológicos e psiquiátricos.

12) Essas normas são apropriadas para os propósitos da avaliação que será conduzida?

Resposta: Sim. O indivíduo apresenta características sociodemográficas contempladas na amostra total do estudo de normatização para o WAIS-III. As normas para transformação dos resultados brutos em ponderados são por faixa etária, sendo a primeira tabela a ser consultada a da p. 239 do manual para administração e avaliação (Wechsler, 2004), elaborada para a faixa de 20 a 24 anos.

13) Tenho domínio do sistema de correção e interpretação dos resultados no teste?

Resposta: Sim. Tive oportunidade de estudar o manual do teste, realizar cursos em congressos, realizar treinamento da aplicação, correção e interpretação sob a supervisão de professor experiente. Já tive oportunidade de aplicar o WAIS-III em várias avaliações psicológicas.

14) Qual a interpretação possível dos resultados?

Resposta: Deverão ser interpretados os indicadores quantitativos levantados por meio do WAIS-III: os três QIs de desvio (QI Total, QI Verbal, QI de Execução) e quatro outros índices (Compreensão Verbal, Memória de Trabalho, Organização Perceptual e Velocidade de Processamento), que expressam desde o funcionamento intelectual geral até capacidades mais específicas. Além desses sete resultados compósitos, outros índices quantitativos e qualitativos deverão ser interpretados de forma a identificar facilidades e dificuldades no desempenho intelectual do indivíduo quando comparado com outros indivíduos da amostra de normatização e quando comparado com ele mesmo. Embora a estimativa do QI seja relevante, não é suficiente para se chegar a um diagnóstico de Retardo Mental. Outros elementos deverão ser analisados de acordo com os critérios diagnósticos propostos pelo *Diagnostic and Statistical Manual of Mental Disorders* ([DSM-V] – Manual Diagnóstico e Estatístico de Transtornos Mentais; APA, 2013), Classificação Internacional de Doenças e Problemas Relacionados à Saúde ([CID-10]; OMS, 2008) e pela *American Association on Mental Retardation* ([AAMR] – Associação Americana de Deficiência Intelectual; AAMR, 2002).

15) Tenho conhecimento de outras publicações sobre o teste além do manual que tratam da utilidade do teste em diferentes contextos?

Resposta: Sim. Reuni livros, capítulos de livro, dissertações e teses, além de artigos científicos sobre o teste. Lembrete: reler parte do manual que reporta estudo sobre o desempenho no WAIS-III em adultos com retardo mental (p. 128 do manual técnico; Wechsler, 2004).

16) O conhecimento que tenho sobre o teste é suficiente para que eu possa selecioná-lo para usar na avaliação psicológica?

Resposta: Sim, pois venho estudando o teste há anos e posso recorrer à supervisão de outro profissional mais experiente caso perceba alguma dificuldade na correção e interpretação dos resultados.

17) Como os resultados e as interpretações serão relatados?

Resposta: Será redigido um relatório sobre os aspectos da aplicação, correção e interpretação dos resultados no WAIS-III. Esse relatório seguirá uma estrutura de apresentação, partindo do geral e terminando com a apresentação de aspectos específicos. O parágrafo final do relatório contemplará uma conclusão sobre os aspectos do desempenho intelectual observados com vistas ao propósito da avaliação psicológica.

Os resultados deverão ser integrados às informações geradas por outras fontes de modo a compor o laudo ou relatório psicológico.

## Considerações finais

Em razão do volume de informações disponíveis, no presente capítulo buscamos oferecer uma apresentação geral dos documentos normativos elaborados por grupos de especialistas da área empenhados na promoção da boa prática da avaliação psicológica. No entanto, o objetivo aqui proposto será plenamente alcançado na medida em que estudantes e profissionais de Psicologia incorporem à prática da avaliação psicológica as orientações oferecidas pelos documentos aqui citados e as informações constantemente atualizadas pelas entidades internacionais e brasileiras.

## Referências

American Association on Mental Retardation (2002). *Mental retardation: Definition, classification, and systems of supports.* Washington, DC: AAMR.

American Educational Research Association (AERA), American Psychological Association (APA), & National Council on Measurement in Education (NCME) (1999). *Standards for educational and psychological testing.* Washington, DC.

American Psychiatric Association (2013). *Diagnostic and Statistical Manual of Mental Disorders* (5a ed.). Arlington, VA: American Psychiatric Publishing.

American Psychological Association (APA) (2013). *About APA*. Recuperado de http://www.apa.org/

Conselho Federal de Psicologia [CFP] (2001). *Resolução CFP n. 030/2001: Manual de Elaboração de Documentos Escritos produzidos pelo psicólogo, decorrentes de avaliação psicológica.* Recuperado de http://www.pol.org.br

Conselho Federal de Psicologia [CFP] (2002). *Resolução CFP n. 001/2002: Avaliação psicológica em concursos públicos.* Recuperado de http://www.pol.org.br

Conselho Federal de Psicologia [CFP] (2003). *Resolução CFP n. 007/2003: Manual de elaboração de documentos escritos produzidos pelo psicólogo, decorrentes de avaliação psicológica.* Recuperado de http://www.pol.org.br

Conselho Federal de Psicologia [CFP] (2003). *Resolução CFP n. CFP n. 002/2003: Define e regulamenta o uso, a elaboração e a comercialização de testes psicológicos.* Recuperado de http://www.pol.org.br

Conselho Federal de Psicologia [CFP] (2005). *Resolução CFP n. 010/2005:* Código de Ética Profissional do Psicólogo. Recuperado de http://www.pol.org.br

Conselho Federal de Psicologia [CFP] (2012). *Resolução CFP n. 005/2012: Altera a resolução CFP n. 002/2003 que define e regulamenta o uso, a elaboração e a comercialização de testes psicológicos.* Recuperado de http://www.pol.org.br

Cruz, R.M., Alchieri, J.C., & Sardá Jr., J.J. (2002). *Avaliação e medidas psicológicas: produção do conhecimento e da intervenção profissional.* São Paulo: Casa do Psicólogo.

Cunha, J.A. (2000). Passos do processo psicodiagnóstico. In J.A. Cunha (Org.). *Psicodiagnóstico-V* (pp. 105-138). Porto Alegre: Artes Médicas Sul.

Guzzo, R.S.L., & Pasquali, L. (2001). Laudo psicológico: A expressão da competência profissional. In L. Pasquali (Org.). *Técnicas de exame psicológico – TEP: Manual* (pp. 155-170). São Paulo: Casa do Psicólogo/ Conselho Federal de Psicologia.

International Test Commission (ITC) (2000). *International Guidelines for Test Use*. Recuperado de http://www.intestcom.org/guidelines

International Test Commission (ITC) (2005). *International Guidelines on Computer-Based and Internet-delivered Testing*. Recuperado de http://www.intestcom.org/guidelines

International Test Commission (ITC) (2010). *International Guidelines on Translating and Adapting Tests*. Recuperado de http://www.intestcom.org/guidelines

International Test Commission (ITC) (2012). *International Guidelines on Quality Control in Scoring, Test Analysis and Reporting of Test Scores*. Recuperado de http://www.intestcom.org/guidelines

Organização Mundial da Saúde (2008). *CID-10 Classificação Estatística Internacional de Doenças e Problemas Relacionados à Saúde*. 10a rev. São Paulo: Universidade de São Paulo.

Silva, F.H.V.C., & Alchieri, J.C. (2011). Laudo psicológico: operacionalização e avaliação dos indicadores de qualidade. *Psicologia: Ciência e Profissão, 31*(3), 518-535.

Wechsler, D. (2004). *WAIS-III – Manual Técnico*. São Paulo: Casa do Psicólogo.

Wechsler, S.M. (2001). Princípios éticos e deontológicos na avaliação psicológica. In L. Pasquali (Org.). *Técnicas de exame psicológico – TEP: Manual* (pp. 171-193). São Paulo: Casa do Psicólogo/Conselho Federal de Psicologia.

*Capítulo 2*
# Elaboração de documentos escritos com base em avaliação psicológica: cuidados técnicos e éticos

*Maria Cristina Barros Maciel Pellini*

## Contextualizando a avaliação psicológica

Avaliação psicológica é uma esfera da Psicologia que compreende um conjunto de conhecimentos, práticas, técnicas e instrumentos. Reconhecendo um lugar de destaque à avaliação psicológica, em uma ciência/profissão que se chama Psicologia, este conjunto caracteriza um campo desta ciência e um fazer desta profissão que se destaca por sua importância. Dessa forma, a avaliação psicológica é recorrente em vários contextos, desde a academia à prática profissional.

A avaliação psicológica é requisitada como instrumento para subsidiar decisões, diminuir dúvidas sobre habilidades/comportamentos/potencialidades/traços de personalidade, de indivíduos ou grupos. Sobre essa denominação "avaliação psicológica", permanecem abrigados assuntos tão diversos e controversos como os testes psicológicos padronizados, as entrevistas, as escalas e o psicodiagnóstico (Sass, 2000). Os procedimentos técnicos envolvidos na avaliação psicológica referem-se aos instrumentos, bem como as consequências éticas de suas aplicações. Implica elaboração, escolha de instrumentos, aplicação e fornecimento dos resultados, sendo um equívoco considerar a avaliação psicológica somente como geradora de um produto.

Segundo Sass (2000), a avaliação psicológica é fortemente marcada por seu aspecto técnico e parece ocultar a sua principal determinação, o aspecto político. A respeito disso, pouco foi discutido ou ainda não o foi suficientemente. A sociedade moderna exige tanta tecnificação que acaba transformando os meios em fins. No aspecto político, temos que refletir sobre o contexto que envolve a situação de avaliação, que ideologia reflete esta avaliação e qual sua intenção. Ao analisar os procedimentos técnicos da avaliação psicológica, vem à tona a questão de empregar um ou outro instrumento, a fim de verificar se a pessoa está apta ou inapta para algo, como portar uma arma, por exemplo. No contexto de Recursos Humanos, poderíamos refletir sobre se a avaliação psicológica constitui-se em um instrumento de desenvolvimento ou de segregação de pessoas? A sociedade deflagra essa solicitação e o psicólogo atende, sem muita crítica sobre possíveis consequências.

A Psicologia, como ciência aplicada, converte essa pretensa ciência humanista em tecnologia. Essa perspectiva de análise não equivale a realizar ataques genéricos contra técnicas, denunciando a manutenção do *status quo*. Segundo Sass (2000), "se as técnicas psicológicas e sociológicas reduzem os indivíduos a aspectos e fatores tipificando-os é porque a sociedade em que vivem já os tipifica" (p. 6). De acordo com esse autor, o profissional da Psicologia somente poderá atuar de forma crítica se tomar como ponto de partida o beco sem saída em que se vê colocado. Ou seja, o papel de cumprir as exigências de uma sociedade que quer instrumentalizá-lo, por meio de aplicação de instrumentos psicológicos, como se fossem técnicas neutras que detectassem motivações/interesses ocultos dos indivíduos, ou recusar-se a intervir, decretando a liquidação dos procedimentos técnicos, historicamente desenvolvidos da Psicologia.

Uma terceira hipótese de realização consciente da avaliação psicológica envolveria a utilização de instrumentos construídos a partir de pesquisas científicas, complementados a uma formação teórica e experiência profissional e ainda pensando no aspecto político da questão, refletindo sobre o uso que será feito desta avaliação e recusando-se em situações aviltantes. Desta forma, devemos visualizar a avaliação psicológica sempre enquanto um processo. Processo porque envolve a integração de informações provenientes de diversas fontes, dentre elas, testes, entrevistas, observações e análise de documentos. O lugar de destaque passa também pelo espaço ocupado pela avaliação psicológica na formação do psicólogo e, se podemos questionar o tamanho deste espaço na formação hoje, no sentido de que ele não ganha as proporções que deveria, não podemos ignorar sua possibilidade de reconhecimento, que não é dada da mesma forma a outras esferas da Psicologia. Para tanto, o psicólogo deve utilizar estratégias de avaliação psicológica com objetivos bem-definidos para encontrar respostas a questões propostas com vistas a soluções de problemas (Cunha, 2002).

Cabe salientar que a testagem é um dos passos importantes desse processo, porém, constitui apenas um dos recursos de avaliação, isto é, o uso dos testes psicológicos deve ser entendido como uma das etapas da avaliação psicológica, que pode nos fornecer informações relevantes para o embasamento do nosso posicionamento. A entrevista e outros recursos técnicos, como dinâmicas de grupo, vivências, jogos, entre outros, também são imprescindíveis a qualquer avaliação psicológica (Machado, 2007).

De acordo com Cruz (2002, p.18), quatro elementos são essenciais para a configuração do esquema definidor do campo de avaliação psicológica enquanto processo:

- O objeto (fenômenos ou processos psicológicos).

- O campo teórico (sistemas conceituais).

- O objetivo visado (fazer o diagnóstico, compreender e avaliar a prevalência de determinadas condutas).

- O método (condição através da qual é possível conhecer o que se pretende avaliar).

Vale salientar que a integração dessas informações deve ser suficientemente ampla para dar conta dos objetivos pretendidos pelo processo de avaliação. Ressalta-se que não é recomendada a utilização de uma só técnica ou de um só instrumento para avaliação. Conforme orientações do Manual de elaboração de documentos decorrentes de avaliações psicológicas, instituído pela resolução do Conselho Federal de Psicologia (CFP), resolução n. 007/2003, a avaliação psicológica é entendida como o processo técnico científico de coleta de dados, estudos e interpretação de informações a respeito dos fenômenos psicológicos. Esses fenômenos são resultantes da relação do indivíduo com a sociedade, utilizando-se, para tanto, de estratégias psicológicas, de métodos, de técnicas e instrumentos. Esses instrumentos, métodos e técnicas são úteis à medida que, quando utilizados adequadamente, oferecem informações importantes sobre os indivíduos avaliados. Para isso, o psicólogo necessita ter um vasto conhecimento em relação às técnicas que pretende utilizar e das teorias que as embasam. Assim como uma possibilidade de crítica consciente em relação aos instrumentos de avaliação que utiliza, para adequar o instrumento à demanda quando necessário, obtendo, assim, um melhor resultado (Cruz, 2002).

Que outros elementos então faltariam para justificar o destaque da avaliação psicológica na Psicologia a partir da complexidade em que ela deva ser realizada? Podemos levantar muitos outros elementos; contudo, é importante nos aproximarmos da sua dimensão ética. É a via da ética que nos diz para que fazer, com que objetivo fazer e como fazer. O que construo com esta prática? Caminho em direção de qual sociedade? A serviço de que coloco minha profissão? Que profissão eu construo? É a ética que nos traz claramente a transmutação de uma prática marcada aparentemente pela técnica e pelo conhecimento específico (porque carregada pelos mesmos), em uma prática, acima de tudo, social. Ou seja, estamos falando de uma prática na qual, em todos os momentos, a ética, isto é, o seu compromisso, deixa de ser pano de fundo e passa a assumir o lugar de destaque: fazemos avaliação psicológica de alguém, de um sujeito concreto, que vive em uma realidade concreta, que tem um passado, que tem um futuro. Portanto, a avaliação psicológica reverbera na vida deste sujeito concreto, daí o reconhecimento social deste fazer (Rios, 2004).

Somos chamados a fazer avaliação psicológica para subsidiar muitas decisões: a guarda das crianças, as visitas dos pais, o encaminhamento para instituições ou espaços de cuidados especiais, a concessão das carteiras nacionais de habilitação, a concessão do porte de armas, a contratação de empregados, a necessidade de permanência no cárcere, a avaliação em crianças em idade escolar, entre outros. Quantas reverberações sociais nessa prática! A verdade é que não existe prática profissional que não tenha função social. Toda prática profissional é ação sobre o mundo e talvez, neste fazer, isso esteja mais explicitamente colocado. Isso nos leva a pensar sobre o compromisso social deste trabalho, a conviver visceralmente com sua dimensão ética.

Rios (2004) aponta que os resultados desta prática profissional atingem as muitas pessoas implicadas nesta ação profissional. A qualidade das avaliações psicológicas não passa somente pela eficácia técnica, mas envolve uma dimensão técnica-ética-política. Garantir a eficácia técnica é também garantir o caráter ético do trabalho. Assim, não é possível pensar perspectivas de futuro sem cuidar da ética, pelo menos se estivermos pensando naquele futuro de uma Psicologia mais crítica, mais compromissada, mais qualificada.

Pensando na qualidade destas avaliações é que devemos cuidar da qualidade da confecção dos documentos escritos, oriundos de avaliações psicológicas. Temos visto muitos questionamentos a partir da produção escrita do profissional psicólogo (Souza & Eiko, 2009). Devemos contextualizar e pensar, pois problemas éticos relacionados à avaliação psicológica são os que mais facilmente se formalizam como denúncia ao órgão de classe (Conselho Federal de Psicologia). Aliás, aí está o cerne da dimensão ética, nossa prática está emaranhada às decisões e, portanto, a preocupação na elaboração de documentos escritos. Estamos fazendo referência, neste momento, aos laudos, relatórios, pareceres técnicos, documentos nos quais formalizamos o resultado do nosso trabalho quando realizamos uma avaliação psicológica.

Vemos problemas éticos relacionados às queixas sobre documentos escritos, elaborados de forma tendenciosa, pouco fundamentados, que apresentam, por diversas vezes, conclusões precipitadas. Na maioria destes problemas éticos, a análise dos documentos revela que de fato esses problemas estão presentes na construção do documento escrito (Jornal Psi, 2009).

Observa-se que o problema não está na avaliação psicológica em si, mas no documento que dela resulta. No entanto, pensemos: Este documento não diz respeito diretamente à avaliação psicológica? Não é ele que expressa seu resultado e, portanto, não é ali que ela se concretiza em forma de avaliação? Não é no documento que esta avaliação se disponibiliza para que dela se faça uso? Para, além disso, e em decorrência disso: Será que o usuário do nosso serviço, aquele que é avaliado, tem como se queixar do processo de avaliação psicológica se não for se queixando daquilo que oficialmente se conclui a seu respeito por meio dela e que, portanto, está expresso em um documento?

## Comunicações dos resultados na avaliação psicológica: documentos escritos

A redação de um documento deve estar bem-estruturada e definida, expressando objetivamente o que se quer comunicar. O psicólogo deve utilizar expressões concisas, próprias da linguagem profissional, com correlação adequada das frases. A comunicação dos resultados de uma avaliação psicológica nem sempre é tarefa fácil para o psicólogo e, em alguns casos, o profissional não tinha orientação suficiente de como fazê-la. A partir da demanda dos próprios profissionais do CFP, instituiu-se a resolução CFP n. 007/2003, visando preencher a lacuna de referências sobre o assunto.

A resolução aborda os seguintes itens:

I. Princípios norteadores da elaboração documental.

II. Modalidades de documentos.

III. Conceito / finalidade / estrutura.

IV. Validade dos documentos.

V. Guarda dos documentos.

No que se refere às modalidades de documentos, a resolução CFP n. 007/2003 apresenta as seguintes:

### a) Declaração

A Declaração visa informar a ocorrência de situações objetivas relacionadas ao atendimento psicológico, como por exemplo, comparecimento do atendido ou acompanhante; o acompanhamento psicológico do atendido ou informações sobre condições do atendimento (tempo, dias, horários, entre outros). Nesse tipo de documento não devem ser registrados diagnósticos, sintomas ou estados psicológicos do avaliando. Este documento deve conter somente a finalidade específica para o qual foi solicitado.

### b) Atestado

O atestado certifica uma determinada situação ou estado psicológico, informando sobre condições psicológicas de quem é atendido. Tem por finalidade justificar faltas ou impedimentos; justificar estar apto ou não para atividades específicas; e solicitar afastamento e/ou dispensa do solicitante. Esse tipo de documento deve conter o registro do sintoma, característica ou condição psicológica, subsidiado na afirmação atestada do fato, em acordo com o disposto na resolução CFP n. 015/1996.

A resolução CFP n. 015/1996 define que é atribuição do psicólogo emitir atestado psicológico para licença saúde, desde que haja um diagnóstico psicológico devidamente comprovado e que indique a necessidade de afastamento da pessoa de suas atividades de trabalho ou estudo. Os registros devem ser corridos, separados apenas pela pontuação, sem uso de parágrafos. O atestado exige compromisso legal; dar atestado falso é crime (artigo 302 do Código Penal).

### c) Relatório ou laudo psicológico

É considerado o mais complexo e completo, por possuir caráter de investigação científica. Propõe uma apresentação descritiva sobre situações ou condições psicológicas e suas determinações (sociais, históricas, políticas, culturais), pesquisadas durante o processo de avaliação psicológica. É construído a partir de dados colhidos e analisados à luz de instrumental técnico e referencial teórico e científico adotado pelo profissional. O documento deve conter a identificação do sujeito, a descrição da demanda, os procedimentos adotados durante o processo, a análise dos resultados e a conclusão. A resolução especifica um esquema, que pode embasar a construção de documentos desse tipo.

A linguagem técnica deve ser evitada no laudo/relatório, principalmente nas conclusões do profissional, pois o documento servirá ao esclarecimento da demanda inicial, devendo, portanto, ser acessível, no seu conteúdo, a técnicos e a leigos. Quando for inevitável o termo técnico, é importante que haja um esclarecimento breve da expressão usada. É preciso seguir sempre uma ordem na exposição técnica, para que o documento não fique confuso. Nunca devemos esquecer-nos de datar e assinar o relatório/laudo, pois o relatório/laudo é circunscrito no tempo.

## d) Parecer

O Parecer constitui um documento fundamentado e resumido sobre uma questão focal. Pode ser indicativo ou conclusivo e se caracteriza por apresentar uma resposta esclarecedora a uma pergunta específica. Sua estrutura é similar à do laudo, mas é mais reduzida e focada, compondo-se dos itens: Identificação; Exposição dos motivos; Análise e Conclusão.

Os resultados quantitativos das provas e as produções gráficas realizadas pelas pessoas avaliadas não acompanham os documentos acima, por serem material clínico e confidencial. Podem ser anexados textos científicos que versem sobre o diagnóstico apurado, ou no item Discussão do laudo, podem ser inseridas exposições teóricas referindo/esclarecendo o diagnóstico.

A partir da explanação de alguns itens da resolução CFP n. 007/2003, é importante ressaltar que não podemos perder de vista a finalidade da avaliação psicológica. Vale destacar, ainda, a diferenciação entre os documentos escritos pelo psicólogo produzidos em consequência do resultado das avaliações psicológicas e outros documentos escritos, solicitados para o psicólogo, mas que não são resultantes de uma avaliação psicológica, como, por exemplo, as declarações e os pareceres. Estes dois tipos de documentos não são documentos necessariamente decorrentes de uma avaliação psicológica, embora muitas vezes apareçam desta forma.

No ano de 2009, a Comissão de Ética do Conselho Regional de Psicologia de São Paulo realizou uma pesquisa específica, publicada posteriormente no Jornal Psi, sobre a temática de documentos escritos em relação às denúncias éticas recebidas naquela regional. Nesse estudo observaram que do total de 173 representações éticas recebidas, 49 (28,32%) questionavam o documento escrito decorrente de avaliação psicológica. Destas representações, 29 evoluíram para processos éticos. Os pontos questionados nestas denúncias foram referentes à falta de fundamentação, ausência de dados para as afirmações feitas, avaliação de pessoa não atendida, parcialidade, uso de jargões, conclusões divergentes, uso somente da técnica de entrevista, abordagem de temática não pertinente à demanda, uso de testes com parecer desfavorável pelo CFP, não cumprimento da resolução CFP n. 007/2003 (falta de identificação, data, procedimentos utilizados, a quem se destinava a análise, conclusão etc.), produção e encaminhamento sem o consentimento do atendido.

Quanto aos documentos intitulados como laudos, observaram: laudo tendencioso a favor do contratante; laudo taxativo; laudo que não deixava claro se a afirmação apresentada era da pessoa entrevistada ou do psicólogo; laudo que apontava características de personalidade de alguém não avaliado, inclusive lhe atribuindo psicopatologias; mudança do foco inicial da avaliação da criança para um dos pais; falta de embasamento técnico e metodológico para algumas conclusões, entre outros.

A partir desses questionamentos devemos buscar parâmetros técnicos e éticos para poder elaborar um documento escrito de forma adequada e principalmente pautada na ética profissional. Devemos buscar referências que indicam considerações essenciais a serem feitas:

• Considerar o objetivo e a demanda inicial do atendimento. Ao psicólogo só é possível apresentar informações, discutir, concluir e compartilhar sobre aquilo que foi mérito, foco de seu trabalho.

• Possuir um contrato de trabalho que destaque este aspecto, que deve ser consensual por todos os envolvidos na prestação de serviços.

• Definir claramente a metodologia do trabalho a ser realizado.

• Esclarecer o objetivo da elaboração do documento: é importante que o próprio profissional tenha clareza e deixe explícito no documento que produz a quem se destina o documento.

• Buscar garantir que esses objetivos sejam preservados quando utilizados por quem o solicitou.

• Utilizar uma redação que preze pela clareza, concisão e harmonia, fazendo com que, realmente, o documento possa ser um comunicador, preciso, coerente e compreensível por aquele que lê.

• Resguardar o caráter confidencial das comunicações, assinalando a responsabilidade de quem as recebeu de preservar o sigilo (artigo 6º do Código de Ética Profissional, 2005).

É igualmente importante buscar referências nas legislações específicas da profissão, que orientam o profissional. Sobre esse assunto, sugere-se consultar o capítulo 1 desta obra, que versa especificamente sobre a legislação.

## Devolutiva dos resultados

O fornecimento dos resultados é uma parte fundamental na prestação de serviços do psicólogo. O Código de Ética do Psicólogo (2005), em seu artigo 1º, alíneas "g" e "h", diz que é responsabilidade do psicólogo:

> informar, a quem de direito, os resultados decorrentes da prestação de serviços psicológicos, transmitindo somente o que for necessário para a tomada de decisão que afeta o usuário ou beneficiário [e] orientar a quem de direito sobre os encaminhamentos apropriados a partir da prestação de serviços psicológicos, e fornecer, sempre que solicitado, os documentos pertinentes ao bom termo do trabalho (Código de Ética do Psicólogo, 2005).

No que diz respeito à avaliação psicológica em concursos públicos e processos seletivos, já havia a previsão, por meio da resolução CFP n. 001/2002, no sentido de garantir o caráter facultativo da devolutiva, considerando a solicitação do candidato. Além disso, a devolutiva de resultados está devidamente regulamentada como obrigatória no contexto da avaliação psicológica para obtenção da Carteira Nacional de Habilitação a partir da resolução n. 007/2009, que revogou a resolução CFP n. 012/2000.

Pellini e Souza (2006) em uma matéria do Jornal Psi destacam que:

> qualquer modalidade de devolutiva realizada (verbal ou por escrito) ou documento elaborado referente ao serviço prestado deve ter como foco a demanda inicial do atendimento. [...] A devolutiva não é uma tarefa nem um pouco fácil em nosso trabalho, pois não estamos somente transmitindo os resultados do processo de avaliação psicológica, mas sim o fruto de um trabalho realizado a partir de uma demanda.

É importante destacar o tipo de linguagem a ser empregada na devolutiva. No caso de trabalhar a devolutiva entre colegas psicólogos, o comunicado pode ser feito em termos técnicos, fazendo referências aos recursos utilizados e discutir os detalhes. Já em relação a outros profissionais, o psicólogo deve compartilhar somente as informações relevantes, resguardando o caráter confidencial e preservando o sigilo.

Segundo Pellini e Souza (2006), existem características distintas a serem observadas. Uma solicitação feita por um juiz, por exemplo, que nomeia um psicólogo como perito no sistema judiciário, deve resultar em um laudo ou um parecer, sendo que esses tipos de documentos escritos devem ser formulados com os devidos cuidados de redação e transmitindo somente o que for necessário para a tomada de decisões e para que os operadores do Direito possam compreendê-los. Para uma devolutiva solicitada por escolas, o psicólogo deve se referir exclusivamente às questões levantadas na demanda inicial, em linguagem acessível a quem vai receber o documento e tomando as devidas precauções que não invadam a intimidade do caso por questões que não se relacionam ao campo pedagógico. Nas situações de recrutamento e seleção, deve-se ter claro o perfil do cargo para selecionar as técnicas que serão utilizadas e os procedimentos, de forma a não causar danos aos candidatos. No momento da devolutiva, o psicólogo deve comunicar claramente ao solicitante se as características do avaliando estão ou não contemplando os anseios da empresa, tomando o cuidado de evitar expressões como "você não passou no teste" ou "você não passou na avaliação psicológica".

Os resultados de um processo de avaliação devem abordar de forma compreensível, objetiva e clara a problemática que causou a solicitação. A pessoa que é avaliada tem o direito de saber os resultados de sua avaliação e o psicólogo deve ter habilidades para integrar diferentes informações, provindas de diferentes fontes. O profissional Psicólogo deve conhecer a ciência psicológica e reconhecer que ética e técnica caminham juntas.

O Código de Ética, em seu artigo 2º, dispõe, ainda, que é vedado ao psicólogo: "emitir documentos sem fundamentação e qualidade técnico-científica; interferir na validade e fidedignidade de instrumentos e técnicas psicológicas, adulterar seus resultados ou fazer declarações falsas".

## Considerações finais

O objetivo deste capítulo foi destacar que a qualidade das avaliações psicológicas não se restringe somente na utilização de técnicas adequadas. Garantir a eficácia técnica é também garantir o caráter ético do trabalho, e este não se esgota na boa técnica. É preciso lembrar o reconhecimento social que dialeticamente nos exalta e nos denuncia. É este reconhecimento que coloca a ética como dimensão fundamental do trabalho de avaliação psicológica. Não é possível pensar perspectivas de futuro sem cuidar da ética, pelo menos se estivermos pensando naquele futuro de uma psicologia mais crítica, mais compromissada, mais qualificada.

Quanto à validade do conteúdo dos documentos escritos, decorrentes das avaliações psicológicas, deverá se considerar a legislação vigente. Não havendo definição legal, o psicólogo indicará o prazo de validade do conteúdo emitido no documento, em função das características avaliadas, das informações obtidas e dos objetivos da avaliação. A resolução ainda destaca que, ao definir o prazo, o psicólogo deve dispor dos fundamentos para a indicação, devendo apresentá-los sempre que solicitado.

Quanto à guarda dos documentos escritos decorrentes de avaliação psicológica, bem como de todo o material que os fundamentou, deverão ser guardados pelo prazo mínimo de cinco anos, observando-se a responsabilidade por eles, tanto do psicólogo quanto da instituição em que ocorreu a avaliação. Esse prazo poderá ser ampliado nos casos previstos em lei, por determinação judicial, ou ainda em casos específicos, em que seja necessária a manutenção da guarda por maior tempo. Em caso de extinção de serviço psicológico, o destino dos documentos deverá seguir as orientações definidas no Código de Ética do Psicólogo.

## Referências

Conselho Federal de Psicologia [CFP] (1996). Resolução CFP n. 015/1996 de 13 de dezembro de 1996. Institui e regulamenta a concessão de atestado psicológico para tratamento de saúde por problemas psicológicos. *Diário Oficial da União.*

Conselho Federal de Psicologia [CFP] (2002). Resolução CFP n. 001/2002 de 19 de abril de 2002. Regulamenta a avaliação psicológica em concurso público e processos seletivos da mesma natureza. *Diário Oficial da União.*

Conselho Federal de Psicologia [CFP] (2003). Resolução CFP n. 007/2003 de 14 de junho de 2003. Institui o Manual de Elaboração de

Documentos Escritos produzidos pelo psicólogo, decorrentes de avaliação psicológica e revoga a resolução CFP n. 17/2002. *Diário Oficial da União.*

Conselho Federal de Psicologia [CFP] (2005). Resolução CFP n. 010/2005 de 27 de agosto de 2005. Aprova o Código de Ética Profissional do Psicólogo. *Diário Oficial da União.*

Conselho Federal de Psicologia [CFP] (2009). Resolução CFP n. 001/2009 de 30 de março de 2009. Dispõe sobre a obrigatoriedade do registro documental decorrente da prestação de serviços psicológicos. *Diário Oficial da União.*

Conselho Federal de Psicologia [CFP] (2009). Resolução CFP n. 007/2009 de 29 de julho de 2009. Revoga a resolução CFP n. 012/2000, publicada no DOU do dia 22 de dezembro de 2000, Seção I, e institui normas e procedimentos para a avaliação psicológica no contexto do Trânsito. *Diário Oficial da União, seção 1.*

Conselho Federal de Psicologia [CFP] (2010). Resolução CFP n. 006/2010 de 16 de março de 2010. Dispõe acerca do trabalho do psicólogo na avaliação psicológica de candidatos à Carteira Nacional de Habilitação e condutores de veículos automotores. Altera a resolução CFP n. 016/2002. *Diário Oficial da União.*

Conselho Federal de Psicologia [CFP] (2012). Resolução CFP n. 005/2012 de 08 de março de 2012. Altera a resolução CFP n. 002/2003, que define e regulamenta o uso, a elaboração e a comercialização de testes psicológicos. *Diário Oficial da União.*

Cruz, R.M. (2002). O processo de conhecer em avaliação psicológica. In R.M. Cruz, J.C. Alchieri, & J.J. Sardá Jr. (Orgs.). *Avaliação e medidas psicológicas: Produção de conhecimento e da intervenção profissional* (pp. 15-24). São Paulo: Casa do Psicólogo.

Cunha, J.A. (2002). *Psicodiagnóstico – V.* Porto Alegre: Artmed.

Lei n. 4.119 (1962, 27 de agosto). Regulamenta a formação e a profissão de Psicólogo. *Diário Oficial da União.*

Machado, A.P. (2007). *O uso de técnicas de avaliação psicológica.* Recuperado de http://www.qualitapsi.com.br/imagens/conteudotextos/ouso detecnicasdeavaliacao.doc

Pellini, M.C.B.M., & Souza, P.G. (2006). Devolutiva: Direito do cliente, dever do psicólogo: Fornecimento dos resultados é parte fundamental na prestação de serviços psicológicos. *Jornal Psi*. Recuperado de http://www.crpsp.org.br/portal/comunicacao/jornal_crp/147/frames/fr_indice.aspx

Rios, T.A. (1997). Ética e competência. São Paulo: Cortez.

Sass, O. (2000). O lugar da avaliação psicológica. In M.C.B.M. Pellini (Org.). *Avaliação psicológica para porte de arma de fogo: Contribuições da prova de Rorschach* (Prefácio, pp. 5-9). São Paulo: Casa do Psicólogo.

Souza, P.G., & Eiko, A. (2009). Profissão: Orientando o profissional. *Jornal Psi*. Recuperado de http://www.crpsp.org.br/portal/comunicacao/jornal_crp/159/frames/fr_indice.aspx

Souza, P.G., & Souza, D.M. (2009). Questões éticas: Ética e técnica andam juntas. *Jornal Psi*. Recuperado de http://www.crpsp.org.br/portal/comunicacao/jornal_crp/161/frames/fr_etica_e_tecnica.aspx

*Capítulo 3*
# Avaliação psicológica da personalidade

*Marcela Mansur-Alves*
*Renata Saldanha Silva*

## Introdução

As diferenças de comportamento entre as pessoas tornam-se evidentes muito cedo, desde os primeiros anos de vida. Algumas crianças são ativas, falantes, enquanto outras são reservadas; algumas são agressivas e outras são gentis. Essas diferenças tendem a se manter ao longo do desenvolvimento, demonstrando elevada estabilidade na vida adulta (Caspi, 2000). As diferenças individuais observadas na forma como as pessoas sentem, pensam e se comportam representam aquilo que conhecemos como personalidade (Pervin & John, 2004). Em linhas gerais, a personalidade poderia ser entendida como "um sistema no qual as características inatas da pessoa interagem com o ambiente social para produzir as ações e as experiências de uma vida individual" (McCrae, 2006, p. 215).

A compreensão da personalidade humana pode ser vista como um dos maiores desafios para a ciência desde a Antiguidade. Pensadores gregos, tais como Hipócrates e Galeno, ao acreditarem que a disposição da pessoa para agir era dependente de quatro humores ou fluidos corporais, almejavam definir a estrutura da individualidade humana. Desde então, a personalidade, enquanto construto científico, vem sendo amplamente estudada a partir dos mais diferentes paradigmas. Contudo, nenhuma área da Psicologia da Personalidade é tão ativa e promissora, na atualidade, como a Psicologia Diferencial ou Psicologia do Traço (Funder, 2001). A ênfase no traço se encontra em maior evidência por ter conseguido, por meio de estudos com uso de diversos métodos, numerosos resultados que auxiliam o entendimento das origens, da formação e do funcionamento da personalidade, dando origem ao que conhecemos como teorias fatoriais da personalidade. Segundo Pervin e John (2004), as teorias fatoriais acreditam serem os traços as unidades principais da personalidade humana, uma vez que podem resumir, prever e explicar a conduta de uma pessoa. De acordo com estas teorias, a personalidade pode ser entendida como um conjunto de padrões estáveis e consistentes das dimensões afetivas, cognitivas e comportamentais dos seres humanos, a qual se estrutura em uma hierarquia que vai do particular para o geral. As teorias fatoriais representam uma maneira objetiva e parcimoniosa de compreender e estudar a personalidade humana, as quais deram origem, por sua vez, a diversos instrumentos psicológicos que facilitam a avaliação da personalidade ao longo de todo o ciclo vital, aplicável a uma variedade ampla de contextos.

Nesse sentido, o presente capítulo objetiva abordar as principais teorias fatoriais da personalidade existentes na atualidade, contextualizando os profissionais e estudantes de Psicologia acerca das diversas estratégias de avaliação psicológica da personalidade em suas potencialidades e limitações, utilizando-se de exemplos da aplicabilidade de tais ferramentas para a prática profissional.

## Teorias fatoriais da personalidade: o *Big Five* e o Modelo PEN

As teorias fatoriais da personalidade constituem visões hierárquicas do conjunto da estrutura da personalidade humana. Elas dividem a personalidade em fatores distintos ou níveis, os quais quase sempre se dividem em quatro: nível específico de resposta, nível habitual de resposta, nível da faceta ou subfator e nível do superfator (Colom, 1998; Pervin & John, 2004). Do primeiro nível da hierarquia fazem parte os comportamentos ou respostas concretas, tais como falar com um amigo em uma ocasião singular. No segundo nível, encontramos os hábitos como, por exemplo, conversar com os amigos em múltiplas ocasiões, os quais compreendem aqueles comportamentos que são recorrentes no repertório do indivíduo. O terceiro nível da hierarquia é aquele das facetas, tais como a sociabilidade, as quais são definidas por um conjunto intercorrelacionado de hábitos. E, finalmente, no topo da hierarquia estão os superfatores ou dimensões da personalidade, por exemplo, a extroversão, que são definidos por um conjunto intercorrelacionado de facetas. O Quadro 1 apresenta alguns exemplos de cada nível, para o superfator Extroversão.

| Nível | Generalidade | Exemplo |
| --- | --- | --- |
| Resposta específica | Menos geral | • Prefiro realizar atividades acadêmicas em grupos.<br>• Gosto de experimentar comidas novas.<br>• Fico entediado em reuniões. |
| Resposta habitual | Pouco geral | • Gosto de realizar todo tipo de atividade em grupos.<br>• Gosto de conhecer coisas diferentes.<br>• Fico entediado em situações pouco estimulantes. |
| Faceta | Geral | • Tendo a ser sociável.<br>• Busco sempre sensações novas.<br>• Sou muito ativo. |
| Superfator | Mais geral | • Tendo a ser mais voltado para a estimulação externa, de toda natureza (pessoas, comidas, sons...). Meu nível de energia é alto. |

*Quadro 1  Exemplo de níveis de análise da personalidade para a dimensão extroversão*

As teorias fatoriais podem ser consideradas, de forma geral, como o ponto de encontro de duas diferentes tradições de pesquisa: a psicolexical e a fatorial. A perspectiva psicolexical sustenta que as diferenças individuais mais salientes e socialmente relevantes vêm codificadas nas várias línguas (Barbaranelli, Caprara & Rabasca, 1998; Hutz et al., 1998). Seria, pois, o vocabulário da linguagem cotidiana a fonte que permitiria identificar os termos que melhor descrevem a personalidade. No caso da perspectiva fatorial, a análise de fatores, introduzida e estabelecida por Pearson em 1901 e Spearman três anos depois, permite o rearranjo de agrupamentos de dados com o objetivo de descobrir o menor número de fatores independentes que sejam capazes de descrever e classificar adequadamente os dados. As variáveis são, assim, reduzidas a fatores os quais são definidos pelo relacionamento estabelecido entre as variáveis que eles representam (Pervin & John, 2004). Dentre as principais teorias fatoriais da personalidade, duas têm recebido especial atenção por parte da comunidade científica nacional e internacional pela consistência dos traços postulados e a capacidade de gerar pesquisas e aplicações práticas diversas: o modelo PEN, postulado por Hans Eysenck, e o modelo dos Cinco Grandes Fatores de personalidade ou *Big Five*.

Os estudos de Hans J. Eysenck sobre as diferenças temperamentais começaram na década de 1940 (Pervin & John, 2004). Eysenck enfatizava a importância dos fatores biológicos na determinação das diferenças individuais em personalidade. O modelo proposto por Eysenck não tem na linguagem seu ponto de partida. A teoria de Eysenck está baseada principalmente na Psicologia diferencial e na genética (Cassimjee, 2003). Como psicólogo diferencialista, o método de Eysenck incluía a análise fatorial e a busca por uma taxonomia que permitisse a organização das dimensões mais relevantes da personalidade. O modelo de Eysenck está, também, baseado na distinção entre estado e traço. Os traços seriam disposições semipermanentes da personalidade, enquanto os estados seriam condições internas temporárias produzidas pela interação entre os traços e as situações (Eysenck & Eysenck, 1985). Seus primeiros resultados, baseados na análise fatorial dos dados provenientes da história clínica de pacientes de hospitais psiquiátricos britânicos, o permitiram identificar dois traços essenciais da personalidade: o Neuroticismo (estabilidade emocional) e a Extroversão. A dimensão do Neuroticismo foi definida por características como ansiedade, depressão, sentimentos de culpa, baixa autoestima, tensão, irracionalidade, timidez, tristeza e emotividade. A dimensão da Extroversão foi caracterizada por sociabilidade, dominância, assertividade e busca de sensações (Eysenck, 1961). Mais tarde, ao buscar uma explicação para as psicoses, Eysenck acrescentou uma terceira dimensão ao seu modelo, o Psicoticismo, caracterizada pelo desapego emocional, baixa temeridade, impulsividade, agressividade e egocentrismo. Com a introdução do Psicoticismo, o modelo ficou conhecido como modelo dos Três Super Fatores ou, simplesmente, PEN (Psicoticismo, Extroversão e Neuroticismo). Os três fatores propostos por Eysenck foram observados em estudos de várias culturas, existindo, ainda, evidências de um componente hereditário em cada um deles (Eysenck, 1959; Eysenck & Eysenck, 1985; Juan-Espinosa, 2006).

Eysenck e seus colaboradores desenvolveram uma série de questionários para mensurar as três superdimensões, começando com o Questionário Médico de Maudsley (*Medical Maudsley Questionnaire* – MMQ), desenvolvido na década de 1950, até o amplamente conhecido Questionário de Personalidade de Eysenck (*Eysenck Personality Questionnaire* – EPQ) (Garcia, 2006). Eysenck foi, também, um dos primeiros psicólogos a se interessar pelas bases biológicas da personalidade, incluindo em seus estudos diversos índices do funcionamento biológico (atividade cerebral, nível hormonal, taxa cardíaca, atividade das glândulas sudoríparas). Ele sugeriu que variações interindividuais nas três dimensões refletiriam diferenças do funcionamento neurofisiológico (Cassimjee, 2003). Uma das principais críticas feitas à sua teoria é o fato de ignorar resultados contraditórios e supervalorizar excessivamente os três fatores. Mesmo assim, Hans Eysenck é um dos psicólogos mais influentes e citados do século XX e um dos pioneiros na tentativa de unir a metodologia correlacional com a pesquisa experimental em Psicologia (Pervin & John, 2004).

Já com relação ao Modelo dos Cinco Grandes Fatores (CGF), embora tendo ganhado força especialmente nas últimas três décadas, impondo-se progressivamente durante a primeira metade da década de 1990, a evidência empírica de que um modelo de cinco fatores seria mais adequado para descrever a estrutura da personalidade humana surgiu no final da década de 1940, quando vários psicólogos voltaram sua atenção para a linguagem natural como fonte de atributos para a construção de uma taxonomia científica. As listas de descritores construídas na época foram importantes, na medida em que possibilitaram a separação dos termos que se referiam a características estáveis do comportamento daqueles que indicavam estados temporários, juízos de valor e características físicas dos indivíduos (John & Srivastava, 1999). Contudo, a consolidação do modelo CGF como o mais bem-sucedido modelo estrutural disponível para a descrição da personalidade adulta ocorreu no início da década de 1980, a partir, especialmente, dos trabalhos de Robert McCrae e Paul Costa, os quais partiram da análise dos principais inventários de personalidade existentes nas décadas de 1960 e 1970 e dos resultados do Estudo Longitudinal de Baltimore (Garcia, 2006; McCrae & Costa, 1985). Embora existam algumas controvérsias com relação à denominação de cada fator (Barbaranelli et al., 1998; De Raad, 1998, 2000; Hutz et al., 1998), aqui se utilizará a nomenclatura utilizada por McCrae e Colom (2006): Extroversão, Neuroticismo, Amabilidade, Abertura a Experiências e Conscienciosidade. A Extroversão pode ser entendida como um sistema que promove a exploração e abordagem ativa do ambiente, incluindo o ambiente social (Shiner & Caspi, 2003). As pessoas extrovertidas são sociáveis, otimistas e despreocupadas, gostam de lugares com muita gente, de situações excitantes. Possuem a necessidade de sempre se manterem ocupadas. O Neuroticismo refere-se à susceptibilidade do indivíduo às emoções negativas, tais como tristeza, raiva, ansiedade, frustração, insegurança e medo (Costa & McCrae, 1992). As pessoas com altos escores na dimensão de Neuroticismo tendem à hipersensibilidade emotiva. São, geralmente, ansiosas, preocupadas, sensíveis ao ridículo, incapazes de lidar com pressão, entrando em pânico em situações de emergência. Muitas vezes, quando frustradas, podem reagir de forma agressiva e hostil. A Amabilidade diz respeito às tendências interpessoais, ou melhor, à qualidade da orientação interpessoal (Shiner & Caspi, 2003). Indivíduos com alta amabilidade são cooperativos, generosos, educados e gentis. Eles percebem e interpretam adequadamente tanto as próprias emoções quanto as dos outros. A Abertura a Experiências descreve a profundidade, a complexidade e a qualidade da vida mental e experiencial do sujeito (Shiner & Caspi, 2003). As pessoas com alto nível de abertura são liberais, criativas e tolerantes. Não ficam incomodadas diante de ideias e valores novos e estão abertas a emoções e sentimentos considerados não ortodoxos. A Conscienciosidade refere-se às variações observadas nas capacidades de controle emocional, comportamental e cognitivo. Agrupam características como persistência, planejamento, controle de impulsos, zelo e respeito às normas sociais (Costa & McCrae, 1992).

Cada um destes fatores se distribui em um *continuum*, composto de seis facetas (agrupamentos de características comportamentais específicas). As facetas possuem o importante papel de representar da melhor maneira possível a amplitude e o alcance de cada fator (McCrae, 2006), proporcionando informações mais detalhadas que não estão refletidas no traço temperamental por si só (García, 2006). Elas distribuem-se conforme o Quadro 2.

| Neuroticismo | Extroversão | Abertura | Amabilidade | Conscienciosidade |
|---|---|---|---|---|
| Ansiedade | Acolhimento | Fantasia | Confiança | Competência |
| Raiva/hostilidade | Gregarismo | Estética | Franqueza | Ordem |
| Depressão | Assertividade | Sentimento | Altruísmo | Senso de dever |
| Embaraço/constrangimento | Atividade | Ações variadas | Complacência | Esforço por realização |
| Impulsividade | Busca de sensações | Ideias | Modéstia | Autodisciplina |
| Vulnerabilidade | Emoções positivas | Valores | Sensibilidade | Ponderação |

Quadro 2 Facetas do modelo dos cinco grandes fatores distribuídas por fator

Um dos principais motivos da atual predominância do modelo dos cinco grandes fatores é a sua replicabilidade (García, 2006). Os cinco fatores já foram encontrados independentemente do país, dos instrumentos de medição utilizados e da pessoa que é avaliada (McCrae & Costa, 1997; McCrae et al., 2004). Essas três evidências representam, além de um critério de validação do modelo dos cinco grandes fatores, a validação também dos traços de personalidade em geral. Os modelos fatoriais são capazes de predizer o comportamento do sujeito em diversos contextos (diagnóstico, interesse vocacional, competência social, Psicologia organizacional, Psicologia hospitalar, dentre outras), tal como tem sido demonstrado em diversos estudos na área (De Raad, 2000; McCrae et al., 2001; Pervin & John, 2004; Reynolds & Clark, 2001; Roberts & Bogg, 2004). Tais descobertas, relacionadas a como os modelos operam no mundo real, têm contribuído para a consolidação dos modelos fatoriais para o estudo da personalidade.

## Estratégias de avaliação da personalidade

Os instrumentos de avaliação psicológica têm sido cada vez mais utilizados como ferramentas auxiliares na avaliação de diferentes aspectos do funcionamento psicológico em diversas faixas etárias (Duarte & Bordin, 2000). Mais especificamente, os instrumentos de avaliação da personalidade fornecem informações importantes ao clínico, as quais podem ser fundamentais no diagnóstico, na atenção primária e na avaliação da eficácia do tratamento realizado. São várias as abordagens utilizadas para a mensuração da personalidade, incluindo os questionários objetivos de heterorrelato e autorrelato, as técnicas projetivas, as entrevistas, as observações naturalísticas e as observações estruturadas em laboratório. Cada uma dessas formas de medida possui vantagens e desvantagens. Por exemplo, as observações naturalísticas possuem elevado grau de validade ecológica, enquanto as observações estruturadas permitem maior objetividade e reduzem a interferência de critérios subjetivos de avaliação. Obviamente, cada uma dessas técnicas também possui desvantagens. Com o relato de terceiros (heterorrelato), por exemplo, há a possibilidade de vieses perceptivos; as observações naturalísticas são dispendiosas em termos de tempo e dinheiro e nem sempre são eticamente possíveis; já as observações estruturadas são limitadas no que diz respeito à quantidade de comportamentos que podem avaliar simultaneamente. Não obstante, ao escolher uma determinada técnica para avaliação da personalidade, um critério importante tem sido a faixa etária com a qual se está trabalhando. Por exemplo, as técnicas de observação se fazem muito úteis quando o foco do trabalho é a avaliação em crianças, uma vez que o repertório comportamental infantil é menor e mais fácil de ser delimitado. Os autorrelatos, por sua vez, são mais aplicáveis a adolescentes e adultos, já que exigem maior desenvolvimento de habilidades linguísticas e de autopercepção.

Os tipos de instrumentos disponíveis para avaliação da personalidade podem ser divididos em: questionários de personalidade, técnicas projetivas e testes situacionais, dentro dos quais se incluem as observações. Pretende-se agora discorrer brevemente acerca de cada um deles.

### Questionários de personalidade

Um questionário de personalidade consiste de um conjunto de itens, geralmente questões ou afirmativas verbais, sobre sentimentos ou comportamentos com os quais os indivíduos concordam ou discordam (ex.: Você pratica esportes radicais?). Eles podem objetivar a avaliação conjunta de várias características ou traços da personalidade como, por exemplo, a Bateria Fatorial de Personalidade (BFP, Nunes, Hutz & Nunes, 2010), ou focalizar a avaliação de algum aspecto específico, como a

Escala Fatorial de Ajustamento Emocional/Neuroticismo (EFN, Hutz & Nunes, 2001).

Os questionários de personalidade são amplamente utilizados por pesquisadores e psicólogos, em geral, porque são relativamente simples e rápidos de serem aplicados, corrigidos e interpretados. Além disso, são financeiramente mais viáveis quando comparados a outros instrumentos de avaliação da personalidade (Cozby, 2003; Noronha, Freitas, Sartori & Ottati, 2002). Não obstante, eles são também, de forma geral, mais confiáveis quanto a sua adequação aos parâmetros psicométricos (validade e precisão) exigidos pelos órgãos regulamentadores da categoria na construção de um instrumento psicológico (Cronbach, 1996). Soma-se a isso o fato de ser mais elevada a concordância entre diferentes psicólogos sobre um determinado diagnóstico, quando o mesmo é feito com instrumentos objetivos e com normas de interpretação bem-estabelecidas e consensuais, como o são os questionários de personalidade.

Por outro lado, há certos problemas na construção e utilização dos questionários de personalidade que merecem ser citados. Para serem instrumentos de rápida aplicação e autoadministrados os itens dos questionários de personalidade devem ser escritos de forma resumida e o mais simples possível. Contudo, a simplificação demasiada de um item pode levar a dificuldades de entendimento por parte do avaliando e a ambiguidades (Cronbach, 1996). Veja o item seguinte: "Eu tenho medo de rato". Um avaliando pode ser levado a se questionar sobre o significado da palavra medo (o respondente poderia pensar: "Não gosto de ratos perto de mim, mas será que isso significa ter medo de ratos?"). Veja outro exemplo: "Frequentemente pratico esportes" (Qual o significado da palavra frequentemente: duas vezes por semana, cinco horas por dia ou seis dias durante o mês?). Outros problemas encontrados em questionários de personalidade são: a) a aquiescência, ou tendência a sempre concordar com os itens, independentemente do conteúdo expresso por eles; b) a desejabilidade social ou tendência a responder aos itens sempre pensando no que seria socialmente desejável; c) tendência central, quando os indivíduos optam pelas categorias intermediárias de resposta (ex.: não sei, neutro, às vezes), denotando incerteza ao responder, o que dificulta saber algo sobre a personalidade daquele sujeito (Kline, 1993). Obviamente, tais problemas não inviabilizam o uso dos questionários, apenas apontam para a necessidade de certos cuidados tanto na construção quanto na utilização de tais instrumentos.

### Técnicas projetivas/gráficas

As técnicas projetivas são aquelas em que, geralmente, são apresentados estímulos ambíguos aos respondentes, como um borrão de tinta, e estes devem clarear os estímulos não estruturados dos testes. Em outros casos, as técnicas projetivas solicitam do respondente a geração de uma resposta (ex.: um desenho), após uma instrução com final aberto (ex.: "desenhe uma árvore da forma como você a imagina"). Além disso, a maior parte das técnicas projetivas permite considerável flexibilidade na natureza e no número de respostas dadas pelo respondente (Kline, 1993).

A hipótese projetiva dá suporte à maioria das técnicas projetivas. De acordo com tal hipótese, os respondentes projetam aspectos de suas personalidades durante o processo de clarear o estímulo não estruturado do teste. Assim, as necessidades, as características da personalidade e as expectativas dos indivíduos influenciam sua interpretação dos estímulos do teste (Lilienfeld, Wood & Garb, 2000; Retondo, 2000).

Assim como os questionários de personalidade, as técnicas projetivas possuem vantagens e desvantagens. Como aspectos positivos pode-se citar a capacidade dessas técnicas de desviar as defesas conscientes do respondente; possibilitar aos clínicos acesso a importantes aspectos da dinâmica do funcionamento psicológico do respondente, além de fornecer informações únicas sobre a personalidade do indivíduo, que não podem ser conseguidas com nenhum outro instrumento de medição da personalidade (Kline, 2003; Lilienfeld et al., 2000). Especificamente para as crianças, as técnicas projetivas são atrativas, pois utilizam figuras coloridas, histórias e desenhos, aumentando o interesse e motivação delas para realização do teste. Não obstante, as técnicas projetivas podem ser aplicadas a crianças nas fases iniciais do desenvolvimento, pois não exigem nenhum tipo de leitura e capacidade de entendimento mais complexa, embora tais técnicas necessitem de habilidades motoras e linguísticas mínimas para sua realização.

Por outro lado, as técnicas projetivas apresentam algumas falhas que levam a controvérsias em sua utilização. Em primeiro lugar, grande parte dessas técnicas não inclui nenhum tipo de padronização no que se refere às instruções dadas aos examinandos e as normas para a interpretação dos resultados individuais estão frequentemente ausentes. Dessa forma, diferentes clínicos podem chegar a interpretações variadas sobre os resultados de uma mesma pessoa. Aliado a isso está o fato de que algumas técnicas projetivas/gráficas (ex.: Teste de Apercepção Temática e o Rorschach) possuem diferentes sistemas de interpretação, criados por autores diversos e igualmente aceitos como geradores de resultados válidos pelos profissionais, quando na verdade não há pesquisas suficientes para demonstrar a superioridade de um desses sistemas em detrimento dos demais[2]. Além disso, as técnicas projetivas/gráficas são rotineiramente utilizadas para propósitos para os quais elas não são válidas ou são pobremente suportadas (Eysenck, 1959; Kline, 2003; Lilienfeld et al., 2000). Não obstante, as técnicas projetivas/gráficas apresentam uma curiosa discrepância entre pesquisa e prática. Quando avaliadas enquanto instrumentos psicométricos, a grande maioria mostra pobres resultados. Mas sua popularidade clínica continua imbatível. Pesquisas de levantamento demonstram que as técnicas projetivas estão entre os instrumentos mais utilizados pelos psicólogos clínicos (Lilienfeld et al., 2000; Noronha et al., 2002), já que desviam as defesas conscientes do respondente, permitindo aos clínicos acesso privilegiado a importantes informações psicológicas para investigação e diagnóstico da personalidade.

### Testes situacionais

Outra forma de se ter acesso à personalidade é através das técnicas de observação. Um dos primeiros psicólogos a destacar a importância e a necessidade de se utilizar medidas objetivas de laboratório e do funcionamento biológico para estudar o desenvolvimento da personalidade foi Jerome Kagan. O grupo de Kagan estudou o desenvolvimento de dois tipos de bebês (inibidos e não inibidos) até a adolescência, através da observação do comportamento e de medidas fisiológicas. Os dados

---

2. Há tentativas de desenvolver sistemas de pontuação padronizados para os testes projetivos adultos, embora para as técnicas utilizadas em crianças essa seja somente uma possibilidade (Cunha et al., 2002).

coletados por observação durante o início da infância demonstraram estabilidade ao longo do desenvolvimento, tendo sido consistentes com os dados de autorrelato coletados durante a adolescência (Arcus, 2005).

As observações do comportamento se dividem em dois tipos principais: as observações naturalísticas e as observações em situações estruturadas em laboratório (testes situacionais). A observação naturalística, também chamada observação de campo, é aquela na qual o pesquisador realiza observações num ambiente natural particular, durante certo período de tempo, usando diferentes técnicas para coletar as informações (Cozby, 2003). Ela objetiva fornecer um quadro completo e preciso do alvo de pesquisa do investigador e possui alta validade ecológica. Entretanto, as observações naturalísticas consomem muito tempo e dinheiro, uma vez que exigem deslocamento constante do pesquisador por um longo período de tempo (Bögels & van Melick, 2004). A observação em situação estruturada em laboratório ou observação sistemática refere-se à observação cuidadosa de um ou mais comportamentos específicos num ambiente particular. Essa abordagem é menos global e as observações são quantificáveis através de um sistema de categorização (Cozby, 2003). A observação sistemática avalia comportamentos definidos de forma precisa em situações extremamente controladas pelo pesquisador, tendo, por isso, alto grau de objetividade (Rothbart & Bates, 1998). Contudo, na observação sistemática, o comportamento é avaliado numa situação bastante específica e artificial e, por isso, não é considerado um bom preditor do mesmo em outras situações. Além disso, um alto grau de concordância entre avaliadores na pontuação dada ao comportamento avaliado é difícil de ser alcançado (Bögels & van Melick, 2004). As observações são mais utilizadas na avaliação de bebês e crianças pequenas. Por exemplo, Hill Goldsmith e colegas desenvolveram na década de 80 do século XX uma bateria padronizada para avaliação do temperamento infantil, a qual é conhecida como *Laboratory Temperament Assessment Battery* (Lab-TAB). A Lab-TAB compreende um conjunto de episódios de 3 a 5 minutos cada, que simulam situações cotidianas, nas quais as diferenças individuais na expressão da emoção, nos comportamentos de aproximação e retirada, no nível de atividade e em outros aspectos regulatórios do comportamento são avaliados. O sistema de codificação adotado segue uma perspectiva dimensional das diferenças individuais (Olino, Klein, Durbin, Hayden & Buckley, 2005). No Brasil, não há registros de sistemas de avaliação da personalidade que utilizem a observação como fonte de evidências.

Conforme explicitado nos parágrafos anteriores, cada um dos métodos de avaliação da personalidade apresenta vantagens e desvantagens, representando possibilidades complementares na tentativa de se entender a estruturação e natureza das diferenças individuais. De forma geral, os profissionais optam pela utilização daquele método de avaliação mais acessível, menos oneroso, e mais disseminado na tentativa de poupar tempo, recursos e minimizar os riscos envolvidos. Não obstante, sabe-se que relatos de múltiplos informantes e métodos diversos de avaliação são necessários para fornecer perfis mais confiáveis, válidos, profundos e compreensivos da personalidade e para reduzir as fontes de variância erro. Hutz e Bandeira (2002) ressaltam a necessidade de técnicas complementares para se apreciar um resultado mais acurado da personalidade do examinando e que de nada o teste adianta em mãos de um clínico sem conhecimento atualizado de Psicologia do desenvolvimento e da personalidade.

### Aplicações dos modelos de personalidade – Casos ilustrativos

Conforme já indicado, os modelos teóricos de traços (Cinco Fatores e PEN) se configuram em representações adequadas da estrutura da personalidade quando comparados a outros modelos existentes. Ademais, os instrumentos psicológicos derivados desses modelos podem ser considerados, em sua maioria, medidas adequadas dos traços em questão, sugerindo serem extremamente úteis para investigação da personalidade em diversas áreas e faixas etárias. Assim, pois, muitas aplicações potenciais podem ser vislumbradas, incluindo escolha de carreiras (orientação profissional), diagnóstico de psicopatologias, seleção de pessoal, desempenho no trabalho, prevenção de adoecimento no trabalho, satisfação no trabalho, avaliação da qualidade de vida e respostas a tratamentos. A título de ilustração, os psicólogos interessados na área de orientação profissional sugerem que a personalidade está associada aos tipos de carreira que as pessoas escolhem e seu desempenho nessas ocupações (Barrick & Mount, 1998; Boudreau, Boswell & Judge, 2001;

Larson, Rottinghaus & Borgen, 2002). Por exemplo, segundo o modelo dos cinco fatores, pessoas com altos níveis de extroversão vão preferir profissões que envolvam alguma forma de relacionamento social direto e nas quais possam ser empreendedoras. Já pessoas com nível elevado de abertura a experiências tendem a escolher ocupações artísticas e, em geral, não se mantêm no mesmo emprego por muito tempo. Pessoas com alta extroversão e baixo neuroticismo tendem a ter mais sucesso em seu trabalho. Obviamente, tanto para essa área de aplicação como para outras, o poder preditivo e a validade da avaliação pelo traço está diretamente associada à elaboração de perfis (os quais incluem diversos traços simultaneamente) dinâmicos dos indivíduos. Não obstante, faz-se importante destacar que o progresso nessas áreas é ainda recente, sendo necessário mais tempo para que um maior desenvolvimento possa ser alcançado. Nesse tópico pretende-se ilustrar algumas das aplicações possíveis de uma avaliação da personalidade baseada nos modelos de traços através da apresentação de casos ilustrativos.

### Caso ilustrativo 1 – Psicopatologia

*Informações básicas*: Tiago é uma criança alegre de nove anos de idade que frequenta o 4º ano do Ensino Fundamental. Os pais são de classe média, sendo que a mãe é dona de casa e o pai é um representante de vendas de êxito. Tiago possui apenas uma irmã mais nova. Foi levado ao psicodiagnóstico depois que o professor da escola pública que frequenta informou à mãe repetidas vezes sobre o comportamento e desempenho escolar de seu filho estar piorando progressivamente. Tiago frequenta a mesma escola desde os seis anos de idade e, segundo o professor, o comportamento do menino está pior a cada ano. O corpo docente da escola descreve-o como uma criança simpática e obediente, mas que também interrompe as aulas repetidamente com perguntas sem sentido, tentando sempre ser o primeiro a responder quando se faz uma pergunta (apesar de não saber a resposta) e murmura durante toda a aula. No recreio, Tiago é um turbilhão de energia, que algumas vezes desperta as gargalhadas dos colegas pelas tolices e, em geral, poucos colegas o acompanham. O professor destaca também a dificuldade do menino em finalizar as tarefas propostas em sala de aula. Segundo relato da mãe, em casa, acompanhá-lo nos deveres de casa era uma tarefa enfadonha, já que era preciso mandá-lo constantemente parar de correr pela sala para ver televisão ou parar de interromper a conversa dos adultos. Qualquer barulho é motivo de inquietação. Tiago sempre se esquece de levar os materiais para a escola e seu caderno é desarrumado e *sujo*. Durante as brincadeiras em casa, sempre deixa um rastro de brinquedos atrás se si. Não gosta de brincadeiras silenciosas, como jogos de tabuleiro e quebra-cabeça. A mãe relata que aos finais de semana são dadas ao filho algumas tarefas (ex.: arrumar o quarto), as quais ele nunca desobedece ou faz de má vontade, apesar de não conseguir concluí-las quase nunca. A única atividade que o mantém entretido é o videogame.

*Processo de avaliação*: As técnicas utilizadas no psicodiagnóstico da criança incluíram anamnese e entrevista com os pais; entrevista com a criança, testes cognitivos e de desempenho escolar, hora do jogo diagnóstica e testes de personalidade, todas voltadas para investigar a hipótese diagnóstica de Transtorno do Déficit de Atenção/Hiperatividade (TDAH). Entretanto, de especial interesse para os propósitos desse capítulo, estão as técnicas de avaliação da personalidade e a importância desta para o fechamento do diagnóstico do caso, encaminhamento e *follow-up*.

De acordo com o DSM-IV (APA, 1994), o TDAH é uma condição neurodesenvolvimental caracterizada por um padrão persistente de desatenção, hiperatividade e impulsividade, o qual é mais grave e frequente do que aquele apresentado por indivíduos com o mesmo grau de desenvolvimento. Segundo Barkley (2002), em linhas gerais, portadores de TDAH apresentam dificuldade para planejar, estabelecer prioridades e se organizar; lentidão e inconsistência no desempenho; declínio rápido da motivação após um momento inicial de entusiasmo. São também indivíduos confusos, inquietos, impulsivos, desatentos às regras e às pistas ambientais e pouco resistentes à frustração. O transtorno aparece na infância e é persistente na idade adulta, sendo diagnosticado quando os sintomas estão presentes em pelo menos dois contextos diferentes. No presente caso, chegou-se ao diagnóstico de TDAH com base na avaliação clínica dos sintomas e na aplicação do teste Escala do Transtorno de Déficit de Atenção/Hiperatividade (ETDAH, Benczik, 2000), a qual avalia aspectos disfuncionais da personalidade como desatenção, comportamento antissocial e impulsividade, além de uma escala de problemas de aprendizagem, sendo preenchida por professores. Nas escalas de desatenção, impulsividade e problemas de aprendizagem, as pontuações de Tiago o situaram no percentil 95 (região onde há maior probabilidade de apresentar o transtorno). Na escala de comportamento antissocial, as pontuações de Tiago o situaram dentro da média.

Por outro lado, partindo da perspectiva da Psicologia do traço, a maior parte das psicopatologias pode ser mais bem-entendida como manifestações extremas de um traço ou de uma combinação de traços (Nigg et al., 2002; Purper-Ouakil et al., 2010; Shiner & Caspi, 2003). Assim, pois, seria a combinação de características de personalidade que poderia predispor um indivíduo a desenvolver uma dada psicopatologia, sendo, portanto, os traços de personalidade extremamente úteis para aumentar a compreensão sobre a dinâmica e estrutura da psicopatologia (Watson, Clark & Harkness, 1994). Não obstante, sabe-se que características de personalidade são boas preditoras da resposta do indivíduo ao tratamento e das estratégias utilizadas para enfrentar fatores estressantes do cotidiano e promover o bem-estar psicológico (Shiner & Caspi, 2003). Assim, por exemplo, pessoas com elevado nível de neuroticismo e baixa extroversão podem ser excessivamente sensíveis em monitorar e responder a problemas físicos e podem ter pior resposta ao tratamento (Pervin & John, 2004). Nesse sentido, a avaliação da personalidade em Tiago foi feita para corroborar as informações advindas da aplicação da ETDAH. Foi utilizada a Escala de Traços de Personalidade para Crianças (ETPC, Sisto, 2004). Esta escala está baseada nos modelos dos três superfatores de Eysenck, podendo ser aplicada a crianças de 5 a 10 anos e avalia dimensões como sociabilidade, extroversão, neuroticismo e psicoticismo. Este instrumento é o único instrumento validado para avaliação objetiva da personalidade de crianças no Brasil. O perfil de personalidade encontrado em Tiago foi: sociabilidade média, alta extroversão, psicoticismo médio e alto neuroticismo. A dimensão de sociabilidade informa sobre a tendência a comportar-se dentro de regras e conveniências sociais. Com relação à extroversão, a ETPC mensura nessa dimensão o nível de impulsividade, tolerância à frustração e busca de sensações. O psicoticismo avalia a qualidade do relacionamento interpessoal. Já como componentes do neuroticismo podem ser citados ansiedade, depressão, sentimento de culpa e medo, baixa autoestima, timidez, tristeza, temor, desconforto e irritação (Sisto et al., 2004).

Os resultados de Tiago indicam, portanto, uma tendência a respeitar as normas sociais e obedecer às regras dentro da normalidade, a qual estaria de acordo com o relato da mãe sobre a obediência do filho nas tarefas de casa. Tiago também pode ser visto como uma criança altamente impulsiva, que precisa de estimulação frequente, podendo se tornar hostil quando não encontra reforço no meio. Apesar de gostar de estar na companhia de outras crianças, Tiago tende a ter dificuldade no relacionamento interpessoal justamente pelo elevado nível de impulsividade que apresenta. Esses resultados estão representados pelo seu nível alto de extroversão (Ávila et al., 2004; Nigg et al., 2002). O nível médio de psicoticismo apresentado por Tiago indica que a criança possui níveis adequados de empatia e, portanto, baixa propensão a desenvolver transtorno de conduta e comportamento antissocial na vida adulta (Alvarenga, Mansur-Alves & Franco, 2009; Shiner & Caspi, 2003). O elevado nível de neuroticismo tem sido associado consistentemente a problemas de externalização, em especial ao TDAH (Caspi et al., 2003; Purper-Ouakil et al., 2010; Shiner & Caspi, 2003). Assim, o alto neuroticismo de Tiago o leva a apresentar maior variabilidade de humor, emoções negativas, atenção, irritabilidade e dificuldade de lidar com o estresse. Assim, pois, o perfil de personalidade de Tiago se associa com os sintomas apresentados por ele e contribuíram positivamente para o entendimento e diagnóstico do transtorno.

Ademais, os traços de personalidade possuem suma importância no sucesso e fracasso do indivíduo em vários aspectos de sua vida, uma vez que modulam a qualidade e nível da resposta do mesmo aos eventos de vida (Caspi, Roberts & Shiner, 2005). Nesse sentido, a personalidade representa um componente fundamental para o prognóstico de um caso clínico e para o sucesso da terapia indicada (Pervin & John, 2004). No caso clínico apresentado, o prognóstico da criança foi elaborado com base nas características de personalidade apresentadas por ele e no suporte ambiental que ele possui. Embora o elevado nível de neuroticismo aumente a probabilidade de Tiago apresentar má adaptação global na adolescência e idade adulta, especialmente pela presença de ansiedade/depressão e dificuldade de controlar seus impulsos, os níveis médios de psicoticismo associados à boa capacidade de obedecer a ordens e seguir regras, apresentada pela criança, podem atuar como fatores protetores do desenvolvimento de comorbidades e transtornos de maior severidade, tais como Transtorno de Conduta e Transtornos de Personalidade Antissocial e Boderline (Alvarenga et al., 2009; Caspi et al., 2005; Shiner & Caspi, 2003). Ademais, o perfil de personalidade caracterizado por sociabilidade média e alto neuroticismo apontam para resultados favoráveis de terapias de modificação comportamental e manejo de contingências, além de treinamento de habilidades sociais. Contudo, faz-se importante destacar que o elevado nível de extroversão de Tiago indica a necessidade de modificação comportamental baseada em reforço e não punição/culpa, já que indivíduos extrovertidos, devido à elevada necessidade de recompensa e alta impulsividade, respondem melhor a estratégias comportamentais reforçadoras, de preferência reforços a curto prazo (Eysenck, 1959; Garcia, 2006). Em suma, o perfil de personalidade de Tiago aponta para um bom prognóstico para o caso.

### Caso ilustrativo 2 – Seleção profissional e orientação de carreira

O caso a seguir refere-se a uma moça de 29 anos, administradora, nomeada aqui como Micaela. Micaela graduou-se em uma das melhores universidades do país, e foi sempre muito elogiada por professores e colegas. Trabalhou na empresa Junior de sua faculdade durante o período de graduação e foi sempre muito elogiada por professores e clientes. Após ter concluido o curso de graduação, realizou mestrado na mesma universidade, onde realizou alguns estudos sobre gestão estratégica. Tendo finalizado o mestrado decidiu iniciar doutorado em Administração Estratégica e tem realizado atualmente estudos acerca das principais estratégias para treinamento motivacional de equipes. Tendo terminado os estudos, começou sua busca por um cargo de gestão, que estaria de acordo com sua formação acadêmica. Entretanto, apesar do currículo brilhante, Micaela recebeu várias negativas nas empresas onde participou da seleção. A última reprovação aconteceu na empresa SI, de telecomunicações, e deixou Micaela muito chateada.

A empresa SI realizou processo seletivo para a vaga de gerente de vendas, e Micaela apresentou-se. Tal processo foi realizado em três etapas: 1) análise de currículo; 2) avaliação psicológica e entrevista; 3) dinâmica de grupo. Micaela foi aprovada na primeira etapa e convidada a participar da segunda, quando realizou testes de inteligência, atenção concentrada e personalidade, além de ter participado de uma entrevista individual. Micaela não foi aprovada para a terceira etapa, sob a alegação de que seu perfil de personalidade não estava de acordo com o esperado para o cargo. Como ficou muito frustrada com mais uma reprovação, Micaela decidiu procurar por um psicólogo para compreender os motivos da reprovação – tanto na SI como nas demais empresas onde foi reprovada – e participar de um processo de orientação de carreira, com vistas e escolher um plano de carreira que fosse mais adequado a seu perfil psicológico.

Antes de iniciar o processo de orientação, e com vistas a compreender os motivos das reprovações de Micaela para cargos de gestão, foi analisado seu perfil profissional e pessoal, através de análise dos resultados dos testes aplicados pela SI, bem como o perfil do cargo pleiteado na empresa SI, informação enviada pelo setor de Recursos Humanos da própria empresa. O gerente de vendas de uma empresa, de acordo com a definição enviada pela empresa SI, é o profissional responsável pelo crescimento dos resultados comerciais da empresa. É ele quem lida diretamente com os colaboradores e verifica se as estratégias de vendas estão trazendo benefícios à organização. Dentre as principais funções a serem realizadas por este estão:

1) Criação de estratégias comerciais para aumento das vendas e planejamento do uso destas estratégias.

2) Gerenciamento da equipe de vendedores, com vistas a auxiliá-la no cumprimento dos objetivos e ações estabelecidos no planejamento estratégico.

3) Acompanhamento, controle e análise de todas as ações do corpo comercial, orientando e efetuando as correções necessárias, a fim de que as metas sejam cumpridas.

4) Gerenciamento do setor de comunicação, com vistas a auxiliar na definição de estratégias de *marketing* adequadas ao mercado e aos objetivos da organização.

Com base nas atribuições do cargo foi definido o perfil psicológico do gerente que a empresa SI procurava: trata-se de uma pessoa com boa capacidade de liderança e planejamento, com flexibilidade mental suficiente para lidar com as mudanças no mercado e nas preferências dos consumidores e criatividade suficiente para a criação de novas estratégias de venda, caso as utilizadas não surtam o efeito desejado. É necessário também que o gerente de vendas seja responsável e comprometido com o trabalho, e que seja capaz de lidar com planos cujos resultados poderão ser alcançados apenas a médio ou longo prazo. A empresa então decidiu avaliar, em uma primeira etapa, a experiência relatada em currículo e histórico profissional e acadêmico dos candidatos. Micaela foi aprovada nesta primeira etapa e na segunda participou de uma avaliação cognitiva e de personalidade. Para avaliação cognitiva foram utilizados os testes: Matrizes Progressivas de Raven – escala geral (Raven, 2001), e o Teste AC – Teste de Atenção Concentrada (Cambraia, 2004). Os resultados alcançados por Micaela foram satisfatórios para o cargo (percentis superiores a 70 nos dois testes).

Para avaliação da personalidade foi utilizado o Inventário de Personalidade NEO Revisado (NEO-PI-R; Costa & McCrae, 2007). O NEO-PI-R foi criado por Paul Costa e Robert McCrae na década de 1990 e visa avaliar os cinco grandes fatores de personalidade. Consiste em 240 itens, em que o sujeito deve responder em uma escala do tipo *likert* de 5 pontos, indicando o grau em que cada uma das afirmações se adéqua a seus padrões de comportamento. Os itens são depois sintetizados em 30 facetas, as quais compõem os cinco grandes fatores (seis facetas por fator). O estudo de adaptação para o contexto brasileiro foi realizado entre os anos de 2004 e 2007, tendo apresentado propriedades psicométricas adequadas. A seguir, são apresentados os percentis alcançados por Micaela em cada uma das facetas e fatores correspondentes, seguida por uma breve descrição de cada resultado, de acordo com as definições apresentadas no manual do instrumento (Costa & McCrae, 2007):

## Síntese dos resultados alcançados por Micaela

### NEUROTICISMO

**Ansiedade** (percentil = 99): Indica tendência a ser apreensiva, medrosa, nervosa, tensa, propensa a preocupações, agitada.

**Raiva/hostilidade** (percentil = 80): Alta propensão a experienciar raiva e estados relacionados, como a frustração e a amargura. Não é necessariamente hostil.

**Depressão** (percentil = 95): Demonstra-se propensa a sentimentos negativos, tais como culpa, tristeza, desesperança e solidão.

**Embaraço/constrangimento** (percentil = 85): Costuma sentir-se desconfortável frente às outras pessoas, é sensível ao ridículo e pode se sentir inferior aos outros.

**Impulsividade** (percentil = 20): Tende a resistir e controlar facilmente a seus anseios e ímpetos, tendo uma alta tolerância à frustração.

**Vulnerabilidade** (percentil = 90): Indica dificuldades em lidar com o *stress*, tornando-se dependente, sem esperança, com poucos recursos para lidar com situações de emergência.

**GERAL** (percentil = 90): Micaela demonstra-se altamente propensa a sentimentos negativos, é mais vulnerável ao estresse e tende a sofrer muito diante de frustrações.

### EXTROVERSÃO

**Acolhimento** (percentil = 10): Indica tendência a ser uma pessoa formal, reservada e distante, podendo apresentar dificuldades para formar vínculos próximos com os outros.

**Gregarismo** (percentil = 10): Indica pouco interesse pela companhia de outras pessoas. Tende a ser solitária, não procurando – ou mesmo evitando ativamente – a estimulação social.

**Assertividade** (percentil = 20): Demonstra ser pouco dominante, preferindo ficar em segundo plano e deixar os outros aparecerem e falarem.

**Atividade** (percentil = 40): Esta dimensão avalia o nível de energia e agitação das pessoas. O escore médio indica que Micaela tende a ser medianamente ativa.

**Busca de sensações** (percentil = 10): Micaela tende a sentir pouca necessidade de emoções fortes e a preferir uma vida considerada entediante por muitos.

**Emoções positivas** (percentil = 10): Propensão a ser menos alegre e exuberante, além de apresentar-se mal-humorada com frequência. Tende também a ser mais pessimista.

**GERAL** (percentil = 10): O resultado alcançado por Micaela caracteriza preferência por grupos pequenos e ambientes tranquilos. Tende a ser mais reservada e a falar menos.

### ABERTURA

**Fantasia** (percentil = 10): Demonstra-se pouco imaginativa, mais prosaica e com preferência em manter sua mente em tarefas concretas, cujos resultados sejam objetivos e esperados.

**Estética** (percentil = 10): Demonstra pouco interesse por arte e beleza. Parece ser pouco sensível e pouco interessada em arte e beleza.

**Sentimento** (percentil = 90): Micaela tende a experienciar estados emocionais mais profundos e mais diferenciados e costuma sentir tanto felicidade quanto infelicidade mais intensamente que outras pessoas.

**Ações variadas** (percentil = 40): Micaela tende a não buscar com frequência atividades diferentes, embora não tenha dificuldades em aceitá-las, caso seja necessário.

**Ideias** (percentil = 20): Indica tendência a não se interessar por ideias e pontos de vista novos e diferentes. Mesmo sendo altamente inteligente, o que inclui curiosidade, esta se restringe apenas aos tópicos de muito interesse de Micaela.

**Valores** (percentil = 20): Demonstra-se propensa a aceitar a autoridade e honrar tradições e, como consequência, pode ser mais conservadora.

**GERAL** (percentil = 10): O escore geral baixo alcançado por Micaela caracteriza preferência pelo rotineiro à novidade, pouca curiosidade e flexibilidade de pensamento.

## AMABILIDADE

**Confiança** (percentil = 20): O baixo escore alcançado por Micaela indica desconfiança nas pessoas, tendendo a assumir que os outros podem ser desonestos e perigosos.

**Franqueza** (percentil = 70): Tende a ser franca, sincera, podendo chegar a ser ingênua. Não consegue, ou não gosta, de manipular pessoas através de adulação ou astúcia.

**Altruísmo** (percentil = 50): Trata-se de uma pessoa medianamente preocupada com o bem-estar dos outros. É generosa, mas não costuma envolver-se frequentemente com os problemas de outras pessoas.

**Complacência** (percentil = 90): Tendência a ser obediente aos outros, a inibir a agressão, perdoar e esquecer. Apresenta-se como dócil, cooperativa e meiga.

**Modéstia** (percentil = 50): Tende a ser autoconfiante, com boa autoestima, mas sem faltar humildade.

**Sensibilidade** (percentil = 99): Esta faceta avalia atitudes de simpatia e preocupação com os outros. Altos escores, como o caso de Micaela, são movidos pelas necessidades alheias e enfatizam o lado humano em todas as práticas.

**GERAL** (percentil = 70): Micaela é uma pessoa fundamentalmente altruísta. É simpática com os outros, anseia por ajudá-los, e acredita que os outros serão igualmente cordiais em retorno.

## CONSCIENCIOSIDADE

**Competência** (percentil = 99): O alto escore alcançado por Micaela nesta escala indica que ela se sente bem preparada para lidar com a vida, é capaz, prudente e efetiva.

**Ordem** (percentil = 99): Demonstra tendência a ser uma pessoa caprichosa, arrumada e bem organizada.

**Senso de dever** (percentil = 99): Tende a manter-se fiel estritamente aos seus princípios éticos e escrupulosamente cumpre suas obrigações morais.

**Esforço por realização** (percentil = 99): caracteriza níveis de aspiração altos e tendência a trabalhar duro para alcançar seus objetivos.

**Autodisciplina** (percentil = 99): Micaela tende a motivar-se por conta própria para terminar um trabalho.

**Ponderação** (percentil = 99): Micaela tende a pensar cuidadosamente antes de agir, sendo cautelosa e decidida.

**GERAL** (percentil = 99): O resultado muito alto alcançado por Micaela no fator Consciensiosidade a caracteriza como uma pessoa escrupulosa, pontual, determinada e confiável.

Estudos que buscam identificar os fatores de personalidade associados ao desempenho ocupacional têm encontrado, de maneira geral, que Conscienciosidade, Extroversão e Neuroticismo são as dimensões mais importantes (Barrick & Mount, 1991; Hogan & Holland, 2003; Judge, Bono, Ilies & Gerhardt, 2002; Seibert & Kraimer, 2001; Tang & Wang, 2010). As dimensões de Amabilidade e Abertura têm sido menos estudadas e os resultados têm apontado menor capacidade de predição de desempenho ocupacional geral, incluindo cargos de gerência. O fator Amabilidade tem apresentado resultados contraditórios em alguns estudos, ora sendo desejável nível alto, ora nível baixo. Os estudos mais robustos, entretanto, apontaram associações positivas, indicando ser esperada amabilidade mais alta para um bom desempenho ocupacional (Barrick & Mount, 1991; Judge et al., 2002). Micaela apresentou alto escore em Amabilidade, o que indica alta cordialidade e altruísmo, além de tendência a ser mais cooperativa do que competitiva. Tais características são desejáveis para um bom gerente, já que este precisa lidar com muitas pessoas, bem como com suas dificuldades.

Com relação ao fator Abertura, os estudos indicam associação positiva com desempenho em trabalhos que exijam capacidade de liderança (Judge et al., 2002). Sendo assim, seria desejável nível superior à média para indicar adequação ao cargo. Micaela apresentou escores baixos em todas as facetas e na dimensão geral de Abertura, mostrando-se pouco flexível a novas ideias e valores, e, portanto, inapta ao cargo, com base nesta característica. Entretanto, como Abertura não está entre as características mais fundamentais ao cargo, como apontam os principais estudos, caso apenas esta não estivesse de acordo com o esperado, Micaela ainda poderia adequar-se ao perfil. Seria necessário, antes, verificar as características mais importantes (Neuroticismo, Extroversão e Conscienciosidade), bem como as interações entre estes, visto que outras características (como algumas facetas de extroversão, p. ex.) poderiam acabar compensando os escores baixos em Abertura.

Estudos acerca da personalidade e sua associação com desempenho no trabalho têm apontado a Conscienciosidade como uma das características mais importantes para o bom desempenho em quase todas as ocupações (Barrick & Mount, 1991; Judge et al., 2002). Barrick e Mount (1991), por exemplo, realizaram uma meta-análise de 117 estudos, publicados entre os anos de 1953 a 1988, a fim de verificar associações entre desempenho ocupacional e personalidade, e a Conscienciosidade foi considerada a dimensão mais importante para o bom desempenho de gerentes ($rho$ = 0,22; $p$ < 0,01). Outro estudo de meta-análise de 73 artigos, realizado por Judge et al. (2002), desta vez com o objetivo de verificar fatores de personalidade importantes para a boa capacidade de liderança, encontraram que a Conscienciosidade é de grande importância ($rho$ = 0,28; $p$ < 0,01), e ressaltaram a importância de verificar as facetas separadamente. No estudo em questão, as facetas de Conscienciosidade mais importantes para o bom desempenho de líderes seriam Esforço por realização (*Achievement, rho* = 0,35; $p$ < 0,05) e Senso de Dever (*Dependability, rho* = 0,30; $p$ < 0,05). Os resultados alcançados por Micaela em Conscienciosidade foram todos extremamente altos, mostrando-se uma pessoa escrupulosa, com alto senso de dever e autodisciplina, capaz de reger-se por suas próprias regras, sem necessidade de supervisão constante. Mostrou-se também altamente confiável, honesta, o que seria de grande interesse para o cargo.

Outros dois fatores importantes para a predição de desempenho em cargos de gerência devem ser considerados: Extroversão e Neuroticismo. O estudo de Barrick e Mount (1991), já citado anteriormente, apontou a Extroversão como importante preditor de cargos que envolvam relacionamento interpessoal, entre eles, o de gerente ($rho$ = 0,18; $p$ < 0,01). O Neuroticismo, neste estudo, não apresentou capacidade de predição de desempenho. Outro estudo, entretanto, também já citado (Judge et al., 2002), apontou grande importância de ambas as dimensões (Neuroticismo: $r$ = -0,24; Extroversão: $r$ = 0,31). Sendo assim, seria necessário que Micaela apresentasse baixos escores em Neuroticismo, que indicaria uma pessoa emocionalmente estável, calma, relaxada, e capaz de encarar situações estressantes sem grandes tristezas ou preocupações. Tais características seriam desejáveis em um bom gerente, visto que este precisaria lidar com pressões e frustrações com frequência, não podendo ficar vulnerável às mudanças ambientais.

Com relação à Extroversão, esperava-se que Micaela apresentasse altos escores, especialmente nas facetas Gregarismo e Assertividade. Tal perfil caracteriza uma pessoa interessada por interações sociais, excitação e estimulação, bem como tendência a ser alegre, bem-disposta e otimista. A faceta de gregarismo indicaria uma pessoa afetuosa e amigável, que busca ativamente pela companhia de outras pessoas. Pessoas com escores altos desfrutam da companhia dos outros, e gostam de ter muitas pessoas ao redor. A escala de assertividade apresenta como características a tendência a ser uma pessoa dominante, vigorosa e ascendente socialmente. É a faceta mais característica da liderança (Costa & McCrae, 2007). Micaela apresentou escores baixos em Extroversão, bem como nas facetas citadas, mostrando-se uma pessoa pouco apta ao trabalho com liderança, pois tenderia a sentir-se incomodada diante do excesso de relações interpessoais, e poderia apresentar dificuldades para liderar grupos com assertividade, não conseguindo exercer autoridade diante dos subordinados.

Algo importante a ser considerado, além das possibilidades de bom desempenho no trabalho, seria o perfil mais associado à satisfação no trabalho. Sabe-se que sentir-se satisfeito no trabalho é fator de proteção contra os efeitos do estresse e do cansaço. Pessoas que apresentam alta satisfação no trabalho tendem a mostrar-se mais motivadas e a ser mais competentes (Spence & Robbins, 1992). Um estudo de meta-análise realizado por Judge (2002), em que foram avaliados 163 estudos acerca da associação entre satisfação no trabalho e personalidade, mostrou que o Neuroticismo é o principal associado à satisfação no trabalho, e de forma negativa ($r = -0,29$; $p < 0,001$), seguido por Conscienciosidade ($r = 0,26$; $p < 0,001$) e Extroversão ($r = 0,25$; $p < 0,001$), estas positivas. Dentre as características associadas à satisfação, Micaela adequou-se apenas ao perfil de Conscienciosidade (desejável nível alto), não tendo apresentado as características esperadas em Neuroticismo (desejável nível baixo) e em Extroversão (desejável nível alto) para o aumento da probabilidade de satisfação no trabalho. Tal fato indica que ela deveria dedicar-se a um trabalho motivador, em que possa ter sucesso facilmente, para que assim não se frustre, o que poderia acabar reduzindo a qualidade de seu desempenho.

Na Figura 1 é possível comparar o desempenho de Micaela (representado pelas linhas) com o esperado para o cargo de gerente (parte sombreada). Conforme pode ser visto no gráfico, seus resultados em Neuroticismo e Extroversão são muito diferentes do esperado para um bom gerente, o qual poderia sentir-se satisfeito e, como consequência,

*Figura 1  Gráfico de resultados nas facetas e fatores do NEO-PI-R*

Nota: o espaço sombreado representa os limites para o perfil esperado. A linha representa o perfil encontrado.

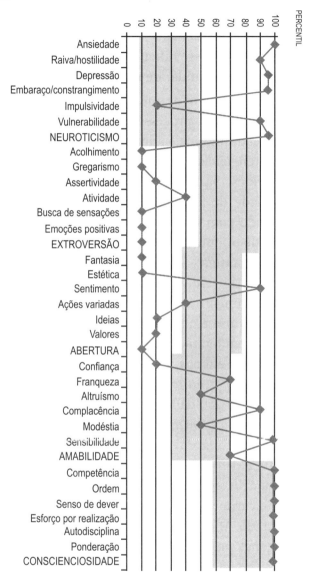

motivado pelo trabalho. Com base no conjunto de resultados encontrados na avaliação de Micaela é possível perceber que, embora sua formação acadêmica e perfil intelectual sejam adequados ao cargo, seu perfil de personalidade não pareceu adequado a cargos de liderança. Seu perfil em Neuroticismo aponta para alta vulnerabilidade a mudanças ambientais, fato que deveria ser considerado para a escolha da carreira, visto que opções que envolvam muita pressão poderiam trazer consequências negativas para Micaela. Caso fosse escolhida para o cargo da SI, por exemplo, haveria boas chances de que Micaela sofresse com o estresse no trabalho, apresentasse dificuldades para lidar com as pressões comuns ao cargo e para comandar de maneira satisfatória.

Após compreender os motivos que a levaram à inadequação a cargos de gerência, Micaela iniciou processo de orientação de carreira, com vistas a definir um caminho mais adequado a seu perfil. Considerando que seu nível de inteligência está muito acima da maioria das pessoas com mesmo nível de escolaridade, assim como seu nível de Conscienciosidade e capacidade de planejamento, além de sua motivação por continuar trabalhando com gestão, a solução encontrada por Micaela, durante o processo de orientação foi investir na carreira acadêmica. Em virtude de sua grande autodisciplina, Micaela conseguiu dedicar-se por algum tempo à prática de pesquisas bibliográficas, por conta própria, até que conseguiu conhecimento suficiente para oferecer-se para um trabalho voluntário de pesquisa em uma Universidade Pública do país. Suas práticas de pesquisa renderam algumas publicações em alguns periódicos bem conceituados em sua área, o que, somado a sua experiência anterior no doutorado, permitiram que se apresentasse para um cargo de professora em uma Faculdade de Administração. Uma vez que se dedicou, neste processo, a um trabalho que se adéqua a seu perfil de personalidade, Micaela foi aprovada e tem se mostrado extremamente motivada e disposta a dedicar-se ao novo emprego. A aprovação para o cargo de professora ocorreu aproximadamente dois anos após o processo de orientação de carreira e foi constatado na entrevista de *follow up*. Conforme apresentado, Micaela não precisou desistir completamente de seus interesses, apenas precisou adequá-los a seu perfil, para que fosse capaz de ter mais sucesso e satisfação em sua carreira.

## Considerações finais

Os casos clínicos apresentados demonstram a importância da avaliação da personalidade, baseada nos modelos de traço, para corroborar o diagnóstico de psicopatologias, fornecer indicativos para a elaboração de um plano de intervenção adequado, bem como em casos de seleção profissional e orientação de carreira. Nota-se que as abordagens fatoriais podem ser utilizadas para avaliação em diferentes contextos e em diferentes faixas etárias, desde que as estratégias de avaliação sejam adequadas ao público a que é direcionado. É importante levar em conta, por exemplo, que, para avaliação de crianças, o uso de modelos mais simples, como o modelo PEN, pode ser mais apropriado do que o uso de modelos mais complexos, como o *Big Five* (Markey, Markey & Tinsley, 2004). Para avaliação de adolescentes e adultos, por outro lado, o *Big Five* tem encontrado maior respaldo científico (John & Srivastava, 1999; McGrae, 2006; McGrae et al., 1999).

Com relação à avaliação infantil, os questionários existentes não fornecem uma avaliação em nível de facetas. A avaliação por facetas possibilita uma descrição mais minuciosa e profunda da personalidade, uma vez que ao utilizar apenas os grandes fatores pode-se perder as nuanças das diferenças individuais existentes. Além disso, novos estudos com diferentes psicopatologias são necessários para de fato verificar se os perfis de personalidade encontrados para uma dada patologia são únicos da mesma, ou seja, conseguem auxiliar no diagnóstico diferencial.

No que diz respeito à avaliação em contextos de seleção profissional, é importante ressaltar que instrumentos de autorrelato podem apresentar efeito de desejabilidade social, dificultando a avaliação da personalidade de forma consistente. Diante de um processo seletivo as pessoas tendem a buscar descrever-se como mais responsáveis, confiáveis e organizadas do que realmente são. Tais vieses, que no caso do *Big Five* costumam aparecer associados principalmente ao fator Confiabilidade, podem comprometer os resultados de um processo avaliativo (Griffin, Hesketh & Grayson, 2004). Seria interessante, como forma de reduzir o impacto dos vieses, a utilização de diferentes estratégias de avaliação, tais como entrevistas, observação, e relato de terceiros, quando possível (Anusic, Schimmack, Pinkus & Lockwood, 2009; Hong, Paunonen & Slade, 2008).

A despeito das grandes vantagens da avaliação da personalidade com uso de modelos fatoriais, há, ainda, na atualidade, algumas limitações no que diz respeito à utilização de questionários objetivos de personalidade. Não obstante a sua importância, no Brasil, é notável a escassez de instrumentos padronizados e atualizados na área de personalidade, em especial, da infantil. Muitas publicações no país não apresentam um mínimo de qualidade, ou seja, os testes muitas vezes não são adaptados nem padronizados para a realidade brasileira e não contêm as informações mínimas necessárias em seus manuais que indiquem que estes tenham sido devidamente traduzidos, adaptados e testados em nossa realidade (Noronha et al., 2002). Os testes necessitam de pesquisas e de aprimoramento para que possam auxiliar na prática do profissional de Psicologia. Algumas iniciativas nesse sentido têm sido observadas e certamente resultarão, em um futuro próximo, na disponibilidade de maior número de instrumentos de qualidade em nosso meio.

## Referências

Alvarenga, M.A.S., Mansur-Alves, M., & Franco, F.M. (2009). O desenvolvimento das dimensões antissociais da personalidade. In V.G. Haase, F.O. Ferreira, & F.J. Penna (Orgs.). *Aspectos biopsicossociais da saúde na infância e adolescência* (pp. 231-258). Belo Horizonte: Coopmed.

American Psychiatric Association (1994). *Diagnostic and Statistical Manual of Mental Disorders* (4a ed.). Washington, DC: Author.

Anusic, I., Schimmack, U., Pinkus, R.T., & Lockwood, P. (2009). The nature and structure of correlations among Big Five ratings: The halo--alpha-beta model. *Journal of Personality and Social Psychology, 97*(6), 1.142-1.156.

Arcus, D. (2005). Temperament. In K. Krapp, & J. Wilson (Eds.). *Encyclopedia of Children's Health*. Recuperado de http://health.enotes.com/ childrens-health-encyclopedia/ temperament

Ávila, C., Cuenca, I., Félix, V., Parcet, M.A., & Miranda, A. (2004). Measuring impulsivity in school-aged boys and examining its relationship with ADHD and ODD ratings. *Journal of Abnormal Child Psychology, 32*(3), 295-304.

Barbaranelli, C., Caprara, G., & Rabasca, A. (1998). *BFQ-C Big Five Questionnaire for Children*. Firenze: Organizzazioni Speciali.

Barkley, R. (2002). *Transtorno de Déficit de Atenção/Hiperatividade – Guia completo para pais, professores e profissionais de saúde*. Porto Alegre: Artmed.

Barrick, M.R., & Mount, M.K. (1991). The Big Five personality dimensions and job performance: A meta-analysis. *Personnel Psychology, 44*, 1-26.

Benzick, E.B.P. (2000). *Manual da Escola de Transtorno de Déficit de Atenção/Hiperatividade: versão para professores*. São Paulo: Casa do Psicólogo.

Bögels, S.M., & van Melick, M. (2004). The relationship between child-report, parent self-report, and partner report of perceived parental rearing behaviors and anxiety in children and parents. *Personality and Individual Differences, 37*, 1.583-1.599.

Boudreau, J.W., Boswell, W.R., & Judge, T.A. (2001). Effects of personality on executive career success in the United States and Europe. *Journal of Vocational Behavior 58*, 53-81.

Cambraia, S.V. (2004). *Teste de atenção concentrada*. São Paulo: Vetor.

Caspi, A. (2000). A criança é o pai do homem: Continuidades na personalidade, da infância à vida adulta. *Psychologica, 24*, 21-54.

Caspi, A., Harrington, H., Milne, B., Amell, J.W., Theodore, R., & Moffitt, T.E. (2003). Children's behavioral styles at age 3 are linked to their adult personality traits at ages 26. *Journal of Personality, 7*(4), 496-514.

Caspi, A., Roberts, B.W., & Shiner, R.L. (2005). Personality development: Stability and change. *Annual Review of Psychology, 56*, 453-484.

Cassimjee, N. (2003). Theoretical foundations of emperament. In C.F. Halverson, G.A. Kohnstamm, & R.P. Martin (Eds.). *The developmentes structure of temperament and personality from infancy to adulthood* (pp. 136-194). Hillsdale: Erlbaum.

Colom, R. (1998). *Psicología de las diferencias individuales: Teoría y práctica*. Madri: Pirámide.

Costa, P.T. Jr., & McCrae, R.R. (1992). *NEO-PI-R: Professional manual*. FL: Psychological Assessment Resources.

Costa, P.T. Jr., & McCrae, R.R. (2007). *NEO-PI-R: Manual profissional*. São Paulo: Vetor.

Cozby, P.C. (2003). *Métodos de pesquisa em ciências do comportamento*. São Paulo: Atlas.

Cronbach, L.J. (1996). *Fundamentos da testagem psicológica* (5a ed.). Porto Alegre: Artes Médicas.

Cunha, J.A. (2002). *Psicodiagnóstico-V.* Porto Alegre: Artmed.

Duarte, C.S., & Bordin, I.A.S. (2000). Instrumentos de avaliação. *Revista Brasileira de Psiquiatria,* 22(2), 55-58.

De Raad, B. (1998). Five big, big five issues: rationale, content, structure, status, and crosscultural assessment. *European Psychologist,* 3(2), 113-124.

De Raad, B. (2000). The Big Five Personality Factors: The psycholexical approach to personality. Seattle: Hogrefe & Huber Publishers.

Eysenck, H.J. (1959). Estudio cientifico de la personalid (E. Loedel, Trad.). Buenos Aires: Paidos. (Original publicado em 1952.)

Eysenck, H.J. (1961). *Dimensions of personality.* Londres: Rotledge & Kegan Paul.

Eysenck, H.J., & Eysenck, M.W. (1985). *Personality and individual differences: A natural science approach.* Nova York: Plenum.

Eysenck, H.J., & Eysenck, S.G. (1998). *Manual of the Eysenck Personality Questionnaire (Junior & Adult).* Adaptado por Nicolas Seisdedos e Agustín Cordero. Madrid: TEA. (Original publicado em 1975.)

Funder, D. (2001). Personality review. *Annual Review of Personality,* 52, 197-227.

García, L.F. (2006). Teorias psicométricas da personalidade. In C. Mc-Crae, & R. Colom (Orgs.). *Introdução à Psicologia das Diferenças Individuais* (pp. 219-242). Porto Alegre: Artmed.

Griffin, B., Hesketh, B., & Grayson, D. (2004). Applicants faking good: Evidence of bias in the NEO-PI-R item. *Personality and Individual Differences,* 36, 1.545-1.558.

Hogan, J., & Holland, B. (2003). Using theory to evaluate personality and job-performance relations: A socioanalytic perspective. *Journal of Applied Psychology,* 88(1), 100-112.

Hong, R.Y., Paunonen, S.V., & Slade, H.P. (2008). Big Five personality factors and the prediction of behavior: A multitrait-multimethod approach. *Personality and Individual Differences, 45*(2), 160-166.

Hutz, C.S., & Bandeira, D.R. (2002). Desenho da Figura Humana. In J.A. Cunha et al. (Ed.). *Psicodiagnóstico – V* (pp. 507-512). Porto Alegre: Artmed.

Hutz, C.S., & Nunes, C.H. (2001). *Escala Fatorial de Ajustamento Emocional Neuroticismo.* São Paulo: Casa do Psicólogo.

Hutz, C.S., Nunes, C.H., Silveira, A.D., Serra, J., Anton, M. & Wieczorek, L.S. (1998). O desenvolvimento de marcadores para avaliação da personalidade no modelo dos cinco grandes fatores. *Psicologia: Reflexão e Crítica, 11*(2), 395-409.

John, O.P., & Srivastava, S. (1999). The Big-Five trait taxonomy: History, measurement, and theoretical perspectives. In L.A. Pervin, & O.P. John (Eds.). *Handbook of personality: Theory and research* (2a ed., pp. 102-138). Nova York: Guilford.

Juan-Espinosa, M. (2006). Bases biológicas da personalidade. In C. Flores-Mendoza & R. Colom (Orgs.). *Introdução à Psicologia das Diferenças Individuais* (pp. 263-299). Porto Alegre: Artmed.

Judge, T.A. (2002). Five-factor model of personality and job satisfaction: A meta-analysis. *Journal of Applied Psychology, 87*(3), 530-541.

Judge, T.A., Bono, J.E., Ilies, R., & Gerhardt, M.W. (2002). Personality and leadership: A qualitative and quantitative review. *Journal of Applied Psychology, 87*(4), 765-780.

Kline, P. (1993). *The Handbook of Psychological Testing.* Londres: Routledge.

Larson, L.M., Rottinghaus, P.J., & Borgen, F.H. (2002). Meta-analyses of Big Six interests and Big Five Personality Factors. *Journal of Vocational Behavior, 61,* 217-239.

Lilienfeld, S.O., Wood, J.M., & Garb, H.N. (2000). The scientific status of projective techniques. *American Psychologist, 1*(2), 27-66.

Markey, P.M., Markey, C.N., & Tinsley, B.J. (2004). Childrens' behavioral manifestations of the five-factor model of personality. *Personality and Social Psychology Bulletin, 30*(4), 423-432.

McCrae, R.R. (2006). O que é personalidade? In C. McCrae, & R. Colom (Orgs.). *Introdução à Psicologia das Diferenças Individuais* (pp. 203-218). Porto Alegre: Artmed.

McCrae, R.R., & Costa, P.T. Jr. (1985). Updating norman's "adequate taxonomy": intelligence and personality dimensions in natural language and in questionnaires. *Journal of Personality and Social Psychology, 49,* 710-721.

McCrae, R.R., & Costa, P.T. Jr. (1997). Personality trait structure as a human universal. *American Psychologist, 52,* 509-516.

McCrae, R.R., Costa, P.T., Martin, T.A., Oryol, V.E., Rukavishnikov, A.A., Senin, I.G., Hrebícková, M., & Urbánek, T. (2004). Consensual validation of personality traits across cultures. *Journal of Research in Personality, 38,* 179-201.

McCrae, R.R., Yang, J., Costa, P., Dai, X., Yao, S., Cai, T., & Gao, B. (2001). Personality profiles and the prediction of categorical personality disorders. *Journal of Personality, 69*(2), 155-174.

Nigg, J.T., John, O.P., Blaskey, L.G., Huang-Pollock, C.L., Willicut, E.G., Hinshaw, S.P., & Pennington, B. (2002). Big Five dimensions and ADHD symptoms: Links between personality traits and clinical symptoms. *Journal of Personality and Social Psychology, 83*(2), 451-469.

Noronha, A.P.P., Freitas, F.A., Sartori, F.A., & Ottati, F. (2002). Informações contidas nos manuais de testes de personalidade. *Psicologia em Estudo, 7*(1), 143-149.

Nunes, C.H.S.S., Hutz, C.S., & Nunes, M.F.O. (2010). *Bateria Fatorial de Personalidade.* São Paulo: Casa do Psicólogo.

Olino, T.M., Klein, D.N., Durbin, C.E., Hayden, E.P., & Buckley, M.E. (2005). The structure of extraversion in preschol aged children. *Personality and Individual Differences, 39*(2), 481-492.

Pervin, L.A., & John, O.P. (2004). *Personalidade: Teoria e prática.* Porto Alegre: Artmed.

Purper-Ouakila, D., Cortesea, C., Wohlc, M., Aubrond, V., Orejarenaa, S., Michele, G., Ascha, M., Mourena, M., & Gorwoodb, P. (2010). Temperament and character dimensions associated with clinical characteristics and treatment outcome in attention-deficit/hyperactivity disorder boys. *Comprehensive Psychiatry, 51*(3), 286-292.

Raven, J. (2001). *Matrizes progressivas de Raven: escala geral*. Rio de Janeiro: CEPA.

Retondo, M.F.N.G. (2000). *Manual prático de avaliação do HTP (Casa--Árvore-Pessoa) e Família*. São Paulo: Casa do Psicólogo.

Reynolds, S.K., & Clark, L.A. (2001). Predicting personality disorder dimensions from domains and facets of the Five-Factor Model. *Journal of Personality, 69,* 199-222.

Roberts, B.W., & Bogg, T. (2004). A longitudinal study of relationship between conscientiousness and the social-environmental factors and substance-use behaviors that influence health. *Journal of Personality,* 72(2), 325-354.

Rothbart, M.K., & Bates, J.E. (1998). Temperament. In W. Damon, & N. Eisenberg (Eds.). *Handbook of Child Psychology: Vol. 3* (5a ed., pp. 105-176). Nova York: Wiley.

Seibert, S.E., & Kraimer, M.L. (2001). The five-factor model of personality and career Success. *Journal of Vocational Behavior, 58,* 1-21.

Shiner, R.L., & Caspi, A. (2003). Personality differences in childhood and adolescence: measurement, development, and consequences. *Journal of Child Psychology and Psychiatry,* 44(1), 2-32.

Sisto, F.F. (2004). *Escala de Traços de Personalidade para Crianças (ETPC)*. São Paulo: Vetor.

Sisto, F.F., Oliveira, S.M.S.S., Oliveira, K.L., Bartholomeu, D., Oliveira, J.C.S., & Costa, O.R.S. (2004). Escala de traços de personalidade para crianças e aceitação social entre pares. *Interação em Psicologia,* 8(1), 15-24.

Spence, J.T., & Robbins, A.S. (1992). Workaholism: Definition, measurement, and preliminary results. *Journal of Personality Assessment,* 58(1), 160-178.

Tang, N., & Wang, G. (2010). FFM measures and job performance in Chinese organizations. *Journal of Chinese Human Resource Management,* 1(1), 49-65.

Watson, D., Clark, L.A., & Harkness, A.R. (1994). Stuctures of personality and their relevance to psychopathology. *Journal of Abnormal Psychology, 103,* 18-31.

*Capítulo 4*
# Exemplo de documento técnico: avaliação de um caso de suspeita de TDAH

*Marcela Mansur-Alves*
*Renata Saldanha Silva*

## Introdução

O caso que será apresentado a seguir trata-se de um processo de avaliação do paciente Tiago. Ele é um garoto de nove anos que foi levado para psicodiagnóstico por estar apresentando problemas de aprendizagem escolar e por ser muito agitado. O professor chamou a atenção para a piora progressiva no desempenho escolar de Tiago e para seu excesso de agitação. Em entrevista de anamnese os pais confirmaram as observações realizadas na escola.

Durante as sessões de avaliação com Tiago foi possível perceber que se tratava de uma criança educada e prestativa, mas que tendia a distrair-se com facilidade, voltando a atenção para qualquer pequeno barulho na sala. Nos primeiros atendimentos mostrou-se tímido e ansioso, o que levou a avaliadora a optar por tarefas mais simples nos primeiros dois encontros, até que Tiago estivesse mais à vontade para a sessão. A partir da terceira sessão foram aplicados os testes psicológicos e neuropsicológicos, com o cuidado para não tornar as aplicações entediantes, visto que Tiago tende a dispersar-se com frequência.

Ao todo foram realizadas nove sessões de atendimento com Tiago, mais duas sessões com os pais (aplicação do *Kiddie-Schedule for Affective Disorders and Schizophrenia* [K-SADS] e entrevista de anamnese) e uma sessão na escola, para entrevista com o professor e observação do comportamento de Tiago em ambiente natural. Os resultados e outros detalhes das avaliações são apresentados no relatório de psicodiagnóstico, a seguir[3].

## RELATÓRIO DE AVALIAÇÃO PSICOLÓGICA

**Data:** 10/07/2012

**Requerente:** Elisa Santos da Silva (mãe)

**Finalidade:** Confirmação do diagnóstico de Transtorno do Déficit de Atenção/Hiperatividade (TDAH – F90.0)

**Profissional responsável:** Marcela Mansur-Alves (CRP/04-25991)[4]

**Período de avaliação:** 03/05/2012 a 26/06/2012

**Local de Avaliação:** Belo Horizonte (MG)

### 1 Identificação

**Nome:** Tiago Santos da Silva

**Data de nascimento:** 19/08/2003

**Idade à época da avaliação:** nove anos

**Nome da mãe:** Elisa Santos da Silva

**Nome do pai:** Antônio Pereira Silva

### 2 Descrição da demanda

Foi trazido para avaliação psicológica pela mãe por indicação dos professores da escola onde estuda, em decorrência de problemas comportamentais e de desempenho escolar. A criança apresenta dificuldades atencionais, impulsividade elevada e agitação motora. Essas dificuldades estão se tornando mais graves ao longo do tempo com prejuízo significativo da aprendizagem escolar e da interação social.

**Histórico:** Gravidez normal, sem contratempos. A criança nasceu abaixo do peso e pré-termo, sendo necessária sua permanência por uma semana

---

3. Nota dos organizadores: Aproveita-se para lembrar que, embora o presente documento não esteja assinado pela avaliadora, todo documento ou parecer psicológico deverá ser assinado e carimbado pelo profissional responsável pela avaliação.

4. Alguns dados foram modificados para proteger a identidade do avaliando.

em uma Unidade de Atenção Neonatal. Tiago não possui dificuldades para se alimentar, embora sempre tenha manifestado uma enorme dificuldade para dormir. Quando bebê essa dificuldade manifestava-se pela presença de choros intensos e gritos quando colocado no berço e, mais tarde, uma inquietude e resistência por deitar-se no horário estabelecido pelos pais. Quanto ao desenvolvimento na primeira infância, os pais relatam que a criança engatinhou aos cinco meses, andou sozinha com um ano e dois meses e esboçou as primeiras palavras aos onze meses. A criança veste-se sozinha e toma banho sozinha, embora sempre o faça após muita insistência por parte da mãe. A mãe relata que "desde muito cedo meu filho parecia ter uma energia que não acabava nunca. Sempre foi muito difícil para nós (os pais) acompanhá-lo em todas as atividades que queria fazer. Perdia o interesse em seus brinquedos com facilidade, corria por toda a casa derrubando as coisas e somente ficava quieto quando estava assistindo o seu DVD favorito (sic)". A rotina familiar é estruturada, embora a mãe relate que, atualmente, por cansaço "acaba deixando o Tiago fazer tudo como quer (sic)". As atividades de lazer da criança consistem, em geral, assistir a filmes e desenhos na televisão. Possui uma irmã mais nova (4 anos) que não apresenta as mesmas características observadas em Tiago. Durante sua vida escolar, Tiago vinha apresentando um padrão de notas um pouco abaixo do nível de ensino em todos os aspectos. Além disso, a qualidade e a quantidade de seu trabalho eram altamente variáveis de um dia para o outro. Apesar dessas preocupações persistentes, Tiago nunca tinha se submetido a testes de base escolar ou psicológica. Ele não tinha diagnósticos anteriores e nunca tinha se sujeitado a qualquer psicoterapia contínua ou à assistência de educação especial.

### Base teórica para a avaliação

De acordo com o DSM-IV (APA, 1994), o TDAH é uma condição neurodesenvolvimental caracterizada por um padrão persistente de desatenção, hiperatividade e impulsividade, o qual é mais grave e frequente do que aquele apresentado por indivíduos com o mesmo grau de desenvolvimento. Segundo Barkley (2002), em linhas gerais, portadores de TDAH apresentam dificuldade para planejar, estabelecer prioridades e se organizar; lentidão e inconsistência no desempenho; declínio rápido da motivação após um momento inicial de entusiasmo. São também indivíduos confusos, inquietos, impulsivos, desatentos às regras e às pistas ambientais e pouco resistentes à frustração. O transtorno aparece na infância e é persistente na idade adulta, sendo diagnosticado quando os sintomas estão presentes em pelo menos dois contextos diferentes.

Para o diagnóstico de TDAH é esperado que a pessoa avaliada apresente inteligência geral na média ou acima da média, prejuízos na velocidade de processamento, na capacidade de planejamento e na atenção concentrada, o que tende a ocasionar baixo desempenho escolar. Nos testes de QI, como o WISC-III (2002), tarefas que avaliam velocidade de processamento e resistência à distração tendem a apresentar resultados inferiores, se comparadas aos outros escores no mesmo teste (Cunha, 2000).

## 3 Métodos e técnicas utilizadas

a) Roteiro de Anamnese, realizado com os pais: objetivou coletar informações sobre a estrutura familiar e o desenvolvimento da criança desde o período gestacional até o atual.

b) Brincadeiras livres e estruturadas: diversas brincadeiras foram utilizadas a fim de observar o comportamento da criança e possibilitar a avaliação de jogo imaginativo, atividades e preferências, linguagem verbal, flexibilidade mental, memória e atenção.

c) Observação do comportamento em ambiente natural: foi, também, realizada uma observação da criança em contexto escolar para verificar a ocorrência das dificuldades mencionadas pelos pais e professores, bem como analisar aspectos referentes às interações sociais da criança.

d) Entrevista diagnóstica com o K-SADS (versão brasileira da *Schedule for Affective Disorders and Schizophrenia for School-Aged Children*): é uma entrevista projetada para obter informações sobre a presença de psicopatologia na infância e sua gravidade. No presente caso, foi utilizada a Entrevista de Rastreamento para TDAH e Transtorno Opositivo Desafiador no momento presente e ao longo da vida.

e) Escala do Transtorno do Déficit de Atenção/Hiperatividade (Benczik, 2000): escala aplicada aos professores com o objetivo de levantar a presença de sintomas característicos do TDAH em crianças. Esta escala nos fornece informações sobre nível de problemas de atenção, impulsividade, comportamento antissocial e dificuldades de aprendizagem.

f) Testes de Inteligência: foram utilizados dois testes a fim de avaliar o nível intelectual da criança, já que o mesmo está diretamente relacionado ao prognóstico do caso e as possibilidades de sucesso na intervenção. Os testes utilizados foram:

• Matrizes Progressivas de Raven – Escala Colorida (Angelini, Alves, Custódio, Duarte & Duarte, 1999): avalia a inteligência geral de crianças de 5 a 11 anos de idade, por meio de problemas de raciocínio abstrato. São 36 problemas em que é apresentado à criança um desenho em que falta um pedaço e sua tarefa consiste em completar o pedaço que falta com as opções dadas.

• Escala Wechsler de Inteligência para Crianças – WISC-III (Wechsler, 2002): avalia a inteligência como uma entidade agregada e global, ou seja, capacidade do indivíduo em raciocinar, lidar e operar com propósito, racional e efetivamente com o seu meio ambiente. Por esta razão, os subtestes foram selecionados com o objetivo de investigar muitas capacidades mentais diferentes, mas que juntas, oferecem uma estimativa da capacidade intelectual geral da criança.

g) Figuras Complexas de Rey (Oliveira & Rigoni, 2010): objetivam avaliar as funções de percepção visual e memória imediata em duas fases – cópia e reprodução de memória. Possui duas formas: a forma B para crianças de 4 a 7 anos e a forma A para crianças a partir de cinco anos.

h) Teste de Desempenho Escolar (Stein, 1994): instrumento que fornece uma estimativa do desempenho da criança em provas escolares de leitura, escrita e aritmética.

i) Teste Guestáltico Visomotor de Bender – Sistema de Pontuação Gradual (Sisto, Noronha e dos Santos, 2006): avalia a maturação perceptomotora por meio da análise da distorção de forma. Possui elevada associação com dificuldades de aprendizagem.

j) Escala de Traços de Personalidade para Crianças (ETPC, Sisto, 2004): instrumento para avaliação objetiva da personalidade que pode ser aplicado a crianças de 5 a 10 anos e avalia dimensões como sociabilidade, extroversão, neuroticismo e psicoticismo.

## 4 Resultados

### a) Observação comportamental

Tiago mostrou-se uma criança alegre e bem-educada, tanto com a avaliadora quanto com professores, colegas e familiares. Na escola parece possuir muitos amigos, está sempre cercado por colegas, fazendo brincadeiras. Tende a interromper as aulas frequentemente para dizer algo engraçado, o que tende a despertar gargalhadas por parte dos demais alunos. Demora mais que os colegas a finalizar as tarefas e se dispersa com facilidade. É agitado, remexendo-se na cadeira com frequência, e mudando constantemente de brincadeiras durante o recreio. Apesar do bom contato com todos, Tiago parece ter dificuldades para lidar com a frustração, chegando muitas vezes a reagir agressivamente contra colegas e professores, quando frustrado. Quando retoma o controle emocional geralmente sente-se culpado e pede desculpas.

## b) Entrevistas e outras técnicas/tarefas

Segundo relato da mãe, em casa, Tiago é muito agitado e distraído. Tende a mudar frequentemente de atividade, não conseguindo concluir a maioria das que inicia. Durante a realização dos deveres de casa, Tiago interrompe os estudos várias vezes para realizar outras atividades, como ver TV ou ir à janela para ver a rua. A mãe relata que tais comportamentos tornam muito desgastante a tarefa de auxiliar Tiago em suas tarefas escolares. Nas tarefas de lazer Tiago mantém o mesmo padrão de comportamento, segundo a mãe: distrai-se e troca de atividade frequentemente, é agitado e parece querer sempre chamar a atenção. Não gosta de brincadeiras silenciosas, como jogos de tabuleiro e quebra-cabeça. Aos finais de semana Tiago precisa cumprir algumas tarefas (ex.: arrumar o quarto), as quais costuma não concluir, embora, de acordo com relato da mãe, procure obedecer. A única atividade que o mantém entretido é o videogame. Quando não consegue o que quer, Tiago costuma ficar nervoso, chora e grita. Segundo a mãe, parece descontrolado por um tempo, mas logo depois se acalma e pede desculpas.

O roteiro de entrevista K-SADS indicou diagnóstico provável de TDAH, mas não de TDO.

## c) Testes Padronizados

*1) Escala do Transtorno do Déficit de Atenção/Hiperatividade*

A tabela a seguir apresenta os resultados obtidos na Escala de TDAH.

| Subteste | Percentil |
|---|---|
| Desatenção | 95 |
| Impulsividade | 99 |
| Problemas de aprendizagem | 95 |
| Comportamento antissocial | 40 |

Como pode ser visto na tabela acima, nas escalas de desatenção, impulsividade e problemas de aprendizagem, as pontuações de Tiago indicam grande probabilidade de apresentar TDAH, tipo combinado. Na escala de comportamento antissocial, as pontuações de Tiago o situaram dentro da média esperada para a faixa etária.

*2) Matrizes Progressivas de Raven – Escala Colorida:* Percentil: 65; Classificação: Média.

O resultado alcançado por Tiago no teste indica capacidade de raciocínio indutivo acima da média, demonstrando ter desempenho igual ou superior a 65% da população de mesma idade e nível de escolaridade.

*3) WISC-III*

QI verbal: 110

QI de execução: 90

QI total: 100

Índice de Compreensão Verbal: 120

Índice de Organização Perceptual: 100

Índice de Velocidade de Processamento: 85

Índice de Resistência à Distração: 90

Perfil SCAD (Procurar Símbolos, Código, Aritmética e Dígitos): 85

O resultado indica que Tiago apresenta inteligência geral dentro da média para sua faixa etária, permitindo o diagnóstico de um transtorno de aprendizagem, como o TDAH. Seu QI de execução – que é a medida do raciocínio perceptual e fluido, do processamento espacial e da integração visomotora – apresentou discrepância quando comparado ao QI verbal – que representa a capacidade de formar conceitos verbais, de raciocinar com conteúdos verbais e de adquirir conhecimento do ambiente. Tal resultado é forte indicativo de TDAH, já que a escala de execução avalia características mais associadas aos prejuízos apresentados por portadores de TDAH.

Confirmando o perfil indicativo de TDAH, as habilidades que se apresentam menos desenvolvidas estão associadas à velocidade de processamento e resistência à distração. Além disso, o perfil SCAD, soma ponderada dos subtestes do WISC-III mais associados ao TDAH, apresenta discrepância significativa, quando comparado ao resultado em Organização Perceptual, estando de acordo com a hipótese de que Tiago apresente perfil de crianças com TDAH.

*4) Figuras complexas de Rey*

Tiago foi submetido à aplicação do Teste de Cópia e de Reprodução de Memória de Figura A.

O tipo de cópia realizada por Tiago foi o tipo V, mais comum em crianças com idades entre quatro e oito anos (P. 10 – baixo)

Percentil (exatidão) = 20 – baixo

O resultado indica habilidade visoconstrutiva abaixo do esperado para a faixa etária, com excesso de erros de planejamento e percepção.

*5) Teste Guestáltico Visomotor de Bender – Sistema de Pontuação Gradual*

Percentil = 50 – médio

O resultado alcançado por Tiago indica maturação perceptomotora dentro do esperado para a idade.

*6) Teste de Desempenho Escolar*

Os resultados alcançados em aritmética, leitura e escrita estão abaixo do esperado para a série escolar, indicando, portanto, possibilidade de apresentar um transtorno de aprendizagem.

*7) Escala de Traços de Personalidade para Crianças*

O perfil de personalidade encontrado em Tiago é apresentado a seguir:

| Fator | Percentil |
| --- | --- |
| Neuroticismo | 80 |
| Extroversão | 90 |
| Psicoticismo | 50 |
| Sociabilidade | 60 |

Tiago apresenta sociabilidade média, alta extroversão, psicoticismo médio e alto neuroticismo. Tende, portanto, a comportar-se dentro de regras e conveniências sociais, a ser impulsivo, com baixa tolerância à frustração, e alto empenho na busca de sensações. Apresenta, também, capacidade normal de criação e estabelecimento de relações interpessoais satisfatórias. Tende a vivenciar com frequência sentimentos negativos, como ansiedade, depressão, sentimento de culpa e medo, baixa autoestima, timidez, tristeza, temor, desconforto e irritação.

## 5 Síntese e interpretação dos resultados

Deve-se, em primeiro lugar, apontar que em um processo de avaliação psicológica no contexto clínico o objetivo é não somente realizar um diagnóstico, mas também apontar um perfil de forças e fraquezas do indivíduo que vai auxiliar na elaboração das estratégias de intervenção para o caso. A seguir serão apresentados os principais resultados do processo de avaliação realizado com Tiago.

Durante o processo de avaliação de Tiago, pode-se constatar que este é um garoto com inteligência dentro do esperado, não apresentando dificuldade de raciocínio lógico, capacidade de resolver problemas ou adaptar-se ao ambiente em que está inserido. Apresenta habilidades verbais em nível superior ao esperado para sua faixa etária, o que configura uma vantagem em situações em que são necessárias habilidades verbais para a resolução de problemas. Apresenta padrão de relacionamentos interpessoais dentro do esperado para a faixa etária, tendendo a ser uma criança amável e educada, com boa relação com familiares, amigos e professores. Tiago apresenta, portanto, uma tendência a respeitar as normas sociais e obedecer às regras conforme esperado para a idade. Possui níveis adequados de empatia e, portanto, baixa propensão a desenvolver transtorno de conduta e comportamento antissocial na vida adulta.

Tiago pode ser considerado, também, uma criança altamente impulsiva, que precisa de estimulação frequente, podendo se tornar hostil quando não encontra as recompensas que espera. Apesar de gostar de estar na companhia de outras crianças, Tiago tende a ter dificuldade no relacionamento interpessoal, justamente pelo elevado nível de impulsividade que apresenta. O elevado nível de instabilidade emocional apresentado indica que Tiago tende a ser ansioso e a vivenciar emoções negativas, como tristeza e raiva. Entretanto, os níveis médios de psicoticismo, associados à boa capacidade de obedecer a ordens e seguir regras, podem atuar como fatores protetores do desenvolvimento de comorbidades e transtornos de maior severidade, tais como Transtorno de Conduta e Transtornos de Personalidade Antissocial e Boderline. No que se refere ao desempenho escolar, percebe-se que este está abaixo do esperado para o nível de inteligência de Tiago. Ademais, os resultados apontam para resultados favoráveis de terapias de modificação comportamental e manejo de contingências, além de treinamento de habilidades sociais, em especial aqueles baseados em reforço e não punição/culpa.

## 6 Parecer

Com base nos resultados dos métodos e técnicas utilizados, conclui-se que Tiago apresenta Transtorno de Déficit de Atenção/Hiperatividade – Tipo Combinado (F90.0 – 314.01) sem comorbidades.

## 7 Encaminhamentos

Sugere-se as seguintes intervenções para o caso:

(a) Psicoterapia individual com a criança com objetivo de ampliação e aquisição de comportamentos que se apresentam deficitários ou inexistentes no repertório, tais como controle de impulsos, manejo de pensamentos disfuncionais, organização do tempo e planejamento das atividades, melhora da autoestima, da autoconfiança e das relações interpessoais.

(b) Equoterapia: É a utilização terapêutica do cavalo em um tratamento complementar de reabilitação física e mental. Funciona como um trabalho de conhecimento do próprio corpo, pois exige a participação do corpo inteiro, trabalhando e desenvolvendo uma melhor coordenação física, a postura, o ritmo, o equilíbrio, a flexibilidade, o tônus muscular e a autoaceitação. O contato com o cavalo permite trabalhar aspectos como a afetividade, a autoconfiança e a criatividade.

(c) No ambiente escolar, o trabalho deve acompanhar a mesma direção dos trabalhos realizados individualmente com a criança, tendo como foco a melhora das habilidades atencionais, o raciocínio matemático e cumprimento das tarefas escolares. O método deve focar-se no reforço positivo. Acompanhamento individualizado pode ser necessário, pelo menos, inicialmente.

(d) Treinamento de pais: Fornecer aos pais conhecimentos básicos sobre o comportamento e técnicas para lidar com seus filhos.

(e) Psicoeducação para os pais: Técnica cognitiva que visa informar e ensinar aos pais sobre os sintomas dos filhos. Tal procedimento permite que os pais tenham consciência das dificuldades de seus filhos para que assim possam compreendê-los e aprendam as estratégias mais indicadas para o manejo dos sintomas, tornando mais fácil a relação entre pais e filhos com TDAH.

**Validade dos resultados:**

A fim de verificar os resultados das intervenções realizadas e as modificações no comportamento da criança, sugere-se realizar nova avaliação psicológica num prazo de dois anos, ou a qualquer momento, caso perceba-se alteração brusca dos comportamentos da criança.

Belo Horizonte, 10 de julho de 2012.

[Assinatura e identificação profissional]

## Referências

Angelini, A.L., Alves, I.C.B., Custódio, E.M., Duarte, W.F., & Duarte, J.L.M. (1999). *Matrizes Progressivas Coloridas de Raven: Escala Especial: Manual*. São Paulo: CETEPP.

Associação Psiquiátrica Americana (2002). *Manual Diagnóstico e Estatístico de Transtornos Mentais* (4a ed. rev.). Porto Alegre: Artes Médicas.

Barkley, R.A. (2002). *Transtorno de déficit de atenção/hiperatividade (TDAH): guia completo e autorizado para os pais, professores e profissionais da saúde*. Porto Alegre: Artmed.

Benczik, E.B.P. (2000). *Manual da Escola de Transtorno de Déficit de Atenção/Hiperatividade: Versão para professores*. São Paulo: Casa do Psicólogo.

Cunha, J.A. et al. (2000). *Psicodiagnóstico – V*. Porto Alegre: Artmed.

Oliveira, M.S., & Rigoni, M.S. (2010). *Figuras complexas de Rey: teste de cópia e de reprodução de memória de figuras geométricas complexas*. São Paulo: Casa do Psicólogo.

Sisto, F.F. (2004). *Escala de Traços de Personalidade para Crianças (ETPC)*. São Paulo: Vetor.

Sisto, F.F., Noronha, A.P.P., & Santos, A.A.A. (2006). *Teste Gestáltico Visomotor de Bender – Sistema de Pontuação gradual (B-SPG): Manual*. São Paulo: Vetor.

Stein, L.M. (1994). *Teste de Desempenho Escolar: Manual para aplicação e interpretação*. São Paulo: Casa do Psicólogo.

Wechsler, D. (2002). *Escala de Inteligência Wechsler para Crianças* (3a ed.): Manual; Adaptação e padronização de uma amostra brasileira (1a ed.); V.L.M. Figueiredo. São Paulo: Casa do Psicólogo. (Original publicado em 1991.)

*Capítulo 5*
# Inteligência Geral e as Altas Habilidades/ Superdotação[5]

*Carmen Elvira Flores-Mendoza Prado*
*Keith F. Widaman*

> Nosso filho tem sete anos de idade e faz coisas bem adiantadas para a idade dele. Nós não ensinamos as coisas que ele sabe. Ele sozinho procura informação na internet. Às vezes vem com perguntas que não sabemos responder. Queremos saber se é superdotado para procurar uma escola adequada para ele.

Com essas palavras, um jovem casal procurou em 2006 o Laboratório de Avaliação das Diferenças Individuais do Departamento de Psicologia da Universidade Federal de Minas Gerais. O casal acabara de ler uma entrevista que um jornal local tinha efetuado com membros do laboratório sobre inteligência, superdotação e altas habilidades. A esse pedido, juntaram-se outros com similar conteúdo. Variava a idade, o sexo, o nível socioeconômico das famílias, mas todos eles tinham um aspecto em comum: uma suposta facilidade de entendimento por parte da criança ou do adolescente.

A estas alturas os leitores, especialmente os profissionais em Psicologia, devem estar se perguntando: Quais os critérios que devem ser adotados na avaliação de superdotação? Quais as estratégias, técnicas ou instrumentos que devem ser utilizados? Responder a essas perguntas

---

5. O presente capítulo foi desenvolvido durante a estadia de pós-doutorado da primeira autora, sob supervisão do segundo autor, na University of California, Davis, em 2011. Agradecimento à Capes (Processo n. 6407-10-2) pela bolsa concedida e ao Prof. Dean Simonton pelos documentos e esclarecimentos oferecidos sobre historiometria e genialidade.

requer primeiramente a exposição de premissas teóricas e evidências científicas que sustentam a medição da inteligência humana. Em segundo lugar, um breve percurso histórico sobre as investigações de superdotação (chamada também de altas habilidades) deve ser feito. Sem essas prévias exposições, o profissional em Psicologia poderia criar ou reforçar falsos diagnósticos, ou ainda criar ou reforçar alguns mitos.

## 1 O que é inteligência e como interpretá-la?

A etimologia da palavra inteligência advém do latim *intelligenzia*, que significa o ato de compreender ou entender. Como se verá posteriormente, apesar das diversas discussões acadêmicas sobre como definir a inteligência, a facilidade de compreensão e assimilação de informação são ainda as características mais associadas ao termo inteligência. Nesse sentido, desde longuíssimo tempo atrás, a inteligência tem sido reconhecida pelas diversas sociedades e culturas como algo valioso à sobrevivência e desenvolvimento humanos. Por exemplo, sabe-se que o império chinês mantinha um rigoroso sistema de seleção já no ano 134 a.C. (sistema estabelecido oficialmente no ano 605 d.C.) para identificar o melhor recurso humano que pudesse exercer cargos administrativos. Esse sistema de seleção durou 1.300 anos. Os exames chineses avaliavam, entre outras coisas, conhecimento de leis, escritos políticos, caligrafia, redação etc. Havia também exames orais sobre resolução de desafios diários que apareciam no império. Entre os candidatos mais famosos estava o literato Tung Chung-Shu, quem ressuscitou o pensamento confucionista e forneceu um tratado sobre o equilíbrio do universo a partir das forças *yin* (obscuridão) e *yang* (luminosidade) e da ação de cinco elementos (madeira, fogo, terra, metal e água). Sua aprovação nesses exames ficou na memória do povo chinês pelas respostas perspicazes que forneceu a três questões formuladas pelo imperador Wu. O literato Tung Chung-shu tornar-se-ia ele mesmo uma referência nos próximos concursos imperiais. Também havia um exame especial, chamado *tongziju*, destinado a avaliar adolescentes talentosos de 15 anos de idade. A prova para esses alunos era o conhecimento de três clássicos da literatura chinesa da época (Elman, 2000). Processos seletivos ocorreram também na idade grega, babilônica e Idade Média.

Entretanto, a possibilidade de medir cientificamente o grau de facilidade na assimilação e entendimento das pessoas só viria no final do século XIX com os trabalhos do inglês sir Francis Galton e do psicólogo e estatístico Charles Spearman. E no início do século XX, a partir do estudo pioneiro de Alfred Binet na França e do psicólogo alemão Wilhelm Stern, a medição científica da inteligência tornar-se-ia já estabelecida, pois o primeiro teste psicológico e a representação matemática do desempenho intelectual, o famoso Quoeficiente Intelectual (QI), tinham sido criados.

A história dos testes psicológicos está muito bem-narrada em numerosos livros e artigos nacionais (ex.: Buchert, 1972; Flores-Mendoza & Colom, 2006; Anastasi, 1968; Da Silva, 2003, 2005) e sua descrição no presente capítulo se torna, portanto, desnecessária. Entretanto, deve-se ressaltar a validade ecológica, isto é, a rede de associações espaciais e temporais que os testes de inteligência têm mostrado de forma consistente em numerosos estudos, sejam estes nacionais ou estrangeiros. Por exemplo, sabe-se que a correlação entre as pontuações de testes de inteligência e o rendimento escolar gira em torno de 0,50 (Neisser et al., 1996) e entre 0,50 a 0,90 com o rendimento laboral (Hunter & Hunter, 1984; Jensen, 1998; Ree & Earle, 1992; Ree, Earles & Teachout, 1994). Também significativas correlações negativas, embora pequenas, foram encontradas entre QI e problemas sociais como delinquência, alcoolismo, autoritarismo e acidentes automobilísticos graves (Brand, 1987; O'Toole & Stankov, 1992). A eficiência neuronal (tempo de reação e tempo de inspeção) também se correlaciona entre -0,40 e -0,50 com inteligência (Bates & Eysenck, 1993; Chaiken & Young, 1993; Kranzler & Jensen, 1986; Deary, 1994, 1996). Nessa mesma direção, estudos brasileiros mostram associação significativa entre inteligência e desempenho escolar (Colom & Flores-Mendoza, 2007), orientação política (Rinderman & Flores-Mendoza, 2012), interesses profissionais (Godoy, Noronha, Ambiel & Nunes, 2008), desempenho universitário (Primi, Santos & Vendramini, 2002), ou com o grau de informação geral e atualizada (Flores-Mendoza, Jardim & Abad, 2010).

Em resumo, os testes de inteligência capturam um atributo psicológico que permitem aos indivíduos resolver ou enfrentar os desafios do seu contexto físico e social. Para ilustrar essa afirmação, observe o leitor a seguinte pergunta extraída do teste PISA (*Programme for International Student Assessment*), uma prova aplicada a cada três anos aos países membros e convidados do OCDE (Organização para a Cooperação e Desenvolvimento Econômico). Essa pergunta foi feita pelo Laboratório de Avaliação das Diferenças Individuais da UFMG a 578 adolescentes com idade entre 14 e 15 anos de idade de 10 escolas de Belo Horizonte entre os anos de 2007 e 2008. A eles fora aplicado também um teste de inteligência. Todos os estudantes frequentavam o 9º ano do Ensino Fundamental.

---

OPÇÕES

Questão:

Em uma pizzaria, você pode pedir uma pizza básica com duas coberturas: queijo e tomate. Você pode igualmente compor sua própria pizza com as seguintes coberturas extras: azeitonas, presunto, cogumelos e salame. Rose quer pedir uma pizza com duas coberturas extras diferentes.

A partir de quantas combinações diferentes Rose pode escolher?

Resposta: ........................ combinações.

---

Trata-se de uma pergunta que você pode responder utilizando o cálculo das probabilidades, mas também, caso não saiba esse tipo de cálculo, você pode responder a pergunta utilizando uma simples estratégia de raciocínio: fazendo uma contagem "binária". Por exemplo, você poderia contar algo como "azeitona com presunto" (1), "azeitona com cogumelos" (2), "azeitona com salame" (3), "presunto com cogumelo" (4), "presunto com salame" (5) e "cogumelo com salame" (6). Na Figura 1 veja o resultado de porcentagem de adolescentes que responderam corretamente a essa pergunta conforme a faixa de desempenho no teste de inteligência Matrizes Progressivas de Raven – Escala Geral (máxima pontuação = 60 pontos).

*Figura 1 Porcentagem de estudantes que responderam corretamente em cada intervalo de pontuação no Teste Raven – Escala Geral*

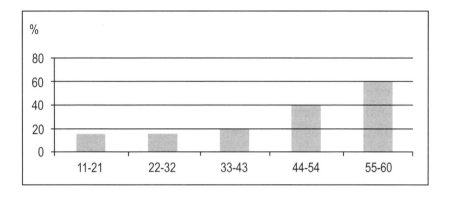

Na Figura 1 se observa que a porcentagem de adolescentes que respondeu corretamente à questão sobre combinações de coberturas de pizzas aumenta conforme se eleva a pontuação no teste de inteligência. Tal resultado não poderia ser atribuído a diferenças de escolaridade, posto que todos os alunos estavam frequentando a mesma série escolar. Portanto, infere-se que pessoas que respondem melhor aos testes de inteligência são pessoas que tendem também a responder melhor a desafios abstratos. Essa facilidade não se limita ao contexto escolar ou ao ambiente acadêmico. Cite-se, por exemplo, o estudo de Oliveira (1983) sobre as diferenças individuais nas competências cognitivas de adultos de baixo nível socioeconômico. Nesse estudo, a pesquisadora identificou, com a participação dos próprios moradores, os níveis de competência prática de um grupo de 54 pessoas residentes de uma favela na cidade de São Paulo e, em seguida, comparou essas competências com os resultados nos testes Raven – Escala Geral e Teste Equicultural de Inteligência de Cattell. Em termos gerais, a pesquisadora observou que os sujeitos que obtiveram maior pontuação nos testes eram também os que a comunidade percebia como "foco de competência". Isto é, tratava-se de pessoas vistas pelos membros da comunidade como as mais capazes e as mais importantes para o desenvolvimento da comunidade. Coincidentemente essas pessoas eram as que apresentavam maiores salários, maior passagem pela escola quando crianças e melhor assimilação na escola noturna para adultos.

Outro exemplo da extensão da inteligência fora do contexto acadêmico pode ser observado em um estudo conduzido em 2006 por Flores-Mendoza, Jardim e Abad (2010). Nesse estudo, um total de 572 crianças, com idade entre e 10 anos frequentando escolas públicas de Belo Horizonte, foi submetido ao teste das Matrizes Progressivas de Raven – Escala Colorida e a um questionário de conhecimento geral e informação atual. Os itens deste último questionário se referiam a fatos que ocorreram em nível nacional e internacional entre 2005 e 2006. Fatos que tinham sido amplamente noticiados pela imprensa. Um dos itens, o item 15, questionava: *"Qual é o famoso ditador árabe que está sendo julgado em Bagdá por crimes contra a humanidade?"* Alternativas: *(A) Augusto Pinochet, (B) Slobodan Milosevic, (C) Saddam Hussein*. Na Figura 2 se observa a porcentagem de crianças que respondeu corretamente a esse item em cada intervalo de pontuação na Escala Colorida do teste Raven.

*Figura 2 Porcentagem de crianças que responderam corretamente ao item 15 do Questionário de Conhecimento Geral e Informação Atual em cada intervalo de pontuação do teste Raven – Escala Colorida*

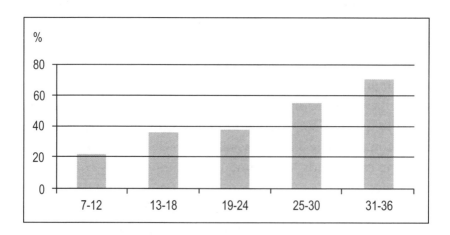

Na Figura 2 observa-se que, efetivamente, a porcentagem de crianças que respondera corretamente à questão dependia do escore obtido no teste de inteligência. Isso significava que crianças com alto escore no teste de inteligência era também o grupo de crianças que se mantinha atento aos fatos e notícias do país e do mundo.

Diante de resultados como os que se apresenta, a comunidade científica tem discutido sobre qual seria a melhor definição de inteligência. Estaria correta a frase do psicólogo experimentalista Edwing G. Boring dita na primeira metade do século XX de que "a inteligência é aquilo que os testes medem"? A Psicologia tem produzido dois grandes debates conceituais e dois históricos relatórios, todos com a participação de renomados pesquisadores, nos quais se tenta abordar o significado da inteligência.

O primeiro debate conceitual foi organizado por L.L. Thurstone em 1921 (*"Intelligence and its Measurement"*) e foi publicado no *The Journal of Educational Psychology*. Nesse debate participaram 14 especialistas. O segundo debate conceitual (*What is the intelligence?*) foi publicado por Sternberg e Detterman em 1986. Nele participaram 12 cientistas. A diferença observada entre ambos os debates é a amplitude conceitual enfatizada no segundo. Termos como "processos cognitivos" e "processamento de informação" ingressaram como características da inteligência, talvez devido à influência das primeiras investigações que já se realizavam em inteligência artificial.

Os relatórios, por sua vez, constituem as posições científicas mais atuais sobre a natureza da inteligência. O primeiro deles surgiu em 1996, encomendado pela Associação Americana de Psicologia (APA) em decorrência da polêmica originada pelo livro *The Bell Curve* escrito por Herrnstein e Murray (1994). O relatório, organizado pelo psicólogo Ulric Neisser, foi assinado por 11 cientistas especialistas em inteligência (Neisser et. al, 1996). Nele, os resultados das investigações psicométricas, isto é, resultados baseados em testes, foram reconhecidos, assim como também foi reconhecido o caráter multifacetado da inteligência. Paradoxalmente na tentativa de cobrir uma extensa amplitude da natureza da inteligência, o relatório evitou fazer qualquer definição.

Em 1997, surgiu o segundo relatório organizado pela socióloga Linda Gottfredson. O relatório foi assinado por 52 cientistas proeminentes na investigação da inteligência. Nele, a inteligência é assim definida:

> Inteligência é uma capacidade mental muito geral que, entre outras coisas, envolve a habilidade para raciocinar, planejar, resolver problemas, pensar abstratamente, compreender ideias complexas, aprender rapidamente

e aprender da experiência. Não é meramente aprender um texto de livro, uma habilidade acadêmica, ou apenas bons resultados em testes. Antes, a inteligência reflete a capacidade mais ampla e profunda para compreender nosso entorno – isto é, capturá-lo, fazer sentido das coisas ou descobrir o que fazer (p. 13).

Além desses documentos, uma atualização do relatório de Neisser et al. (1996) foi recentemente publicada. Quem o escreveu foram Nisbett, Aronson, Blair, Dickens, Flynn, Halpern e Turkheimer (2012). O relatório não foi comissionado pela APA, mas seus autores decidiram adicionar novas evidências sobre a natureza da inteligência e enfatizaram, uma vez mais, o caráter multifacetado de sua causalidade. Entretanto, a definição de inteligência com a qual eles trabalharam é a mesma oferecida por Gottfredson et al. (1997).

Os debates conceituais assim como os relatórios fornecem um bom panorama de como a definição de inteligência tem convergido ao longo do tempo em pelo menos um aspecto: a capacidade de uma pessoa em lidar com os desafios apresentados pela época e contexto. Também apontam o caráter multifatorial de sua causalidade, ao mesmo tempo em que reconhecem a validade dos resultados psicométricos. Nesse sentido, a definição talvez melhor aceita pela comunidade acadêmica constitua a apresentada por Gottfredson et al. (1997). Mais ainda, a maioria absoluta das abordagens científicas da inteligência, com raras exceções (cf. análise das obras publicadas nos últimos anos sobre inteligência em Deary, 2012), considera o papel fundamental dos testes psicológicos como a ferramenta mais valiosa dos pesquisadores da área.

É por meio dos testes que atualmente sabemos que seja qual for o tipo de itens que constituem os testes de inteligência, estes apresentam alta correlação entre si. Na Figura 3 se apresenta o *scatter-plot* de duas correlações entre testes. A primeira delas (pontos cinza) se refere ao subteste Cubos do WISC-III com o teste de Atenção Toulouse. A segunda (pontos brancos) se refere a Cubos com o teste R-1. Os escores brutos foram transformados a escore z, para padronizar as escalas de pontuação. A correlação do primeiro par foi de 0,355 e a do segundo par foi 0,614. As correlações foram obtidas em uma amostra de crianças entre 7 e 12 anos de idade residentes em uma cidade do interior de Minas Gerais. Os resultados indicam claramente que há algo em comum entre saber montar peças conforme um modelo (Cubos), sustentar a atenção (Toulouse) e raciocinar abstratamente (R-1). Ao submeter esses três testes a uma análise fatorial, temos que 47,3% da variância dos resultados se devem a esse fator único. O restante da variância se explica pela especificidade e erro padrão das medidas. À habilidade comum que compartilham os testes de inteligência deu-se o nome de fator "g", ou inteligência geral. O fator g pode ser extraído de qualquer bateria de testes cognitivos. Mais ainda: se você correlacionar o g extraído da bateria X com o g extraído da bateria Y, aplicadas ambas às mesmas pessoas em períodos diferentes, você obterá uma altíssima correlação entre os "$g_s$", provavelmente entre 0,95 a 0,99 (Johnson, Bouchard, Krueger, McGue, Gottesman & Irving, 2004 ). Isso prova que o g é independente do tipo de item que compõe os testes cognitivos, o que tecnicamente Spearman chamou de *princípio de indiferença do indicador*.

*Figura 3 Scatter-plot de duas correlações: Cubos e Teste Toulouse (pontos cinza) e Cubos e R-1 (pontos brancos)*

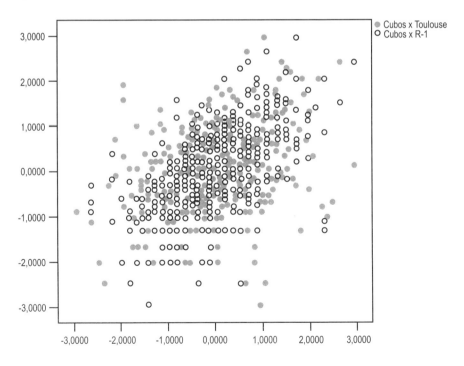

Sabemos também, pelos testes, que a inteligência da população se distribui de forma "quase normal". Isto é, uma pequena porcentagem de pessoas obtém muito baixo ou muito alto escore nos testes de inteligência. A maioria das pessoas obtém escores ao redor de média. Observe a Figura 4. Ela se refere a 940 participantes com idade entre 7 e 69 anos, residentes no interior de Minas Gerais, e que foram submetidos ao teste de inteligência não verbal R-1 por nosso laboratório entre 2006 e 2009.

*Figura 4 Distribuição dos escores no teste R-1 obtidos em uma ampla amostra de residentes no interior de Minas Gerais*

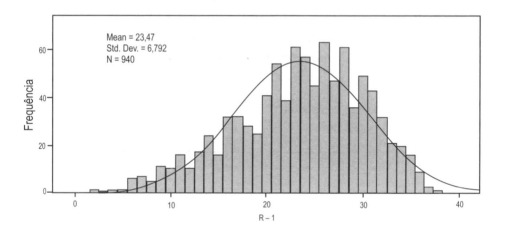

A Figura 4 mostra uma distribuição normal (também conhecida como curva de Gauss), cujo formato de sino corrobora a exposição previamente comentada, isto é, uma pequena porcentagem responde corretamente pouco ou muitos itens, e a maioria obtém escores ao redor da média. Uma dessas extremidades é a que focaremos a partir de agora. Trata-se dos indivíduos que respondem muito bem aos testes de inteligência e, como já visto, eles constituem uma pequena porcentagem da população. Sobre essa pequena porcentagem, a sociedade em geral se pergunta: Quem são elas e por que respondem à maioria dos itens de testes de inteligência?

## 2 Superdotação/altas habilidades e o estudo de Lewis Terman

Um dos trabalhos mais fascinantes, e talvez o único em seu gênero pela grandiosidade do esforço e originalidade para a época, constitui o estudo do psicólogo americano Lewis Terman, o adaptador do teste Binet para os Estados Unidos. Trata-se do estudo longitudinal de 1.528 crianças de alto desempenho cognitivo no teste Binet (e outras medidas complementárias), as quais foram inicialmente avaliadas por Terman e sua equipe de colaboradores em 1921 no Estado da Califórnia. As crianças selecionadas foram acompanhadas regularmente a cada certo tempo por meio de entrevistas e questionários. Após a morte de Lewis Terman, o gerente nomeado para o projeto, o psicólogo Robert Sears, escreveu no ano de 1959 que a investigação continuaria até deixar de receber notícias do último "térmita" vivo (apelido carinhoso que as crianças selecionadas receberam), coisa que ele calculava seria em 2010 (Terman & Oden, 1959). A este respeito vale mencionar que o professor Howard S. Friedman da *University of California, Riverside*, e autor do livro publicado em 2011 *The Longevity Project*, conseguiu conversar no início de 2012 com um dos últimos "térmitas" (se não o último). Segundo o professor Friedman, a pessoa teria ao redor de 100 anos de idade. Mais ainda: na sua busca de certificados de óbitos, o professor Friedman assegura ter encontrado 90% da amostra inicial do projeto de Terman (comunicação pessoal via e-mail, Prof. Dean Simonton, em março de 2012). Portanto, é muito provável que o soberbo projeto do professor Lewis Terman inaugurado na década de 20 do século passado esteja quase no fim quando o presente capítulo venha a ser publicado.

Em que consistia o projeto sobre superdotados do estado americano da Califórnia? Lewis Terman teve interesse pelo tema de superdotação na época de seu mestrado em 1902 na *Indiana University*. Em 1904 defendeu seu estudo de doutorado na *Clark University* sobre os processos mentais de um grupo de crianças brilhantes e com retardo. Naquela época, as publicações a respeito se referiam sempre a pequenas amostras ou se faziam análises retrospectivas de personalidades famosas como as conduzidas pelo próprio Francis Galton. Nesse sentido Terman perguntava-se sobre as razões pelas quais a ciência tinha demorado em investigar de forma profunda um dos fenômenos comportamentais mais

*113*

chamativos da sociedade em geral. Terman (1926) se encarregaria de dar as respostas. De acordo com sua análise da época, quatro razões explicavam o atraso das investigações sobre superdotação. Teriam sido:

(a) A influência de crenças sobrenaturais. Acreditava-se que a superdotação não poderia ser explicada pelas leis naturais do comportamento humano.

(b) A ampla crença de que a precocidade intelectual era patológica.

(c) O sentimento democrático da Europa e América ocidental que encorajava uma atitude desfavorável à apreciação das diferenças individuais na "dotação" humana.

(d) O nascimento tardio das ciências biológicas, particularmente da genética, assim como da Psicologia e da educação.

Terman compilou seu trabalho em cinco volumes na série intitulada *Genetic Studies of Genius* publicados pela Universidade de Stanford. O volume I foi publicado em 1926 sob o título *Mental and Physical Traits of a Thousand Gifted Children*, tendo Lewis Terman como autor principal. O volume II foi publicado em 1926 sob o título *The Early Mental Traits of Three Hundred Geniuses*, tendo Catherine M. Cox como autora principal. O volume III foi publicado em 1930 sob o título *The Promise of Youth: Follow-up Studies of a Thounsand Gifted Children*, tendo como autores principais Barbara S. Burks, Dortha W. Jensen e Lewis Terman. O volume IV foi publicado em 1947 sob o título *The Gifted Child Grows Up: Twenty-Five Years' Follow-up of a Superior Group*, tendo Lewis Terman e Melita H. Oden como seus principais autores. E o volume V publicado em 1959 sob o título *The Gifted Group at Mid-Life: Thirty-Five Years' Follow-up of the Superior Child*, tendo Lewis Terman e Melita H. Oden como seus principais autores. Vale a pena descrever sucintamente os resultados do clássico estudo de Terman na medida em que não se observa maior informação a respeito nos livros-textos de Psicologia publicados no Brasil.

Um estudo do porte daquele realizado por Termam requer forte suporte financeiro. A verba para a realização do projeto foi destinada primeiramente pelo *Commonwealth Fund of New York City* (tradicional fundação *think tank* americana, ou chamada também de centro de pensamento) e logo depois pela Universidade de Stanford, seguida por dotações oferecidas pela *Carnegie Corporation of New York*, *National Research Council*, *Columbia Foundation of San Francisco*, *Marsden Foundation of Palm Springs*, *Rockefeller Corporation*, *Office of Naval Research*, e pela *Fund for the Advancement of Education* assim como também anônimos doadores. O próprio Lewis Terman destinaria o pagamento dos *royalties* de suas publicações ao projeto. De 1921 a 1959, o total gasto no projeto alcançaria os 250.000 dólares (cifra equivalente em 2010 a aproximadamente 8.680.000 dólares, tendo como base o ano de 1935 e utilizando o critério de *contemporary opportunity cost* para projetos americanos).

No volume I Terman descreve em detalhes as dificuldades logísticas e financeiras para a realização do projeto (em 1924 recebera apenas 50 mil dólares). Tinha consciência que o *design* ideal do projeto devia abranger a avaliação de toda a população escolar do Estado da Califórnia e, a partir daí, selecionar o 1% (ou 5%) *top* de crianças. Entretanto o custo da compra de testes e de material auxiliar, a remuneração de assistentes, transporte, treinamento da equipe etc., superava enormemente a verba recebida. Mas Terman tinha o compromisso de levantar uma amostra de crianças superdotadas que fosse representativa do Estado da Califórnia. Várias alternativas foram discutidas entre ele e seus colaboradores. Terman decidiu finalmente utilizar a indicação de professores e a condição idade/série escolar da criança para uma primeira triagem. Logo depois, utilizaria o teste Stanford-Binet com as crianças selecionadas assim como utilizaria questionários sociocomportamentais nas famílias para sua segunda triagem. A coleta realizou-se nas cidades de Los Ângeles, São Francisco, Berkeley e Alameda, obtendo-se uma amostra inicial de 643 crianças. Graças a colaboradores (ex.: diretores de escolas), a coleta se estendeu a outras cidades menores como Santa Bárbara, Fresno, São José Santa Ana, Pasadena, Redlands, Santa Rosa, Palo Alto, Kelseyville, Irwin, Sebastopol, São Mateus e São Bernardino. Entre 1921-1924 um total de 1.444 crianças de alto desempenho fora identificado. Adicionaram-se posteriormente crianças que tinham alcançado pontuação perto do ponto de corte, irmãos e indicações de diretores, alcançando-se um total de 1.528 crianças.

Tabela 1 *Características da amostra de crianças superdotadas selecionadas por Lewis Terman*

| Características | |
| --- | --- |
| N. de crianças selecionadas com o Teste *Stanford-Binet* | 1070 |
| N. de crianças selecionadas com o Teste *German Group* | 428 |
| N. de crianças selecionadas com o *National Intelligence* ou *Army Alpha* | 30 |
| Idade média (anos) | 11 |
| QI mínimo e máximo | 135-200 |
| Taxa Homem x Mulher | 1.2 : 1.0 |

As fontes de informação para o estudo da amostra foram: (a) questionário sociofamiliar de 20 páginas, no qual se perguntava sobre circunstâncias de nascimento, alimentação inicial, idade de início de fala e locomoção, sinais de inteligência, idade de alfabetização, hábitos, alcance educacional dos pais, observação de traços de personalidade das crianças; (b) questionário escolar de 8 páginas em que se perguntava sobre saúde, qualidade das tarefas realizadas para cada disciplina, quantidade e tipo de leituras, sociabilidade, observação de traços de personalidade; (c) exame médico de uma hora em que se avaliou visão, audição, nutrição, postura, dentição, órgãos vitais, desordens glandulares, taxa de hemoglobina, urina, respiração, condições neurológicas; (d) 37 medidas antropométricas; (e) 34 testes de rendimento escolar; (f) questionário de 4 páginas sobre interesses e atitudes; (g) registro de todos os livros lidos em um período de dois meses e (h) testes de caráter. Essas fontes de informação foram também obtidas em amostras de crianças não selecionadas, as quais serviram como grupos controle.

A primeira observação de Terman com relação aos resultados foi a alta proporção (62,6%) de pais chamados de profissionais (ex.: editores, militares de alta patente) ou de pais chamados de semiprofissionais (executivos, gerentes, vendas, agentes de seguro) em comparação a pais de ocupações de menor *status* (ex.: proprietários de pequenas lojas, floristas, telégrafos, auxiliares de escritório, marceneiros, mecânicos, barbeiros) das crianças selecionadas. A média de instrução escolar dos pais era de 12 anos de estudo, quatro vezes acima da média da população em geral segundo o censo americano daquela época; 33% dos pais e 15% das mães tinha feito universidade; 60% dos lares podiam ser classificados como superior a muito superior. Também se observou que 182 famílias (ou aproximadamente 12% da amostra total) contribuíram com mais de duas crianças selecionadas (houve duas famílias com cinco crianças, 10 famílias com quatro crianças e 20 famílias com três crianças selecionadas). Todos esses resultados fizeram pensar a Terman de que havia um interjogo genético e ambiental subjacente ao fenômeno da superdotação.

Com relação à saúde física e mental, os resultados de uma amostra de 282 meninas e 312 meninos selecionados aleatoriamente indicaram que, em média, as crianças superdotadas eram mais altas que as do grupo-controle. De acordo com as informações dos pais, as crianças apresentavam em média 0,340 gramas a mais ao nascer, andaram um mês a menos e falaram 3,5 meses a menos do que as crianças não selecionadas. De acordo com as informações dos professores, as crianças selecionadas apresentavam menos dores de cabeça em sala de aula, menos problemas de audição ou de nutrição. Mas eram iguais em proporção às crianças não selecionadas em características comportamentais tais como timidez ou tendência à preocupação. Segundo os exames médicos, as crianças selecionadas apresentavam definitivamente melhor condição física (audição, visão, dentição, órgãos vitais, hábitos alimentares e sono).

Com relação à educação, 50% das crianças superdotadas sabiam ler antes da entrada oficial à escola, sendo que 20% sabiam ler antes dos cinco anos e 6% antes dos quatro anos de idade. Segundo os pais, as crianças apresentavam rápida compreensão, insaciável curiosidade, extensiva informação para a idade, boa memória e retenção, amplo vocabulário, especial interesse em relações numéricas e apreço por enciclopédias. Segundo cálculos de Terman e sua equipe, as crianças selecionadas apresentavam um sério descompasso entre o potencial de aprendizagem delas e a série escolar que frequentavam, na medida em que 50% do grupo dominavam o conteúdo de duas séries e algumas delas dominavam três ou quatro séries escolares adiante.

Com relação a interesses e preocupações futuras, o estudo mostrou que as crianças selecionadas apresentavam maior interesse por situações e problemas abstratos do que assuntos práticos. As meninas pareciam mais aos meninos nas preferências escolares do que com as meninas do grupo não selecionado. Enquanto as crianças do grupo selecionado preferiam alcançar atividades profissionais, as crianças do grupo não selecionado preferiam ocupações administrativas, mecânicas ou atletismo. As crianças superdotadas preferiam jogos mais complexos, mas por outro lado preferiam atividades menos sociáveis (Terman indagava se aquilo não era uma evidência de sentimento de "autossuficiência" das crianças superdotadas). Em uma amostra de 511 crianças superdotadas e 808 não selecionadas, verificou-se que as crianças selecionadas tinham lido, em média, 10 livros aos sete anos e 15 livros aos onze anos em um intervalo de dois meses (a média para os não selecionados era de cinco livros). As crianças selecionadas preferiam leituras sobre ciência, história, biografias, viagens, poesia e ficção.

Em relação a traços de personalidade, a maioria das crianças selecionadas, segundo avaliação de professores, apresentava altos escores em aspectos intelectuais (89%), motivacionais (82,5%), morais (64%), apreciação de arte (65%), estabilidade emocional (67%) e sociabilidade (57,4%).

Em resumo, o grupo de crianças selecionadas em 1921 (e algumas poucas identificadas antes e depois dessa época), apresentava nitidamente maior sofisticação cognitiva, melhor desempenho escolar e melhor saúde física. Em termos comportamentais as crianças não eram muito melhores ou muito piores que as crianças não selecionadas, razão pela qual a crença de precocidade patológica das crianças brilhantes, vigente naquela época, tinha sido desmistificada.

O segundo seguimento foi realizado em três períodos. O primeiro deles, seis anos depois (1927-1928). As crianças eram já adolescentes ou iniciando a juventude. O desempenho intelectual mantivera-se alto, entretanto uma alta variabilidade em quase todos os traços de personalidade e saúde física fora encontrada. As médias ainda eram maiores que as do grupo não selecionado, porém a variabilidade também era maior. A maioria da informação, com exceção dos testes, provinha dos professores e pais. No segundo período, dezoito anos depois (1939-1940), as crianças eram jovens adultas. Iniciou-se uma busca trabalhosa de informação sobre o paradeiro dos participantes. Por outro lado, os questionários destinados à família e ao próprio participante foram atualizados. Dessa vez perguntava-se a história educacional, ocupações desde que deixara a escola, interesse vocacional, saúde em geral, condição marital, mortes familiares desde 1928, traços de personalidade, educação e ocupação de irmãos, feitos realizados pelos pais dos participantes, indicações de habilidades especiais etc. Houve retorno de 90% da amostra inicial. Em 1940 a média de idade era de 29.5 (em 1921 a média de idade era de 11 anos). Os intervalos entre as avaliações foram propositais na medida em que Terman e sua equipe queriam evitar que o rótulo de "superdotado" (ou "térmita") pudesse influenciar o transcurso natural das vidas particulares dos participantes selecionados. Nesse sentido, uma das perguntas dos questionários era verificar o grau de influência do estudo na vida do participante. 73,3% dos homens e 64,3% das mulheres afirmaram não ter havido qualquer efeito, enquanto que 12,9% dos homens e 18,7% das mulheres afirmaram ter ocorrido um efeito positivo. Um efeito desfavorável foi respondido por 9,1% dos homens e 10,7% das mulheres. Dado o volume de dados e informação, utilizou-se pela primeira vez o sistema de cartões perfurados (*punched card*) para processamento.

Por último, o terceiro período do segundo seguimento foi feito vinte e cinco anos depois (1940-1946), já com os participantes localizados e com suas anuências para continuação do projeto. Os dados obtidos foram semelhantes aos alcançados anteriormente, isto é, os participantes selecionados apresentaram melhor alcance educacional, menos problemas de ajustamento emocional, melhor desempenho na universidade, e interesse por profissões de alto *status*. Não havia diferença com os participantes não selecionados em relação ao ajuste marital ou desempenho sexual. Talvez o resultado mais interessante desta coleta refira-se aos filhos dos participantes selecionados. A prole pareceu confirmar o princípio de regressão filial defendida por Francis Galton. No estudo observou-se que, embora a maioria dos filhos apresentasse desempenho cognitivo semelhante ao dos pais, havia alguns menos e mais inteligentes que os pais (comparando-se com os QI destes últimos quando eram crianças). Por último, observou-se que os participantes de origem judaica não eram diferentes em habilidades ou em personalidade dos demais participantes selecionados, porém apresentavam forte direcionamento para realizações, maior estabilidade matrimonial e eram menos conservadores em questões políticas e sociais.

Entre os anos 1950 e 1952 se realiza o terceiro seguimento. A média de idade era aproximadamente de 40 anos. Para a testagem cognitiva, utilizou-se um teste de maior complexidade. O chamado *Concept Mastery*. Também se aplicou um breve teste sobre felicidade matrimonial, um questionário de quatro páginas sobre taxa de reprodução, um questionário de oito páginas relativo a experiências infantis e aspectos familiares que poderiam ter influenciado o desenvolvimento pessoal, motivacional e sucesso de vida dos participantes, entrevistas dos participantes (cônjuges também) que residiam ainda no Estado da Califórnia, testes cognitivos a cônjuges e filhos. Houve participação ativa de 82% da amostra e, por correio, uns 18% aos quais foram enviados os questionários (testes não foram enviados).

Os resultados desse terceiro seguimento estão compilados no volume V da série organizada por Terman e publicado em 1959 pela fiel assistente Melita H. Odin, haja vista o falecimento de Terman três anos antes (embora Terman tenha deixado escrito grande parte dos capítulos). No último volume se informa que em 1955 um total de 104 mortes fora registrado e o seguimento de 28 sujeitos não fora possível devido à mudança de domicílios (a maioria mulheres, provavelmente devido ao casamento). Dos que morreram 62 eram homens (7,3% da amostra inicial) e 42 mulheres (6,3% da amostra inicial). A média de idade dos que morreram era de 28.4 anos. Considerando-se a época do estudo, essa taxa de óbito era levemente menor ao encontrado na população americana (12,7% e 10,8% para homens e mulheres respectivamente). As causas das mortes eram 59,6% naturais (doenças coronárias, câncer, tuberculose), 20% acidentes (inclui-se aqui mortes na segunda guerra mundial), 14,4% suicídios e 6% de causa desconhecida. Comparando o número de mortes e suas causas com a população geral, não se encontraram muitas diferenças. Apenas o suicídio de mulheres (0,7%) superava levemente a taxa nacional de suicídio feminino (0,6%).

Como era de se esperar, a base geral de dados apresentava algumas limitações de informação. Assim, por exemplo, nenhum sujeito preencheu todos e de forma completa os questionários; alguns preencheram um ou outro questionário, e outros ainda preencheram os questionários omitindo um ou outro item. Na Tabela 2 se mostra os principais resultados.

A Tabela 2 permite observar que o grupo de crianças selecionado por Terman em 1921 mantinha ainda uma vida profícua de realizações acadêmicas (e profissionais) na meia-idade, assim como se mantinha longe do crime, fruto provavelmente do alto grau de inteligência e a relativa situação socioeconômica confortável da maioria dos lares de onde provinha a amostra. Mas, não todos foram bem-sucedidos. Uns 35% não tinha entrado ou concluído a universidade, uns 30% estavam em ocupações bem abaixo de seu potencial e 2% estava desempregado. Ademais, não ficou claro a habilidade social e familiar do grupo. Se, por um lado, o grupo respondeu ter um alto grau de satisfação sobre sua condição emocional, por outro lado se observa que na medida em que a inteligência se apresenta em altíssimo grau, o grau de ajuste social diminui.

Uma das últimas questões apresentadas ao grupo de participantes foi: *A partir do seu ponto de vista, quais são os fatores que contribuem com o sucesso na vida?* As respostas comuns foram: a) realização de metas, sentido de alcance, b) estabilidade conjugal, c) renda adequada, d) contribuição ao conhecimento e bem-estar da humanidade, e) paz mental, maturidade emocional e personalidade ajustada. Em termos gerais, os resultados do estudo de Terman mostraram que as pessoas superdotadas ou de altas habilidades eram pessoas realizadoras, produtivas. Restava a dúvida se em patamares muito superiores de inteligência acaso a natureza humana cobraria um custo "afetivo-emocional" a seus portadores. Nesse aspecto, os estudos de Galton e de Catherine M. Cox (estudante de doutorado de Terman) ingressam como fontes de referências clássicas para as investigações posteriores sobre os chamados "gênios" da humanidade.

Tabela 2  *Situação física, mental e social da amostra de superdotados de 1921 nos anos 1950-1952 (idade média de 40 anos)*

| Variáveis | Categorias | Homens | Mulheres |
|---|---|---|---|
| Saúde Geral | Muito boa | 46,5% | 43,0% |
| | Boa | 44,8% | 45,5% |
| | Suficiente | 7,0% | 8,3% |
| | Pobre | 1,7% | 3,2% |

*Tabela 2  Situação física, mental e social da amostra de superdotados de 1921 nos anos 1950-1952 (idade média de 40 anos) (Continuação)*

| Variáveis | Categorias | Homens | Mulheres |
|---|---|---|---|
| Saúde Mental | Satisfatória | 68,8% | 65,9% |
| | Pequenos problemas | 22,3% | 25,1% |
| | Sérios problemas, mas sem doença mental. | 6,2% | 6,0% |
| | Sérios problemas (internação) | 2,7% | 3,0% |
| Adaptação social e pontuação média no teste de inteligência | Satisfatório | 136,4 | 130,8 |
| | Alguma dificuldade | 145,6 | 138,1 |
| | Sérios problemas | 152,8 | 140,0 |
| Adaptação social e níveis de escolaridade | Satisfatório (Ensino Superior completo, Ensino Superior incompleto e Ensino Médio) | 68,9% | 69,2% |
| | | 68,5% | 57,8% |
| | | 73,3% | 57,6% |
| | Alguma dificuldade (Ensino Superior completo, Ensino Superior incompleto e Ensino Médio) | 22,8% | 24,1% |
| | | 20,7% | 26,7% |
| | | 22,1% | 30,6% |
| | Sérios problemas (Ensino Superior completo, Ensino Superior incompleto e Ensino Médio) | 8,3% | 6,7% |
| | | 10,8% | 15,5% |
| | | 4,6% | 11,8% |
| Criminalidade | | 4,0% | 2,0% |
| Comportamento sexual | Sem problemas | 78% | 77% |
| Status educacional | Ensino Superior completo | 65% | 50% |
| | Ensino Superior incompleto | 25% | 35% |
| | Ensino Médio | 10% | 15% |
| Status ocupacional | Empregados | 98,0% | 49,0% |
| | Advogados, Engenheiros e Médicos | 22,6% | 0,0% |
| | Professores Universitários | 7,5% | 6,7% |
| | Físicos e Químicos | 3,6% | 0,0% |
| | Administrador ou professor de escolas | 4,2% | 23,7% |
| | Executivos ou Gerentes | 16,2% | 7,9% |
| Hobbies | Esporte | 57,4% | 29,2% |
| | Música | 33,1% | 44,9% |
| | Jardinagem | 30,8% | 41,9% |
| | Atividades domésticas | 23,1% | 6,1% |
| | Fotografia | 16,9% | 4,3% |
| | Arte | 11,0% | 26,3% |
| | Escrita criativa | 9,9% | 15,0% |
| | Dança | 5,0% | 12,5% |
| | Artesanato | 2,3% | 28,5% |

| | | | |
|---|---|---|---|
| QI dos filhos (N = 1525) | 190-199 | 0,1% | 0,1% |
| | 170-189 | 2,3% | 2,2% |
| | 150-169 | 13,2% | 13,4% |
| | 130-149 | 41,3% | 41,3% |
| | 110-129 | 33,9% | 33,9% |
| | 90-109 | 8,4% | 8,0% |
| | 70-89 | 0,6% | 1,1% |
| Produção do grupo entre 1945-1955 | Artigos científicos | 2000 | |
| | Livros | 60 | |
| | Patentes | 230 | |
| | Novelas | 33 | |
| | Estórias/Contos | 375 | |
| | Ensaios, Críticas, *Sketchs* | 60 | |
| | Artigos de variedade | 265 | |
| | Aumento de indicados em *Who is Who in America* | sextuplicou | |
| | Aumento de indicados em *American Men of Science* | quadruplicou | |
| | Aumento de nomeações *National Academy of Sciences* | triplicou | |

## 3 Eminências e gênios

A palavra gênio (*genius* em inglês) foi popularizada por Francis Galton no seu livro *Hereditary Genius* publicado em 1869 e logo em *English Men of Science: Their Nature and Nurture* escrita em 1874. Nessas obras, Galton registra sua observação sobre a variação intelectual das pessoas e o alto desempenho de membros de uma mesma família, razão pela qual advogava pelo componente hereditário da genialidade. De acordo com sua observação, eminências eram encontradas frequentemente em pais, irmãos e filhos, e algo mais distante entre avôs, tios e sobrinhos. A família do próprio Galton seria um exemplo de sua hipótese genética. A ligação cognitiva dentro das famílias reforçou a crença de Galton em um quase exclusivo determinismo genético da inteligência dos gênios.

A ideia de verificar o alto grau intelectual dos gênios seria explorada no volume II da série publicada em 1926 por Terman (*The Early Mental Traits of Three Hundred Geniuses*). O segundo volume refere-se ao estudo de doutorado de Catherine Cox que, sob supervisão do próprio Terman, realizou um estudo historiométrico sobre o QI de eminências da cultura ocidental. Trata-se de um extenso trabalho descrito em 842 páginas. O propósito era investigar em que medida o ambiente e as capacidades individuais interatuavam nas pessoas que alcançaram notoriedade. Para responder a essa questão devia-se investigar a produção de pessoas com altas e não tão altas habilidades assim como pessoas que alcançaram grandes e não tão grandes feitos. O primeiro grupo estava sendo investigado por Terman. O segundo grupo seria o alvo de investigação de Catherine Cox.

O estudo de Cox se originou em meio de um debate acadêmico sobre a influência genética e ambiental nas altas habilidades. Francis Galton (*Hereditary Genius* em 1869; *Natural Inheritance* em 1889) tinha concluído que: 1) nenhum homem poderia alcançar uma alta reputação sem ser superdotado e, 2) poucos homens que possuem altas habilidades poderiam falhar em alcançar uma eminência. Não negava a influência ambiental, mas a relegava a um segundo plano. Outros intelectuais viriam a ter posições semelhantes (Théodule Ribot em *L'Hérédité Psychologique*, 1873, e William James em *Great Men and Their Environment*, 1880). Em contraposição, intelectuais como Alfred Odin (*Genèse dês Grands Hommes*, 1895) ou Lester Ward (*Applied Sociology*, 1906) acreditavam que haveria um considerável número de indivíduos com altas habilidades, porém sem terem alcançado grandes méritos. Algo parecido sustentava James McKeen Cattell, o primeiro psicólogo americano. Ele escreveu: *"Se a semente do pinheiro branco é jogada entre as rochas da Nova Inglaterra ela vai crescer como um pequeno arbusto; se plantada no solo fértil do Sul ela será uma árvore grande"* (*A statistical study of eminent men*, 1903). Cattell considerava haver três tipos de grandiosidade humana: o grande homem, o eminente e o gênio. Exemplo do primeiro tipo seria George Washington, primeiro presidente americano (período 1789-1797), que seria um grande homem, mas não necessariamente uma pessoa eminente ou gênio. Ou, Napoleão Bonaporte, o imperador francês (período 1804-1815), que seria uma eminência militar, mas não necessariamente um grande homem ou um gênio.

Cox decidiu entrar na discussão com seu estudo das habilidades cognitivas e desenvolvimento pessoal de eminências. Fez uso de historiometria, uma forma de mensuração retrospectiva com base em documentos históricos. Cox fundamentou essa metodologia alegando que a investigação da história de vida de pessoas é uma estratégia utilizada pela Psicologia clínica; o material de investigação poderia ser classificado em dados fornecidos por terceiros (heterorrelatos) ou pelos mesmos (autorrelatos); os dados históricos teriam confiabilidade e, por último, os dados geralmente são legítimos. Cox afirma que investigar a categoria de "grande homem" não seria confiável, porquanto essa classificação é muito subjetiva e sua ressonância depende dos contextos locais ou épocas específicas. Portanto, decidiu investigar sob as categorias "eminência" e "gênio", duas categorias que transcendem épocas e contextos.

Para o início da investigação, Cox junto com Terman decidiram adotar três critérios (com reconhecimento de suas limitações). São eles: 1) Os selecionados deviam alcançar um padrão de inquestionável eminência (limitação: dificuldade de encontrar um método objetivo de avaliação da eminência); 2) Os selecionados deviam ser pessoas cuja eminência seja resultado de um incomum alcance e não consequência de circunstâncias fortuitas, tais como origem de nascimento (limitação: o que fazer com as pessoas de altas habilidades de famílias nobres/aristocráticas?) e 3) Os selecionados deviam apresentar registros históricos confiáveis (limitação: eminências de épocas antigas possuem menos registros históricos). Para contornar as dificuldades que rodeavam esses critérios, Cox utilizou as seguintes estratégias: faria uso da classificação de Cattell, quem listou, a partir de enciclopédias, 1.000 inquestionáveis eminências; descartaria eminências cujos pais de classe alta tinham desenvolvido atividades e profissões iguais às dos filhos eminentes, e restringiria sua análise a eminências nascidas entre 1450 e primeira metade de 1850. Com base nesses critérios, Cox reúne 282 sujeitos e um grupo adicional de 19, investigados anteriormente em um estudo piloto. Ao todo, Cox analisa 301 eminências, sendo 6% nascidas no século XV; 36% no século XVI; 19,5% no século XVII; 51% no século XVIII e 11% nascidas na primeira metade do século XIX.

Das 301 eminências, 34,4% eram ingleses, escoceses e irlandeses; 26,2% franceses; 14,2 alemães e austríacos; 8,2% italianos; 6,7% americanos; 5% holandeses e suíços; 2% espanhóis e 2% de outras nacionalidades. De origem latino-americana apenas um representante: o militar venezuelano Simon Bolívar, quem lideraria a independência de vários países sul-americanos da coroa espanhola no período 1819-1830.

A informação coletada das 301 eminências se referia aos dados de infância, adolescência e ancestralidade. Na Tabela 3 se observa a área de eminência, a idade média de longevidade e a proporção de eminentes que viveram 80 anos ou mais.

Na Tabela 3, pode se observar que a maior quantidade de eminências referia-se à ocupação de escritor, estadista, líder religioso e científico. A menor longevidade era representada pelas eminências na música e, como esperado, na ação político-revolucionária. A pesar da eliminação de casos em que se suspeitava da influência da origem nobre ou aristocrática (se eliminou os casos em que pais tinham a mesma ocupação que os filhos), a maioria da amostra de Cox ainda provinha de pais de alto (41,8%) ou médio (35,3%) nível socioeconômico. Somente 3.8% provinham de pais de muito baixo nível social. Mais ainda: a investigação da origem social dos avôs do lado materno das eminências revelou que a distribuição socioeconômica das famílias se mantinha inalterada (isto é, pouca ou nenhuma mobilidade social), o que fazia suspeitar de forte componente de hereditariedade na eminência. Cox decidiu investigar profundamente a ancestralidade e desenvolvimento até os 26 anos de idade do grupo selecionado.

Tabela 3  *Área de eminência e anos de vida das eminências selecionadas no estudo de Cox*

| Área de eminência | % | Média de anos de vida | % que viveu mais de 80 anos |
| --- | --- | --- | --- |
| Escritores de novelas | 18 | 63,7 | 17,5 |
| Estadistas e políticos | 15 | 70,0 | 30,0 |
| Escritores de história, críticos e acadêmicos | 15 | 67,8 | 12,0 |
| Cientistas | 14 | 68,0 | 13,0 |
| Militares | 10 | 62,6 | 7,5 |
| Líderes religiosos | 08 | 67,3 | 17,0 |
| Filósofos | 08 | 68,4 | 13,5 |
| Artistas | 05 | 62,8 | 8,0 |
| Músicos | 04 | 62,8 | 0,0 |
| Políticos/Estadistas revolucionários | 03 | 51,4 | 0,0 |

O trabalho de Cox tem o mérito de haver mostrado extremo cuidado na análise das informações compiladas. As fontes de informação vieram na maioria de enciclopédias americanas, inglesas, italianas, francesas e alemãs. Na atribuição de pontuações das eminências, participaram, além da própria Cox, Terman e a Dra. Maud Merrill (fiel seguidora de Terman e criadora da segunda versão do teste Stanford Binet). Por essa razão, quando necessário, os documentos foram traduzidos ao inglês para melhor informação dos três avaliadores. A análise consistiu em 17 critérios. Foram eles: 1) período inicial de instrução; 2) natureza da primeira aprendizagem; 3) primeiras produções; 4) primeiras leituras; 5) desempenho em matemática; 6) atividades precoces; 7) aplicações inteligentes e incomuns de conhecimento; 8) reconhecimento de diferença e similaridade; 9) quantidade e tipo de leituras; 10) tipo de interesses; 11) destaque e progresso escolar; 12) primeira manifestação de maturidade de atitude e julgamento; 13) tendência para descriminação de informação relevante, generalização e teorização; 14) feitios familiares; 15) progresso acadêmico; 16) produção e alcance; 17) carreira profissional. Os itens 1 até o 14 foram os criados por Terman quando analisou o QI de Francis Galton e que se referem à análise da infância e adolescência; Cox adicionaria os itens 15, 16 e 17 para análise da juventude das eminências (até os 26 anos de idade).

Cox cita exemplos de uso de cada critério com base na análise feita por Terman da história de vida de Francis Galton. Assim, na atribuição de pontos para os critérios (4), (5) e (6) utilizaram-se, entre outros documentos, informações contidas em carta escritas pelo próprio Galton a sua irmã Adele, quem fora também sua tutora:

> *Minha querida Adele, estou com 4 anos de idade e sei ler qualquer livro em inglês. Posso dizer todos os substantivos em latim, assim como adjetivos e verbos ativos e também 52 linhas de uma poesia em latim. Posso somar e multiplicar vezes 2, 3, 4, 5, 6, 7, 8...11. Eu posso dizer a "pence-table"[6]. Eu leio um pouco em francês e sei ver as horas.*
> Francis Galton, 15/02/1827.

---

6. Um sistema aritmético de fácil conversão de libras e xelins em "pences".

No caso dos critérios (7) e (8):

Quando avisado por um amigo sobre o perigo que rodeava o pai de Terman de receber algum tiro por parte de desafetos, Galton com cinco anos de idade citou uma frase do poeta e escritor escocês Walter Scott: *"E se eu viver para ser um homem, a morte do meu pai vingada deverá ser"*.

No caso do critério (10):

Adele tinha ensinado entomologia a Galton. E aos seis e sete anos de idade, ele foi um ativo colecionador de insetos e minerais, os quais foram cuidadosamente classificados e estudados.

No caso do critério (17):

Galton foi ativo e exitoso nos primeiros anos de sua carreira [...] tinha sido assistente cirurgião aos 16 e 17 anos de idade.

Para atribuição de pontos Cox utilizou algumas escalas objetivas. Por exemplo, no caso do critério (5) um trabalho escolar de média qualidade em uma escola de baixo nível receberia um QI 100; um trabalho claramente superior em uma escola padrão receberia um QI 120 e um trabalho escolar extraordinariamente superior, em uma escola também superior, receberia um QI 140. No caso do critério (14), Cox utilizou uma escala de classificação de ocupações. Assim, o envolvimento familiar em atividades profissionais receberia um QI 120, trabalhos semiprofissionais QI 110; trabalhos qualificados QI 100; semiqualificados, QI 90. No caso da análise dos documentos referentes ao desenvolvimento de Francis Galton até a idade de 26 anos, Terman lhe atribuiu um QI de 200.

Quais foram os QI estimados por Cox às maiores e menores eminências listadas por Cattell? A Tabela 4 mostra o QI atribuído para as primeiras e últimas posições.

*Tabela 4  QI estimado por Cox de eminências listadas por Cattell*

| Posição eminência | Nome | Área da eminência | Nacionalidade | QI | Precisão |
|---|---|---|---|---|---|
| 1º | Napoleão Bonaparte | Militar | Francês | 140 ± 5 | 0.75 |
| 2º | Voltaire | Escritor | Francês | 180 ± 5 | 0.75 |
| 3º | Francis Bacon | Filósofo | Inglês | 155 ± 7 | 0.53 |
| 4º | J.W. Goethe | Escritor | Alemão | 200 ± 4 | 0.82 |
| 5º | Martinho Lutero | Líder religioso | Alemão | 145 ± 8 | 0.43 |
| 6º | Edmund Burke | Estadista | Irlandês | 150 ± 7 | 0.60 |
| 7º | Isaac Newton | Cientista | Inglês | 170 ± 7 | 0.60 |
| 8º | Milton John | Escritor | Inglês | 170 ± 4 | 0.82 |
| 9º | William Pitt | Estadista | Inglês | 180 ± 4 | ---- |
| 10º | George Washington | Militar e Estadista | Americano | 135 ± 5 | 0.75 |
| 273º | David Farragut | Militar | Americano | 120 ± 8 | 0.43 |
| 274º | John Adams | Estadista | Americano | 165 ± 4 | 0.82 |
| 275º | Gluck Christopher | Músico | Alemão | 115 ± 9 | 0.20 |
| 276º | Grote George | Escritor | Inglês | 140 ± 7 | 0.60 |
| 277º | John Bunyan | Escritor | Inglês | 120 ± 9 | 0.20 |
| 278º | Grimm Jakob | Escritor | Alemão | 140 ± 7 | 0.60 |
| 279º | Earl of Chesterfield | Escritor | Inglês | 135 ± 7 | 0.53 |
| 280º | Leopardi Giacono | Escritor | Italiano | 175 ± 5 | 0.50 |
| 281º | St. Cyr. Gouvion | Militar | Francês | 115 ± 10 | 0.11 |
| 282º | William Warburton | Líder Religioso | Inglês | 130 ± 8 | 0.43 |

Observa-se na Tabela 4 que as áreas de eminência não necessariamente demandavam umas mais outras menos QI. Em termos gerais, os resultados de Cox mostraram que a posição das eminências segundo a lista de Cattell seguiu razoavelmente uma ordem crescente de QI (segundo Cox, $r = 0.76$). Também se observou que os QIs das eminências superavam facilmente a barreira da faixa média (acima de 110) e, quanto maior o QI, maior o grau de concordância (segundo Cox, $r = 0.77$) entre avaliadores (Cox, Terman e a Dra. Maud Merrill).

Quais seriam os QIs das eminências mais populares da cultura ocidental? Na Tabela 5 selecionaram-se 20 dessas eminências.

*Tabela 5  QI estimado para eminências populares na cultura ocidental*

| Eminências | QI estimado |
| --- | --- |
| Leibniz | 190 |
| Augusto Comte | 170 |
| Alexander Pope | 170 |
| Galileu | 165 |
| Michelangelo | 160 |
| John Kepler | 160 |
| Mozart | 155 |
| Alexandre Dumas | 150 |
| John Calvin | 150 |
| Leonardo da Vinci | 150 |
| Honoré de Balzac | 145 |
| Benjamin Franklin | 145 |
| Abraham Lincoln | 140 |
| Calderon de la Barca | 140 |
| Charles Darwin | 140 |
| Simon Bolívar | 135 |
| Copérnico | 130 |
| René Descartes | 125 |
| Hernando Cortez | 120 |
| Miguel de Cervantes | 110 |

Obviamente, Cox reconheceu haver uma margem de erro nas atribuições de QI (observe-se a variação de QIs entre parênteses na Tabela 4) e alegou a possibilidade do QI estimado ter sido maior em alguns casos. Dificilmente ele teria sido menor porque os documentos consultados sobre o desenvolvimento pessoal mostraram alto desempenho de cada eminência.

A quais conclusões Cox teria chegado? Seriam três amplas conclusões. Elas foram: 1) Jovens que alcançaram o *status* de eminência apresentaram em geral um alto componente hereditário (pais bem-sucedidos) e uma vantagem ambiental (condições socioeconômicas). Mas observou também que nem todos os irmãos foram igualmente brilhantes, e nem todos tiveram ambientes excelentes. Portanto, nem a genética e nem ambiente operariam sozinhos. Para Cox existia a possibilidade de surgir uma eminência em qualquer família; 2) Jovens que alcançaram uma eminência apresentaram comportamento brilhante em idade precoce (ex.: Coleridge lia um capítulo da bíblia aos 3 anos de idade; Mozart compôs uma minuta aos 5; Goethe produziu uma obra literária aos 8 anos; Scheeling frequentou aos 11 anos classes destinadas aos de 18 e 19 anos de idade), e, 3) Crianças igualmente inteligentes apresentaram diferentes graus de eminência, pelo que perseverança, motivação, esforço, confiança em suas habilidades e força de caráter pareceram também influenciar o grau de êxito. Segundo Cox a criança é pai do homem, enquanto a criança superdotada é o líder do futuro.

Quase um século e meio se passou desde os estudos de Francis Galton e quase um século desde o começo do interesse de Terman sobre superdotação. As ciências biológicas, especialmente a genética e a neurociência, têm evoluído sobremaneira, portanto é relevante questionar-se quais as respostas já tidas sobre a superdotação? Infelizmente poucas. O único fator que provavelmente forneça maior sentido às investigações e que constitui talvez a coluna vertebral das pesquisas de ontem e de hoje são os testes psicológicos, principalmente os testes de inteligência.

Entretanto, pese à informação fornecida pelos testes psicológicos, curiosamente nenhum "térmita" identificado como de alto QI no estudo de Terman conseguiu tornar-se uma eminência. Ninguém ganhou um Prêmio Nobel. Apesar do alto QI e numerosa produção, o grupo dos "térmitas" (e seus descendentes) ainda não produziu um "gênio" na magnitude de um Thomas Edison, Albert Einstein, ou um Dostoievski. A considerar pelas estimativas de QI realizadas por Cox, algumas eminências conseguiram fazer coisas mais notórias do que outras. Qual seria então a característica psicológica que diferenciaria um superdotado de um gênio? Perguntar às próprias eminências sobre como elas conseguem fazer seus trabalhos não adiantaria. As justificativas para a alta produção são das mais variadas, vão desde a "necessidade imperiosa de alcançar o controle" (do matemático inglês Stephen Hawking) até uma "necessidade de tratar a natureza pelas suas formas geométricas" (do pintor francês pós-impressionista Paul Cézanne). Portanto, as eminências não saberiam explicar sua alta produção. Elas simplesmente o fazem.

O psicólogo americano Dean Simonton, professor da *University of California*, Davis, tem dedicado a maior parte de sua carreira a elucidar o fenômeno da genialidade por meio da historiometria. Simonton (1994) notou a dificuldade de Galton em analisar a genealogia de Shakespeare, Isaac Newton, Ludwig van Beethoven e Michelangelo, eminências que não apresentam evidências de terem tido famílias "brilhantes" como Francis Bacon, embora eles sim proviessem de pais relativamente de bons recursos financeiros. Alguns desses pais (ou famílias) parecem ter sido encorajadores (ex.: o pai de Beethoven) e outras nem tanto (ex.: os pais de Shakespeare, Isaac Newton, Michelangelo). Isso sim, todas as eminências se engajaram em escolas ou centros de treinamento. A título de curiosidade, deve-se registrar que o próprio filho de Lewis Terman, o químico, engenheiro e também professor da Universidade de Stanford Frederick Emmons Terman, tornou-se, além de reitor da universidade, um dos pais do *Silicon Valley*, o famoso centro de referência mundial na produção de alta tecnologia. Mais ainda, ao encorajar seus estudantes a formar suas próprias companhias, dois deles, William Hewlett e David Packard, fundaram a conhecida companhia Hewlett-Packard. Portanto, uma mistura de altas habilidades cognitivas com um ambiente básico de proteção social dos anos iniciais da infância assim como engajamento escolar ou de treinamento de alta qualidade na adolescência parecem ser comuns aos gênios. Mais isso não é tudo. Simonton (1991a, 1991b, 1992, 1996, 1999, 2008, 2009) forneceria algumas características-chave dos gênios. São elas:

a) *Alta criatividade*. Os gênios, se testados, alcançariam um alto escore em capacidade criativa, além de um alto QI. Mas o contrário não necessariamente ocorre. Isto é, pessoas com alto QI não necessariamente teriam alta criatividade. A estadista americana Hillary Clinton ou o jovem programador e empresário americano Mark Zuckerberg (criador do *facebook*) certamente apresentam um alto QI, podendo ser considerados superdotados. Embora o segundo provavelmente possua maior nível de criatividade que a primeira, dificilmente ambos receberiam o título de gênios – se bem é certo que a criatividade do segundo pode não ter alcançado ainda seu ápice e, portanto, poderia ser questão de tempo o reconhecimento da sua genialidade.

b) *Variedade de interesses*. Os gênios parecem mostrar, além de *expertise* em sua área de domínio, alta curiosidade em uma ampla gama de atividades. Essa variação provavelmente reforça a produção simultânea de diversos projetos e reforça também o pensamento divergente ou flexibilidade mental. O próprio Francis Galton ou Leonardo da Vinci constituem bons exemplos da extensa amplitude de interesses. O primeiro era meteorologista, geógrafo, psicólogo, geneticista, estatístico e antropólogo, enquanto que o segundo era matemático, engenheiro, inventor, anatomista, pintor, escultor, arquiteto, botânico, poeta e músico.

c) *Tendência à introversão*. Uma característica bastante comum em gênios. Poucas exceções são encontradas.

d) *Autossuficiência, autonomia e não convencional*. Características verificadas e já descritas por Cox. Cite-se como um exemplo extremo o caso do pintor e escultor italiano Michelangelo, de quem se diz: "*Nem mesmo Michelangelo conseguia manter o Papa fora da capela Sistina, e o formidável homem, com seus 69 anos de idade, sempre subia as escadas até os andaimes, ajudado pela mão do artista: – 'Quando acaba?' – 'Quando eu puder', sempre respondia Michelangelo*" (Harris, 1981; p. 42-43).

e) *Alta produtividade*. Os gênios não apenas produzem bem, mas também produzem muito. Para comprová-lo Simonton aplicou a fórmula de Derek de Solla Price na produção de música clássica. Price desenvolveu uma medida robusta para estimar a distribuição da produtividade científica, segundo a qual metade dos artigos científicos (em uma dada área do saber) é produzida pela raiz quadrada do total do número de autores científicos ($\sqrt{n}$). Portanto, o grosso da produtividade tenderia a estar concentrado em um pequeno número de cientistas. Similar à lei de Alfred Lotka, para quem o montante do número de autores que produz $n$ artigos é inversamente proporcional a $n$, a lei de Price é bastante simples e tem sido aplicada a diversas esferas. Simonton verificou que de 256 compositores responsáveis por todas as músicas escutadas no repertório musical moderno, apenas 16 deles eram responsáveis pela criação de 50% das peças ouvidas. Há uma característica adicional aos gênios, os transtornos mentais, que será objeto de descrição mais adiante.

O psicólogo diferencial inglês Hans Eysenck (1998) adicionaria outras características curiosas ao surgimento de gênios como estações dos nascimentos (maior número de nascimento de gênios ocorreu entre o solstício de inverno e equinócio de primavera no Hemisfério Norte); atividade solar (períodos de grande atividade cultural foram características de períodos de baixa atividade solar), e religião (27% dos ganhadores são de religião judaica).

Outro trabalho sobre mensuração da eminência/genialidade que poderia complementar os estudos sobre o tema constitui a obra do cientista político americano Charles Murray (2003) intitulada *Human Acomplishment*. Murray inicia seu estudo afirmando que os alcances humanos são feitos por pessoas. Se importantes feitios são realizados, então se configuram em um evento. Os grandes eventos são registrados em enciclopédias temáticas. Portanto, Murray recorre a enciclopédias como bases de dados para seu levantamento de eventos e pessoas no período 800 a.C. até 1950. Observa que os grandes eventos se situam na ciência e na arte. Decide propor uma escala de 0 a 100. Eventos e pessoas citados igual ou acima de 50% nas enciclopédias são selecionados para avaliação segundo a escala. Identifica 4.002 eminências nascidas nas culturas ocidental, oriental e árabe. Especificamente na cultura ocidental, Murray identifica 2.911 eminências, sendo 1.442 na área das ciências, 155 na filosofia, 479 em artes visuais, 835 na literatura e 522 na música. Entretanto ao aplicar a fórmula de Lotka (cf. ex. na Figura 5), Murray encontra que os que alcançaram posição de eminência igual a 100 (máxima pontuação), isto é, eminências que realizaram importantes eventos em razoável quantidade foram apenas 18. Seriam eles: Galileu e Kapler (Gastronomia), Darwin (Biologia), Lavoisier (Química), Lyell (Ciências da Terra), Newton e Einsten (Física), Euler (Matemática), Pasteur, Hipócrates e Koch (Medicina), Edison e Watt (Tecnologia), Aristóteles (Filosofia), Beethoven e Mozart (Música), Michelangelo (Artes Visuais) e, Shakespeare (Literatura). Murray enfatiza que todos eles surgiram em países europeus. Ao se perguntar por que a Europa produzira as maiores eminências, Murray cruza diversos fatores. Descobre dois fatores externos preditivos: a presença de universidades de elite e prosperidade econômica. Entre os fatores internos estariam: a criação de uma estrutura flexível que permita maior movimento, e, portanto, maior número de sequências; uma estrutura que seja como o jogo de xadrez e não como o jogo de damas. E, talvez o mais importante para Murray, o sentimento da eminência de que sua criação é algo transcendental, sustentada em características como verdadeiro, bom e belo (sendo a primeira característica essencial para a ciência e a última para a arte).

Portanto, parece bastante claro que a alta inteligência (ou superdotação) está subjacente à capacidade de realizar proezas abstratas que a maioria de pessoas não poderia fazer; entretanto para que a proeza passe no teste do tempo e seja reconhecido pela humanidade ao longo das gerações como "gênio" (ou eminência) outros fatores se fazem necessários. Esses fatores parecem ser a criatividade, o aspecto psicológico que confere unicidade aos produtos criados pelos grandes gênios da humanidade, e alto comprometimento para com sua produção (não necessariamente responsabilidade para com os outros) e que a seguir serão brevemente analisados.

## 4 Criatividade, doença mental e genialidade

A criatividade tem recebido atenção de muitos acadêmicos; entre os primeiros encontra-se o trabalho de H.L. Hargreaves da escola de Londres (seguidor de Charles Spearman). Em 1927 Hargreaves publica uma monografia sobre fluência mental composta supostamente de um fator geral e três fatores específicos: rapidez, memória e um fator "x" (provavelmente representando desinibição e falta de autocrítica). Entretanto, seria a partir dos trabalhos dos psicólogos diferenciais (Thurstone, Vernon, Cattell, Guilford, Taylor, Carroll, Eysenck, entre outros) que a criatividade, sob diversas nomenclaturas, viria a ser estudada sistematicamente por meio de provas e testes psicológicos.

Talvez o discurso presidencial de Guilford sobre criatividade, oferecido em 1950 à Associação Americana de Psicologia, tenha chamado mais a atenção para os chamados testes divergentes. A posição de Guilford era a de que os testes divergentes apresentavam correlação com os testes convergentes (conhecidos também como testes de inteligência) quando o QI é abaixo de 120. Isso significava que as pessoas apresentariam maior criatividade à medida que seu grau de inteligência aumentava, mas em patamares muito superiores de inteligência essa correlação desapareceria. Portanto, pessoas com QI acima de 120 tanto podiam como não podiam ter alta criatividade. Tal posição, entretanto, poderia refletir uma evidência da lei do retorno diminuído de Charles Spearman. Segundo essa lei, acima de um determinado nível (geralmente QI acima de 120) ocorreria especialização cognitiva e as correlações entre medidas cognitivas diminuiriam (Detterman & Daniel, 1989). Desafortunadamente, alguns estudos não conseguiram encontrar correlação entre criatividade e inteligência em nenhum nível intelectual.

Torrance (1974, 1988) realizou os primeiros estudos longitudinais sobre criatividade, obtendo correlações positivas entre os critérios quantidade (ex.: patentes, novelas, composições musicais e outros produtos), qualidade (avaliação de juízes) e aspirações (ex.: ambições de carreira) com os escores obtidos no teste *Torrance of Creative Thinking* cinco e 22 anos depois em uma amostra de 254 sujeitos com idade inicial de 12 anos. As correlações variaram entre 0,25 a 0,59.

Mas o que é criatividade? Eysenck (1995) propunha como conceito de criatividade:

> Traço ou habilidade disposicional o qual habilita uma pessoa a propor ideias avançadas, ou executar e produzir trabalhos imaginativos, que têm a aparência de novidade e que são imediatamente ou em seu devido tempo aceito por pares e especialistas como genuínas contribuições de valor social (p. 83).

Entretanto, Eysenck (1995) distinguia dois significados em sua definição de criatividade e que era fundamental para entender a produção das pessoas realmente criativas. Trata-se de criatividade traço e criatividade realizadora. O primeiro seria necessário ao segundo, mas o inverso não seria verdadeiro. Isto é, a criatividade enquanto traço seria o fator psicológico que nos permitiria responder aos testes psicométricos que se propõem medir criatividade e cujos itens não possuem um valor social (ex.: produção de novas palavras, completar figuras inacabadas, entre outros), enquanto que a criatividade realizadora é a produção resultante que além de original tem valor social.

No caso dos gênios, sua alta e boa produção poderia refletir a multiplicação das qualidades e não apenas uma simples adição das mesmas (a qual resultaria em uma distribuição normal). Dito em outra forma, os traços de inteligência e de criatividade realizadora se multiplicariam de forma a que a distribuição resultante seja em forma de J; uma proposta que explicaria os resultados da aplicação da Lei de Price ou de Albert Lotka (cf. ex. na Figura 5) à produção científica ou artística.

*Figura 5 Exemplo de curva Lotka representando a produtividade dos gênios de acordo com seu grau de eminência*

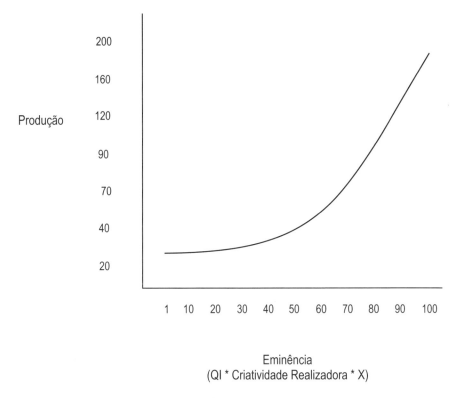

O fator "X" da Figura 5 poderia muito bem representar as características psicopatológicas haja vista a conhecida associação frequente entre genialidade e transtorno mental. Por exemplo, a maioria das pessoas lembra do caso do matemático americano John Nasch, ganhador do Prêmio Nobel de economia em 1994, portador de esquizofrenia paranoica que inspirou o filme *A Beautiful Mind* (Uma mente brilhante), ou do matemático russo Grigory Perelman, de 44 anos, desempregado, vivendo com a mãe, recluso em um pequeno apartamento em São Petersburgo e que recusou em 2010 o prêmio de um milhão de dólares da *Clay Mathematics Institute* de Massachusetts por ter descoberto a solução da Conjectura de Poincaré. Esses casos de genialidade e loucura são contemporâneos, foram muito noticiados pela mídia e provavelmente ficarão na memória de muitas pessoas.

Existem outros casos menos noticiados pela mídia como o de Kurt Friedrich Gödel, matemático austríaco, merecedor do prêmio Albert Einstein em 1954. Seu trabalho mais famoso foi a Teoria da Incompletude e foi amigo muito próximo do próprio Albert Einstein, o único amigo com quem realizava costumeiramente caminhadas ao redor da Universidade de Princeton. Pese à brilhante inteligência, Godel era paranoico. Acreditava que ia ser envenenado e, por isso, solicitava à esposa provar a comida antes dele ingeri-la. Finalmente, quando a esposa adoeceu, Godel parou de alimentar-se vindo a falecer de desnutrição em 1978 (pesava então quase 30kg), quatro anos depois de ter ganho a medalha nacional de ciência.

A relação entre doença mental e genialidade tem sido retratada em vários estudos, e narrada em vários livros e ensaios. Observe-se que já no estudo de Cox, os mais altos QIs apresentavam uma tendência a apresentar problemas de ajuste social. Entretanto alcançar uma informação precisa sobre a relação entre criatividade, doença mental e genialidade requer por um lado um sistema de classificação universal de doenças mentais e por outro lado requer estudos que contemplem a população comum na época em que os gênios viviam. Dado que essa classificação passou a existir desde o século passado, estudos sistemáticos somente podem ser feitos desde então. Um desses estudos constitui o trabalho de Post (1994) que analisou a biografia de 291 personagens famosos da ciência, política, música, arte, escrita e pensadores. Encontrou evidências de psicopatologia em 44% dos cientistas, em 50% dos músicos, em 59% dos políticos, em 56% dos artistas, em 62% dos pensadores e nada menos que em 88% dos escritores. Portanto, há pouca dúvida sobre a relação ao menos moderada entre psicopatologia e genialidade.

Mas como discernir entre o gênio com transtorno mental e aquele cidadão comum também com transtorno mental?

Certa vez uma longa carta foi encaminhada ao nosso laboratório dirigida à primeira autora do presente capítulo. Dentro dela, havia desenhos coloridos e recortes de revistas sobre temas religiosos. O autor queixava-se da incompreensão da sociedade sobre sua superdotação e clamava por atenção. Na carta lia-se:

> Dra. peguei um velho DVD pirata daqueles que já ta corroído sua estrutura metalica de gravação e coloque-o contra a luz, Veja o furo central onde serve de eixo para faze-lo funcionar este e o comando cognitivo de um ser humano normal, responsavel por nossa construção como individuos dentro da nossa realidade, Porem vê as falhas na parte plateada externa, estas são informações cognitivas que vem nos surpreender pois pertenceram a antepassados distantes e se manifestam sem nunca ter-mos as experimentados [...] sabe doutora eu poderia escrever um livro para a senhora ler, mas já aliviei minha pressão e voltei a ser uma estrela de neutrons... (erros gramaticais e de pontuação reproduzidos).

Em 1839, o poeta e escritor Edgar Allan Poe escreveu ao também poeta e amigo Philip Pendleton Cook:

> Eu enviei o Magazine Gent (Julho, Agosto, setembro). Não pense em assinar. As críticas não valem o seu anúncio. Claro que eu não presto atenção a eles – pois há dois de nós. Não é agradável de ser tributado com o disparate de outras pessoas, ou deixar que outras pessoas sejam tributados com as nossas. Portanto, no momento fico no meu ritmo – apenas escrevendo um parágrafo ocasional, sem muito cuidado. As críticas, tais como são, são todas minhas no número de Julho e todas minhas de Agosto e Setembro com excepção dos primeiros três em cada – que são de Burton. Assim que o Destino permitir eu vou ter uma revista minha própria – e vou me esforçar para levantar poeira. [...] Em 1948 Poe escreveria para seu médico: "Eu me tornei insano, com longos períodos de horrível sanidade... Eu bebi, Deus sabe quanto e quão frequente. Obviamente, meus enemigos remetiam a insanidade à bebida antes do que a bebida à insanidade".

Obviamente, se pegarmos os escritos de duas pessoas com transtorno mental, é provável que não consigamos discernir quem é o gênio e quem é o comum. O diagnóstico diferencial viria, portanto, das conquistas feitas ao longo de suas vidas. Entretanto, até um certo patamar de insanidade os gênios parecem direcionar suas fantasias e suas imaginações para a inovação de suas próprias ideias no campo que se destacam, devido provavelmente a seu alto grau de inteligência. Quando esse patamar é ultrapassado, a doença mental acaba eliminando o julgamento básico de quem ele é e a criatividade do que está fazendo. Quantos acabaram antes de terem tido a oportunidade de amadurecer sua genialidade e se tornarem famosos? Não o sabemos, mas daqueles que conseguiram reconhecimento certamente poucos ultrapassaram esse patamar. A maioria, contudo, tinha o sofrimento mental como seu permanente aliado.

Eysenck (1998) acreditava que a criatividade é um dos aspectos da personalidade. Sua crença estava baseada nos resultados de algumas investigações que apontavam maior associação da criatividade com psicoticismo (P) do que com dimensões cognitivas (Woody & Claridge, 1977; Eysenck, 1993). P é uma dimensão descrita por H. Eysenck e S. Eysenck (1991) como relacionada à frieza, não sociabilidade, desinteresse em pessoas, insensibilidade, hostilidade, gosto pelo estranho e pelo incomum, agressividade, criatividade, quebra de normas e regras. P se encaixaria muito bem na descrição da personalidade de gênios como Michelangelo e Picasso. Mas, personagens como os ditadores Stalin ou Hitler embora pudessem apresentar alto P, não apresentavam criatividade realizadora, isto é, atividade socialmente valorizada. Tampouco eram extremamente inteligentes. Portanto, o adjetivo de "genialidade" não se encaixaria.

Mas o que dizer daquelas pessoas que se destacam em uma determinada atividade? Não são gênios ou superdotadas, mas certamente apresentam uma habilidade incomum. Essas pessoas receberão o adjetivo de "talento" e que a seguir será discutido.

## 5 Talento

De acordo com a proposta de Simonton (1999), um dos maiores especialistas na elucidação das altas habilidades, talento seria:

> qualquer capacidade inata que capacita um indivíduo mostrar excepcionalmente um alto desempenho em um domínio que requer habilidades especiais e treinamento. Tais domínios de talentos podem incluir atividades tão diversas como liderança empreendedora, criatividade artística, esporte olímpico, jogo de xadrez competitivo ou desempenho em um concerto (p. 436).

Poderíamos supor que uma pessoa que tem a curiosa habilidade de caminhar sobre pedras abrasantes ou aquela que meneia as orelhas constituir exemplos de "talento"? Segundo Simonton (1999), a resposta é não. O talento requer alta especialização e treinamento para expressar-se, o que não ocorreria com os exemplos citados. Nesse sentido, pessoas que caminham sobre pedras quentes ou que movimentam as orelhas fazem tais comportamentos sem maior treinamento especializado. Essas pessoas não preencheriam os critérios da definição proposta.

Tampouco preencheriam o critério de talento os chamados *savants*, como o americano Kim Peek, inspirador do filme *Rain Man*. Kim tinha a habilidade de memorizar 98% de tudo o que ouvia e lia. Memorizava com suma rapidez livros de qualquer gênero (esporte, geografia, história, política, literatura, música clássica) chegando à impressionante cifra de aproximadamente 9.000 livros memorizados em toda sua vida, entre eles todas as obras de Shakespeare e a Bíblia (velho e antigo testamento). Entretanto, Kim era incapaz de responder a um teste complexo de inteligência (seu QI foi calculado em 87). Não entendia provérbios populares ou duplo sentido das frases. Por exemplo, em uma entrevista lhe foi perguntado sobre o endereço de Abraham Lincoln, ao qual Kim respondeu *"227 North West Front Street, mas ele ficou apenas uma noite. Ele deu sua palestra apenas no dia seguinte"*. A plateia riu, mas Kim não entendeu o porquê dos risos. Kim também não conseguia se vestir sozinho devido a uma severa hipotonia e tinha dificuldades com os desafios do dia a dia. Trata-se de um exemplo, em que o treinamento especializado e proposital não era o fator determinante de sua altíssima habilidade específica. A capacidade de memorização de Kim era inata, provavelmente relacionada a alterações neuroanatômicas e genéticas (exames de neuroimagem mostraram que ele não possuía o corpo caloso unindo os hemisférios cerebrais e síndrome FG conhecida também como *Opitz-Kaveggia syndrome*). Entretanto sim seriam considerados talentos os famosos Edson Arantes do Nascimento (Futebol), Serena Williams (Tênis), Judit Polgar (Xadrez competitivo), Oscar Niemeyer (Arquitetura), Fernando Botero (Pintor) ou Joshua Bell (Música clássica). Essas pessoas certamente apresentam uma alta habilidade inata, que sem uma prática constante a expressão delas provavelmente não teria ocorrido.

A validade da definição proposta por Simonton para talento, na qual uma prática contínua é necessária, encontra suporte nas palavras ditas pelo escritor peruano Mario Vargas Llosa em setembro de 2010 durante as celebrações do primeiro centenário da Universidade Nacional Autónoma de México, poucos meses antes de ser nomeado Prêmio Nobel de Literatura. Disse ele:

> A escrita é um trabalho, uma disciplina que não tem nada a ver com essa visão romântica que muitos têm sobre o escritor boêmio que espera a inspiração cair de uma árvore. Isso não é verdade, embora haja casos excepcionais, quase miraculosos. Na realidade detrás das grandes obras literárias existe uma disciplina, perseverança, teimosia, espírito crítico e autocrítico.

Cabe destacar que, diferentemente da genialidade, existem milhares de talentos em todas as sociedades e épocas, alguns alcançando reconhecimento mundial por meio de premiações e outros interrompidos por fatores fortuitos (ex.: doenças ou acidentes físicos, escassez de oportunidades, ambientes não estimuladores, doenças mentais etc.). Por outro lado, é muito provável que o conceito de talento se superpõe com o de superdotação quando se retrata atividades que requerem alta abstração como é o caso da atividade científica, mas alcança independência em outras atividades. Por exemplo, seria muito difícil nomear de superdotados a famosos nos esportes ou a alguém que desenvolveu graças a um rigoroso treinamento uma habilidade para digitar 212 palavras por minuto, como é o caso da americana Barbara Blackburn ou do brasileiro Guilherme Sandrini. Eles não são gênios ou superdotados, mas são pessoas talentosas, o qual significa que possuem uma alta habilidade em uma atividade muito específica. Segundo Ericsson (1996), um mínimo de 10 anos de intenso treinamento seria necessário para que uma habilidade alcance um aprimoramento tal que receba a nomeação de talento. Obviamente considerando a população geral, é menor o número de pessoas que se engaja em longos e intensos treinamentos. Aqueles que o fazem, provavelmente, estão atendendo ao chamado de suas habilidades especiais. Segundo Simonton (2008) os que alcançam alto desempenho antes dos 10 anos de intenso treinamento provavelmente apresentam maior predisposição de suas habilidades do que aqueles que precisam mais tempo. Geralmente o treinamento ocorre cedo na infância/adolescência, período em que as pessoas aperfeiçoam suas habilidades, enquanto que na idade adulta as pessoas mostram a realização da *expertise*. No caso do talento científico, Simonton alega a possibilidade de haver uma mistura de habilidades cognitivas, especialmente a abstração, e traços de personalidade. Inicialmente a tendência para a ciência seria difusa, mas seriam os traços de personalidade que escolheriam as atividades/ambientes onde as habilidades cognitivas se instalariam. Um exemplo constituiria a habilidade numérica na infância e depois a carreira de cientista na idade adulta. Eis também um exemplo de porque a noção de talento científico e superdotação poderiam convergir. Quando o talento envolve alta abstração, a superdotação pode estar refletida; se certas características de personalidade associam-se (ex.: criatividade, persistência, introversão, psicoticismo) uma genialidade pode se manifestar.

## 6 Conclusão

O estudo da inteligência humana, ou das altas habilidades, tem permitido parcialmente compreender por que algumas pessoas conseguem maior facilidade que outras quando se trata de adquirir e/ou utilizar uma informação. A Psicologia sozinha tem produzido em um século um enorme cabedal de conhecimento a respeito. Entretanto o campo não está fechado. Numerosas questões estão ainda abertas e outras áreas do saber ingressam para reforçar as investigações. É o caso da neurociência e da genética.

Embora ainda se esteja longe de haver consenso entre os cientistas sobre se a base neuroanatômica da capacidade cognitiva apresenta uma natureza distribuída ou frontal, deve-se considerar que os trabalhos publicados até o momento estudaram grupos relativamente pequenos de pessoas, quando se faz imprescindível considerar um grupo numeroso para dispor de suficiente poder estatístico (Gong et al., 2005). Entretanto, outros métodos de análise de dados obtidos por neuroimagem surgem de forma promissora. Entre eles, tem-se a técnica *proton magnetic resonance spectroscopy* ($^1$H-MRS) que identifica marcadores neuroquímicos como o recentemente descoberto *N-acetylaspartate*, ou NAA, e que está relacionado à inteligência (Jung, Gasparovic, Chavez, Caprihan, Barrow & Yeo, 2009) ou o *diffusion tensor imaging* (DTI) que identifica mudanças da integridade microestrutural da substância branca. Os intentos de procurar um padrão de concentração de massa cinzenta e branca nas diversas áreas cerebrais e relacioná-lo às variações intelectuais estão no seu início, mas os resultados são promissores. Nesse sentido, nosso laboratório tem iniciado investigações em nível eletrofisiológico (Mansur-Alves, Santos Filho, Flores-Mendoza & Tierra-Criollo, 2012), procurando investigar a associação entre eficiência neuronal e variações de inteligência, haja vista as novas hipóteses sobre a forte interconectividade de regiões cerebrais de sujeitos de alto nível intelectual (Lee, You-Te Wu, Yu, Hung-Chi Wu & Chen, 2012). Portanto, é questão de tempo saber definitivamente a natureza da inteligência humana.

Os diversos e inúmeros estudos psicológicos sobre a inteligência têm oferecido um aporte valioso à humanidade. Graças a eles sabemos que apenas um pequeno segmento da população manifestará altas habilidades cognitivas. E, como vimos anteriormente, será essa pequena parcela a que irá produzir os avanços do conhecimento humano, a que irá fornecer as soluções para nossos problemas e também a que criará as mais belas obras que enobrecem e agradam a nossa alma. Alguns deles pagarão caro por suas contribuições, pois a natureza humana parece exigir uma contrapartida daqueles que têm o privilégio de possuir um engenho em alto nível. Entretanto, não se tem informação que eles reneguem desse privilégio. Sofrem o quotidiano do dia a dia, mas vivenciam com prazer as suas criações. E a sociedade ganha com isso, principalmente aquelas sociedades que valorizam o intelecto.

# 7 Estudo de caso

Tendo o profissional em Psicologia tomado conhecimento das informações que rodeiam o assunto de superdotação/altas habilidade, genialidade e talento, a seguir se ilustra um caso de avaliação psicológica de uma criança suspeita de superdotação. Obviamente por razões de ética profissional somente informações relativas ao entendimento de superdotação são apresentadas. Outras informações foram propositalmente omitidas.

Nome: R.O.M.

Data de nascimento: 14/08/2000

Idade à época da avaliação: 6 anos e 1 mês

R.O.M. é o segundo de dois filhos. O pai possui o Ensino Superior incompleto. Atualmente trabalha em escritório próprio. A mãe possui o Ensino Superior completo, desempregada. A mãe informou que o filho sempre foi precoce, andando e falando antes que a maioria das crianças de sua idade, inclusive aprendendo a ler sozinho. Relata que o filho a surpreende pela forma de conversar, levando seu grupo de amigos a realizar seus próprios interesses. Manifesta alta curiosidade por fatos noticiados na televisão e no computador procura encontrar respostas que os pais não conseguem oferecer.

Durante a testagem a criança pareceu estar à vontade com a situação. Apesar de um ligeiro nervosismo e timidez (baixar os olhos, cruzar e descruzar de braços, tom de voz baixa) a criança mostrou colaboração e concentração nas tarefas. Quando não lembrava a resposta, ou considerava que a sua resposta teria sido incorreta, passava para outra tarefa, mas logo depois voltava à questão não respondida para informar a resposta correta.

Foram utilizados os testes Matrizes Progressivas de Raven, Teste de Desempenho Escolar Escala de Maturidade Mental Colúmbia e WISC-III. Nenhum desses testes apresentava normas para a população mineira na época da avaliação. Tal limitação clamava dois cuidados na hora de interpretar os resultados: 1) a possível variação regional da distribuição da inteligência no país e, 2) o possível efeito temporal. O primeiro cuidado se refere à consideração de haver médias de desempenho diferenciadas entre as regiões brasileiras. Por exemplo, a média de Minas Gerais pode ser maior que a média da população de Roraima, mas pode ser menor que a média da população de Rio Grande do Sul. Portanto, é possível que uma pontuação obtida por uma criança mineira poderia ser considerada muito alta para os padrões de Roraima, mas seria apenas alta para os padrões do Rio Grande do Sul. O segundo cuidado se refere à consideração de que a média atual de desempenho das crianças pode ser superior à média de desempenho das crianças de anos atrás. Este efeito é conhecido como efeito Flynn.

### Resultados

*Escala de Inteligência Wechsler para Crianças – WISC-III*

Execução:  QI 137 Classificação: Muito superior

Verbal:     QI 144 Classificação: Muito superior

Total:      QI 144 Classificação: Muito superior

*Teste de Desempenho Escolar – TDE*

Escrita:     27      Classificação Superior

Aritmética:  16      Classificação Superior

Leitura:     69      Classificação Superior

Total:      112      Classificação Superior

*Escala de Maturidade Mental Columbia*

Percentil: 99+

Estanino: 9

Resultado padrão de idade: 150+

Índice de maturidade: acima de 9I

*Matrizes Progressivas Coloridas de Raven*

Percentil: 99

Classificação: intelectualmente superior

### Interpretação dos resultados

A criança de seis anos e um mês apresentou resultados muito acima da média em todas as tarefas e provas cognitivas. A homogeneidade da sua capacidade intelectual e a qualidade das respostas refletem uma facilidade geral de raciocínio tanto para desafios verbais quanto para não verbais. O processamento paralelo de informação (processar a resposta a uma tarefa enquanto processa a resposta não dada à anterior tarefa) assim como o gosto por atividades que demandem desafios cognitivos reforça sua caracterização como criança de altas habilidades cognitivas.

Entretanto, é necessário contextualizar os resultados obtidos pela criança de acordo com a atualização das normas dos instrumentos administrados. O WISC-III apresenta normas para a população do Rio Grande do Sul obtidas entre 1999 e 2000; portanto trata-se de normas temporalmente não muito distantes da administração realizada no presente caso (ano de 2006). O efeito Flynn deve ser considerado em casos em que a distância temporal entre as normas e a aplicação dos testes for superior a 20 anos (calcula-se um aumento de aproximadamente seis pontos de QI na população nesse período). Existem evidências de que o desempenho da população dos estados do sul do país obtém médias superiores às demais regiões brasileiras (Flores-Mendoza, 2006), portanto se essas evidências ainda se mantiverem atuais, a média obtida pela criança R.O.M., nascida e criada em Minas Gerais, poderia de fato refletir capacidade cognitiva superior.

Com relação ao TDE, o teste foi desenvolvido e normatizado no Rio Grande do Sul na década de 1990. Considerando-se que o desempenho dos estudantes no Ensino Fundamental não tem aumentado significativamente desde essa época até a data da avaliação do presente caso conforme mostram os indicativos do SAEB (prova nacional), é de se supor que o desempenho de R.O.M, reflita efetivamente um desempenho escolar superior.

Com relação aos testes Columbia e Matrizes Progressivas de Raven, estes foram normatizados no Estado de São Paulo em 1999 e 2000 respectivamente. Portanto, não muito distante da época de aplicação para o presente caso. Por outro lado, existem evidências que o desempenho da população de Minas Gerais não difere significativamente de São Paulo (Flores-Mendoza, 2006). Se tais evidências se mantiverem atuais, então a classificação obtida pela criança R.O.M. em ambos os testes pode ser confiável.

Considerando-se as observações acima mencionadas, a criança R.O.M. apresenta evidências confiáveis de desempenho cognitivo superior, muito provavelmente superdotação/altas habilidades cognitivas. Não houve evidências de algum talento em específico (ex.: esporte, música, desenho). Seu alto desempenho intelectual parece ser homogêneo. Devido à instabilidade da precisão das medidas cognitivas em idades tenras, sugere-se nova avaliação após o início da escolaridade formal, ambiente no qual a criança será exposta a variadas oportunidades de estimulação. Oportunidades essas que poderão indicar a escolha natural da criança e indicar o curso de desenvolvimento de sua potencialidade.

## Referências

Anastasi, A. (1988). *Psychological testing* (6a ed.). Nova Jersey: Prentice-Hall.

Bates, T.C., & Eysenck, H.J. (1993). Intelligence, inspection time, and decision time. *Intelligence*, 17, 523-531.

Brand, C. (1987). The importance of general intelligence. In S. Modgil, & C. Modgil (Eds.). *Arthur Jensen: Consensus and Controversy*. Nova York: Falmer.

Burks, B.S., Jensen, D.W., & Terman, L.M. (1930). *The promise of youth: Follow-up studies of a thousand gifted children. Vol. 3. Genetic studies of genius.* Stanford, CA: Stanford University Press.

Butcher, H.J. (1972). *A inteligência humana.* São Paulo: Perspectiva.

Cattell, R.B. (1903). A statistical study of eminent men. *Popular Science Montlhly*, 62, 359-377.

Chaiken, S.R., & Young, R.K. (1993). Inspection time and intelligence: Attempts to eliminate the apparent movement strategy. *American Journal of Psychology*, 106, 191-210.

Colom, R., & Flores-Mendoza, C. (2007). Intelligence predicts scholastic achievement irrespective of SES factors: Evidence from Brazil. *Intelligence*, 35, 243-251.

Cox, C.M. (1926). *The early mental traits of 300 geniuses. Vol. 2. Genetic studies of genius*. Stanford, CA: Stanford University Press.

Da Silva, J.A. (2003). *Inteligência humana: Abordagens biológicas e cognitivas*. São Paulo: Lovise.

Da Silva, J.A. (2004). *Inteligência: Resultado da genética, do ambiente ou de ambos?* São Paulo: Lovise.

Deary, I.J. (1994). Sensory discrimination and intelligence: Postmortem or resurrection? *American Journal of Psychology, 107,* 95-115.

Deary, I.J. (2012). Intelligence. *Annual Review of Psychology, 63,* 453-482.

Detterman, D.K., & Daniel, M.H. (1989). Correlations of mental tests with each other and with cognitive variables are highest for low-IQ groups. *Intelligence, 15,* 247-250.

Elman, B.A. (2000). *A cultural history of civil examinations in late imperial China*. Berkeley: University of California.

Ericsson, K.A. (1996). The acquisition of expert performance: An introduction to some of the issues. In K.A. Ericsson (Ed.). *The road to expert performance: Empirical evidence from the arts and sciences, sports, and games*. Mahwah, NJ: Lawrence Erlbaum Associates.

Eysenck, H.J. (1993). Creativity and personality: Word association, origence and psychoticism. *Creativity Research Journal, 7,* 209-216.

Eysenck, H.J. (1995). *Genius: The natural history of creativity*. UK: Cambridge, University Press.

Eysenck, H.J. (1998). *Intelligence: A new look*. NJ : Transaction Publishers.

Eysenck, H.J., & Eysenck, S.B.G. (1991). *Eysenck Personality Scales (EPS Adult)*. Londres: Hodder & Stoughton.

Flores-Mendoza, C. (2006). O estudo das diferenças individuais no Brasil. In C. Flores-Mendoza, & R. Colom (Eds.). *Introdução à Psicologia das Diferenças Individuais*. Porto Alegre: Artes Médicas.

Flores-Mendoza, C., & Colom, R. (2006). *Introdução à Psicologia das Diferenças Individuais*. Porto Alegre: ArtMed.

Flores-Mendoza, C., Jardim, G., & Abad, F. J. (2010). Informação geral e atual e sua relação com a inteligência e a personalidade em crianças escolares. *Estudos de Psicologia, 27*, 161-168.

Galton, F. (1869). *Heriditary Genius: An inquiry into its laws and consequences*. Londres: Macmillan.

Galton, F. (1874). *English men of science: Their nature and nuture*. Londres: Macmillan,

Galton, F. (1889). *Natural Inheritance*. Londres: Macmillan.

Godoy, S., Noronha, A.P.P., Ambiel, R.A.M. & Nunes, M.F.O. (2008). Instrumentos de inteligência e interesses em orientação profissional. *Estudos de Psicologia, 13*, 75-81.

Gong, Q.Y., Sluming, V., Mayes, A., Keller, S., Barrick, T., Cezayirli, E., & Roberts, N. (2005). Voxel-based morphometry and stereology provide convergent evidence of the importance of medial prefrontal cortex for fluid intelligence in healthy adults. *NeuroImage, 25*(4), 1175.

Gottfredson, L.S. (1997). Mainstream science on intelligence: An editorial with 52 signatories, history, and bibliography. *Intelligence, 24*(1), 13-23.

Herrstein, R.J., & Murray, Ch. (1994). *The bell curve – intelligence and class structure in American life*. Nova York: A Free Press Paperbacks Books.

Hunter, J.E., & Hunter, R.F. (1984). Validity and utility of alternative predictors of job performance. *Psychological Bulletin*, 96, 72-98.

James, W. (1880). *Great men and their environment*. Londres: Macmillan.

Jensen, A.R. (1998b). *The g factor.* Nova York: Praeger.

Johnson, W., Bouchard Jr., Th., Krueger, R.F., McGue, M., Irving I.G. (2004). Just one g: consistent results from three test batteries. *Intelligence, 32*, 95-107.

Jung, R.E., Gasparovic, C., Chavez, R.S., Caprihan, A., Barrow, R., & Yeo, R.A. (2009). Imaging intelligence with proton magnetic resonance spectroscopy. *Intelligence, 37*, 192-198.

Kranzler, J.H., & Jensen, A.R. (1989). Inspection time and intelligence: A meta-analysis. *Intelligence, 13*(4), 329-347.

Lee, T., Wu, Y., Yu, Y., Wu, H., & Chen, T. (2012). A smarter brain is associated with stronger neural interaction in healthy young females: A resting EEG coherence study. *Intelligence, 40,* 38-48.

Mansur-Alves, M., Santos Filho, S., Flores-Mendoza, C., & Tierra-Criollo, C.J. (2012). The event-related desynchronization (ERD) correlated to psychometric intelligence in Brazil: a neural efficiency study methodology. *Brazilian Journal of Biomedical Engineering, 28,* 36-43.

Murray, Ch. (2003). *Human accomplishment: The pursuit of excellence in the arts and sciences, 800 BC to 1950.* Nova York: Harper Collins.

Neisser, U., Boodoo, G., Bouchard, T., Boykin, A., Brody, N., Ceci, S., Halpern, D., Loehlin, J., Perloff, R., Sternberg, R., & Urbina, S. (1996). Intelligence: knowns and unknowns. *American Psychologist, 51*(2), 77-101.

Nisbett, R.E., Aronson, J., Blair, C., Dickens, W., Flynn, J., Halpern, D.F., & Turkheimer, E. (2012). Intelligence: New findings and theoretical developments. *American Psychologist, 67*(2), 130-159.

O'Toole, B.J., & Stankov, L. (1992). Ultimate validity of psychological tests. *Personality and Individual Differences, 13,* 699-716.

Odin, A. (1895). *Genèse des grands hommes.* Paris: H. Welter.

Oliveira, M.O. (1983). Inteligência e vida cotidiana: Competências cognitivas de adultos de baixa renda. *Cadernos de Pesquisa, 44,* 45-54.

Post, F. (1994). Creativity and psychopathology: A study of 291 world famous men. *British Journal of Psychiatry, 165,* 22-34.

Ree, M. J., & Earle, J.A. (1992). Intelligence is the best predictor of job performance. *Current Directions in Psychological Science, 1,* 86-89.

Ree, M.J., Earles, J.A., & Teachout, M.S. (1994). Predicting job performance: Not much more than g. *Journal of Applied Psychology, 79,* 518-524.

Ribot, Th. (1873). *L'Hérédité. Étude Psychologique.* Paris: Felix Alcan.

Rindermann, H., Flores-Mendoza, C.E., & Woodley, M.A. (2012). Political orientations, intelligence and education. *Intelligence, 40,* 217-225.

Simonton, D.K. (1991a). Career landmarks in science: Individual differences and interdisciplinary contrasts. *Developmental Psychology, 27,* 119-130.

Simonton, D.K. (1991b). Emergence and realization of genius: The lives and works of 120 classical composers. *Journal of Personality and Social Psychology, 61*, 829-840.

Simonton, D.K. (1992). Leaders of American psychology, 1879-1967: Career development, creative output, and professional achievement. *Journal of Personality and Social Psychology, 62*, 5-17.

Simonton, D.K. (1994). *Greatness. Who makes story and why*. Nova York: The Guilford Press.

Simonton, D.K. (1996). Creative expertise: A lifespan developmental perspective. In K.A. Ericsson (Ed.). *The road to expert performance: Empirical evidence from the arts and sciences, sports, and games* (pp. 227-253). Mahwah, NJ: Erlbaum.

Simonton, D.K. (1999). Talent and its development: An emergenic and epigenetic model. *Psychological Review, 106*, 435-457.

Simonton, D.K. (2008). Scientific talent, training, and performance: Intellect, personality, and genetic endowment. *Review of General Psychology, 12*, 28-46.

Simonton, D.K. (2009). Historiometry in Personality and Social Psychology. *Social and Personality Psychology Compass, 3*(1), 49-63.

Sternberg, R., & Detterman, D.K. (1986). *What is intelligence? Contemporary viewpoints on its nature and definition*. NJ: Ablex Publishing.

Terman, L.M. (1926). *Mental and physical traits of a thousand gifted children. Vol. 1. Genetic studies of genius* (2a ed.). Stanford, CA: Stanford University Press.

Terman, L.M., & Oden, M.H. (1947). *The gifted child grows up. Vol 4. Genetic studies of genius*. Stanford, CA: Stanford University Press.

Terman, L.M., & Oden, M.H. (1959). *The gifted group at mid-life. Vol 5. Genetic studies of genius*. Stanford, CA: Stanford University Press.

Thurstone, L.L. (1921a). Contribution to intelligence and its measurement. *Journal of Educational Psychology, 12*, 201-207.

Thurstone, L.L. (1921b). Intelligence and its measurement. *Journal of Educational Psychology, 16*, 201-207.

Torrance, E.P. (1974). *Torrance Tests of Creative Thinking: Norms – technical manual*. Princenton: Personnel Press/Ginn.

Torrance, E.P. (1981). Predicting the creativity of elementary school children (1958-1980) – and the teachers who made a "difference". *Gifted Child Quarterly, 25*, 55-62.

Ward, L. (1906). *Applied Sociology*. Londres: Ginn & Company.

Woody, E., & Claridge, G. (1977). Psychoticism and thinking. *British Journal of Social and Clinical Psychology, 16*, 241-248.

*Capítulo 6*

# Avaliação dos relacionamentos amorosos na contemporaneidade: o construto percepção dos filhos sobre a conjugalidade dos pais

*Cilio Ziviani*
*Terezinha Féres-Carneiro*
*Fabio Scorsolini-Comin*
*Manoel Antônio dos Santos*

O objetivo deste capítulo é apresentar aspectos atuais da avaliação psicológica aplicada à área da conjugalidade ou dos relacionamentos de casal. Para ilustrar essa aproximação, discutiremos o processo de construção, validação e utilização de um questionário desenvolvido no contexto brasileiro para a avaliação da percepção dos filhos sobre a conjugalidade dos pais. Para iniciar nosso diálogo, situaremos o leitor diante da literatura científica produzida acerca da conjugalidade na contemporaneidade.

Atualmente, concebe-se que o casamento pode ser um espaço de desenvolvimento das individualidades, sendo um processo de individuação entre os parceiros (Féres-Carneiro, 1998; Gomes & Paiva, 2003). Algumas pesquisas partem da noção de que o *self* não pode se desenvolver no isolamento e de que o "eu" é definido pela sua diferenciação com o "tu", de modo que o "tu" constitui a base para a identidade do indivíduo, desde que se possam diferenciar dois processos importantes presentes na dinâmica das relações conjugais: intimidade e fusão. Féres-Carneiro (1998) descreve como o casal contemporâneo é confrontado por duas forças paradoxais e as tensões resultantes do embate entre individualidade e conjugalidade. O modelo único que cada par cria é denominado "absoluto do casal", conceito que demarca os seus limites, ou seja, concebe o casal como sendo composto por duas pessoas e o seu modelo único, denominado conjugalidade. O casal constrói, assim, não somente a realidade presente, mas reconstrói a realidade passada, fabricando uma memória comum que integra os dois passados individuais (Féres-Carneiro, Seixas & Ziviani, 2006; Gomes & Ribeiro, 2011; Magalhães & Féres-Carneiro, 2007).

## Avaliação dos relacionamentos amorosos

Existem diversos estudos nos contextos nacional e internacional sobre a avaliação da conjugalidade ou dos relacionamentos de casal (Cranford, Floyd, Schulenberg & Zucker, 2011; Cruz, Wachelke & De Andrade, 2012; Fagundes, Berg & Wiebe, 2012; Graham, Diebels & Barnow, 2011; Neff & Broady, 2011; Stanley, Ragan, Rhoades & Markman, 2012; Ziviani, Féres-Carneiro & Magalhães, 2011).

Em termos dos objetos de investigação e dos contextos de estudo das pesquisas voltadas à investigação da conjugalidade, pode-se observar um movimento de se estudar não apenas essa noção dentro do casamento (Bozon, 2003; Cicco, Paiva & Gomes, 2005; Garcia & Tassara, 2003; Magalhães & Féres-Carneiro, 2003; Scorsolini-Comin & Santos, 2011a, 2012), como também na coabitação (Menezes & Lopes, 2007a, 2007b), nas transições para o casamento (Menezes & Lopes, 2007a), na transição da conjugalidade para a parentalidade (Magagnin et al., 2003), nos recasamentos (Pascual, 1992) e também nas separações conjugais, além das uniões homossexuais (Féres-Carneiro & Diniz Neto, 2010; Mello, 2005).

Em relação ao delineamento metodológico, nessas investigações encontram-se estudos de revisão teórica (Magalhães & Féres-Carneiro, 2003) e investigações empíricas (Magagnin et al., 2003; Féres-Carneiro, 2003; Scorsolini-Comin & Santos, 2011a, 2012), além de estudos de casos clínicos (Cicco, Paiva & Gomes, 2003) e estudos de caso coletivo (Menezes & Lopes, 2007b). Também são conduzidos estudos de caráter quantitativo, utilizando instrumentos estruturados como questionários e escalas (Conde, Figueiredo & Bifulco, 2011; Magagnin et al., 2003; Scorsolini-Comin & Santos, 2012; Ziviani, Féres-Carneiro & Magalhães, 2011; Falcke, Wagner & Mosmann, 2008), porém outras investigações utilizam entrevistas semiestruturadas (Féres-Carneiro, 2003; Pascual, 1992; Féres-Carneiro & Ziviani, 2009; Féres-Carneiro, Ziviani & Magalhães, 2011).

Entre as perspectivas teóricas utilizadas nas pesquisas encontradas, há prevalência do referencial psicanalítico (Féres-Carneiro, 2003; Magalhães & Féres-Carneiro, 2003), com referência a teóricos como Freud, Jung e Winnicott (Cicco, Paiva & Gomes, 2003). O construcionismo social é mencionado em um dos estudos (Diniz Neto & Féres-Carneiro, 2005), assim como o referencial da Psicologia Positiva (Scorsolini-Comin & Santos, 2012). A terapia de casal figura como uma das estratégias mais utilizadas para a investigação da conjugalidade (Diniz Neto & Féres-Carneiro, 2005).

Em termos da avaliação da conjugalidade, especificamente no que tange aos instrumentos referidos nos diferentes estudos, encontram-se pesquisas de validação de adaptação transcultural, bem como de aplicação de instrumentos internacionalmente reconhecidos (Magagnin et al., 2003; Moraes, Hasselmann & Reichenheim, 2002; Mosmann & Wagner, 2008; Norgren et al., 2004; Wachelke, Andrade, Cruz, Faggiani & Natividade, 2004; Perlin & Diniz, 2005). Entre os instrumentos utilizados, deve-se destacar a Escala de Ajustamento Diádico (*Dyadic Adjustment Scale* ou DAS), desenvolvida por Graham Spanier em 1976. Essa escala foi traduzida e adaptada para a população brasileira e é referida por boa parte dos estudos selecionados nesta revisão (Magagnin et al., 2003; Norgren et al., 2004; Perlin & Diniz, 2005; Scorsolini-Comin & Santos, 2011a, 2011b, 2012). A fim de compreender o papel atribuído à avaliação da conjugalidade nesses estudos, alguns desses artigos serão apresentados e discutidos a seguir.

Perlin e Diniz (2005) avaliaram a satisfação no casamento de homens e mulheres que optaram por relacionamentos que preservam a dupla carreira, ou seja, casais que trabalham. Entre os instrumentos utilizados no referido estudo está a Escala de Ajustamento Diádico (DAS, em inglês), traduzida e adaptada para a população brasileira (Hernandez, 2008; Hernandez & Hutz, 2009). Segundo Perlin e Diniz (2005), a DAS é considerada uma das medidas mais sólidas e globais da qualidade das relações interpessoais devido à coerência dos itens agrupados em quatro subescalas, que abarcam áreas fundamentais dos relacionamentos: satisfação, coesão, consenso e expressão de afeto.

O estudo de Norgren et al. (2004) investigou os casamentos de longa duração a partir de alguns instrumentos, entre eles o DAS. Outros instrumentos utilizados foram: (a) *Lista de Classificação de Problemas*, que contém 20 itens em forma de escala de cinco pontos, cobrindo os temas de filosofia de vida, valores, questões financeiras, lazer, amizades, educação de filhos, carreira, espaço pessoal, casos extraconjugais, ciúmes, temperamento do cônjuge; (b) *Questionário de Avaliação de Estratégias de Resolução de Conflitos e Comunicação (HSP – Health and Stress Profile)*, composto de 40 escalas de cinco pontos as quais avaliam a capacidade de comunicação conjugal (dez itens), a capacidade de resolução de problemas (dez itens) e o relacionamento conjugal em termos de coesão (dez itens) e flexibilidade (dez itens); (c) *Lista de Motivos que levam o casal a permanecer junto*, na qual cada participante devia assinalar três razões, entre as 45 apresentadas, que melhor representam os motivos que o levam a continuar casado no momento atual, e três motivos que o levaram a continuar casado no momento mais difícil do relacionamento; esses motivos referem-se a motivações intrínsecas ao parceiro ou à conjugalidade, bem como a valores e crenças, normas e expectativas sociais, solução positiva de problemas, motivos econômicos ou de ordem prática e motivos neuróticos; (d) *Lista de Componentes de Satisfação Conjugal*, que apresenta 42 itens relativos aos componentes de um relacionamento, como confiança mútua, respeito mútuo, amor, lealdade, segurança econômica, relacionamento igualitário, humor e alegria, atratividade do cônjuge. Esses itens devem ser assinalados como presentes, ou que os participantes gostariam que existisse no relacionamento conjugal.

Entre os instrumentos utilizados no estudo de Magagnin et al. (2003) estão a DAS e a Escala de Avaliação da Relação de Hendrick, Dicke e Hendrick (1988). A DAS é um dos instrumentos mais utilizados na pesquisa acerca da satisfação conjugal, além de apresentar as melhores características psicométricas. Seu criador, Spanier (1976), entende o conceito de ajuste matrimonial como multidimensional, caracterizando-se por um processo, cujo resultado é determinado pelo grau de incômodas diferenças conjugais, tensões no casal e ansiedade pessoal, satisfação conjugal, coesão diádica e consenso em questões importantes para o funcionamento do casal. A escala foi desenvolvida para pesquisar a qualidade do casamento e de outros relacionamentos diádicos similares. Para Spanier (1976), a dimensão consenso refere-se à concordância do casal a respeito da conduta frente a valores e normas sociais, organização das carreiras e tarefas domésticas, entre outros aspectos que remetem à diversidade de condições de adaptação a que a pessoa possa ser exposta em um casamento (Perlin, 2006). A dimensão coesão se refere ao sentimento ou vivência de união e integração entre os cônjuges, estando presentes questões como envolvimento em atividades extrafamiliares juntos, frequência de troca de ideias estimulantes, frequência com a qual trabalham juntos em um projeto, entre outros aspectos. A expressão do afeto é a percepção subjetiva acerca da concordância ou discordância do casal em questões relativas à forma e à frequência de demonstrações de afeto e relações sexuais. Por fim, a satisfação se refere a uma percepção subjetiva de satisfação em relação ao relacionamento diádico.

Wachelke et al. (2004) realizaram um estudo para descrever a construção e validação de uma escala de satisfação em relacionamento de casal, composta por subescalas capazes de medir aspectos componentes da satisfação com o relacionamento. Para constituir a Escala Fatorial da Satisfação em Relacionamento de Casal (EFS-RC) foram elaborados nove itens, no formato escala tipo *Likert* de cinco pontos, divididos em dois fatores após a realização da análise dos componentes principais e análise fatorial: Satisfação com Atração Física e Sexualidade e Satisfação com Afinidades de Interesses e Comportamentos, formados por cinco e quatro itens, respectivamente. Trata-se de um instrumento autoadministrado breve, cujos índices de confiabilidade foram considerados satisfatórios.

Com base na literatura científica disponível sobre o fenômeno da satisfação em relacionamentos, o construto foi definido como uma avaliação individual dos benefícios originados de uma relação amorosa ou sexual em qualquer grau de intimidade. Foi considerado que os dois fatores da EFS-RC representam satisfação com aspectos delimitados do relacionamento, não cobrindo todos os campos da relação. Segundo esse modelo, a qualidade global do relacionamento de casal não fica relacionada a um componente apenas, mas sim a seis componentes singulares: satisfação, companheirismo, confiança, intimidade, paixão e amor. A satisfação com o relacionamento de casal é entendida como um componente da qualidade de relacionamento percebida (Wachelke et al., 2004). Para os autores, a satisfação também seria um fator superior a outros, referentes a esferas específicas da relação de casal. É nesse contexto que podem ser enquadradas as dimensões contempladas pela EFS-RC.

Em investigação posterior sobre a validação fatorial do referido instrumento, os resultados replicaram a composição fatorial da EFS-RC, apontando para uma relativa robustez do instrumento e dos aspectos analisados ao tratar com populações de características demográficas distintas (Wachelke, Andrade, Souza & Cruz, 2007). No entanto, os autores destacaram que alguns itens podem apresentar flutuações na representatividade do construto de satisfação com o relacionamento. Os índices de confiabilidade foram mais elevados neste segundo estudo do que na pesquisa realizada por Wachelke et al. (2004), o que pode ser indicativo de que a escala é mais eficiente quando os participantes estão inseridos em relações amorosas mais estáveis, visto que no primeiro estudo foi permitida a inclusão de casais que não necessitavam estar namorando ou casados.

No estudo de Scorsolini-Comin e Santos (2012), partiu-se da consideração, presente na literatura científica, de que pessoas casadas tenderiam a ser mais felizes do que as não casadas. Os autores investigaram as relações existentes entre os construtos bem-estar subjetivo (BES), ajustamento diádico e satisfação conjugal. Participaram 106 brasileiros casados, de ambos os sexos, com média de idade de 42±11 anos. Foram utilizados instrumentos para caracterização sociodemográfica e classificação socioeconômica, Escala de Bem-estar Subjetivo, Escala de Ajustamento Diádico (DAS) e Escala de Satisfação Conjugal. Pela análise de correlações e de regressão múltipla *stepwise*, verificou-se que todos os domínios do ajustamento diádico (DAS) mostraram-se correlacionados aos da satisfação conjugal. A satisfação com a vida e a satisfação diádica foram positiva e significativamente correlacionadas, o que revela que pessoas que se dizem satisfeitas com a vida em diferentes domínios também o fazem em relação à experiência conjugal.

A atualidade do tema avaliação da conjugalidade é algo acentuado na literatura, bem como a multiplicidade de vozes que são evocadas quando se discute ou se estuda a satisfação no relacionamento diádico. Mosmann, Wagner e Féres-Carneiro (2006) e Wagner e Falcke (2001) afirmam que a conceituação do que seria um casamento satisfatório é tarefa árdua no meio científico, uma vez que a análise das pesquisas internacionais da área, na última década, identifica um grande número de estudos que apontam para um alto índice de fatores que se associam à definição deste conceito de satisfação conjugal. Essa multiplicidade pode ser justificada, segundo Wagner e Falcke (2001), pelo fato de o casamento ser um momento em que se abre a porta da família de origem dos cônjuges para a entrada de um novo membro, oriundo de outro sistema familiar, que exibe sua subjetividade, sua individualidade e sua heterogeneidade. Esse apontamento leva à necessidade de consideração da família de cada cônjuge ao se estudar a satisfação no casamento, uma vez que a maioria dos estudos elege outras variáveis para os estudos de correlação, como idade, sexo, tempo e duração do casamento, aspectos socioeconômicos e outros (Norgren et al., 2004).

A partir dos dados dessa breve revisão da literatura, destaca-se a premência de desenvolvimento de outros estudos, que investiguem não apenas a satisfação conjugal em diferentes contextos e na relação com outras variáveis (Dela Coleta, 1989; Miranda, 1987; Oriá, Alves & Silva, 2004; Perlin & Diniz, 2005), mas a partir de seus instrumentos de mensuração, pois a avaliação da dimensão de seu construto só é possível a partir de instrumentos cientificamente validados, com aplicação em contextos diferenciados, como apontado por Norgren et al. (2004) e por Perlin (2006). Nesse sentido, aponta-se para a necessidade de mais estudos nacionais que utilizem a Escala de Ajustamento Diádico (DAS), além do uso combinado de outros instrumentos, como é o caso da Escala Fatorial de Satisfação em Relacionamento de Casal, que vem apresentando adequados resultados psicométricos na fase de validação. Um exemplo que se destaca, na condição de escala de origem brasileira, é o Inventário de Habilidades Sociais Conjugais, derivada de teoria desenvolvida em nossa cultura (Villa, Del Prette & Del Prette, 2007; Del Prette, Villa, Freitas & Del Prette, 2008) e utilizada na pesquisa da conjugalidade (Figueredo, 2006) simultaneamente com outras escalas (Dela Coleta, 1989) relativas ao mesmo construto.

Finalmente, aponta-se para a utilização, em amostra brasileira com 542 participantes, de dois instrumentos voltados para a avaliação das experiências na família de origem, tomadas como base para os relacionamentos na vida adulta (Falcke, Wagner & Mosmann, 2008) – trata-se do *Golombok Rust Inventory of Marital State (GRIMS)* e do *Family Background Questionnaire (FBQ)*. O primeiro (Rust, Bennun, Crowe & Golombok, 1988) trata da qualidade do relacionamento conjugal em 28 itens. O segundo (Melchert, 1998; Melchert & Sayger, 1998), com 15 subescalas e 179 itens, torna possível a avaliação das memórias mantidas pelos participantes acerca de suas experiências na família de origem. Este questionário foi anteriormente utilizado pela pesquisa sobre a conjugalidade dos pais, descrita a seguir, como fonte de inspiração para elaboração dos itens do seu principal instrumento.

Em todos os casos aqui ilustrados, nota-se que a avaliação dos relacionamentos amorosos está centrada na conjugalidade do casal, o que se aproxima do conceito de satisfação conjugal. Assim, é o casal quem deve responder sobre a qualidade da sua conjugalidade a partir de instrumentos que mensuram a satisfação conjugal. No entanto, outras investigações têm sido conduzidas no sentido de compreender de que modo a conjugalidade dos pais estaria relacionada à experiência conjugal dos filhos na idade adulta. Assim, para se compreender a satisfação conjugal de um casal, seria necessário entender o modo como se operaria a conjugalidade no casal parental, entendido como o casal de referência primária na estruturação da conjugalidade adulta, conforme será abordado a seguir.

## Avaliação da conjugalidade dos pais

A literatura psicanalítica das relações amorosas ressalta que a conjugalidade se origina na trama inconsciente familiar dos sujeitos-parceiros. Nas famílias, histórias passadas e presentes se misturam e são transmitidas aos filhos, associadas às expectativas de futuro, conjugando as fantasias individuais dos membros da família e os mitos familiares. Assim, a conjugalidade dos pais se reflete no desenvolvimento afetivo-sexual dos filhos e nos padrões de relacionamento que se estabelecem na família. Assim, na literatura da terapia familiar psicanalítica, a conjugalidade funda-se na escolha amorosa inconsciente dos cônjuges.

Dessa forma, a conjugalidade, ao mesmo tempo em que reedita o romance familiar, propicia a elaboração das vivências infantis. O encontro com o parceiro gera a oportunidade de metabolização e de desenvolvimento do psiquismo, entrelaçando passado e presente, dentro de um projeto que pressupõe uma perspectiva de futuro a dois. A noção de transmissão psíquica geracional refere-se à inscrição do sujeito na cadeia da qual ele é um elo e, ao mesmo tempo, se submete à estruturação de sua subjetividade. Remete, ainda, ao desenvolvimento psíquico daquilo que o sujeito herda e ao seu pertencimento ao grupo familiar e às formações intermediárias que articulam os espaços psíquicos intra e intersubjetivos. Kaës (1993) ressalta que a transmissão geracional implica a precedência do sujeito por mais de um outro e a forma como ele lida com a herança, sendo também pensador e até criador daquilo que foi transmitido. A genealogia mistura tempos e espaços, podendo desencadear repetições, patologias ou elaborações criativas e inovadoras. É a partir dessas considerações que foi construído o Questionário sobre a Conjugalidade dos Pais (QCP), descrito a seguir.

## Questionário sobre a Conjugalidade dos Pais: uma proposta de avaliação da conjugalidade

O Questionário sobre a Conjugalidade dos Pais – QCP (Ziviani, Féres-Carneiro & Magalhães, 2011), dentro do contexto teórico apresentado, foi elaborado por Féres-Carneiro (2003b), com o objetivo de estudar a percepção que os filhos têm sobre o relacionamento conjugal dos pais. Esse instrumento de avaliação tem como ponto de partida as noções de identificação com as figuras parentais, de transmissão psíquica geracional e de romance familiar, das relações existentes entre as vivências de jovens solteiros, de seus pais e o lugar que o casamento ocupa em seus projetos de vida. Sua construção apoia-se na suposição teórica de que, antes mesmo do encontro amoroso, existe no psiquismo de cada parceiro um lugar para a organização da conjugalidade. Esse lugar reúne a pré-história e a história do sujeito, seus ideais de conjugalidade, as imagens e fantasias sobre a conjugalidade de seus pais e de seus antepassados que irão engendrar o futuro eu conjugal.

O QCP, portanto, foi inicialmente elaborado como parte do aprofundamento do estudo teórico sobre a função social e a idealização do casamento, assim como sobre as influências do individualismo, as transformações da intimidade e as questões de gênero, com a finalidade de oferecer fundamentos para a investigação, com os jovens adultos, sobre o laço conjugal na contemporaneidade.

O objetivo principal foi o de estudar as relações existentes entre a conjugalidade dos pais, tal como vivenciada e percebida pelos filhos, e as concepções, motivações, mitos e expectativas que estes – jovens adultos solteiros de diferentes camadas urbanas – possuem em relação ao laço conjugal. Procurou-se investigar, assim, em que medida o modo como os pais se constituíram como casal conjugal, tal qual avaliado pelo QCP, influencia o lugar da conjugalidade no projeto de vida dos filhos hoje, avaliado posteriormente por meio de entrevistas. O instrumento deveria ser suficientemente sensível para detectar sinais significativos de como os sujeitos se recordam das lembranças das relações conjugais de seus pais. Primeiro, no contexto da pesquisa, para detectar como a percepção dos pais como um casal influenciaria a maneira pela qual os filhos concebem o casamento contemporaneamente em suas vidas. Segundo, o instrumento seria útil também no contexto clínico, auxiliando as pessoas a lidarem melhor com sua herança psíquica.

Elaborado com 60 itens com cinco categorias do tipo *Likert*, o QCP teve duas principais fontes de influência: o Inventário Conjugal ENRICH (*Evaluating and Nurturing Relationship Issues, Communication, and Happiness*) e o Questionário do Passado Familiar (*Family Background Questionnaire, FBQ*). O primeiro avalia dimensões das relações conjugais; tanto seu estudo de validação (Fowers, 1989), quanto sua principal aplicação em 6.267 casais (Olson & Fowers, 1993) foram utilizados como fonte de inspiração para a elaboração do conteúdo dos itens. O segundo instrumento (Melchert & Sayger, 1998) volta-se para as características da família de origem e foi desenvolvido a partir de extensa

163

revisão dos instrumentos disponíveis para avaliação da história familiar (Melchert, 1998), baseado na suposição de que esses instrumentos avaliam as lembranças da família de origem, mas não a veracidade das lembranças relatadas. Sobrepõe-se, assim, a perspectiva fenomenológica sobre a perspectiva verídica. Desse modo, o QCP alinha-se ao FBQ de Melchert & Sayger (1998). Seus resultados nas análises multivariadas dão suporte à fundamentação teórica do modelo de medida, mas não necessariamente à veracidade das lembranças relatadas como resposta aos seus itens.

A primeira publicação apenas descreveu o QCP dentro do projeto maior de pesquisa qualiquantitativa do qual originalmente fez parte (Féres-Carneiro & Magalhães, 2005). A segunda divulgação (Féres-Carneiro, Seixas & Ziviani, 2006) apresentou resultados obtidos com a amostra de 129 homens e 107 mulheres, entre 18 e 29 anos ($n = 236$), dentre o total de 278 sujeitos do estudo piloto. Os homens, mais do que as mulheres, distinguiram entre três diferentes níveis de satisfação percebida na conjugalidade de seus pais, em função da situação conjugal de ter pais casados, recasados, ou separados, enquanto que as mulheres da amostra distinguiram apenas dois níveis, pais casados ou separados. Em ambos os gêneros, a maior satisfação conjugal relacionou-se à condição de pais casados. Houve uma terceira divulgação dessa fase do QCP no texto dedicado à avaliação da conjugalidade, elaborado por Ziviani, Féres-Carneiro, Magalhães e Bucher-Maluschke (2006).

O quarto estudo dedicado ao QCP (Féres-Carneiro, Ziviani & Magalhães, 2007) utilizou os mesmos 278 sujeitos do estudo piloto inicial, em amostra de 132 homens e 114 mulheres ($n = 246$) que satisfaziam as condições de serem solteiros, heterossexuais, com idades entre 19 e 30 anos (média de 22 anos e meio). Além do resultado já descrito no terceiro estudo (Féres-Carneiro, Seixas & Ziviani, 2006) acerca da diferença entre pais casados e separados, foi verificada a consistência interna ($\alpha = 0,96$). A análise multivariada de componentes principais e seu correspondente gráfico de sedimentação dos autovalores indicaram, do ponto de vista empírico, a presença de uma única dimensão preponderante, interpretada, à época, genericamente como "conjugalidade".

Não obstante, já nesse estudo (Féres-Carneiro, Ziviani & Magalhães, 2007), o exame mais detalhado da progressão de sedimentação dos autovalores mostrou "um segundo componente ligeiramente destacado dos seguintes" (p. 260). Embora esse segundo componente principal com autovalor de 3,25 merecesse ser examinado para que se pudesse verificar quais são os pelo menos três itens que com ele mais se correlacionassem no conjunto de 26 itens, naquele primeiro momento os autores seguiram a recomendação da literatura (Pasquali, 2009) para "deixar de lado minúcias dos teóricos e tecnicalidades dos estatísticos quanto à adequação da análise fatorial para decidir a questão da unidimensionalidade" (p. 261) e seguiram a sugestão de solicitar "a extração de um fator" e verificar "se a grande maioria dos itens tem carga alta no fator" (p. 117). Como no caso em apreço a resposta foi mais do que afirmativa, pois todos os itens têm carga alta nesse primeiro componente, Féres-Carneiro, Ziviani e Magalhães (2007) concluíram pela manutenção de uma única dimensionalidade, possibilitada pelo abandono do então teoricamente inexplicável segundo componente.

Após a quarta publicação sobre a versão inicial do QCP, houve modificação de itens e nova aplicação em amostra total de quase dois mil sujeitos. A descrição detalhada das modificações introduzidas em função das análises realizadas na primeira forma do instrumento com os dados do estudo piloto foi apresentada na quinta publicação (Ziviani, Féres-Carneiro & Magalhães, 2009). Essas modificações resultaram na forma atual do questionário, preservando-se o conteúdo dos 60 itens iniciais, muito embora o formato de alguns deles tenha mudado substancialmente.

Como afirmaram Ziviani, Féres-Carneiro e Magalhães (2009), as mudanças introduzidas "foram sempre no sentido de preservação da inspiração teórica original que orientou a elaboração dos itens"; além disso, os autores reafirmaram que considerações teóricas baseadas na experiência clínica influenciaram significativamente a decisão sobre o formato a ser modificado em alguns itens e, para melhor atender a esses requisitos, "procurou-se subordinar a psicometria propriamente dita a esses fatores" (p. 158). Em consequência dessas modificações, a forma atual do QCP mantém o total original de 60 itens, distribuídos em três subescalas e um par de itens isolados que as complementam. A primeira subescala, inicialmente denominada "Pais", constitui-se de 26 itens dirigidos a "Meus pais..." Foi descrita por Ziviani, Féres-Carneiro e Magalhães (2009), com apresentação dos itens em ordem decrescente de sua pertinência à conjugalidade dos pais, tal como percebida pelos filhos. Essa pertinência é traduzida tecnicamente pela ordenação dos itens a partir das maiores correlações para as menores, entre o item e o primeiro componente do construto "conjugalidade", segundo a análise de componentes principais com 1.612 participantes.

As correlações entre cada item e a variável latente, não diretamente observável, denominada "conjugalidade dos pais", variaram do máximo de 0,87 (para o item "Meus pais pareciam felizes com o relacionamento deles") ao mínimo de 0,49 (item "Meus pais eram flexíveis para mudar sua opinião"). Em comparação com valores observados em análises multivariadas descritas na literatura, segundo a qual apenas correlações abaixo de 0,30 devam ser desconsideradas (Tabachnick & Fidell, 2007), a correlação mínima de 0,49, observada nessa subescala, está muito acima desse limiar. Portanto, conforme observaram Ziviani, Féres-Carneiro e Magalhães (2009), todos os 26 itens, sem exceção, estavam positivamente correlacionados com o construto subjacente ao longo desta, aparentemente, única primeira dimensão. Replicou-se, assim, a configuração observada no estudo piloto.

Porém, as aparências podem enganar, pois nesse ponto dos estudos com o QCP emergiu o resultado psicológico surpreendente, que passara desapercebido até então – itens que apresentaram alta correlação com o primeiro componente apresentaram também correlação de magnitude expressiva com o segundo componente, que se fez presente, na análise de componentes principais, com o autovalor acima da unidade (3,25). Valores acima de 1 sinalizam estatisticamente a presença de uma dimensão, segundo *rule of thumb* frequentemente citada na literatura (Raykov & Marcoulides, 2008; Tabachnick & Fidell, 2007) que presume o autovalor igual a "1" como equivalente a um item – logo, o autovalor 3,25 do segundo componente equivaleria à dimensão consubstanciada por pelo menos três itens.

Mas seria a presença dessa segunda dimensão, que se mostrou significativa do ponto de vista estatístico, também significativa do ponto de vista psicológico? A busca de respostas a essa pergunta foi iniciada por Ziviani, Féres-Carneiro e Magalhães (2009) a partir do fato empírico de alguns itens terem apresentado correlações positivas, ou negativas, acima de 0,30 com o segundo componente e, simultaneamente, terem apresentado também as correlações, todas positivas, com o primeiro componente. Verificou-se que os três itens com as maiores correlações positivas com o segundo componente foram "Meus pais...": (a) "tinham brigas feias", 0,51; (b) "quebravam objetos quando brigavam", 0,46; e (c) "se agrediam mutuamente", 0,45. Da mesma forma, verificou-se que os três itens com as maiores correlações negativas foram "Meus pais...": (a) "se beijavam na frente dos filhos", -0,41; (b) "trocavam carinhos físicos", -0,38; e (c) "se abraçavam na frente dos filhos", -0,34. Esses seis itens, correlacionados positivo ou negativamente com o segundo componente, correlacionam-se também positivamente, sem exceção, com o primeiro.

Dito de outra maneira, na segunda dimensão, ordenados das maiores para as menores correlações, os três itens com ela mais correlacionados positivamente ("brigas feias", "quebravam objeto quando brigavam" e "se agrediam verbalmente") contrastaram com os três itens com ela mais correlacionados negativamente ("se beijavam na frente dos filhos", "trocavam carinhos físicos" e "se abraçavam na frente dos filhos"). Assim, os três primeiros, como opostos, associaram-se aos três últimos por contraste. Note-se que o contraste item a item, respectivamente, juntou, com sinais opostos, os seguintes pares: briga feia x beijo, quebra de objetos x troca de carinho físico, agressão verbal x abraço na frente dos filhos.

Uma vez que as correlações dos itens com o primeiro componente são positivas, sabe-se que cargas positivas e negativas no segundo componente principal e seguintes são imposições necessárias do método (Dunteman, 1989) ou, como afirmaram Ziviani, Féres-Carneiro e Magalhães (2009), "são um artefato, uma fabricação do método, não são intrínsecos às variáveis e nada implicam com relação à natureza dos itens" (p. 160). Pois a análise de componentes principais tem por objetivo estabelecer um peso, ou porcentagem, diferenciado para cada item, de forma a "explicar" o máximo possível da variância total apresentada pela soma dos resultados de todos os itens. Mas faz isto de maneira tal que os itens ponderados diferencialmente no segundo componente venham a se correlacionar matematicamente zero com os itens já ponderados diferencialmente no primeiro. Dessa forma, o peso original de cada item, a unidade – isto é, cada item é implicitamente multiplicado por 1 – é substituído por diferentes proporções ou porcentagens, fazendo com que os itens deixem de ter peso igual na soma total da subescala.

Além disso, como afirma Jolliffe (2004, p. 67), "o sinal de qualquer componente principal é completamente arbitrário. Se cada coeficiente em um componente principal tiver seu sinal revertido, nada muda na variância nem na ortogonalidade com todos os outros autovalores". Em outras palavras, se trocarmos os sinais de todos os seis itens mencionados, de forma que os positivos passam a negativos e vice-versa, nada muda, quantitativamente, na estrutura de covariância final. A interpretação estatística do componente principal, ou da dimensão, permanece a mesma. Entretanto, não obstante a interpretação do componente principal continuar intacta do ponto de vista estatístico, quantitativo, a reversão do sinal muda diametralmente a interpretação do ponto de vista psicológico, qualitativo.

Portanto, o que se destaca é a especificidade com sentido teoricamente interpretável dos itens caracterizados pela alta magnitude de cargas com sinais opostos (Ziviani, Féres-Carneiro & Magalhães, 2009). Mas, rigorosamente, continuam os autores, para se tomar o construto "conjugalidade dos pais" como variável latente, com características de unidimensionalidade no sentido de *congeneric* (Jöreskog, 1971), isto é, constituída de itens congêneres, o *cross-loading* requer uma solução teórico-metodológica. Então, como lidar com as altas correlações de determinados itens com o primeiro componente principal, seguidas das expressivas correlações dos mesmos itens com o segundo componente, sabendo-se que essa segunda dimensão é independente da, e ortogonal à primeira? A questão clama por um encaminhamento teórico-metodológico satisfatório. Além disso, "cargas" ou correlações altas em mais de um componente têm sido criticadas, na literatura, não apenas no caso de se contemplar a hipótese da unidimensionalidade, mas também no que diz respeito à interpretabilidade do resultado – exceção feita apenas para trabalhos mais recentes (p. ex.: Marsh et al., 2010).

Sobre esse ponto, ao acompanhar a literatura então disponível, Ziviani, Féres-Carneiro e Magalhães (2009) argumentam que "não temos, no momento, solução metodológica a sugerir nesse particular e, menos ainda, explicação teórica satisfatória para esse resultado empírico" (p. 162). Do ponto de vista estritamente teórico-conceitual, os autores utilizaram a terminologia referente a "opostos" e "associação por contraste", conforme a acepção freudiana (Freud, 1999a/1900, 1999b/1915). Consideraram Ziviani, Féres-Carneiro e Magalhães (2009) que a subescala "Pais", dentro deste enquadre teórico, apresenta-se como unidimensional, pois o primeiro componente "explica" 52% da variância (19,91 / 26 itens = 0,52) e o segundo acrescenta à explicação apenas 8% (3,25 / 26 itens = 0,08). Desta forma, entenderam à época os autores que o segundo componente sinaliza apenas um aspecto restrito do construto "conjugalidade", sem se constituir, propriamente, como uma segunda dimensão, na qual os itens mostraram-se associados por "contrarreflexos contraditórios", segundo a expressão freudiana (Freud, 1999a/1900).

A segunda subescala, inicialmente denominada "Pai-Mãe" (Ziviani, Féres-Carneiro & Magalhães, 2009), compõe-se dos itens que distinguem pai e mãe na mesma variável. São 11 pares de itens no mesmo formato Likert da subescala "Pais", com a característica principal de se apresentar em dois níveis – um item referente ao pai, e outro item referente à mãe, na mesma variável. Uma vez que ambos os itens são respondidos pelo mesmo sujeito, a análise da variância considera esse sujeito como variável independente na condição metodológica de medidas repetidas, ou seja, medidas não independentes, propiciando análises simultâneas entredíades e intradíades.

Além disso, abre-se a possibilidade de se considerar, simultaneamente, o nível em que a unidade de análise é constituída pelos indivíduos pai e mãe, e também o nível em que a unidade de análise é o casal parental, os pais. Desse modo, a díade, identificada como pai e mãe, pode ser estudada tanto por meio da modelação multinível, quanto por meio da modelação de equações estruturais (Kenny, Kashy & Cook, 2006).

A terceira subescala, denominada "Ponto-Médio" (Ziviani, Féres-Carneiro & Magalhães, 2009), apresenta 11 itens, composta tanto de itens voltados para os pais como na primeira subescala "Pais", quanto de itens que distinguem pai e mãe, como na segunda subescala "Pai-Mãe". A diferença desta terceira subescala em relação às duas primeiras está em que apresenta apenas três categorias *Likert*, sendo que a categoria considerada teoricamente mais importante é a do ponto médio "às vezes".

Em síntese, a última forma do Questionário sobre a Conjugalidade dos Pais – QCP constitui-se de 26 itens da subescala "Pais", 22 itens da subescala "Pai-Mãe" distribuídos em 11 pares e 10 itens da subescala "Ponto-Médio". O total de 58 itens é complementado por mais dois, formando o par isolado "Meu pai parecia trair minha mãe" e "Minha mãe parecia trair o meu pai", no quais as alternativas "sim" ou "não" substituíram o formato *Likert* original com cinco categorias.

O impasse metodológico imposto pelo *cross-loading* de itens em relação às duas primeiras subescalas, relatado por Ziviani, Féres-Carneiro e Magalhães (2009), foi superado por Ziviani, Féres-Carneiro e Magalhães (2011) no que diz respeito à primeira subescala ("Pais"), e por Ziviani, Féres-Carneiro e Magalhães (2012) no que diz respeito à segunda ("Pai-Mãe"), conforme relatado a seguir.

No primeiro estudo mencionado, sobre a subescala "Pais", renomeada PPC – Percepção dos Pais na Conjugalidade, Ziviani, Féres-Carneiro e Magalhães (2011) reportaram a consistência interna $\alpha = 0,96$. Consequentemente, examinaram de perto a posição circular dos pontos ocupados pelas correlações dos 26 itens com o primeiro componente principal no eixo horizontal, e com o segundo componente principal, no eixo vertical de um gráfico de coordenadas ortogonais. Concluíram que a concepção dessas correlações em uma lista hierárquica, ordenada verticalmente, deveria ser substituída pela concepção da ordenação dessas correlações em um círculo. Eliminou-se, assim, qualquer sinalização de que um item seria hierarquicamente superior ou inferior a outro, por meio da adoção do conceito do "circumplexo", contração das palavras *continuum circular de complexidade*, proposto por Guttman (1955/1954), no qual há uma lei da ordem circular e, por ser circular, não há começo nem fim. Neste modelo, a posição de cada item depende de sua vizinhança, imposta por característica específica da matriz de correlações. A existência dessa ordenação é o critério para o reconhecimento de um "circumplexo", pois, "se uma variável é escolhida para ser o foco, a correlação desta variável com ambas suas vizinhas mais próximas deveriam ser as mais altas correlações do conjunto" (Ziviani, Féres-Carneiro & Magalhães, 2011, p. 33). A matriz de correlações dessa subescala, reproduzida no referido estudo, apresenta essas características.

A análise fatorial confirmatória realizada no modelo de medida consubstanciado por essa escala, ao utilizar técnica proposta por Bentler (2006) para a busca de especificação (*specification search*) visando a avaliar o ajuste dos itens com *cross-loading*, apresentou índices finais satisfatórios, ao sinalizar favoravelmente à inclusão desses *cross-loadings* ao modelo. Diante disso, foi proposta por Ziviani, Féres-Carneiro e Magalhães (2011) a fita de Möbius para modelar a ordenação circular das correlações, ou "cargas", dos itens com os componentes e dar conta da convivência simultânea de duas dimensões independentes, consubstanciadas como verso e anverso da mesma e única superfície.

Dessa forma, concluíram Ziviani, Féres-Carneiro e Magalhães (2011) que o objetivo de estabelecer um instrumento suficientemente sensível para detectar sinais significativos de como os sujeitos recordavam a conjugalidade dos pais foi atingido. Além do mais, prosseguiram os autores, o dado produzido pela subescala "Pais", agora denominada Percepção dos Pais na Conjugalidade, apresentou-se com características distintivas, que não teriam sido detectadas pelo procedimento mais frequente de uma análise fatorial exploratória com rotação ortogonal das "cargas" fatoriais. Isso porque a memória do sujeito, ao recordar seus pais, pode sair do domínio da memória explícita e entrar no terreno da memória implícita. Assim, Ziviani, Féres-Carneiro e Magalhães (2011) propuseram o adjetivo "explícito" para qualificar o papel que os itens desempenham no primeiro componente, ou primeira dimensão da subescala, e o adjetivo "implícito" para qualificar o papel que os mesmos itens desempenham no segundo componente, sendo estes adjetivos entendidos com o significado que lhes confere a literatura da Psicologia cognitiva (Kihlstrom, 2008; Kihlstrom, 1999; Rydell & McConnel, 2010; Schultheiss & Pang, 2007). Como definem Sekaquaptewa, Vargas e von Hippel (2010), "o termo *implícito* é geralmente usado para se referir à falta de ciência (*lack of awareness*) do respondente" (p. 151). No caso presente, a falta de ciência do sujeito refere-se à covariação entre itens ligados ao afeto. Portanto, remete diretamente à noção da Psicologia cognitiva de que a covariação da informação social, sua co-ocorrência, é frequentemente não consciente (Lewicki, 1986), termo denotando "conteúdos e processos cognitivos que alguém não possa notar ainda que neles preste atenção" (p. 34). Isso é diretamente pertinente à questão de "como a covariação das respostas a itens relacionados ao afeto pode desempenhar dois diferentes papéis no mesmo instrumento", colocada por Ziviani, Féres-Carneiro e Magalhães (2011, p. 37), ao sugerirem que a pesquisa futura poderia contrastar a orientação teórica do inconsciente cognitivo com os conceitos de intersubjetividade e aliança inconsciente (Kaës, 2009) da teoria da transmissão psíquica geracional (Kaës, 1993).

No trabalho mais recente, Ziviani, Féres-Carneiro e Magalhães (2012) basearam a validação da subescala "Pai-Mãe" na proposta teórica do laço indissolúvel entre pais, filhos e irmãos, estendida ao casal parental. Renomeada subescala PMC – Pai e Mãe na Conjugalidade, a ex-"Pai-Mãe" é composta, como vimos, por 11 pares de itens, distinguindo pai e mãe na mesma variável. A amostra não probabilística, a mesma considerada no estudo anterior, originalmente composta por 1.612 jovens, entre 18 e 29 anos, utilizou 1.479 sujeitos, uma vez que apenas os que responderam a todos os itens foram mantidos; os 133 sujeitos que omitiram um item ou mais não foram incluídos nesse estudo.

As análises apresentaram evidência empírica no sentido de validação da referida escala, como constituída de uma única dimensão que apresenta, todavia, um primeiro componente interpretado como explícito e um segundo como implícito, nas subescalas pai e mãe com alfas de Cronbach, respectivamente, de 0,85 e 0,86. A matriz de correlações entre os itens "Pai" e entre os itens "Mãe" apresenta a mesma característica "circumplexa" observada na subescala "Pais". Portanto, a fita de Möbius é também proposta para modelação da dimensionalidade explícito-implícita, com o papel adicional de modelar a indissolubilidade do laço do casal parental mesmo após a dissolução do casal conjugal – imaginemos os itens colocados de forma circumplexa, isto é, circular, com os itens "Pai" e os itens "Mãe" lado a lado ao longo da fita de Möbius. Ao cortarmos com a tesoura, ao longo dessa fita, seguindo a linha de separação entre itens "Pai" e itens "Mãe", o casal conjugal estará separado, mas não o casal parental, pois a parte da fita com os itens "Pai" continuará entrelaçada com a outra parte contendo os itens "Mãe". Além do mais, no plano da lógica, a fita de Möbius modela a autorreferência (Priest, 2000) de forma particularmente adequada ao modelo de autorreferência postulado por Caillé (1991) em relação ao casal.

Ainda no referido estudo, Ziviani, Féres-Carneiro e Magalhães (2012) propõem modelo para a convivência simultânea da individualidade (pai na linha, mãe na coluna) com a conjugalidade (operacionalizada pela correlação entre pai e mãe, na mesma variável, na diagonal principal) inicialmente preconizada por Féres-Carneiro (1998). O modelo proposto prescreve a posição dos coeficientes de correlação em matriz de conteúdo duplo: apresenta, à esquerda e na horizontal, os coeficientes de correlação entre os itens da subescala "Pai" e, à direita e na vertical, os coeficientes de correlação entre os itens da subescala "Mãe". Na diagonal principal encontram-se as correlações, intraitem, entre pai e mãe, na mesma variável. O arranjo das correlações nessa matriz constitui o *design* final sugerido para o escalonamento psicométrico da conjugalidade entre pai e mãe – trata-se da consideração simultânea de ambas as escalas, com o objetivo de modelar a reflexão e a autorreferência no casal conjugal. É escusado dizer que pai na linha e mãe na coluna é posicionamento arbitrário, pois a matriz poderia, para o mesmo efeito, ser transposta para mãe na linha e pai na coluna. Além do mais, a decomposição do coeficiente de correlação em partes qualitativamente distintas possibilita identificar se é o pai, ou se é a mãe, ou se são ambos, a contribuir para que a correlação entre eles, naquela determinada variável, seja positiva ou negativa. Em outras palavras, o sujeito estará sempre identificado individualmente como figura, no meio dos demais participantes nas correlações constituintes das estatísticas tomadas como fundo, com sua posição qualificada logicamente – uma vez que a decomposição do coeficiente quantitativo revela o fundamento qualitativo da correlação de Pearson conforme consubstanciado na equivalência lógica.

Finalmente, os autores concluíram que a melhor explicação para a elevada consistência interna do instrumento e para a clareza dos contrastes na dimensão implícita, desvelada pelas análises multivariadas, é a presença da oposição contraditória na formulação dos itens. Afirmam-se os itens de conteúdo positivo (p. ex.: carinho na frente dos filhos) e afirmam-se os itens de conteúdo negativo (p. ex.: agressão verbal), ao invés da formulação que nega o positivo (meus pais não trocavam carinho na frente dos filhos) ou da formulação que nega o negativo (meus pais não se agrediam verbalmente). Apresentar opostos psicologicamente válidos para quem responde depende, em grande medida, da experiência profissional – no caso do QCP, da experiência clínica – que leva ao crescente refinamento teórico de quem pergunta.

Um dos estudos mais recentes realizados utilizando esse questionário foi conduzido por Scorsolini-Comin (2012). Este estudo, descritivo e correlacional, teve por objetivo geral investigar as relações existentes entre a medida da conjugalidade dos pais, tal como percebida e vivenciada pelos filhos, os níveis de bem-estar subjetivo e de satisfação em relacionamentos amorosos apresentados por estes filhos, bem como a variação desta relação em função do *status* conjugal dos filhos (casados, solteiros que namoram e solteiros que não namoram). Foi constituída uma amostra de conveniência composta por três grupos independentes, um de pessoas casadas havia no mínimo dois anos (Grupo A, $n = 118$, média de idade 41,55, $DP = 10,01$), um de solteiros que namoravam havia no mínimo um ano (Grupo B, $n = 140$, média de idade 21,99, $DP = 3,16$) e outro de pessoas solteiras que não namoravam também havia um ano (Grupo C, $n = 116$, média de idade 21,52, $DP = 4,25$). A amostra total foi do tipo não probabilística, totalizando 374 participantes. Os instrumentos utilizados foram: Questionário de Identificação do Participante, incluindo uma pergunta geral de satisfação no relacionamento atual (SR); Escala de Bem-estar Subjetivo (EBES) para avaliar os afetos positivos (AP), afetos negativos (AN), satisfação com a vida (SV) e bem-estar subjetivo (BES); Escala Fatorial de Satisfação com o Relacionamento de Casal (EFS-RC), que permite apreciar a satisfação em relação à atração física e sexualidade (SAFS) e a satisfação com afinidade de interesses e comportamentos (SAIC); e o Questionário de Conjugalidade dos Pais (QCP), instrumento descrito de forma pormenorizada neste capítulo.

Na amostra total, a percepção sobre a conjugalidade dos pais (PCP), tal como reportado por Scorsolini-Comin (2012), correlacionou-se significativamente com a satisfação em relação à sexualidade e, entre os casados, com a satisfação em relação aos comportamentos, embora sejam associações consideradas fracas. Nos solteiros que namoram, afirma o autor, não foram encontradas correlações significativas com a PCP. A PCP foi uma das preditoras da satisfação em relação à sexualidade, satisfação em relação aos comportamentos, afetos positivos, afetos negativos, satisfação com a vida e bem-estar subjetivo, sinalizando que a percepção dos filhos sobre a conjugalidade dos pais está correlacionada à satisfação auferida pelos mesmos em seus relacionamentos amorosos. Os casados avaliaram de modo mais negativo o casamento dos pais em comparação com os solteiros, possivelmente por formularem um julgamento menos idealizado e mais amadurecido do relacionamento parental. Concluiu Scorsolini-Comin (2012) que a percepção da conjugalidade dos pais, por ser uma das variáveis que explicariam o bem-estar subjetivo e a satisfação nos relacionamentos amorosos dos filhos é um fenômeno que deve ser associado à qualidade conjugal e ao estabelecimento de relacionamentos interpessoais considerados positivos, o que pode ser balizador para futuras investigações e práticas de intervenção com casais.

Por outro lado, nos estudos de Féres-Carneiro, Ziviani e Magalhães (2007) e Magalhães e Féres-Carneiro (2007), mesmo no caso em que o casamento dos pais foi avaliado pelos filhos como muito satisfatório, esses declararam que pretendiam fazer muitas coisas de modo distinto do que perceberam na interação dos pais. Os autores concluíram que o lugar que a conjugalidade dos pais ocupava no projeto de vida dos seus filhos estava relacionado, sobretudo, com o discernimento dos jovens sobre os aspectos do relacionamento dos pais que os influenciaram, e com o modo como se apropriaram da herança familiar, sendo, ou não, capazes de transformá-la.

## O relacionamento conjugal na área de avaliação psicológica

Aproximando os achados dos estudos revisados no presente capítulo à prática profissional da avaliação psicológica, há que se considerar que o Questionário sobre a Conjugalidade dos Pais (QCP) é um instrumento que vem sendo utilizado no contexto de pesquisa, sobretudo por pesquisadores da Pontifícia Universidade Católica do Rio de Janeiro, da Universidade de São Paulo e da Universidade Federal do Triângulo Mineiro, e que tem evidenciado adequadas propriedades psicométricas, que o situam como um instrumento apropriado para a investigação da conjugalidade. É de suma importância que os pesquisadores da área de avaliação psicológica estejam preparados para não apenas aplicar os instrumentos de avaliação da conjugalidade, mas para contribuir com a construção de escalas e instrumentos capazes de compreender como a conjugalidade tem sido construída nos diferentes relacionamentos de casal. Para isso, é mister não apenas conhecer a história dos instrumentos de avaliação aplicados a casais como também compreender como a conjugalidade vem sendo discutida na contemporaneidade. A multiplicidade de arranjos e as demandas dos casais devem compor esses instrumentos, o que foi uma das principais preocupações na elaboração do QCP.

Para além do seu emprego nas atividades de pesquisa, pode ser utilizado como um disparador de reflexões sobre a construção da conjugalidade, ancorada nas memórias e percepções sobre a conjugalidade dos pais. Pela perspectiva psicanalítica adotada na construção do instrumento, pode-se trabalhar com o QCP também em contextos clínicos como um instrumento auxiliar do processo analítico. Assim, o QCP não possuiria uma função necessariamente diagnóstica, mas justamente auxiliaria no processo de compreensão por parte do casal do relacionamento dos seus pais e como essas heranças estariam relacionadas à dinâmica conjugal do par na atualidade. Quais elementos do casamento dos pais poderiam ajudar a entender o casamento dos filhos? Este instrumento pode ser empregado em intervenções com casais e famílias, a fim de que cada cônjuge recupere suas memórias acerca de como era o relacionamento amoroso dos seus pais, bem como de que modo essas memórias têm repercutido no relacionamento de casal atual. Assim, é fundamental que ambos os cônjuges sejam convidados a responder o QCP, a fim de destacar os processos de construção da conjugalidade nas duas famílias e, consequentemente, no casal.

Esse exercício tem se mostrado como um potencializador de diversas reflexões. Essas reflexões, para além da repetição ou não de modelos, têm levado a questionamentos acerca do que é ser casal e de como podemos analisar o cotidiano conjugal. Em busca da história do relacionamento de cada um, retomar as impressões sobre o casal parental pode ser um disparador para considerações acerca de como a família de origem desempenha um importante papel na construção da conjugalidade adulta. E de posse dessa avaliação, também o casal poderá ser avaliado, a fim de que se compreenda como tem ocorrido a interação e quais os pontos que podem ser melhor desenvolvidos a partir de intervenções com esses casais. Assim, o QCP tem sido útil como ferramenta de reflexão na clínica com os casais. Daí a importância de se discutir o modo como esse instrumento foi construído, seus estudos de validação, entre outros processos específicos ao campo da avaliação psicológica.

Obviamente, a utilização desse instrumento em contextos clínicos ainda deve ser mais discutida, abrindo a possibilidade de que a avaliação da conjugalidade possa servir, de fato, para auxiliar práticas que considerem as especificidades dos relacionamentos amorosos na contemporaneidade. Os atendimentos clínicos que se utilizam do QCP podem e devem ser apresentados ao meio acadêmico como modo de ilustrar a aplicação do instrumento na prática, além das pesquisas e andamento. Mais do que oferecer um possível "retrato" da conjugalidade, a elaboração dos instrumentos deve dar abertura para reflexões mais extensas e teoricamente fundamentadas acerca da diversidade de arranjos familiares que caracterizam a era contemporânea, e sobre a compreensão do que é o casal, noção esta em constante movimento no cenário de uma sociedade em mudança. Assim, espera-se que os apontamentos do presente capítulo ofereçam subsídios para que essas questões possam ser repensadas na prática interventiva com casais.

Outros instrumentos também podem ser desenvolvidos e empregados de modo a atender à demanda crescente de intervenções com casais e famílias. Compreendemos que a prática interventiva com famílias e casais pode e deve ser enriquecida com instrumentos de avaliação adequados e desenvolvidos a partir de um diálogo ininterrupto com a pesquisa. A pesquisa atual sobre conjugalidade tem apontado que o modo como nos comportamos na família e no próprio casamento não apenas remonta ao nosso passado na família de origem, mas ao modo como esses modelos são constantemente questionados e colocados à prova em uma contemporaneidade marcada pelo efêmero e pela ruptura de paradigmas. As definições de família e casal devem ser constantemente questionadas, a fim de que a avaliação da conjugalidade possa evoluir com base nas novas definições do que é estar junto, unido, em interação e em permanente construção da identidade conjugal.

## Considerações finais

Ao final do percurso descrito por este capítulo, há que se considerar que a conjugalidade é demasiadamente complexa para ser apreendida unicamente em termos dos instrumentos de mensuração, haja vista a multiplicidade dos arranjos amorosos e familiares existentes na atualidade. Para além dessa multiplicidade, estudos recentes têm revelado a necessidade de se fazer com que os instrumentos de avaliação acompanhem essas transformações, de modo que possam refletir os movimentos operados na sociedade, na cultura e nos próprios conceitos de família e casamento, que passam por contínuas reformulações. Avaliar a conjugalidade, desse modo, é um convite para a construção de conhecimentos que tenham a capacidade de se flexibilizarem do mesmo modo que o conceito investigado, captando as sutilezas de sua dinâmica.

Entretanto, nem sempre a ausência da flexibilização, que capta as sutilezas da dinâmica psicológica pesquisada, está do lado do instrumento – frequentemente, encontra-se do lado do pesquisador. Em várias pesquisas aqui mencionadas, o par conjugal passou pelo instrumento. Não obstante o instrumento ter registrado e oferecido ao pesquisador a oportunidade de avaliar como um parceiro se conjuga com o outro, nas diferentes variáveis, a variabilidade intercônjuge, intradíade conjugal, foi ignorada. Os cônjuges ou os parceiros foram tratados como se fossem indivíduos independentes, como se não estivessem intrinsecamente correlacionados.

Obviamente, as considerações abarcadas neste capítulo ainda não são conclusivas no sentido de destacar um único instrumento, mas indicam a relevância do diálogo entre formas distintas de avaliação, avaliadores e demais estudiosos da conjugalidade. As possibilidades oferecidas pelo QCP devem ser investigadas em outros estudos, com delineamentos específicos, a fim de compor um arcabouço de saberes em movimento, que nos permita, ainda que não totalmente, compreender o que é a conjugalidade.

Em conclusão, acreditamos que os principais instrumentos de avaliação da conjugalidade utilizados no Brasil tenham sido apresentados, de maneira a facilitar o acesso e a escolha para sua utilização por parte do pesquisador interessado neste tema. Por outro lado, as críticas oferecidas, além de sinalizar a demarcação das fronteiras entre diferentes abordagens teóricas, pretendem também servir de subsídio para decisões de natureza metodológica, seja na pesquisa, seja na sua utilização clínica. Nessa direção, seria desejável incentivar o refinamento das técnicas que considerem nos modelos de análise, simultaneamente, tanto os parceiros tomados individualmente, quanto a díade específica por eles constituída.

## Referências

Bentler, P.M. (2006). *EQS 6 structural equations program manual*. Encino, CA: Multivariate Software.

Bozon, M. (2003). Sexualidade e conjugalidade: A redefinição das relações de gênero na França contemporânea. *Caderno Pagu, 20*, 131-156.

Caillé, P. (1991). *Un et un font trois: Le couple révélé à lui même*. Paris: ESF.

Cicco, M.F., Paiva, M.L., & Gomes, I.C. (2005). Família e conjugalidade: O sintoma dos filhos frente à imaturidade do casal parental. *Psicologia Clínica, 17*(2), 53-63.

Conde, A., Figueiredo, B., & Bifulco, A. (2011). Attachment style and psychological adjustment in couples. *Attachment & Human Development, 13*(3), 271-291.

Cranford, J.A., Floyd, F.J., Schulenberg, J.E., & Zucker, R.A. (2011). Husbands' and wives' alcohol use disorders and marital interactions as longitudinal predictors of marital adjustment. *Journal of Abnormal Psychology, 120*(1), 210-222.

Cruz, R.M., Wachelke, J.R., & De Andrade, A.L. (Orgs.) (2012). *Avaliação e medidas psicológicas no contexto dos relacionamentos amorosos*. São Paulo: Casa do Psicólogo.

Dela Coleta, M.F. (1989). A medida da satisfação conjugal: Adaptação de uma escala. *Psico (Porto Alegre), 18*(2), 90-112.

Del Prette, Z.A.P., Villa, M.B., Freitas, M.G., & Del Prette, A. (2008). Estabilidade temporal do Inventário de Habilidades Sociais Conjugais (IHSC). *Avaliação Psicológica, 7*, 67-74.

Diniz Neto, O., & Féres-Carneiro, T. (2005). Psicoterapia de casal na pós-modernidade: Rupturas e possibilidades. *Estudos de Psicologia, 22*(2), 133-141.

Dunteman, G.H. (1989). *Principal components analysis*. Newbury Park, CA: Sage.

Fagundes, C.P., Berg, C.A., & Wiebe, D.J. (2012). Intrusion, avoidance, and daily negative affect among couples coping with prostate cancer: A dyadic investigation. *Journal of Family Psychology, 26*(2), 246-253.

Falcke, D., Wagner, A., & Mosmann, C.P. (2008). The relationship between family-of-origin and marital adjustment for couples in Brazil. *Journal of Family Psychotherapy, 19*(2), 170-186.

Féres-Carneiro, T. (1998). Casamento contemporâneo: O difícil convívio da individualidade com a conjugalidade. *Psicologia: Reflexão e Crítica, 11*(2), 379-394.

Féres-Carneiro, T. (2003a). Separação: O doloroso processo de dissolução da conjugalidade. *Estudos de Psicologia, 8*(3), 367-374.

Féres-Carneiro, T. (2003b). *Conjugalidade dos pais e projeto dos filhos frente ao laço conjugal*. Projeto de pesquisa CNPq/FAPERJ não publicado, Departamento de Psicologia, Pontifícia Universidade Católica do Rio de Janeiro.

Féres-Carneiro, T., & Diniz Neto, O. (2010). Construção e dissolução da conjugalidade: Padrões relacionais. *Paideia (Ribeirão Preto), 20*(46), 269-278.

Féres-Carneiro, T., & Magalhães, A.S. (2005). Conjugalidade dos pais e projeto dos filhos frente ao laço conjugal. In T. Féres-Carneiro (Org.). *Família e casal: Efeitos da contemporaneidade* (pp. 111-121). Rio de Janeiro: PUC-Rio.

Féres-Carneiro, T., & Magalhães, A.S. (2007). Transmissão psíquica geracional: Um estudo de caso. In T. Féres-Carneiro (Org.). *Família e casal: Saúde, trabalho e modos de vinculação* (pp. 341-363). São Paulo: Casa do Psicólogo.

Féres-Carneiro, T., Seixas, A., & Ziviani, C. (2006). Conyugalidad de los padres y proyectos de vida de los hijos frente al matrimonio. *Cultura y Educación, 18*, 95-108.

Féres-Carneiro, T., & Ziviani, C. (2009). Conjugalidades contemporâneas: um estudo sobre os múltiplos arranjos amorosos da atualidade. In

T. Féres-Carneiro (Org.). *Casal e família: Permanências e rupturas* (pp. 83-107). São Paulo: Casa do Psicólogo.

Féres-Carneiro, T., Ziviani, C., & Magalhães, A.S. (2007). Questionário sobre a conjugalidade dos pais como instrumento de avaliação. In T. Féres-Carneiro (Org.). *Família e casal: Saúde, trabalho e modos de vinculação* (pp. 251-267). São Paulo: Casa do Psicólogo.

Féres-Carneiro, T., Ziviani, C., & Magalhães, A.S. (2011). Arranjos amorosos contemporâneos: Sexualidade, fidelidade e dinheiro na vivência da conjugalidade. In T. Féres-Carneiro (Org.). *Casal e família: Conjugalidade, parentalidade e psicoterapia* (pp. 43-59). São Paulo: Casa do Psicólogo.

Figueredo, P.M.V. (2006). *A influência do lócus de controle conjugal, das habilidades sociais conjugais e da comunicação conjugal, na satisfação com o casamento.* Tese de Doutorado não publicada, Programa de Pós-Graduação em Psicologia Social, Universidade do Estado do Rio de Janeiro, Rio de Janeiro.

Fowers, B.J. (1989). ENRICH Marital Inventory: A discriminant validity and cross-validity assessment. *Journal of Marital and Family Therapy, 15*(1), 65-79.

Freud, S. (1999a). Die Traumdeutung [A interpretação dos sonhos]. In S. Freud, *Gesammelte Werke II-III* [Obras completas II-III] (pp. 210-232). Frankfurt: Fischer. (Original publicado em 1900.)

Freud, S. (1999b). Triebe und Triebschicksale [Pulsão e destinos da pulsão]. In S. Freud. *Gesammelte Werke X* [Obras completas X] (pp. 210-232). Frankfurt: Fischer. (Original publicado em 1915.)

Garcia, M.L.T., & Tassara, E.T.O. (2003). Problemas no casamento: Uma análise qualitativa. *Estudos de Psicologia (Natal), 8*(1), 127-133.

Gomes, I.C., & Paiva, M.L.S.C. (2003). Casamento e família no século XXI: Possibilidade de holding? *Psicologia em Estudo, 8* (n. spe.), 3-9.

Gomes, L., & Ribeiro, M.T. (2011). Mediação familiar e conflito parental: Decisões parentais responsáveis e a concretização do superior interesse da criança. In P.M. Matos, C. Duarte, & M.E. Costa (Coords.). *Famílias: Questões de desenvolvimento e intervenção* (pp. 153-170). Porto: Livpsic.

Graham, J.M., Diebels, K.J., & Barnow, Z.B. (2011). The reliability of relationship satisfaction: A reliability generalization meta-analysis. *Journal of Family Psychology, 25*(1), 39-48.

Guttman, L. (1955). A new approach to factor analysis: The radex. In P. Lazarsfeld (Ed.). *Mathematical thinking in the social sciences* (2a rev. ed., pp. 258-348). Glencoe, IL: The Free Press. (Original publicado em 1954.)

Hendrick, S.S., & Hendrick, C. (1998). Love and satisfaction. In R.J. Sternberg, & M.H. Hojjat, *Satisfaction in close relationships.* Nova York: The Guilford Press.

Hernandez, J.A.E. (2008). Avaliação estrutural da escala de ajustamento diádico. *Psicologia em Estudo, 13,* 593-601.

Hernandez, J.A.E., & Hutz, C.S. (2009). Transição para a parentalidade: Ajustamento conjugal e emocional. *Psico (Porto Alegre), 40*(4), 414-421.

Jolliffe, I.T. (2004). *Principal component analysis* (2a ed.). Nova York: Springer.

Jöreskog, K.G. (1971). Simultaneous factor analysis in several populations. *Psychometrika, 36,* 409-426.

Kaës, R. (1993). *Transmission de la vie psychique entre générations.* Paris: Dunod.

Kaës, R. (2009). *Les alliances inconscientes.* Paris: Dunod.

Kenny, D.A., Kashy, D.A., & Cook, W.L. (2006). *Dyadic data analysis.* Nova York: Guilford.

Kihlstrom, J.F. (1999). Conscious versus unconscious cognition. In R. J. Sternberg (Ed.). *The nature of cognition* (pp. 173-203). Cambridge, MA: The MIT Press.

Kihlstrom, J.F. (2008). The psychological unconscious. In O.P. John, R.W. Robbins, & L.A. Pervin (Eds.). *Handbook of personality: Theory and research* (pp. 583-602).

Lewicki, P. (1986). *Nonconscious social information processing.* Nova York: Academic Press.

Magagnin, C., Kõrbes, J.M., Hernandez, J.A.E., Cafruni, S., Rodrigues, M.T., & Zarpelon, M. (2003). Da conjugalidade à parentalidade: Gravidez, ajustamento e satisfação conjugal. *Aletheia, 17/18*, 41-52.

Magalhães, A.S., & Féres-Carneiro, T. (2003). A conjugalidade na série identificatória: Experiência amorosa e recriação do "eu". *Pulsional, 26*(176), 41-50.

Magalhães, A.S., & Féres-Carneiro, T. (2007). Transmissão psíquica geracional: Um estudo de caso. In T. Féres-Carneiro (Org.). *Família e casal: Saúde, trabalho e modos de vinculação* (pp. 341-364). São Paulo: Casa do Psicólogo.

Marsh, H.W., Lüdtke, O., Muthén, B., Asparouhov, T., Morin, A.J.S., Trautwein, U., & Nagengast, B. (2010). A new look at the big-five factor structure through exploratory structural equation modeling. *Psychological Assessment, 22*, 471-491.

Melchert, T.P. (1998). A review of instruments for assessing family history. *Clinical Psychology Review, 18*, 163-187.

Melchert, T.P., & Sayger, T.V. (1998). The development of an instrument for measuring memories of family of origin characteristics. *Educational and Psychological Measurement, 58*, 99-118.

Mello, L. (2005). *Novas famílias: Conjugalidade homossexual no Brasil contemporâneo*. Rio de Janeiro: Garamond.

Menezes, C.C., & Lopes, R.C.S. (2007a). A transição para o casamento em casais coabitantes e em casais não coabitantes. *Revista Brasileira de Crescimento e Desenvolvimento Humano, 17*(1), 52-63.

Menezes, C.C., & Lopes, R.C.S. (2007b). Relação conjugal na transição para a parentalidade: gestação até dezoito meses do bebê. *Psico USF, 12*(1), 83-93.

Miranda, E.S. (1987). Satisfação conjugal e aspectos relacionados: A influência da comunicação, da semelhança de atitudes e da percepção interpessoal. *Arquivos Brasileiros de Psicologia, 39*(3), 96-107.

Moraes, C.L., Hasselmann, M.H., & Reichenheim, M. (2002). Adaptação transcultural para o português do instrumento "Revised Conflict

Tactics Scales (CTS2)" utilizado para identificar violência entre casais. *Cadernos de Saúde Pública, 18*(1), 163-176.

Mosmann, C.P., Wagner, A., & Féres-Carneiro, T. (2006). Qualidade conjugal: Mapeando conceitos. *Paideia (Ribeirão Preto), 16*(35), 315-325.

Mosmann, C.P., & Wagner, A. (2008). Dimensiones de la conyugalidad y de la parentalidad: Un modelo correlacional. *Revista Intercontinental de Psicología y Educación, 10*, 79-103.

Neff, L.A., & Broady, E.F. (2011). Stress resilience in early marriage: Can practice make perfect? *Journal of Personality and Social Psychology, 101*(5), 1.050-1.067.

Norgren, M.B.P., Souza, R.M., Kaslow, F., Hammerschmidt, H., & Sharlin, S.A. (2004). Satisfação conjugal em casamentos de longa duração: Uma construção possível. *Estudos de Psicologia (Natal), 9*(3), 575-584.

Olson, D.H., & Fowers, B.J. (1993). Five types of marriage: An empirical typology based on ENRICH. *The Family Journal, 3*, 196-207.

Oriá, M.O., Batista, Alves, M.D.S., & Silva, R.M. (2004). Repercussões da gravidez na sexualidade feminina. *Revista Enfermagem (UERJ), 12*(2), 160-165.

Pascual, J.G. (1992). Interação das dimensões de individualidade e de conjugalidade no recasamento. *Revista Psicologia, 9/10*(1/2), 129-144.

Pasquali, L. (2009). *Psicometria: Teoria dos Testes na Psicologia e na Educação* (3a ed.). Petrópolis: Vozes.

Perlin, G.D.B. (2006). *Casamentos contemporâneos: Um estudo sobre os impactos da interação família-trabalho na satisfação conjugal.* Tese de Doutorado não publicada, Instituto de Psicologia, Universidade de Brasília, Brasília.

Perlin, G., & Diniz, G. (2005). Casais que trabalham e são felizes: Mito ou realidade? *Psicologia Clínica, 17*(2), 15-29.

Priest, G. (2000). *Logic: A very short introduction.* Nova York: Oxford University Press.

Raykov, T., & Marcoulides, G.A. (2008). *An introduction to applied multivariate analysis.* Nova York: Routledge.

Rust, J., Bennun, I., Crowe, M., & Golombok, S. (1988). *The Golombok Rust Inventory of Marital State*. Windosor, UK: NFER-Nelson.

Rydell, R.J., & McConnel, A.R. (2010). Consistency and inconsistency in implicit social cognition: The case of implicit and explicit measures of attitudes. In B. Gawronski, & B.K. Payne (Eds.). *Handbook of implicit social cognition: Measurement, theory, and applications* (pp. 295-310). Nova York: The Guilford Press.

Schultheiss, O.C., & Pang, J.S. (2007). Measuring implicit motives. In R.W. Robins, R.C. Fraley, & R.F. Krueger (Eds.). *Handbook of research methods in personality psychology* (pp. 322-344).

Scorsolini-Comin, F. (2012). *Família, sujeito composto: Conjugalidade dos pais e sua relação com o bem-estar subjetivo e a satisfação nos relacionamentos amorosos dos filhos*. Tese de Doutorado não publicada, Faculdade de Filosofia, Ciências e Letras de Ribeirão Preto, Universidade de São Paulo, Ribeirão Preto.

Scorsolini-Comin, F., & Santos, M.A. (2011a). *Casamento e satisfação conjugal: Um olhar da Psicologia Positiva*. São Paulo: Annablume e FAPESP/ Brasília: CNPq.

Scorsolini-Comin, F., & Santos, M.A. (2011b). Ajustamento diádico e satisfação conjugal: correlações entre os domínios de duas escalas de avaliação da conjugalidade. *Psicologia: Reflexão e Crítica, 24*(3), 439-447.

Scorsolini-Comin, F., & Santos, M.A. (2012). Correlations between subjective well-being, dyadic adjustment and marital satisfaction in Brazilian married people. *The Spanish Journal of Psychology, 15*(1), 166-176.

Sekaquaptewa, D., Vargas, P., & von Hippel, W. (2010). A practical guide to paper-and-pencil implicit measures of attitudes. In B. Gawronski, and B.K. Payne (Eds.). *Handbook of implicit social cognition: Measurement, theory, and applications* (pp. 426-444). Nova York: The Guilford Press.

Spanier, G.B. (1976). Measuring dyadic adjustment: New scales for assessing the quality of marriage and similar dyads. *Journal of Marriage and the Family, 38*, 15-28.

Stanley, S.M., Ragan, E.P., Rhoades, G.K., & Markman, H.J. (2012). Examining changes in relationship adjustment and life satisfaction in marriage. *Journal of Family Psychology, 26*(1), 165-170.

Tabachnick, B.G., & Fidell, L.S. (2007). *Using multivariate statistics*. Boston, MA: Allyn & Bacon.

Villa, M.B., Del Prette, Z.A.P., & Del Prette, A. (2007). Habilidades sociais conjugais e filiação religiosa: Um estudo descritivo. *Psicologia em Estudo, 12*, 23-32.

Wachelke, J.F.R., Andrade, A.L., Cruz, R.M., Faggiani, R.B., & Natividade, J.C. (2004). Medida da satisfação em relacionamento de casal. *Psico USF, 9*(1), 11-18.

Wachelke, J.F.R., Andrade, A.L., Souza, A.M., & Cruz, R.M. (2007). Estudo complementar da validade fatorial da escala fatorial de satisfação em relacionamento e predição de satisfação global com a relação. *Psico USF, 12*(2), 221-225.

Wagner, A., & Falcke, D. (2001). Satisfação conjugal e transgeracionalidade: Uma revisão teórica sobre o tema. *Psicologia Clínica, 13*(2), 1-15.

Ziviani, C., Féres-Carneiro, T., & Magalhães, A.S. (2009). A conjugalidade dos pais percebida pelos filhos: questionário de avaliação. In T. Féres-Carneiro (Org.). *Casal e família: permanências e rupturas* (pp. 157-168). São Paulo: Casa do Psicólogo.

Ziviani, C., Féres-Carneiro, T., & Magalhães, A.S. (2011). Sons and daughters' perception of parents as a couple: Distinguishing characteristics of a measurement model. *Psicologia: Reflexão e Crítica, 24*, 28-39.

Ziviani, C., Féres-Carneiro, T., & Magalhães, A.S. (2012). Father and mother as a couple: Conceptual aspects and construct validation. *Paideia (Ribeirão Preto), 22*(52), 165-176.

Ziviani, C., Féres-Carneiro, T., Magalhães, A.S., & Bucher-Malushcke, J. (2006). Avaliação da conjugalidade. In A.P.P. Noronha, A.A.A. Santos, & F. Sisto (Orgs.). *Facetas do fazer em avaliação psicológica* (pp. 13-55). São Paulo: Vetor.

*Capítulo 7*
# Avaliação psicológica com propósitos clínicos

*Blanca Susana Guevara Werlang*
*Irani Iracema de Lima Argimon*
*Samantha Dubugras Sá*

## Contextualizando o assunto

A palavra "clínica" vem do grego *kline* (leito, cama), procede da Medicina e se refere, originariamente, ao estudo de um paciente em seu leito para examinar as manifestações da doença apresentada e assim poder definir um diagnóstico, recomendar um tratamento e prever um prognóstico. Foi Hipócrates (460 a.C.-370 a.C.), por meio de uma abordagem holística e acreditando que a ênfase deve estar no paciente mais do que na doença, que inaugurou uma ação médica que além de examinar o corpo do paciente, valorizou a observação clínica e incorporou o procedimento de anamnese. Com Hipócrates a medicina mágica perde expressão, instituindo-se uma medicina racional.

Com o passar dos séculos, a soma de conhecimentos e de avanços tecnológicos coloca em prática uma medicina que exige do profissional médico uma postura mais individualizada diante do paciente, valorizando a história pessoal e familiar, seu adoecimento e suas questões diante da vida. Como se pode observar, o significado da palavra "clínica" evoluiu muito, perdendo sua vinculação inicial com a postura mais passiva do paciente, que deitado no consultório médico, aguardava uma intervenção.

O desenvolvimento da Psicologia sofreu grande influência do modelo médico. No início de sua atividade profissional, o psicólogo se envolvia com procedimentos diagnósticos utilizados junto às atividades desenvolvidas pelo médico clínico, especialmente com crianças que apresentavam problemas físicos e mentais. Também, atendendo à demanda da área educacional, o psicólogo media quantitativamente características individuais com a finalidade de saber se o indivíduo estava ajustado ou não aos padrões estabelecidos (Werlang, Villemor-Amaral & Nascimento, 2010). Hothersall (2006) lembra que o termo Psicologia Clínica surge em 1896, com Lightner Witmer (1867-1956). Este estudioso americano acreditava que a Psicologia devia ajudar as pessoas, contribuindo sim com o diagnóstico, atendimento e tratamento dos doentes mentais, mas a proposta formal de Witmer era a de uma nova profissão, a de psicólogo clínico, independente da medicina e da educação.

Hoje a Psicologia tem sua própria identidade, é um campo que abrange o estudo científico do comportamento e dos processos mentais (Gerrig & Zimbardo, 2005; Gleitman, Reisberg & Gross, 2009). A Psicologia Clínica, por sua vez, é uma das consolidadas subáreas do conhecimento da Psicologia que se especializa no estudo do comportamento humano por meio de diferentes aportes teóricos, englobando ações de avaliação, diagnóstico, intervenção, tratamento, pesquisa e ensino. A expressão "clínica" faz referência a uma atitude de atenta observação para a seleção de dados relevantes sobre a singularidade de uma pessoa (ou grupo), é uma atribuição de significação a tudo o que pode registrar-se na relação direta com o outro. A abordagem clínica da Psicologia se caracteriza, então, pela observação do individual, entendendo por isto, não necessariamente um único indivíduo, mas também a possibilidade de considerar como unidade a análise de um grupo ou de uma família.

Uma das atividades do psicólogo clínico é a de identificar e compreender, na singularidade do indivíduo, suas características, seus sintomas, seu funcionamento psíquico e assim explicitar diagnósticos. A palavra "diagnóstico" origina-se do grego *diagnõstikós* e significa discernimento, faculdade de conhecer. No sentido amplo do termo, a ação de diagnosticar é inevitável, já que sempre que se explicita a compreensão de um fenômeno realiza-se um dos possíveis diagnósticos. Mas no campo da ciência este termo refere-se à possibilidade de conhecimento fazendo uso de conceitos, noções e teorias científicas (Ancona-Lopes, 1984).

No final do século XIX e início do século XX, o psicólogo clínico era identificado como o profissional que trabalhava com testes, provas psicométricas, especialmente de cunho intelectual, que privilegiavam atividades predominantemente classificatórias. Com o passar do tempo, os avanços na compreensão da doença mental, a introdução do enfoque dinâmico como um modelo de compreensão do psiquismo e com o surgimento de novos testes, foi possível estabelecer uma visão dinâmica das individualidades, incluindo aspectos qualitativos na compreensão diagnóstica dos sujeitos (Werlang et al., 2010). A abordagem exclusivamente descritiva, que avalia e qualifica os pacientes/clientes de acordo com aspectos comportamentais e fenomenológicos comuns, verifica os sintomas para classificá-los de acordo com agrupamentos similares. A preocupação principal desta abordagem seria definir como um paciente/cliente é semelhante ao invés do quanto este é diferente de outros sujeitos com aspectos análogos.

Em contraste, na abordagem dinâmica, o ponto alto é compreender o que é singular em cada pessoa, ou seja, como um dado sujeito difere de outros, como resultado de sua própria história de vida. Neste sentido, os comportamentos, as queixas e os sintomas são vistos como vias comuns finais de experiências subjetivas, altamente pessoais, que filtram os determinantes biológicos e ambientais de um possível transtorno mental. Os profissionais que atuam na abordagem dinâmica valorizam o mundo interno do indivíduo, avaliando as fantasias, sonhos, medos, expectativas, impulsos, desejos, autoimagem, percepções dos outros e reações psicológicas aos sintomas (Gabbard, 1998).

Pensando no conceito de psicodiagnóstico, também de origem grega (*psique* = mente; *dia* = através; *gnosis* = conhecimento), Sendín (2000) entende que é a expressão mais antiga e é a que melhor reflete, etimologicamente, o caráter processual da tarefa de diagnosticar, já que se refere a um conhecimento dos aspectos mais relevantes do funcionamento psíquico. Embora na contemporaneidade se entenda o psicodiagnóstico como um processo de avaliação amplo, este termo ainda está associado a sua procedência do campo médico, com enfoque diagnóstico estritamente classificatório. Em função disso, alguns psicólogos rechaçam este termo e defendem sua substituição por avaliação psicológica. Entretanto Cunha (1993) esclarece que a expressão "avaliação psicológica" é um conceito muito amplo enquanto que "psicodiagnóstico" explicita uma avaliação psicológica com propósitos clínicos, portanto, não abrange todos os modelos de avaliação psicológica. Esta autora salienta, ainda, que o termo "testagem" refere-se a um tipo de recurso da avaliação psicológica, enquanto que o "Psicodiagnóstico" pressupõe a utilização de outros instrumentos/procedimentos "além dos testes, para abordar os dados psicológicos de forma sistemática, científica, orientada para a resolução de problemas".

### Condução de um processo psicodiagnóstico

Hoje o psicólogo clínico (com formação adequada e especializada) realiza avaliações completas, por meio de uma abordagem sistemática dos dados psicológicos, com objetivos bem-definidos e orientado para a resolução de problemas, dando atenção não só às inadequações, mas também às potencialidades do sujeito avaliado. Assim, entende-se que a avaliação psicológica com propósito clínico, denominada também de psicodiagnóstico ou diagnóstico psicológico, é um processo científico, bipessoal, de duração limitada no tempo, que compreende uma série de passos (cf. Quadro 1). Para o processo de psicodiagnóstico utilizam-se métodos e técnicas psicológicas, visando entender as capacidades e as limitações da pessoa avaliada, à luz de princípios teóricos, para responder às questões específicas do funcionamento psíquico de um indivíduo, objetivando alcançar uma descrição e a compreensão profunda e completa do mesmo, prevendo o curso possível do caso (Cunha, 1993, 2000; Werlang & Argimon, 2003) para assim poder comunicar os resultados e, quando pertinente, realizar o encaminhamento mais adequado.

| Passos | Especificações |
|--------|----------------|
| 1 | Determinar os motivos da consulta e/ou do encaminhamento, levantar dados sobre a história pessoal (dados de natureza psicológica, social, médica, profissional, escolar). |
| 2 | Definir hipóteses e os objetivos do processo de avaliação. Estabelecer contrato de trabalho (com o examinando e/ou responsável). |
| 3 | Estruturar um plano de avaliação (selecionar instrumentos e técnicas psicológicas). |
| 4 | Administrar as estratégias e instrumentos de avaliação. |
| 5 | Corrigir ou levantar qualitativamente e quantitativamente as estratégias e instrumentos de avaliação. |
| 6 | Integrar os dados colhidos, relacionados com as hipóteses iniciais e com os objetivos da avaliação. |
| 7 | Formular as conclusões definindo potencialidades e vulnerabilidades. |
| 8 | Comunicar os resultados através de entrevista de devolução e laudo psicológico. Encerrar o processo de avaliação. |

*Quadro 1  Passos de uma avaliação psicológica com propósitos clínicos*

A procura para se submeter a um psicodiagnóstico pode ser realizada pelo próprio interessado, com o intuito de se conhecer melhor. Entretanto, o mais frequente é que a solicitação por este procedimento avaliativo seja realizada por profissionais de outras áreas de conhecimento. Nessas situações o que geralmente acontece é que as informações obtidas sobre determinada pessoa não parecem ser suficientes, ou envolvem contradições e inconsistências para a compreensão do caso. Assim, quando o juiz de direito, o neurologista, o psiquiatra, o fonoaudiólogo, o professor, entre outros profissionais, encaminha um paciente, o profissional em questão certamente já fez observações e colheu informações que lhe permitiram fazer pressuposições. Sem dúvida estes profissionais têm em mente uma série de questões específicas que precisam ser discriminadas e explicitadas no encaminhamento. Portanto, é possível afirmar que o sucesso do processo de avaliação está diretamente relacionado, também, com a maneira como foi realizado o encaminhamento. Como explicitam Werlang e Argimon (2003) todo encaminhamento decorre da existência de questões que precisam ser respondidas, portanto, há requisitos importantes que devem constar na solicitação de um psicodiagnóstico e esses constam no Quadro 2.

| |
|---|
| Trabalhar previamente com o paciente a necessidade do encaminhamento. |
| Apresentar questões claras e explícitas que facilitem a determinação dos objetivos da avaliação. |
| Informar fatos, sintomas e outros dados significativos do comportamento e da história de vida do paciente. |
| Encaminhar o paciente, se for possível, sob a ação mínima de medicamentos. |
| Informar sobre os medicamentos usados pelo paciente e, principalmente, sobre seus possíveis efeitos. |
| Caso seja necessário e previsto uma reavaliação (p. ex.: para definir o efeito de uma determinada intervenção) informar quais os aspectos necessários para tal finalidade. |
| Contatar diretamente com o psicólogo o número de vezes que for necessário para fornecer e/ou solicitar informações ou explicações. |

Quadro 2  Aspectos importantes para incluir na solicitação de psicodiagnóstico (Cunha, 1995; Werlang & Argimon, 2003)

Seja por livre iniciativa ou por encaminhamento, a marcação ou solicitação de um processo de avaliação gera, na maioria das vezes, uma alta carga de ansiedade. Por isso é importante que o profissional que está encaminhando o paciente possa explicitar ao mesmo o motivo da solicitação de um psicodiagnóstico. Portanto, os primeiros contatos com o paciente e a forma e/ou o tipo de contrato a ser realizado são aspectos de muita importância para o êxito do processo de avaliação. Cabe ao psicólogo clínico facilitar o estabelecimento de um bom *rapport*, que aumente a confiança e diminua a ansiedade e a defensividade do avaliado, assim como esclarecer e explicar todos os passos do processo, através de um contrato de trabalho claro e preciso. É essencial que fique claro no contrato de trabalho que o psicodiagnóstico é um processo limitado no tempo, com início, meio e fim predeterminados e que não se constitui em psicoterapia.

Para Werlang e Argimon (2003), como em qualquer outra atividade clínica é fundamental obter o consentimento formal do paciente e explicar ao mesmo que tem liberdade para interromper o processo a qualquer momento caso deseje fazê-lo. A assinatura de um termo de consentimento livre e esclarecido pelo paciente é uma maneira de proteger tanto a pessoa avaliada como também o profissional que realiza a avaliação. Com crianças, adolescentes ou adultos que não são capazes de compreender a situação clínica do processo de avaliação e os seus direitos, um adulto responsável (representante legal) deve estar envolvido no processo de avaliação, garantindo-se, assim, a proteção do paciente e uma atitude criteriosa e ética do profissional psicólogo. Contudo, no trabalho com crianças e adolescentes também é importante que seja firmado, com eles, um contrato de trabalho, para que os mesmos entendam o objetivo do processo, como o mesmo se dará (frequência, duração), além de questões sobre sigilo e, também, informações sobre procedimentos e definições de papéis (Carrasco & Sá, 2009). Quanto à definição de papéis, Ocampo, Arzeno e Piccolo (2009) afirmam que existem dois papéis no processo: uma pessoa que busca ajuda (avaliando) e outra que é a responsável pela avaliação (psicólogo clínico). Segundo os autores essa definição de papéis é fundamental para o andamento adequado do psicodiagnóstico.

Definida a necessidade do paciente e da fonte de solicitação, o(s) objetivo(s) do processo do psicodiagnóstico pode(m) ser determinado(s). Em um processo de avaliação geralmente um ou mais objetivos são estabelecidos. No Quadro 3 são apresentados os objetivos mais frequentes relacionados às solicitações de profissionais da área da saúde, do direito e da educação.

| Objetivos | Especificações |
|---|---|
| Avaliação simples do desempenho cognitivo | Classificação dos resultados obtidos em testes psicométricos conforme tabelas normativas. É possível utilizar uma bateria de testes para examinar o escore obtido pelo examinado determinando-se, assim, o seu quociente intelectual (QI) através de um levantamento (classificação) estritamente quantitativo. |
| Avaliação de déficit cognitivo e disfunção cerebral | Identificação e mensuração das funções de memória, atenção, percepção, aprendizagem, linguagem, executivas. |
| Classificação nosológica | Identificação de características e sintomas obtidos através de entrevistas específicas e instrumentos objetivos de sintomatologia e de personalidade que identificarão dados similares aos de outros sujeitos com a mesma categoria diagnóstica. |
| Diagnóstico diferencial | Investigação de irregularidades ou inconsistências do quadro sintomático ou em resultados de testes para diferenciar níveis de funcionamento, transtorno psicopatológico. |
| Avaliação compreensiva dinâmica | Investiga através de entrevistas e de testes de personalidade (projetivos) o funcionamento da personalidade, as condições do funcionamento do ego e o sistema de defesas, grau de *insight* para a indicação terapêutica e estimar resultados de tratamento. |
| Prevenção | Identifica vulnerabilidades precocemente, avaliando riscos e fazendo uma estimativa de forças e fraquezas do ego, mapeando a capacidade para enfrentar situações difíceis e estressantes. |
| Avaliação forense | Investiga aspectos relacionados com insanidade e competência para o exercício das funções de cidadão. A avaliação procurará fornecer subsídios para resolver questões relacionadas com causas cíveis ou criminais. Nas causas cíveis o psicodiagnóstico avalia a capacidade ou a limitação do indivíduo para atos da vida civil como: administrar bens, tomar decisões, assinar documentos legais, testamentos, seguros de vida, certidão de casamento, renúncia de propriedades etc. Nas causas criminais a avaliação procurará verificar a responsabilidade criminal ou o entendimento do ato praticado. |

*Quadro 3 Objetivos de um psicodiagnóstico* (Cunha, 1995, 2000)

## Entrevistas

A entrevista é o principal instrumento de trabalho do psicólogo. Há diferentes formas de conduzir uma entrevista e há diversos enfoques teóricos para interpretar os dados obtidos nesse contexto de comunicação. O psicólogo quando entrevista uma pessoa deve, segundo Werlang, Macedo e Asnis (2005), ter em mente que está diante de um indivíduo semelhante a ele, mas também frente a um sujeito diferente com características, peculiaridades e contexto situacional próprio. Para estes autores, a procura direta ou indireta de auxílio mostra que há um sofrimento ou uma situação malresolvida que exige do psicólogo uma ação de acolhimento, ajuda, compreensão e/ou orientação que possibilite ao entrevistado encontrar forças e condições para enfrentar sua problemática.

Um bom psicólogo clínico deve demonstrar sensibilidade frente às informações apresentadas pelo próprio paciente ou por seus familiares. Deve ser qualificado e treinado para estabelecer um relacionamento profissional que estimule confiança para o compartilhamento de informações pessoais. Na operacionalização de uma entrevista clínica, geralmente de tempo limitado, o psicólogo pode utilizar um conjunto de estratégias/procedimentos/técnicas de investigação e, por meio de um papel ativo e com base na sua formação psicológica, deve observar comportamentos (estado do paciente), colher informações (preocupações, início e curso de sinais e sintomas, funcionamento cotidiano e histórico do caso), combinar/relacionar diversos eventos, levantar hipóteses, estabelecer conclusões e emitir recomendações e encaminhamentos.

A entrevista é uma interação entre, pelo menos, duas pessoas, sendo que cada participante contribui no processo e cada um influi nas respostas do outro. Para Macedo e Carrasco (2005) a entrevista configura uma relação de diálogo, um instrumento que possibilita, por meio da palavra, estabelecer as condições necessárias para que se constitua uma relação de ajuda. As autoras entendem que a entrevista outorga diferentes papéis ao entrevistado e ao entrevistador, cria condições para que, mediante a criação de um espaço de diálogo, se tenha acesso à subjetividade em forma de discurso, seja ele verbal ou não verbal.

O conjunto de habilidades e qualificação técnicas pode incrementar a probabilidade de que as entrevistas possam ser produtivas. Contudo, os aspectos técnicos que funcionam bem para um entrevistador podem ser menos efetivos para outro. Assim, Trull e Phares (2001) destacam que existe uma interação crucial entre técnica e entrevistador. A capacitação, o aperfeiçoamento e a experiência são, sem dúvida, requisitos básicos para o psicólogo clínico, mas as qualidades (valores) humanas, certamente, são de fundamental importância e contribuem para estabelecer uma atmosfera confortável e confiável. Independente da competência técnica do examinador, essa será mais efetiva na proporção da sua capacidade para estabelecer uma relação profissional positiva. No Quadro 4 são elencadas algumas características pessoais do psicólogo, tão importantes como qualquer procedimento técnico ou abordagem teórica.

| Características | Especificações |
| --- | --- |
| Empatia | Capacidade de compreender emocionalmente a pessoa a partir da perspectiva dela. Maneira de perceber por experienciar de modo vicário (colocando-se no lugar do outro) o estado psicológico de outra pessoa. Significa "sentir-se em" outra pessoa, em contraste com a simpatia que seria "sentir-se com" (outra pessoa). |
| Autenticidade | Qualidade de ser autêntico, espontâneo, verdadeiro. Modo de ser, livremente, de maneira que as atitudes coincidam com a vivência interna. Modo de se comportar de acordo com o seu próprio self. |
| Cordialidade | Tendência a agir de maneira cooperativa e generosa. |
| Aceitação | Atitude receptiva e isenta de julgamento, transmitindo respeito e consideração pelos pacientes como indivíduos. Aceitação envolve afeto, respeito, simpatia. |

Quadro 4 Características do psicólogo nas relações interpessoais com pacientes (VandenBos, 2010; Gleitman, Reisberg & Gross, 2009; Moore & Fine, 1992)

Diferentes tipos de entrevistas são operacionalizadas durante um processo de avaliação psicológica. Essas entrevistas se caracterizam pelo objetivo em direção ao qual estão sendo conduzidas. Pode-se assim falar em entrevista inicial, entrevistas durante o processo e entrevista de encerramento (devolutiva). Todas elas são de importância e, se bem operacionalizadas, muito contribuirão para o entendimento do caso.

As entrevistas podem ser classificadas em estruturadas, semiestruturadas e não estruturadas. Entrevistas estruturadas incluem um conjunto de questões/aspectos sobre áreas bem-definidas. Entrevistas não estruturadas são as mais comuns no *setting* clínico, não têm um formato rígido, mas não deixam de ter certa estrutura. Em um psicodiagnóstico, a entrevista inicial, por exemplo, pode ser semiestruturada. Nesta primeira entrevista recomenda-se iniciar de forma mais diretiva para gerenciar a apresentação mútua, a obtenção de informações básicas (nome, idade, escolaridade, grupo familiar, entre outros) e para esclarecimentos sobre o tipo (e contrato) de trabalho. Depois o psicólogo pode continuar a entrevista de forma mais livre para que o paciente tenha a oportunidade de expressar o motivo do encaminhamento, da consulta, começando por onde preferir e manifestando o que realmente desejar. Para o final desta entrevista inicial pode-se seguir uma forma mais semiestruturada visando preencher algumas lacunas com o objetivo de complementar os dados trazidos pelo paciente.

Entende-se que na entrevista inicial o acolhimento do examinando é de fundamental importância, principalmente porque nesta entrevista já vão se definir/estabelecer as metas dos encontros subsequentes. Certamente, esta entrevista será influenciada pela motivação do paciente. O paciente/cliente que espontaneamente procura/aceita iniciar um processo de avaliação psicológica é aquele que percebe a existência de dificuldades, que informa mais facilmente os aspectos pessoais e estabelece mais rapidamente uma aliança de trabalho. Quando o paciente/cliente não chega espontaneamente, o nível de resistência para se envolver com atividade de avaliação pode ser elevado e o psicólogo deverá conduzir a entrevista, de forma em que a tarefa clínica possa ser realizada apesar dessa resistência, possibilitando/garantindo que o examinando volte nos próximos encontros.

Após a entrevista inicial há a necessidade de realizar novas entrevistas (durante o processo) para conhecer mais detalhadamente a história (atual e pregressa) do paciente e seu estado mental. O psicólogo deve colher dados e levantar hipóteses sobre o avaliando, assim como sobre o seu grupo familiar e o ambiente social em que este está inserido. Cada caso terá suas peculiaridades, mas comumente já é possível levantar as primeiras hipóteses a partir do próprio encaminhamento. O profissional ou a instituição que encaminha o paciente o faz com base, também, em alguma hipótese, sobre a existência de problemas, que podem ter uma explicação psicológica. Outras vezes, é possível delinear as primeiras hipóteses na entrevista inicial a partir do motivo da consulta e do relato de preocupações/sinais/sintomas. Entretanto, as perguntas e as hipóteses só se completam (definem) após o levantamento de toda a história do paciente. Deve-se ter presente, também, que durante o processo pode-se observar/constatar novos comportamentos e/ou levantar aspectos/questões subsidiárias.

O psicólogo deve procurar relacionar os dados apontados no encaminhamento, pelo próprio paciente e/ou seus familiares, com os dados considerados como possíveis causas da problemática apontada. Neste momento, pode-se estabelecer um plano de avaliação definindo os procedimentos/técnicas/testes que podem oferecer as respostas às perguntas/hipóteses levantadas. A testagem de uma hipótese, na maioria das vezes, pode ser realizada através de diferentes instrumentos/métodos/técnicas/ testes. Cabe lembrar que os procedimentos/técnicas/testes selecionados devem ser utilizados de acordo com as orientações inerentes à natureza e ao tipo de cada uma, seguindo as recomendações quanto à forma de administração e conforme as características demográficas e psicológicas do paciente. Assim, torna-se importante construir um plano de avaliação individualizado, de acordo com o caso específico a ser avaliado.

Concluídas as entrevistas (inicial e as desenvolvidas durante o processo, que incluem a aplicação de testes/métodos e técnicas psicológicas) o psicólogo tem que se envolver com o levantamento, análise e interpretação de dados e respostas relacionando e integrando as informações identificadas/encontradas durante a elaboração da história clínica do paciente, acrescidos da observação e do emprego de procedimentos/ técnicas/testes. Com isto em mãos, é possível realizar a entrevista de encerramento (devolutiva) do psicodiagnóstico. Nesta entrevista, semiestruturada, operacionaliza-se a comunicação dos resultados do psicodiagnóstico. Esta é a última entrevista em termos de sequência de todo o processo e as informações fornecidas devem oferecer esclarecimentos interpretativos apropriados. Para o paciente a entrevista de devolução representa uma resposta as suas dificuldades, um momento de entendimento dos problemas e uma perspectiva de solução dos mesmos por meio das indicações e encaminhamentos sugeridos pelo responsável pelo processo de avaliação. Há algumas diferenças na condução da entrevista devolutiva, considerando as faixas etárias. No caso do paciente adulto a devolução é realizada com ele próprio, salvo quando não tiver condições/discernimento para isto. No caso de crianças e adolescentes a devolução é feita com os pais. Logicamente que a criança e o adolescente também recebem os resultados do psicodiagnóstico, quando serão abordadas as potencialidades e dificuldades, no último contato/ encontro do processo. Em certas ocasiões, os resultados emitidos pelo psicólogo podem, em função do seu conteúdo, deixar o paciente e/ou seus familiares deprimidos ou ansiosos. Nestes casos, poderá ser oferecida a oportunidade de mais uma entrevista de encerramento para falar sobre o assunto. Entende-se, entretanto, que não se deve prolongar a devolução além deste novo encontro, para que se evite interferências nas orientações e recomendações sugeridas e, também, para que não se estabeleça um vínculo de tratamento psicológico; ou seja, para que essa "sessão extra" não venha a ser mal-interpretada pelo paciente como o início de psicoterapia com o profissional que o avaliou.

## Testes psicológicos

A resolução n. 002/2003 do Conselho Federal de Psicologia define "teste psicológico" como um instrumento de avaliação ou mensuração de características psicológicas, de uso privativo do psicólogo, em decorrência do que dispõe o § 1º do art. 13 da lei n. 4.119/62. Um teste é, antes de tudo, uma ferramenta; um procedimento sistemático para observar, compreender e descrever o comportamento individual. Por isso, não basta uma seleção adequada sobre quais testes utilizar, é fundamental também, saber fazer uso dos testes; ou seja, o profissional deve ter preparo teórico, técnico e prático para tal. Já no que diz respeito especificamente aos testes, os mesmos devem ser padronizados e atender a requisitos de fidedignidade e validade. A padronização se refere à necessária existência de uniformidade, tanto para a aplicação do instrumento como nos critérios para interpretação dos resultados obtidos. A fidedignidade diz respeito à coerência sistemática (precisão e estabilidade) do teste e a validade reflete se o teste mede realmente o que pretende medir.

Em um processo de avaliação clínica é adequado utilizar mais de um teste, por considerar-se que nenhum instrumento, isoladamente, proporciona uma avaliação abrangente da pessoa como um todo. O emprego de um conjunto de testes envolve a tentativa de uma avaliação intertestes dos dados obtidos a partir de cada instrumento em particular, diminuindo, dessa maneira, a margem de erro e fornecendo melhor fundamento para se chegar a inferências clínicas. O psicólogo é responsável pela escolha dos testes que utilizará no processo psicodiagnóstico. Neste sentido, entende-se de fundamental importância que o psicólogo consulte o Sistema de Avaliação de Testes Psicológicos (SATEPSI), disponível na página do Conselho Federal de Psicologia – CFP (www.pol. org.br), para se certificar se o teste escolhido apresenta parecer favorável para o uso profissional.

Alguns problemas clínicos podem estar centrados nas habilidades, capacidades e conhecimentos especiais. Assim, por meio de instrumentos de aptidão é possível responder a questões sobre os comportamentos passados e futuros, pela medição do comportamento presente. Existem testes de aptidão numérica, verbal, musical, raciocínio mecânico, relações temporoespaciais, entre outros. Esses testes de aptidão medem realizações, determinam os efeitos do passado e estabelecem previsões do futuro. Por outro lado, os propósitos clínicos para administrar testes de inteligência incluem: triagem intelectual, medição da capacidade intelectual global, mensuração de funções cognitivas, avaliação de déficits neuropsicológicos e a avaliação do impacto de problemas psicopatológicos sobre o funcionamento cognitivo.

Existem vários modelos conceituais de personalidade, que explicam as reações das pessoas, as suas impressões marcantes, os seus atributos típicos pelos quais passam a ser identificados. Os instrumentos de personalidade são organizados com base nesses modelos conceituais de personalidade, propondo medir o estado psicológico por meio das respostas pessoais do indivíduo, que revelam dados relacionados às suas características psicológicas. Enquanto que os instrumentos de personalidade avaliam características ou aspectos mais estáveis, as escalas de classificação psiquiátricas possibilitam medir a intensidade e a gravidade de sintomas específicos que podem estar alterando o estado psicológico do examinando. Existe atualmente um grande número de escalas que medem construtos como ansiedade, depressão, raiva, desesperança, ideação suicida, entre outros, possibilitando a triagem desses sintomas e a avaliação do nível de sua intensidade.

Os testes psicológicos (psicométricos ou projetivos) refinam a capacidade do profissional de captar e compreender os indivíduos, os grupos e os fenômenos psicológicos (Urbina, 2007; Werlang et al., 2010). Contudo, para que os resultados alcançados sejam válidos, além de seguir à risca as instruções e o sistema de levantamento e interpretação do instrumento, é fundamental também garantir condições básicas no ambiente físico, se certificar do estado físico e psicológico do examinado, assim como gerenciar o contexto clínico em que será desenvolvida a avaliação (Werlang & Argimon, 2003). As condições físicas e psicológicas do examinado devem estar preservadas para compreender perfeitamente a tarefa que precisa ser desenvolvida, sendo ainda vital a motivação, o interesse e o desejo de se submeter ao processo de avaliação. Em situações especiais, como no caso de internação psiquiátrica, é fundamental considerar o estado mental e até a possibilidade de impregnação por medicamentos que podem diminuir a motivação para o trabalho, bem como alterar o rendimento nas provas. No caso de avaliação forense, em que o periciado não se submete por sua livre vontade ao processo psicodiagnóstico e sim por imposição judicial, a resistência para responder aos testes, a não cooperação e a distorção consciente e intencional das respostas certamente irão repercutir na validade dos achados. O psicólogo deve, em situações especiais, contar com sua sensibilidade clínica para poder manejar a situação com propriedade, atenuando os obstáculos, observando e analisando todos os indícios comportamentais de modo a poder isentar as variáveis que possam prejudicar o processo de avaliação.

## Outros procedimentos e técnicas de avaliação

Ao se estabelecer o plano de avaliação, seleciona-se uma bateria de testes que é a nomenclatura empregada para designar um conjunto de testes ou de técnicas (Cunha, 2002a). Atualmente, pode-se contar com uma série de procedimentos e técnicas de avaliação, além dos testes psicológicos aprovados pelo CFP. Assim, em um psicodiagnóstico o psicólogo clínico pode lançar mão de diversos procedimentos/métodos/técnicas que podem ser utilizados, dependendo dos objetivos da avaliação e das hipóteses levantadas. Existe uma variedade de procedimentos/técnicas de avaliação; dentre estes podem ser citados a Entrevista Lúdica/Hora de Jogo Diagnóstica; o Procedimento de Desenhos-Histórias; o Genograma; o roteiro de Anamnese, entre outros.

Para a criança o brincar é uma forma de comunicação. Werlang (2002a) afirma que por meio do brinquedo a criança pode, além de realizar seus desejos, projetar seus perigos internos inconscientes no mundo exterior. A entrevista lúdica diagnóstica é uma técnica de avaliação que propicia a compreensão do pensamento infantil, "fornecendo informações significativas do ponto de vista evolutivo, psicopatológico e psicodinâmico, possibilitando formular conclusões diagnósticas, prognósticas e indicações terapêuticas" (Werlang, 2002a, p. 104). As instruções específicas para uma entrevista lúdica consistem, para esta autora, em oferecer à criança a possibilidade de brincar, como deseje, com todo o material lúdico disponível na sala de atendimento esclarecendo e explicitando normas sobre o espaço, sobre o tempo disponível, sobre os papéis dela e do psicólogo, bem como sobre os objetivos dessa atividade (conhecê-la melhor e compreender suas qualidades e dificuldades).

Os brinquedos e os jogos disponibilizados na sala de atendimento devem ser adequados para atender crianças (meninos e meninas) com diversos interesses e em diferentes fases do desenvolvimento. O material lúdico não precisa ser sofisticado nem muito elaborado, ele deve retratar/representar os objetos do cotidiano familiar e social da criança avaliada. A entrevista lúdica pode ser parcialmente não estruturada e semiestruturada. No início da atividade, geralmente, ocorre de modo não estruturado, em que a criança faz um uso livre dos materiais. Mas gradualmente o psicólogo pode perguntar, se a situação permitir, sobre as preocupações da criança, amigos, irmãos, pais, escola etc. Estas perguntas podem estar relacionadas com a brincadeira em desenvolvimento ou podem não possuir nenhuma relação. A ideia é, como expressa Logan (1991), que a criança tende a ficar mais à "vontade para responder às perguntas enquanto estiver ocupada com atividades mais agradáveis" (Logan, 1991, p. 396).

A hora de jogo diagnóstica, para Efron e colaboradores (1978), fundamentada no referencial psicodinâmico, se constitui em uma ferramenta técnica que serve para um conhecimento inicial da criança, mas os dados fornecidos pela mesma serão confirmados através de testagem. De toda forma acredita-se que muitos fenômenos que, na avaliação de crianças, não seriam obtidos pela linguagem falada, poderão ser observados e compreendidos por meio do brincar. Assim, Logan (1991) entende que por meio da observação do brincar é possível avaliar "aspectos cognitivos, criatividade, espontaneidade, defesas, habilidades perceptomotoras, processos de pensamento, organização, percepção de si próprio e dos outros e a natureza dos processos de interação" (Logan, 1991, p. 397).

Já o procedimento de desenhos-histórias é uma técnica de investigação da personalidade que se utiliza para tal, de desenhos livres seguidos da contação de histórias (Trinca & Tardivo, 2002). Também embasado no referencial psicodinâmico, este procedimento propicia que o avaliando, por meio da associação livre quando narra as histórias, evoque aspectos inconscientes da sua personalidade. Este procedimento iniciou sendo utilizado com crianças e adolescentes entre 5 e 15 anos. Com o passar do tempo, lembra Tardivo (2008), que seu uso foi ampliado e hoje é empregado em sujeitos de três anos até em idosos. Mas especificamente, cabe lembrar que a aplicação deste procedimento é individual e que o material necessário para sua realização inclui folhas de papel branco tamanho ofício, lápis preto e coloridos, que devem estar disponibilizados e espalhados na mesa. As instruções preveem a solicitação, ao avaliando, da realização de um desenho livre. Concluído o desenho, é solicitado que conte uma história sobre o mesmo. Segue-se uma fase de inquérito para obter esclarecimentos, sendo finalmente solicitado um título para a estória e o desenho produzido. Esse conjunto constitui uma unidade de produção, sendo que a aplicação completa prevê até cinco unidades em duas sessões de aplicação (Trinca & Tardivo, 2002; Tardivo, 2008).

O genograma é um instrumento clínico de investigação inter e transgeracional da família, baseado no referencial sistêmico que, segundo McGoldrick e Gerson (2005), é um formato gráfico para registrar informações sobre os membros de uma família e as suas relações por, pelo menos, três gerações. Afirmam ainda que é uma rica fonte de hipóteses sobre como um problema clínico pode estar relacionado ao contexto familiar. A construção do genograma é efetuada em uma entrevista de avaliação clínica e, no processo de psicodiagnóstico, recomenda-se que a sua administração ocorra após a primeira ou segunda sessão (Werlang, 2002b).

O desenho do genograma, para Kruger e Werlang (2008), é iniciado com a história da família atual, que impulsiona o fluxo da conversação. O psicólogo, aos poucos, vai convidando a família a compartilhar os questionamentos em torno dos temas que aparecem. Neste sentido, psicólogo e família começam a perguntar sobre os acontecimentos na vida familiar e sobre a forma como aparecem e influenciam as relações da família com o problema que motivou a participação no atendimento. As lacunas e as incongruências que podem aparecer no relato constituem possibilidades de geração de um novo conhecimento sobre as histórias que contam. Durante a construção do genograma, o psicólogo, enfatizam as autoras, oferece à família uma perspectiva diferenciada sobre as experiências contadas, tornando públicas as suas ideias. Também o avaliador propõe caminhos e recua, quando o estranhamento da família, ao invés de constituir-se num convite para a busca da novidade, aponta para a recusa em prosseguir.

Quanto à história pessoal (ou anamnese) do avaliando, esta é de suma importância para a compreensão da demanda da avaliação, para a elaboração de hipóteses e, também, para a posterior integração dos resultados encontrados no decorrer do psicodiagnóstico; pode e deve ser associada aos dados da história clínica do paciente. Certamente não é possível coletar todas as informações a respeito da vida de uma pessoa; muitas vezes, também, o avaliando não conseguirá fornecer dados importantes da sua história e, nestes casos, pode-se solicitar a presença de familiares ou de outros informantes.

De acordo com a demanda do paciente e da sua estrutura de personalidade, determinadas áreas e conflitos deverão ser mais explorados do que outros, dando-se maior atenção a certos pontos da vida do avaliando que possam fornecer explicações para a sua problemática atual (Cunha, 2002b). Mesmo com crianças, nem sempre é fundamental investigar toda a sua vida pregressa, como as questões relacionadas à amamentação e ao controle esfincteriano se, por exemplo, a sua demanda para avaliação estiver relacionada a problemas de aprendizagem formal.

## Documentos escritos

O psicólogo clínico, ao começar e ao contratar um processo psicodiagnóstico, assume compromissos com o paciente e/ou com seus familiares e, às vezes, também com outros profissionais. No final do processo avaliativo, na entrevista final (de devolução), dois aspectos tornam-se relevantes. Um diz respeito à transmissão, em forma oral, ao próprio paciente e/ou aos seus familiares ou ao grupo familiar a compreensão obtida durante o psicodiagnóstico. Nesta entrevista o psicólogo clínico deverá iniciar a devolução pelos aspectos menos comprometedores, mais saudáveis e menos ansiogênicos do paciente introduzindo gradativamente as suas dificuldades e limitações. O segundo aspecto refere-se à entrega, à parte interessada, do laudo ou informe escrito (relatório). O laudo psicológico é efetivamente o passo final do processo de psicodiagnóstico. É um documento que expõe os procedimentos utilizados e os dados (resultados) mais relevantes do paciente, explicitando uma compreensão global do sujeito, comunicando e respondendo ao que foi perguntado pelo solicitante (paciente, familiares outros profissionais) e indicando aspectos diagnósticos e prognósticos. O laudo psicológico tem como finalidade comunicar, de forma compreensível, a síntese da compreensão dos aspectos avaliados obtidos em prol do bem-estar do paciente. O laudo precisa ser explícito, coerente e organizado, sendo fundamental que o psicólogo clínico se preocupe com a estruturação da linguagem do seu conteúdo. Um laudo inadequadamente redigido não conseguirá transmitir seu conteúdo com legibilidade. Deve ser evitada a elaboração de laudos de pouca qualidade técnico-científica, que contenham universalidades e ambiguidades, assim como também a elaboração de laudos sofisticados (excessivamente técnicos), sendo mais adequado o estilo que ressalta a individualidade e a objetividade, usando uma linguagem correta, simples, clara, consistente, que facilite a comunicação clínica.

Cabe lembrar que o psicólogo pode e deve consultar na página do Conselho Federal de Psicologia – CFP, a resolução n. 007/2003, que institui o Manual de Elaboração de Documentos Escritos decorrentes de processos de avaliação psicológica. Nesta resolução há orientações específicas relacionadas com o conceito, com a finalidade e com a estrutura do laudo psicológico. Ainda, o diferencia claramente de outros documentos escritos, tais como: declaração, atestado e parecer psicológico.

Para desenvolver um processo psicodiagnóstico, presume-se que o psicólogo clínico possui conhecimentos teóricos, domine procedimentos e técnicas psicológicas que lhe possibilitem levar adiante a sequência de passos com o objetivo de conseguir uma descrição profunda e completa do sujeito em avaliação. Dentro desse processo de avaliação psicológica, o laudo é um instrumento de fundamental importância. Por seu intermédio é que tudo o que se apreende sobre uma pessoa, usando diferentes meios psicológicos, é resumido e comunicado. É um documento que, ao ser escrito pelo psicólogo, presume que este assuma responsabilidades sobre questões importantes da vida do paciente. Redigir e apresentar um laudo é um trabalho que pressupõe uma integração da história do avaliando, dos resultados obtidos a partir do instrumental utilizado e da compreensão clínica acerca do caso; requer que o psicólogo formule claramente as suas ideias acerca do paciente, bem como da demanda avaliada. Para atingir isto, necessita-se de uma linha direcional que possibilite estruturar seu conteúdo por meio de itens, como pode ser visualizado no Quadro 5.

| Itens | Especificações |
|---|---|
| Identificação | É o primeiro tópico do documento com a finalidade de identificar: a) O autor/relator – nome e CRP do psicólogo que realizou a avaliação e elabora este documento; b) O interessado – nome de quem solicita a avaliação; c) Finalidade – explicitar o motivo do pedido do processo de avaliação. |
| Descrição da demanda | Relato das informações referentes à problemática apresentada e dos motivos, razões e expectativas que produziram o pedido de avaliação. |
| Procedimentos | Descrição dos procedimentos/recursos/instrumentos técnicos utilizados para coletar as informações à luz do referencial teórico-filosófico que os embasa. |
| Análise | Exposição descritiva de forma metódica, objetiva e fiel dos dados colhidos. Nessa exposição, deve-se respeitar a fundamentação teórica que sustenta o instrumental técnico utilizado. O psicólogo, ainda nesta parte, não deve fazer afirmações sem sustentação em fatos e/ou teorias, devendo ter linguagem precisa, especialmente quando se referir a dados de natureza subjetiva, expressando-se de maneira clara e exata. |
| Conclusão | Exposição do resultado e/ou considerações a respeito da investigação a partir das referências que subsidiaram o trabalho. As considerações geradas pelo processo de avaliação psicológica devem transmitir ao solicitante a análise da demanda em sua complexidade e do processo de avaliação psicológica como um todo. Após a narração conclusiva, o documento é encerrado, com indicação do local, data de emissão, assinatura do psicólogo e o seu número de inscrição no CRP. |

*Quadro 5  Itens que devem estruturar um laudo psicológico (resolução n. 007/2003 CFP)*

É importante destacar as orientações do Conselho Federal de Psicologia (resoluções n. 007/2003 e 001/2009 do CFP) sobre a guarda/arquivamento do material decorrente de procedimentos, testes psicológicos e dos documentos escritos (laudo, parecer), em lugar seguro e por um período mínimo de cinco anos. A guarda adequada de todo o material do processo possibilita uma recuperação rápida e fácil dos mesmos, de modo que possam servir, se necessário, como meio probatório para instruir processos disciplinares e de defesa legal, possibilitar a orientação/fiscalização sobre o serviço prestado e a responsabilidade técnica adotada, além de poder ser utilizado para pesquisa e para o ensino, obviamente quando isto estiver claro no termo de consentimento livre e esclarecido assinado no início do processo psicodiagnóstico.

## Casos ilustrativos

Como forma de ilustrar casos práticos de psicodiagnóstico são apresentadas duas avaliações psicológicas com propósitos clínicos, de forma resumida e didática, dando-se ênfase a certos pontos/aspectos de maior interesse para o psicólogo. Dos dois casos escolhidos, um foi conduzido por uma das autoras na sua prática clínica profissional e o outro foi desenvolvido num estudo de pesquisa.

Psicodiagnóstico realizado em 2010, nesse período o Teste das Fábulas, Forma Pictórica apresentava parecer favorável no SATEPSI.

| Procedimentos | Itens | Especificações resumidas |
|---|---|---|
| Entrevistas com os pais do paciente | Identificação do paciente<br><br>Descrição da demanda<br><br>Contrato de trabalho<br><br>Organização da história clínica | Nome: R.<br>Sexo: Masculino<br>Data de nascimento: 16 de agosto de 2002<br>Idade: 8 anos<br>Escolaridade: Cursando 2º ano do Ensino Fundamental<br>Escola: Particular<br>Pai: Engenheiro, funcionário público, 48 anos<br>Mãe: Advogada, 46 anos<br><br>Paciente encaminhado pelo médico neurologista e pela orientadora educacional da escola que R. frequenta para avaliação psicodiagnóstica, em função das dificuldades de aprendizagem. Mais especificamente, R. cursa o segundo ano do Ensino Fundamental. Os pais relatam que R. apresenta dificuldades na aquisição da leitura e nas habilidades de escrita. Em função disso, o rendimento escolar encontra-se prejudicado, demonstrando funcionar de forma mais lenta quando comparado aos seus colegas de turma. O exame neurológico não apontou nenhum aspecto que possa explicar as dificuldades mencionadas. Segundo os pais a família funciona de maneira muito regrada, principalmente em questões relacionadas com a organização da casa, horários, limpeza. R. relaciona-se bem com os pais e com os amigos na escola. Se convidado para festas, só vai com os pais. |
| Entrevistas com o paciente/cliente | Plano de avaliação | Entrevista lúdica<br>Desenho livre<br>Desenho da figura humana<br>Matrizes progressivas coloridas, escala especial<br>Escala de Inteligência Wechsler para Crianças, WISC – III<br>Teste Figuras Complexas de Rey – Memória<br>Teste das Fábulas, forma pictórica |

| Procedimentos | Itens | Especificações resumidas |
|---|---|---|
| Integração dos achados | Análise dos dados | R. é uma criança com estatura e peso condizentes com sua faixa etária. Estabeleceu rapidamente um vínculo empático e apresentou-se, de maneira geral, disponível para trabalhar, respondendo às tarefas propostas, atendendo às solicitações. Porém, frente a demandas interpretadas como mais difíceis, demonstrou ansiedade e certo desconforto, se desconcentrando e manifestando desejo de brincar com os materiais lúdicos da sala de atendimento. No Teste Matrizes Progressivas Coloridas, escala especial, R. obteve um total de 33 pontos indicando um percentil de 99, podendo se estimar o seu nível intelectual como superior à média das crianças de sua idade. A tarefa a ser cumprida nesta prova exige o estabelecimento de inferências sobre relações existentes entre itens abstratos. O resultado permite constatar uma boa capacidade de exatidão e clareza de raciocínio lógico com adequado poder de discriminação. Ainda, os resultados obtidos por R. na Escala de Inteligência Wechsler para Crianças, WISC – III indicam um desempenho intelectual também, acima da média para a sua idade, como se vê:<br><br><table><tr><th>Escalas</th><th>Escores</th><th>QI</th><th>Percentil</th><th>Intervalo Confiança 95%</th><th>Classificação</th></tr><tr><td>Verbal</td><td>59</td><td>111</td><td>77</td><td>104-117</td><td>Médio Superior</td></tr><tr><td>Execução</td><td>66</td><td>122</td><td>93</td><td>113-130</td><td>Superior</td></tr><tr><td>Total</td><td>125</td><td>118</td><td>88</td><td>111-124</td><td>Médio Superior</td></tr></table><br>A discrepância entre o escore obtido na área verbal e do escore da área de execução é de 7 pontos. Esta diferença mesmo sendo expressiva não chega a ser estatisticamente significativa por ser considerada uma flutuação dentro da normalidade. De maneira geral, em termos das funções cognitivas, é possível constatar capacidade de raciocínio lógico, de lidar tanto com situações concretas como com símbolos abstratos, discriminação de aspectos essenciais dos não essenciais, capacidade de análise-síntese, integração de estímulos complexos e habilidade para o aprendizado. Em relação aos aspectos de memória, R. obteve no Teste de Rey (quadro abaixo) pontuação média inferior na fase da cópia e média na evocação tardia, indicativo de razoável capacidade de precisão e reprodução. Nesta prova é necessário fazer uso de lápis e papel, o que provoca em R. certa resistência para o manejo desses materiais, facilitando a desconcentração e a desmotivação. Nos testes gráficos, de maneira geral, observam-se desenhos pouco elaborados que sugerem funcionamento visomotor similar ao de uma criança de menor idade, indicando a presença de alguns aspectos emocionais como imaturidade, insegurança, retraimento e falta de confiança. Estes |

| Integração dos achados | Análise dos dados | aspectos mencionados, assim como a diferença entre os resultados obtidos na área verbal e de execução no WISC – III, principalmente o menor rendimento em alguns dos subtestes (informação, aritmética, códigos e compreensão), possivelmente se podem explicar por efeitos de aspectos emocionais tais como falta de tolerância à frustração e perda de interesse na tarefa e não por fatores associados a déficits cognitivos. |
|---|---|---|

| Prova | Pontos | Percentil |
|---|---|---|
| Teste de Rey: memória imediata | 23 | 25 |
| Teste de Rey: memória tardia | 17,5 | 50 |

Frente à proposta de contar ou dar um final para histórias infantis é possível observar que R. escolhe personagens que, ao encararem situações e problemas optam por saídas de enfrentamento que suscitam ansiedade, não conseguindo fazer uso dos recursos internos, de forma autônoma, percebendo o ambiente como um tanto ameaçador. As fantasias expressadas giram em torno das temáticas de perda, abandono, impotência e dependência. As ações são inseguras e a confiança é identificada em fontes externas de ajuda.

| Entrevista de devolução para os pais e o paciente | Conclusão | Apesar de R. apresentar dificuldades escolares, não foram identificadas evidências de problemas cognitivos. Podem ser consideradas, de modo geral, que as dificuldades, neste ponto, devem estar mais associadas a aspectos psicológicos que denotam imaturidade emocional. Cabe mencionar que não foi identificado nenhum comprometimento emocional sério, mas torna-se necessário a estimulação de comportamentos que possibilitem a aquisição de habilidades sociais, de individuação, independência, confiança, autoestima que possam contribuir, positivamente, com os anseios de ascensão pessoal que possibilitem atender as exigências internas (pessoais) e externas (familiares, escolares e sociais). |
|---|---|---|

*Quadro 6  Caso ilustrativo n. 1, Processo Psicodiagnóstico, decorrente de atendimento em consultório particular*

| Procedimentos | Itens | Especificações resumidas |
|---|---|---|
| Entrevista com a paciente/participante da pesquisa | Identificação da participante<br><br><br>Contrato de trabalho<br><br><br>Organização da história | Nome: AP<br>Sexo: Feminino<br>Data de nascimento: 05 de junho de 1978<br>Idade: 30 anos<br>Escolaridade: Cursando o 2º ano do Ensino Médio<br>Escola: Pública/EJA<br>Estado civil: Casada<br>N. de Filhos: 3<br>A paciente/participante é casada há seis anos com D. de 28 anos, com quem tem três filhos: um menino de quatro anos; uma menina de três anos e um menino de um ano e nove meses. D. segundo AP. é usuário de crack e ingere bebidas alcoólicas todos os dias. Desde o segundo ano de casamento AP sofre agressões físicas por parte do seu marido, principalmente quando ele está alcoolizado ou sob o efeito do crack. Após cinco anos, nesta situação, AP. registra queixa na Delegacia da Mulher. Seguindo o procedimento padrão e frente à gravidade do caso, a delegada encaminhou AP, juntamente com os seus três filhos, para um abrigo protegido (Casa de Apoio) específico para mulheres maltratadas. Antes de ir para o abrigo AP. trabalhava como faxineira, já seu esposo estava desempregado havia mais de um ano. Na ocasião da primeira entrevista, AP. estava há quatro dias na casa de apoio e tinha muitos hematomas por todo o corpo, resultantes da última agressão sofrida em casa. AP. foi convidada para participar da pesquisa e concordou em incluir outros instrumentos de avaliação para completar um processo psicodiagnóstico. Na primeira entrevista foi assinado o Termo de Consentimento Livre e Esclarecido |

| | | |
|---|---|---|
| Entrevistas com a paciente/participante da pesquisa | Instrumentos utilizados | Ficha de Dados Sociodemográficos<br>Teste Matrizes Progressivas, escala geral<br>Inventário de Depressão de Beck – BDI-II<br>Escala de Desesperança de Beck – BHS<br>Escala Tática de Conflito – ETC<br><br>Método de Rorschach pelo Sistema Compreensivo – Agrupamentos e variáveis analisadas:<br>**1 AFETO**<br>    • Soma ponderada respostas de cor (*WSumC*) = expressividade afetiva<br>    • Quociente Afetivo (*Afr*) = interesse pela estimulação afetiva<br>**2 AUTOPERCEPÇÃO**<br>    • Índice de Egocentrismo (*Ego*) = níveis de autoestima<br>    • Respostas de reflexo (*Fr + rF*) = traços narcisistas<br>**3 RELAÇÕES INTERPESSOAIS**<br>    *CDI* = capacidade de manejo das situações<br>**4 CAPACIDADE DE CONTROLE E TOLERÂNCIA E ESTRESSE SITUACIONAL**<br>    • *escore D* = estresse atual<br>    • *EA* = índice de recursos disponíveis |

| Procedimentos | Itens | Especificações resumidas |
|---|---|---|
| Integração dos achados | Análise dos dados | AP. é uma mulher negra, alta e com peso adequado para a sua altura. Possui um bom vocabulário e um nível de escolaridade superior ao da maioria das participantes da pesquisa, uma vez que se encontra cursando o 2º ano do Ensino Médio. Mostrou-se bastante interessada em participar do estudo e do processo de avaliação "até para poder falar com alguém sobre o que vinha me acontecendo" [sic]. Durante a administração dos instrumentos ficou muito mobilizada, principalmente ao dar as respostas aos cartões do Método de Rorschach. No Teste Matrizes Progressivas – Escala Geral obteve uma pontuação que indica um desempenho intelectual dentro da média, considerando sua faixa etária. No Inventário de Depressão de Beck – BDI-II, AP. teve um escore de 33, o que indica uma intensidade de depressão moderada. Quanto à desesperança, AP obteve uma pontuação de 15 pontos, evidenciando um grau elevado de desesperança frente ao futuro. Apesar desses resultados, não apresentou potencial suicida. Através da Escala Tática de Conflito que objetiva caracterizar o tipo de evento e a qualidade/gravidade da violência sofrida, AP. respondeu positivamente aos três tipos de violência (física, psicológica e sexual), sendo verificada como grave a violência física perpetrada por seu marido contra a mesma. Por meio dos resultados das variáveis analisadas do Método de Rorschach constatou-se que AP. possui uma baixa capacidade de vivenciar e expressar os seus afetos, o que acaba por prejudicar a sua adaptação (WSumC = 0,98). Isso pode significar grande dificuldade para entrar em contato com o que sente, embora provavelmente tenha o desejo, como a maioria das pessoas, de processar a estimulação afetiva de maneira satisfatória (Afr = 0,66). Quanto à *autopercepção*, em relação à autoestima e a traços narcisistas, apesar de AP. apresentar níveis de autoestima adequados (Ind.Ego=0,36), a mesma não parece investir suficiente atenção em si mesma (Fr + rF = 0,17). Com respeito ao *relacionamento interpessoal* pode-se observar que, em geral, possui recursos limitados para lidar com as situações do cotidiano (EA = 4,18 e CDI = 3,51). No que diz respeito ao *manejo do estresse*, que está relacionado à capacidade de controle e tolerância e ao estresse situacional, AP. possui dificuldades de adaptação positiva e de controlar e tolerar o estresse no momento atual (D = -0,14). |
| Entrevista de devolução | Devolução/ conclusão | Todos os aspectos identificados nas entrevistas e instrumentos foram trabalhados com AP. na entrevista de devolução. Recebeu informações específicas e foi encaminhada para tratamento psicológico. |

*Quadro 7  Caso ilustrativo n. 2 decorrente de um estudo de pesquisa* (Aprovada pelo CEP/PUC-RS, protocolo 1.185/08).

## Considerações finais

O processo de avaliação psicológica com finalidade clínica é complexo, envolve instrumentos muito especializados que devem ser muito bem selecionados conforme cada caso e corretamente administrados por um profissional qualificado que tenha passado por treinamento intensivo e experiência supervisionada. Desta maneira, o profissional que trabalha com processo psicodiagnóstico precisa contar com sua qualificada experiência clínica, na área da avaliação, o que requer constante atualização científica e prática. Precisa ainda possuir uma sólida formação e fundamentação técnica em Psicologia do Desenvolvimento, Psicologia Clínica, Técnicas de Entrevista, Psicopatologia, Psicometria e Fundamentos de Neurologia para poder interpretar os achados com perícia e garantir a emissão de conclusões confiáveis.

Considera-se fundamental mencionar que o psicólogo que realiza avaliações psicológicas na prática clínica deve seguir e respeitar todos os princípios norteadores sugeridos no Código de Ética Profissional do Psicólogo – resolução CFP n. 010/2005. Precisa estar ciente e respeitar os padrões básicos recomendados pela *American Psychological Association* (Wechsler, 2001; Anastasi & Urbina, 2000) sendo eles: Competência (manter alto padrão de excelência no trabalho), Integridade (comportamento honesto, justo e respeitoso), Responsabilidade Científica e Profissional (utilizar técnicas específicas às necessidades dos diferentes tipos de clientela), Respeito à dignidade das Pessoas (reconhecimento do direito da privacidade, confidencialidade, autodeterminação e autonomia dos indivíduos avaliados), Preocupação com o bem-estar alheio (não enganar nem explorar) e Responsabilidade social (o conhecimento psicológico é para reduzir o sofrimento e contribuir para a melhoria da humanidade).

Importante concluir dizendo que o processo de psicodiagnóstico é uma atividade trabalhosa, de grande responsabilidade para o profissional que se compromete a realizá-lo. Isto se deve não somente pelo preparo e competência teórica e técnica que o psicólogo clínico precisa ter, mas também pela capacidade de empatia e respeito ao sofrimento daquele que busca algum esclarecimento através da avaliação (paciente).

# Referências

Anastasi, A., & Urbina, S. (2000). *Testagem psicológica*. Porto Alegre: Artes Médicas Sul.

Ancona-Lopes, M. (1984). Contexto geral do diagnóstico psicológico. In W. Trinca (Org.). *Diagnóstico psicológico na prática clínica* (pp. 1-13). São Paulo: EPU.

Carrasco, L.K., & Sá, S.D.S. (2009). O psicodiagnóstico clínico: Como e para quê? In M.M.K. Macedo (Org.). *Fazer Psicologia* (pp. 141-158). São Paulo: Casa do Psicólogo.

Conselho Federal de Psicologia [CFP] (2003). *Resolução CFP n. 007/2003*. Institui o manual de elaboração de documentos escritos produzidos pelo psicólogo, decorrentes de avaliação psicológica e revoga a resolução CFP n. 17/2002. Recuperado de http://www.pol.org.br

Conselho Federal de Psicologia [CFP] (2005). *Resolução CFP n. 010/2005*. Aprova o Código de Ética Profissional do Psicólogo. Recuperado de http://www.crprs.org.br/upload/legislacao/legislacao66.pdf

Conselho Federal de Psicologia [CFP] (2009). *Resolução CFP n. 001/2009*. Dispõe sobre a obrigatoriedade do registro documental decorrente da prestação de serviços psicológicos. Recuperado de http://www.pol.org.br

Cunha, J.A. (1993). Fundamentos do psicodiagnóstico. In J.A. Cunha (Org.). *Psicodiagnóstico-R* (pp. 03-10). Porto Alegre: Artes Médicas.

Cunha, J.A. (1995). Avaliação psicológica. In J.G.V. Taborda, P. Prado-Lima, & E.D. Busnello (Orgs.). *Rotinas em Psiquiatria* (pp. 50-57). Porto Alegre: Artes Médicas.

Cunha, J.A. (2000). Fundamentos do psicodiagnóstico. In J.A. Cunha (Org.). *Psicodiagnóstico-V* (pp. 23-31). Porto Alegre: Artes Médicas Sul.

Cunha, J.A. (2002a). Passos do processo psicodiagnóstico. In J.A. Cunha (Org.). *Psicodiagnóstico-V* (pp. 105-138). Porto Alegre: Artmed.

Cunha, J.A. (2002b). A história do examinando. In J.A. Cunha (Org.). *Psicodiagnóstico-V* (pp. 57-66). Porto Alegre: Artmed.

Efron, A.M., Fainberg, E., Kleiner, Y., Sigal, A.M., & Woscoboinik, P. (1978). La hora de juego diagnostic. In M.L.S. Ocampo, M.E.G. Arzeno,

E.G. Piccolo et al. *Las técnicas proyectivas y el processo psicodiagnóstico* (pp. 195-221). Buenos Aires: Nueva Visión.

Gabbard, G.O. (1998). *Psiquiatria psicodinâmica: Baseado no DSM-IV.* Porto Alegre: Artmed.

Gerrig, R.J., & Zimbardo, P.G. (2005). *A Psicologia e a vida.* Porto Alegre: Artmed.

Gleitman, H., Reisberg, D., & Gross, J. (2009). *Psicologia.* Porto Alegre: Artmed.

Hothersall, D. (2006). *História da Psicologia.* São Paulo: McGraw-Hill.

Kruger, L.L., & Werlang, B.S.G. (2008). O genograma como recurso no espaço conversacional terapêutico. *Avaliação Psicologica, 7*(3), 415-426.

Logan, N. (1991). Avaliação diagnóstica de crianças. In R.J. Craig (Org.). *Entrevista clínica diagnóstica* (pp. 385-405). Porto Alegre: Artes Médicas.

Macedo, M.M.K., & Carrasco, L.K. (2005). A entrevista clínica: Um espaço de intersubjetividade. In M.M.K. Macedo, & L.K. Carrasco (Orgs.). (*Com*)*textos de Entrevista: Olhares diversos sobre a interação humana* (pp. 19-32). São Paulo: Casa do Psicólogo.

Moore, B.E., & Fine, B.D. (1992). *Termos e conceitos psicanalíticos.* Porto Alegre: Artes Médicas.

Ocampo, M.L., Arzeno, M.E.G., & Piccolo, E.G. (2009). *O processo Psicodiagnóstico e as Técnicas Projetivas.* São Paulo: Martins Fontes.

Sendín, M.C. (2000). *Diagnóstico psicológico: Bases conceptuales y guía práctica en los contextos clínico y educativo.* Madri: Psimática.

Tardivo, L.S.L.P.C. (2008). O procedimento de desenhos-estórias (D-E) e seus derivados: Fundamentação teórica, aplicações em clínica e pesquisas. In A.E. Villemor-Amaral, & B.S.G. Werlang (Orgs.). *Atualizações em métodos projetivos para avaliação psicológica* (pp. 287-305). São Paulo: Casa do Psicólogo.

Tavares, M. (2000). A entrevista clínica. In J.A. Cunha. *Psicodiagnóstico – V.* Porto Alegre: Artmed.

Trinca, W., & Tardivo, L.S.L.P.C. (2002). Desenvolvimentos do Procedimento de Desenhos-Estórias (D-E). In J.A. Cunha (Org.). *Psicodiagnóstico – V* (pp. 428-438). Porto Alegre: Artmed.

Trull, T.J., & Phares, E.J. (2001). *Psicologia Clinica: Conceptos, métodos y aspectos prácticos de la profesión*. Esp.: Thomson.

Urbina, S. (2007). *Fundamentos da testagem psicológica*. Porto Alegre: Artmed.

VandenBos, G.R. (2010). *Dicionário de Psicologia da APA*. Porto Alegre: Artmed.

Wechsler, S.M. (2001). Princípios éticos e deontológicos na avaliação psicológica. In L. Pasquali (Org.). *Técnicas de Exame Psicológico – TEP. Vol. I: Fundamentos das Técnicas de Exame Psicológico* (pp. 171-193). São Paulo: Casa do Psicólogo/Conselho Federal de Psicologia.

Werlang, B.S.G. (2002a). Entrevista lúdica. In J.A. Cunha (Org.). *Psicodiagnóstico – V* (pp. 96-104). Porto Alegre: Artmed.

Werlang, B.S.G. (2002b). Avaliação inter e transgeracional da família. In J.A. Cunha (Org.). *Psicodiagnóstico – V* (pp. 141-150). Porto Alegre: Artmed.

Werlang, B.S.G., & Argimon, I.L. (2003). Avaliação psicológica na prática clínica. In A.C. Neto, G.C. Gauer, & N.R. Furtado (Orgs.). *Psiquiatria para estudantes de Medicina* (pp. 294-300). Porto Alegre: EDIPUCRS.

Werlang, B.S.G., Macedo, M.M.K., & Asnis, N. (2005). Entrevistas retrospectivas: Autópsia psicológica. In M.M.K. Macedo, & L.K. Carrasco (Orgs.). *(Con)textos de entrevista: Olhares diversos sobre a interação humana* (pp. 195-206). São Paulo: Casa do Psicólogo.

Werlang, B.S.G., Villemor-Amaral, A.E., & Nascimento, R.S.G.F. (2010). Avaliação psicológica, testes e possibilidades de uso. In Conselho Federal de Psicologia/CFP (Org.). *Avaliação psicológica: Diretrizes na regulamentação da profissão* (pp. 87-99). Brasília: CFP.

*Capítulo 8*
# Avaliação psicológica no contexto hospitalar

*Josafá Lima Ramos*
*Rodrigo Sanches Peres*

## Introdução

Por meio da resolução n. 14/2000, a Psicologia Hospitalar passou a ser reconhecida no país como uma das especialidades para efeitos da concessão e registro do título profissional de especialista em Psicologia (Conselho Federal de Psicologia [CFP], 2000). Já com a resolução n. 02/2001, foram definidas como atribuições do psicólogo hospitalar atuar em instituições de saúde "[...] participando da prestação de serviços de nível secundário ou terciário junto a pacientes e familiares [...] e tendo como sua principal tarefa a avaliação e acompanhamento de intercorrências psíquicas" (CFP, 2001, p. 13). Vale destacar ainda que, conforme esta última resolução, o psicólogo hospitalar deve participar da definição de condutas a serem adotadas pela equipe de saúde, assim como pode oferecer atendimento à própria equipe visando a superação de eventuais dificuldades operacionais capazes de comprometer a qualidade da assistência oferecida pela mesma.

Considerando que essa diversidade de atribuições do psicólogo hospitalar implica o desempenho de um conjunto de atividades distintas, Almeida (1995) defende que a avaliação psicológica, enquanto processo científico de coleta e interpretação de dados, se destaca como uma atividade essencial para o mesmo. A referida autora sustenta tal afirmação esclarecendo que o material oriundo de uma avaliação psicológica conduzida de maneira apropriada é capaz de fornecer elementos de grande relevância para o direcionamento das intervenções a serem desenvolvidas pelo psicólogo hospitalar. Além disso, como afirmam Lopes e

Amorim (2004), o psicólogo hospitalar geralmente alcança maior reconhecimento da parte dos demais profissionais de saúde quando apoia suas condutas em procedimentos sistemáticos e parâmetros definidos criteriosamente.

O contexto hospitalar tem se afigurado no país como o mais frequente não apenas para a prática da Psicologia Hospitalar, mas também para o desenvolvimento de atividades relacionadas à Psico-oncologia, área de interface entre a Psicologia e a Oncologia que emprega os conhecimentos educacionais, profissionais e metodológicos da Psicologia para a abordagem dos aspectos emocionais do câncer (Veit & Carvalho, 2008). Segundo Holland (2002), a abordagem de tais aspectos envolve, por um lado, a assistência integral aos pacientes oncológicos e a suas famílias e, por outro lado, a formação de profissionais de saúde envolvidos com a prevenção, o tratamento e a reabilitação dos diversos tipos de câncer. Ou seja: existem convergências importantes entre a Psicologia Hospitalar e a Psico-oncologia.

Como salienta Azevêdo (2010), protocolos de avaliação psicológica recentemente vêm representando uma ferramenta fundamental para o trabalho do psicólogo no contexto hospitalar, na medida em que auxiliam na sistematização de informações – em uma perspectiva dinâmica – face à complexidade dos ambientes médicos nos quais o mesmo se insere, independentemente da população que será contemplada por seus serviços. Ocorre que os protocolos de avaliação psicológica viabilizam o contingenciamento dos diversos fatores biológicos, sociais, culturais e ambientais que podem influenciar os resultados oriundos de uma avaliação psicológica desenvolvida no contexto hospitalar e, eventualmente, comprometer sua confiabilidade (Capitão, Scortegagna & Baptista, 2005).

A despeito da relevância dos protocolos de avaliação psicológica passíveis de utilização no contexto hospitalar, são escassas na literatura científica nacional as publicações dedicadas ao assunto. Desse modo, o presente capítulo tem como objetivo relatar a experiência acumulada até o momento com a utilização de um protocolo de avaliação psicológica de nossa autoria, o qual vem sendo aplicado junto a pacientes oncológicos adultos vinculados à Fundação Hospitalar de Hematologia e Hemoterapia do Amazonas. Para tanto, faz-se necessário esclarecer, em primeiro lugar, que o protocolo em questão se apoia, por um lado, em nossa experiência profissional em Psicologia Hospitalar e, mais especificamente, em Psico-oncologia e, por outro lado, em uma revisão da literatura nacional realizada a partir de consultas a artigos publicados em periódicos científicos especializados, dissertações, teses e livros.

Em segundo lugar, vale destacar que, devido a limitações de espaço, nos restringiremos a relatar a experiência referente aos testes psicológicos que compõem o protocolo em questão. Esse recorte se justifica tendo-se em vista que os testes psicológicos ocupam um lugar central nos protocolos de avaliação psicológica. Contudo, no protocolo em questão, a exemplo do que se observa naquele elaborado por Azevêdo (2010) especificamente para aplicação junto a crianças queimadas, a aplicação de testes psicológicos ocorre somente em um momento posterior à obtenção de informações preliminares e à observação de aspectos relevantes dos pacientes.

A obtenção de informações preliminares envolve: (a) o levantamento de dados psicossociais por meio de um roteiro de anamnese nos moldes daquele formulado por Angerami-Camon e Chiattone (2003) e (b) o exame de funções psíquicas tal como estruturado por Dalgalarrondo (2000). Já a observação de aspectos relevantes deve contemplar, em linhas gerais, o relacionamento do paciente tanto com seus familiares quanto com a equipe de profissionais de saúde responsável pelo mesmo, de modo a viabilizar, mais especificamente, a compreensão de seus recursos adaptativos. A aplicação dos testes psicológicos deve ser realizada em conformidade com os achados oriundos desses procedimentos anteriores, uma vez que certamente auxiliarão na definição dos objetivos específicos a serem atingidos por meio do emprego do protocolo em questão.

Para Almeida (1995), a escolha dos testes psicológicos a serem utilizados na avaliação psicológica no contexto hospitalar deve levar em consideração fatores de ordem prática. Pode-se considerar como um fator de ordem prática de extrema relevância a condição dos testes psicológicos em termos de suas propriedades psicométricas. Ocorre que, de acordo com a legislação vigente no país (CFP, 2003), somente podem ser empregados no âmbito da prática profissional em Psicologia testes psicológicos dotados de indicadores de validade, fidedignidade e precisão cuja adequação é comprovada mediante parecer favorável no Sistema de Avaliação de Testes Psicológicos (SATEPSI).

Assumindo essa premissa, os testes psicológicos selecionados para compor o protocolo em questão são os seguintes: (a) Inventário Fatorial de Personalidade (IFP); (b) Questionário de Saúde Geral (QSG); (c) Inventário de Sintomas de Stress de Lipp (ISSL) e (d) Inventário de Percepção do Suporte Familiar (IPSF). Todos eles, vale destacar, contavam com parecer favorável no SATEPSI quando da elaboração do protocolo, de modo que se encontravam em condições apropriadas para utilização no que tange às suas propriedades psicométricas[7]. Na Tabela 1 se encontra uma caracterização básica dos referidos testes psicológicos, contemplando seus objetivos, número de itens, forma de apresentação e autoria. Ademais, veicularemos, a seguir, algumas informações para contextualizá-los em relação ao protocolo em questão.

*Tabela 1 Caracterização, em termos dos objetivos, número de itens, apresentação e autoria, dos testes psicológicos que compõem o protocolo de avaliação*

| Teste | Objetivo | N. de itens | Apresentação | Autoria |
|---|---|---|---|---|
| IFP | Investigação de dimensões da personalidade | 155 | Escala do tipo *Likert* com 7 pontos | Pasquali, Azevedo e Ghesti (1997) |
| QSG | Rastreamento da presença ou ausência de sintomas clínicos não psicóticos típicos de transtornos mentais menores | 60 | Escala do tipo *Likert* com 4 pontos | Pasquali, Gouveia, Andriola, Miranda e Ramos (1996) |
| ISSL | Avaliação dos níveis de estresse e identificação tanto da natureza sintomatológica quanto da fase de estresse em que se encontra o indivíduo | 53 | *Check-list* | Lipp (2000) |
| IPSF | Avaliação das relações familiares tais como percebidas pelo indivíduo | 42 | Escala do tipo *Likert* com 3 pontos | Baptista (2008) |

---

7. O protocolo em questão foi elaborado originalmente em setembro de 2011. A situação do QSG e do IFP no Satepsi passou por mudanças posteriores, tendo em vista que as propriedades psicométricas dos testes psicológicos devem ser periodicamente atualizadas mediante o desenvolvimento de novos estudos empíricos. Quando da conclusão da versão final do presente capítulo, em dezembro de 2012, a atualização dos estudos psicométricos do QSG e do IFP se encontrava em análise para a renovação de seus pareceres favoráveis.

O IFP é composto por 15 subescalas que avaliam as seguintes dimensões da personalidade: "Assistência", "Ordem", "Denegação", "Intracepção", "Desempenho", "Exibição", "Heterossexualidade", "Afago", "Mudança", "Persistência", "Agressão", "Deferência", "Autonomia", "Dominância" e "Afiliação". Além disso, o IFP possui duas subescalas complementares: "Desejabilidade social" e "Validade" (Pasquali, Azevedo & Ghesti, 1997). A primeira permite verificar se o sujeito respondeu atentamente, se compreendeu bem a tarefa ou se tentou mentir, ao passo que a segunda indica se ele procurou se apresentar conforme os desejos de outras pessoas.

O IFP foi incluído no protocolo em questão levando-se em consideração que, a partir da revisão da literatura realizada para fundamentar sua estruturação, constatou-se que existem evidências empíricas acerca de sua proficuidade em Psicologia Hospitalar e, mais especificamente, em Psico-oncologia. Afinal, o estudo de Peres e Santos (2006) aponta que o teste psicológico em questão se revelou eficiente diante da necessidade de delinear as principais características de personalidade de pacientes oncológicos para o direcionamento da assistência que lhes deve ser oferecida pelo psicólogo hospitalar.

O QSG, por sua vez, foi selecionado tendo em vista que investigar a ocorrência de transtornos mentais menores em pacientes oncológicos é relevante posto que, conforme Graner, Cezar e Teng (2008), é elevada a incidência de quadros ansiosos e depressivos nessa população. Tomando como base suas características técnicas, o QSG pode ser considerado o teste psicológico mais indicado para essa finalidade. Contudo, a revisão da literatura realizada para fundamentar a estruturação do protocolo em questão não levou à localização de qualquer pesquisa nacional reportando o emprego do QSG junto a pacientes oncológicos. O estudo de Bertan e Castro (2010), deve-se destacar, envolveu o uso de uma versão abreviada do QSG em uma amostra de adultos acometidos por diversos tipos de câncer. Tal versão abreviada foi preterida no protocolo em questão por não subsidiar uma avaliação tão aprofundada quanto aquela que é possível com a aplicação do QSG em sua versão original.

Afinal, o QSG, em sua versão original, expressa diversos índices comportamentais, dado que os resultados oriundos de sua aplicação são organizados em 5 fatores específicos: "Stress psíquico", "Desejo de morte", "Desconfiança no próprio desempenho", "Distúrbios do sono" e "Distúrbios psicossomáticos". O primeiro destaca as experiências de tensão, irritação, cansaço e sobrecarga que tornam a vida uma luta constante. O segundo evidencia a concepção da própria existência como inútil e sem sentido. O terceiro expressa a sensação de ser incapaz de desempenhar tarefas diárias de forma satisfatória. O quarto se refere a problemas relacionados com o sono, como sua nomenclatura indica. O quinto fator, por fim, contempla problemas de ordem orgânica (Pasquali et al., 1996).

Cada um desses fatores é constituído por um conjunto específico de itens. Além disso, há um fator geral, chamado "Severidade da ausência de saúde mental", resultante da soma da pontuação de cada um dos 60 itens do instrumento. A presença de sintomas desviantes é verificada quando da ocorrência de escores percentílicos – quer sejam eles referentes ao fator geral ou aos fatores específicos – que se situam acima do ponto de corte estabelecido para a população brasileira pelos responsáveis pela versão nacional do QSG. Entretanto, deve-se esclarecer que a avaliação da presença ou ausência de transtornos mentais menores é feita, conforme Pasquali et al. (1996), a partir da referência aos escores percentílicos do fator geral.

Já o ISSL se divide em três partes. A parte 1 é composta por 15 itens e avalia os sintomas verificados nas últimas 24 horas. A parte 2 possui 15 itens e focaliza a sintomatologia da última semana. A parte 3, por fim, é constituída por 23 itens e se refere aos sintomas ocorridos no último mês. Segundo a definição que fundamenta o ISSL, o estresse pode ser compreendido essencialmente como um conjunto de reações físicas e psicológicas a eventos interpretados, a partir de processos cognitivos individuais, como ameaçadores (Lipp & Guevara, 1994). Tais eventos tendem a mobilizar diferentes estratégias de enfrentamento, cuja eficiência do ponto de vista adaptativo pode ser comprometida se o nível de estresse experimentado pelo sujeito for elevado a ponto de exaurir suas forças. Na medida em que impõem uma nova condição de vida, marcadamente negativa, o diagnóstico e o tratamento do câncer – conforme Levin e Kissane (2006) demonstram em uma ampla revisão da literatura internacional – destacam-se como eventos estressores, diante dos quais muitos pacientes oncológicos encontram dificuldades para apresentar respostas adaptativas devido aos elevados níveis de estresse que os acometem.

Torna-se patente, portanto, a necessidade de rastrear a presença de sintomas de estresse nessa população. O ISSL pode ser considerado o teste psicológico mais adequado para tanto, o que referenda sua inclusão no protocolo em questão. Ocorre que a revisão da literatura realizada para sua fundamentação atestou que, em uma série de estudos nacionais desenvolvidos recentemente no campo da Psico-oncologia (Alves & Fernandes, 2010; Pelegrini, Cerqueira & Peres, 2008; Silva, 2005), o ISSL se mostrou capaz de viabilizar uma avaliação ágil e segura do estresse do sujeito a partir da diferenciação tanto de sintomas dotados ou não de significância clínica quanto de fases que designam a evolução desses sintomas ao longo do tempo.

O IPSF, por fim, divide-se em três fatores: "Afetivo-consistente", "Adaptação familiar" e "Autonomia". O primeiro fator avalia, essencialmente, a expressão da afetividade, a consistência dos comportamentos e as habilidades na resolução de problemas entre os membros da família. O segundo fator investiga sentimentos negativos em relação à família, sendo, por essa razão, pontuado de maneira invertida. Já o terceiro fator explora a existência de relações tanto de liberdade quanto de privacidade no âmbito da família. Há também um fator geral, chamado "Suporte familiar total", correspondente à soma de itens do instrumento (Baptista, 2008).

A revisão da literatura realizada para fundamentar o protocolo em questão não encontrou qualquer estudo nacional no qual o IPSF tenha sido aplicado em pacientes oncológicos. Em que pese esse fato, a avaliação do suporte familiar nessa população pode trazer elementos de grande relevância para o trabalho do psicólogo hospitalar. Ocorre que o apoio dos familiares, quando insuficiente, afigura-se como um importante preditor de sintomatologia depressiva, prejuízos no autocuidado e problemas de ajustamento à doença e ao tratamento para os pacientes, comprometendo, assim, a qualidade de vida dos mesmos (Leeuw et al., 2000; Santana, Zanin & Maniglia, 2008). Portanto, pacientes que apresentam uma percepção negativa do suporte familiar devem receber atenção especial.

Vale destacar que o protocolo em questão é capaz de subsidiar a definição das condutas a serem adotadas pelo psicólogo hospitalar, sendo que Romano (1999) propõe que as mesmas podem ser agrupadas em três categorias básicas: (a) psicopedagógicas; (b) psicoprofiláticas e (c) psicoterapêuticas. As primeiras envolvem, em linhas gerais, a realização de orientação familiar e o fornecimento de informações sobre a doença e tratamento ao paciente. As segundas consistem na identificação de fontes secundárias de estresse e no fomento à esperança com base na realidade junto ao paciente e sua família e na intermediação da comunicação com a equipe de saúde. As terceiras, por fim, caracterizam-se pelo encorajamento das expressões de emoções, pelo aconselhamento e fornecimento de suporte emocional e podem ser desenvolvidas junto ao paciente, à sua família ou à equipe de saúde.

## Desenvolvimento

Apresentaremos a seguir dois casos clínicos, referentes a pacientes oncológicos adultos vinculados à Fundação Hospitalar de Hematologia e Hemoterapia do Amazonas. Junto a cada um deles foram desenvolvidas condutas que se agrupam nas categorias básicas propostas por Romano (1999), as quais foram selecionadas a partir das informações oriundas da aplicação do protocolo de avaliação psicológica em questão. Vale destacar que o emprego do protocolo em questão atualmente se encontra integrado à rotina do trabalho do psicólogo hospitalar na referida instituição, de modo que os dados veiculados a seguir derivam de uma situação de assistência, e não de uma situação de pesquisa. De qualquer forma, deve-se esclarecer que ambos os pacientes consentiram com a divulgação de seus dados, sendo que a preservação de suas identidades lhes foi assegurada por meio da adoção de nomes fictícios.

## Caso clínico 1

Gustavo, solteiro, 23 anos, Ensino Fundamental incompleto, agricultor, filho caçula, oito irmãos e uma irmã. Recebeu o diagnóstico de leucemia linfocítica aguda em setembro de 2009 e foi internado para a realização do tratamento médico preconizado na época (quimioterapia). Em outubro de 2011, contudo, foi constatada uma recidiva, de modo que Gustavo foi internado em condição grave. O tratamento médico preconizado, dessa vez, foi o transplante de medula óssea alogênico, o qual demanda um doador histocompatível. Quando da aplicação do protocolo em questão, Gustavo aguardava o resultado do teste de histocompatibilidade realizado com sua irmã, sendo que essa representava sua última chance de concretizar o referido procedimento. Ocorre que nenhum de seus oito irmãos apresentou histocompatibilidade e Gustavo, vale destacar, estava ciente de toda essa situação. Não obstante, aparentou engajamento durante a execução das tarefas propostas e se encontrava em condições físicas adequadas para tanto.

Como se vê na Tabela 2, os resultados oriundos da aplicação do IFP apontam que Gustavo tendia a tratar as pessoas com ternura e compaixão e a auxiliá-las em situações adversas (escore "elevado" no fator "Assistência"). No entanto, é possível supor que tal padrão de comportamento se encontrava intimamente associado a uma necessidade constante de apoio e proteção (escore "elevado" nos fatores "Afago" e "Afiliação"), o que justificaria sua postura amável durante toda a aplicação do protocolo em questão. Gustavo apresentou propensão a se submeter passivamente às forças externas (escore "elevado" no fator "Denegação" e escore "baixo" no fator "Dominância"), o que aparentemente se aplicava, inclusive, à situação de seu adoecimento. É possível supor que, muitas vezes, isso ocorria porque o mesmo não confiava em seu próprio potencial e, consequentemente, não lançava mão dos recursos adaptativos dos quais dispunha quando enfrentava dificuldades (escore "baixo" no fator "Desempenho").

*Tabela 2  Resultados decorrentes da aplicação do IFP* (caso clínico 1)

| Fatores | Escores percentílicos | Classificação |
|---|---|---|
| "Assistência" | 92 | "Elevado" |
| "Intracepção" | 28 | "Baixo" |
| "Afago" | 85 | "Elevado" |
| "Deferência" | 90 | "Elevado" |
| "Afiliação" | 85 | "Elevado" |
| "Dominância" | 13 | "Baixo" |
| "Denegação" | 92 | "Elevado" |
| "Desempenho" | 20 | "Baixo" |
| "Exibição" | 15 | "Baixo" |
| "Agressão" | 00 | "Baixo" |
| "Ordem" | 80 | "Elevado" |
| "Persistência" | 65 | "Médio-alto" |
| "Mudança" | 72 | "Elevado" |
| "Autonomia" | 60 | "Médio-alto" |
| "Heterossexualidade" | 08 | "Baixo" |
| "Desejabilidade social" | 80 | "Elevado" |

A propósito, vale destacar que, quando da obtenção de informações preliminares por meio de anamnese, observou-se que Gustavo compreendia sua enfermidade como uma provação divina diante da qual apenas lhe restava a resignação. Esse achado relaciona-se à sua tendência a se voltar para o exterior e evitar, assim, o contato com suas emoções (escore "baixo" no fator "Intracepção"). Reforçando essa inclinação à realidade externa em detrimento da realidade interna, é válido mencionar que Gustavo comumente apresentava-se às pessoas em função das expectativas das mesmas (escore "elevado" no fator "Desejabilidade Social") e as tratava com reverência (escore "elevado" no fator "Deferência"). Talvez por essa razão tenha procurado mostrar que possuía uma marcante tenacidade (escore "médio-alto" no fator "Persistência"), característica incompatível com sua já mencionada tendência à passividade.

Já a análise dos resultados decorrentes da aplicação do QSG apontou que a saúde mental de Gustavo não apresentava um comprometimento de severidade clínica. Afinal, como se vê na Tabela 3, em todos os fatores que compõem o QSG, os escores percentílicos situavam-se abaixo da média esperada para seu grupo de referência e, portanto, eram indicadores da ausência de sintomas relevantes de transtornos mentais menores. De modo semelhante, a análise dos resultados obtidos com o ISSL evidenciou que Gustavo não apresentava sintomas clinicamente significativos de estresse, pois, conforme a Tabela 4, o mesmo atingiu um escore bruto inferior àquele que corresponde ao ponto de corte estabelecido para seu grupo de referência.

*Tabela 3 Resultados decorrentes da aplicação do QSG* (caso clínico 1)

| Fatores | Escores percentílicos | Classificação |
|---|---|---|
| "Stress psíquico" | 05 | Ausência |
| "Desejo de morte" | 45 | Ausência |
| "Desconfiança no desempenho" | 10 | Ausência |
| "Distúrbios do sono" | 55 | Ausência |
| "Distúrbios psicossomáticos" | 10 | Ausência |
| "Severidade da ausência de saúde mental" | 05 | Ausência |

*Tabela 4 Resultados decorrentes da aplicação do ISSL* (caso clínico 1)

| Indicadores | Escores brutos | Classificação |
|---|---|---|
| Sintomas clinicamente significativos de estresse | 3 | Ausência |
| Estágio do quadro clínico | 2 | Não se aplica |
| Natureza da sintomatologia predominante | 2 | Não se aplica |

Por fim, a análise dos resultados oriundos da aplicação do IPSF, sintetizados na Tabela 5, apontou que Gustavo entendia que, no relacionamento com sua família nuclear, predominavam o respeito e a empatia, o que favorecia a resolução de eventuais problemas (escore "médio-alto" no fator "Afetivo-consistente"). Assim, o mesmo demonstrava sentimento de pertença em relação ao grupo familiar e não reportava hostilidade entre seus membros (escore "médio-alto" no fator "Adaptação familiar"). Entretanto, Gustavo avaliava que não possuía a liberdade e a privacidade que gostaria, dado que, a seu ver, seus pais o controlavam em excesso (escore "baixo" no fator "Autonomia"). O suporte familiar, tal como avaliado pelo mesmo, portanto, foi considerado pouco adequado (escore "médio-baixo" no fator "Suporte familiar total").

*Tabela 5 Resultados decorrentes da aplicação do IPSF (caso clínico 1)*

| Fatores | Escores percentílicos | Classificação |
|---|---|---|
| "Afetivo-consistente" | 70 | "Médio-alto" |
| "Adaptação familiar" | 30 | "Médio-alto" |
| "Autonomia" | 10 | "Baixo" |
| "Suporte familiar total" | 50 | "Médio-baixo" |

Com base no conjunto de resultados precedentes, mas também levando em consideração outros oriundos da anamnese e do exame de funções psíquicas empregados para a obtenção de informações preliminares, optou-se por desenvolver junto a Gustavo condutas psicoterapêuticas. Buscou-se, mais especificamente, encorajá-lo a expressar emoções relacionadas a seu adoecimento que se encontravam até então totalmente contidas à custa da utilização maciça de mecanismos de defesa como a negação e a projeção. Dentre essas emoções, destacaram-se os temores decorrentes dos revezes vivenciados ao longo do tratamento – sobretudo a dificuldade em conseguir um doador histocompatível para o transplante de medula óssea alogênico – e, obviamente, do contato com a própria finitude precipitado pela recidiva.

Intervenções suportivas como a confirmação e o reasseguramento foram privilegiadas para criar um clima de equanimidade mediante a validação das emoções de Gustavo e, assim, propiciar seu contato com as mesmas sem incorrer em uma desestruturação psíquica que, obviamente, seria uma temeridade considerando sua condição de saúde. Além disso, recorreu-se ao aconselhamento com o intuito de auxiliar Gustavo a obter maior autonomia, principalmente em relação à sua família nuclear. Desse modo, foram-lhe sugeridas posturas – compatíveis com suas necessidades e capacidades – capazes de ensejar um fortalecimento egoico mediante a consolidação da confiança em seus próprios recursos adaptativos, o que poderia, inclusive, o auxiliar no enfrentamento da doença que o acometia.

### Caso clínico 2

Vinícius, casado, 18 anos, Ensino Fundamental completo, eletricista, terceiro filho de pais separados. Recebeu o diagnóstico de leucemia linfocítica aguda em maio de 2011. Inicialmente, foi submetido a dois ciclos de quimioterapia de indução, os quais não se mostraram resolutivos. Em função disso, adotou-se um novo ciclo, mediante o emprego de quimioterápicos mais agressivos. Contudo, a doença mostrou-se refratária e Vinícius passou a apresentar-se bastante ansioso e queixoso. Durante a execução das tarefas propostas, o mesmo, a princípio, mostrou-se disposto e disponível, mencionando, inclusive, que gostaria de responder a todos os instrumentos em uma única sessão.

Porém, concluída a aplicação do QSG, instrumento utilizado, nesse caso, após o ISSL, Vinícius solicitou a interrupção da tarefa. Aparentemente, as últimas questões que compõem o QSG – ambas referentes ao fator "Desejo de morte" – o incomodaram, tendo suscitado manifestações de ansiedade. Quando da retomada do protocolo, a aplicação do IFP e do IPSF deu-se de forma assistida, sendo realizada para Vinícius a leitura em voz alta dos itens e o registro de suas respostas. Ocorre que o mesmo se encontrava com um acesso venoso para administração de medicamentos na mão direita, sua mão dominante.

Os resultados oriundos da aplicação do IFP, conforme a Tabela 6, indicaram que Vinícius tendia a não buscar apoio e proteção em outras pessoas (escore "baixo" no fator "Afago"), a não se apegar a elas (escore "baixo" no fator "Afiliação") e a não expressar compaixão ou ternura (escore "médio-inferior" no fator "Assistência"), inclusive para o estabelecimento de relações românticas (escore "baixo" no fator "Heterossexualidade"). Esse conjunto de resultados auxilia na compreensão do comportamento de Vinícius quando da obtenção de informações preliminares por meio da anamnese, já que o mesmo respondeu a várias perguntas de maneira monossilábica e demonstrou pouca abertura. Em contrapartida, como já mencionado, Vinícius mostrou-se interessado, em um primeiro momento, em responder a todos os instrumentos em uma única sessão.

Tal postura faz sentido tendo-se em vista que o mesmo, muitas vezes, preocupava-se em ver a conclusão de uma atividade (escore "elevado" no fator "Persistência") e, para tanto, empenhava-se em realizar as tarefas necessárias com a maior rapidez possível (escore "médio-alto" no fator "Desempenho"). Porém, quando se deparava com obstáculos, aparentemente Vinícius resignava-se (escore "elevado" no fator "De-negação") e demonstrava irritação ou raiva (escore "elevado" no fator "Agressão"). Talvez por essa razão, o mesmo passou a se mostrar muito queixoso quando do insucesso dos primeiros ciclos de quimioterapia aos quais se submeteu. Ademais, Vinícius, muitas vezes, empenhava-se em impressionar as pessoas e, com esse intuito, dramatizava algumas situações (escore "elevado" no fator "Exibição"). Possivelmente a essa inclinação se deviam suas recorrentes referências a "feitiços" que, se-gundo sua opinião, estavam associados a seu adoecimento e, sobretudo, às dificuldades vivenciadas no tratamento.

*Tabela 6 Resultados decorrentes da aplicação do IFP (caso 2: Vinícius)*

| Fatores | Escores percentílicos | Classificação |
|---|---|---|
| "Assistência" | 35 | "Médio-inferior" |
| "Intracepção" | 0 | "Baixo" |
| "Afago" | 20 | "Baixo" |
| "Deferência" | 25 | "Baixo" |
| "Afiliação" | 20 | "Baixo" |
| "Dominância" | 35 | "Baixo" |
| "Denegação" | 70 | "Elevado" |
| "Desempenho" | 60 | "Médio-alto" |
| "Exibição" | 82 | "Elevado" |
| "Agressão" | 70 | "Elevado" |
| "Ordem" | 45 | "Média" |
| "Persistência" | 80 | "Elevado" |
| "Mudança" | 92 | "Elevado" |
| "Autonomia" | 10 | "Baixo" |
| "Heterossexualidade" | 20 | "Baixo" |
| "Desejabilidade social" | 35 | "Médio-inferior" |

A análise dos resultados obtidos com o ISSL apontou, como se vê na Tabela 7, que Vinícius não apresentava um quadro clínico característico de estresse, uma vez que atingiu um escore bruto inferior àquele que corresponde ao ponto de corte estabelecido para seu grupo de referência. Os resultados originados da aplicação do QSG, em parte, reforçam tal achado, tendo em vista que, de acordo com a Tabela 8, Vinícius obteve escores percentílicos sugestivos de ausência de sintomas desviantes nos fatores "Stress psíquico", "Desconfiança no desempenho" e "Distúrbios psicossomáticos". Em contrapartida, o mesmo não ocorreu nos fatores "Desejo de morte" e "Distúrbios do sono", revelando dificuldades para dormir em função de preocupações e sensação de desesperança em relação à vida, respectivamente. Em função disso, no fator "Severidade da ausência de saúde mental", o escore percentílico de Vinícius foi classificado como "subclínico", dado que se situava acima da média esperada para seu grupo de referência, mas abaixo do ponto de corte sugestivo de presença de transtornos mentais menores.

*Tabela 7 Resultados decorrentes da aplicação do ISSL (caso clínico 2)*

| Indicadores | Escores brutos | Classificação |
|---|---|---|
| Sintomas clinicamente significativos de estresse | 3 | Ausência |
| Estágio do quadro clínico | 1 | Não se aplica |
| Natureza da sintomatologia predominante | 0 | Não se aplica |

*Tabela 8 Resultados decorrentes da aplicação do QSG (caso clínico 2)*

| Fatores | Escores percentílicos | Classificação |
|---|---|---|
| "Stress psíquico" | 40 | Ausência |
| "Desejo de morte" | 85 | Presença |
| "Desconfiança no desempenho" | 50 | Ausência |
| "Distúrbios do sono" | 90 | Presença |
| "Distúrbios psicossomáticos" | 70 | Ausência |
| "Severidade da ausência de saúde mental" | 70 | Subclínico |

A Tabela 9 revela que, para Vinícius, entre os membros de sua família nuclear predominavam o interesse e a proximidade (escore "médio--alto" no fator "Afetivo-consistente"). Além disso, sentia que sua privacidade era respeitada pelos mesmos (escore "médio-alto" no fator "Autonomia"). Porém, apresentava certos sentimentos negativos em relação a sua família (escore "baixo" no fator "Adaptação familiar"). Vale destacar que, quando da obtenção de informações preliminares por meio de anamnese, observou-se que Vinícius possuía conflitos importantes com sua mãe, aparentemente em função de questões decorrentes da separação de seus pais. Principalmente por esse motivo, o suporte familiar recebido, tal como avaliado pelo próprio, deixava a desejar em certos aspectos (escore "médio-baixo" no fator "Suporte familiar total").

*Tabela 9  Resultados decorrentes da aplicação do IPSF (caso clínico 2)*

| Fatores | Escores percentílicos | Classificação |
| --- | :---: | :---: |
| "Afetivo-consistente" | 60 | "Médio-alto" |
| "Adaptação familiar" | 20 | "Baixo" |
| "Autonomia" | 60 | "Médio-alto" |
| "Suporte familiar total" | 40 | "Médio-baixo" |

Apoiando-se no conjunto de dados obtidos por meio da aplicação do protocolo em questão como um todo, ou seja, levando em conta os resultados dos testes psicológicos, da anamnese e do exame de funções psíquicas, optou-se por desenvolver junto a Vinícius condutas psicopedagógicas. Buscou-se privilegiar, por meio do trabalho multidisciplinar, o fornecimento de informações, considerando-se que Vinícius atribuía tanto seu adoecimento quanto as dificuldades vivenciadas no tratamento a forças sobrenaturais, diante das quais qualquer tipo de iniciativa seria, segundo o mesmo, fadado ao fracasso. Dessa concepção aparentemente resultava seu quadro clínico emocional, no qual sintomas leves de ansiedade e depressão – destacando-se dificuldades para dormir em função de preocupações e sensação de desesperança em relação à vida – ocupavam um lugar principal.

Ressalte-se que o fornecimento de informações foi desenvolvido tomando-se o cuidado de respeitar as crenças e o universo e representações de Vinícius, buscando-se, com isso, fomentar uma atitude colaborativa com a equipe de saúde responsável por seu tratamento. É preciso enfatizar, ainda, que as condutas psicopedagógicas também envolvem a orientação familiar. No caso de Vinícius, tal orientação foi realizada no sentido de estimular os membros de sua família nuclear a se mostrarem mais disponíveis enquanto fonte de apoio, cuidado e esperança. Afinal, como já mencionado, o mesmo tendia a não buscar esse tipo de apoio em outras pessoas.

Devido a limitações de espaço, não é possível apresentar neste capítulo um caso clínico capaz de exemplificar as indicações, com base em resultados oriundos da aplicação do protocolo em questão, de condutas psicoprofiláticas. Não obstante, é válido reforçar que condutas dessa natureza podem ser adotadas, dentre outras situações, naquelas em que há indicação para procedimentos que – tal como diversos tipos de cirurgia – são potencialmente ansiógenos. Frente a essas situações, busca-se, tipicamente, criar um vínculo de confiança entre o paciente e a equipe de saúde, sendo que, para tanto, o psicólogo hospitalar poderá desempenhar o papel de intermediador. Além disso, é possível enfatizar o desenvolvimento de estratégias de enfrentamento capazes de contribuir para a diminuição de complicações posteriores, sejam elas físicas ou psíquicas.

## Considerações finais

O protocolo em questão tem se revelado proveitoso no sentido de subsidiar o acesso a informações de extrema relevância para a elaboração de um plano de trabalho adequado, por parte do psicólogo hospitalar, face às particularidades da população assistida pela Fundação Hospitalar de Hematologia e Hemoterapia do Amazonas. Desse modo, recomendamos sua utilização àqueles que, em outras instituições de saúde, dedicam-se à Psicologia Hospitalar e, mais especificamente, à Psico-oncologia. Mas vale destacar que o protocolo em questão pode ser adaptado de diferentes maneiras. Caso o psicólogo hospitalar disponha de um tempo mais restrito, obviamente é possível privilegiar alguns dos testes psicológicos que compõem o protocolo em questão em detrimento de outros. Por outro lado, diante de uma eventual necessidade de maior aprofundamento, pode-se complementá-los a partir do recurso a outros tipos de testes psicológicos, tais como os testes projetivos, por exemplo. Por fim, faz-se necessário esclarecer que, como bem observaram Capitão, Scortegagna e Baptista (2005), para que os protocolos de avaliação possam, de fato, contribuir para o planejamento e o desenvolvimento de intervenções eficientes, é imperativo utilizá-los em conformidade com as condições de cada paciente. Quando isso não ocorre, os protocolos acabam limitando a compreensão, por parte do psicólogo hospitalar, da subjetividade de seus pacientes, o que poderá levar a uma prática mecanicista e desumanizada.

## Referências

Almeida, S.R. (1995). Alcances e limites do uso de testes psicológicos no hospital. In M.F.P. Oliveira, & S.M.C. Ismael (Orgs.). *Rumos da Psicologia Hospitalar em cardiologia* (pp. 147-152). Campinas: Papirus.

Alves, C.A., & Fernandes, A.F.C. (2010). Estresse e estratégias de enfrentamento/coping diante do câncer de mama: Nota prévia. *Online Brazilian Journal of Nursing, 9*(1). Recuperado de http://www.objnursing. uff.br/index.php/nursing/article/view/j.1676-4285.2010.2861

Angerami-Camon, V.A., & Chiattone, H.B.C. (2003). *E a Psicologia entrou no hospital*. São Paulo: Pioneira.

Azevêdo, A.V.S. (2010). Construção do protocolo de avaliação psicológica hospitalar para criança queimada. *Avaliação Psicológica, 9*(1), 99-109.

Baptista, M.N. (2008). *Inventário de Percepção de Suporte Familiar*. São Paulo: Vetor.

Bertan, F.C., & Castro, E.K. (2010). Qualidade de vida, indicadores de ansiedade e depressão e satisfação sexual em pacientes adultos com câncer. *Salud y Sociedad, 1*(2), 76-88.

Capitão, C.G., Scortegagna, S.A., & Baptista, M.N. (2005). A importância da avaliação psicológica na saúde. *Avaliação Psicológica, 4*(1), 75-82.

Conselho Federal de Psicologia [CFP] (2000). *Resolução CFP n. 14/2000*. Brasília: Autor.

Conselho Federal de Psicologia [CFP] (2001). *Resolução CFP n. 02/2001*. Brasília: Autor.

Conselho Federal de Psicologia [CFP] (2003). *Resolução CFP n. 02/2003*. Brasília: Autor.

Dalgalarrondo, P. (2000). *Psicopatologia e semiologia dos transtornos mentais*. Porto Alegre: Artmed.

Graner, K.M., Cezar, L.T.S., & Teng, C.T. (2008). Transtornos do humor em Psico-oncologia. In V.A. Carvalho, M.H.P. Franco, M.J. Kovács, R.P. Liberato, R.C. Macieira, M.T. Veit, M.J.B. Gomes, & L.H.C. Barros (Orgs.). *Temas em Psico-oncologia* (pp. 243-256). São Paulo: Summus.

Holland, J.C. (2002). History of psychooncology: Overcoming attitudinal and conceptual barriers. *Psychosomatic Medicine, 64,* 206-221.

Leeuw, J.R.J., Graeff, A.D., Ros, W.J.G., Blijham, G.H., Hordijk, G.J., & Winnubst, J.A.M. (2000). Prediction of depressive symptomatology after treatment of head and neck cancer: The influence of pre-treatment physical and depressive symptoms, coping, and social support. *Head & Neck, 22*(8), 799-807.

Levin, T., & Kissane, D.W. (2006). Psychooncology: The state of its development in 2006. *European Journal of Psychiatry, 20*(3), 189-197.

Lipp, M.E.N. (2000). *Manual do Inventário de Sintomas de Stress para Adultos de Lipp (ISSL).* São Paulo: Casa do Psicólogo.

Lipp, M.E.N., & Guevara, A.J.H. (1994). Validação empírica do Inventário de Sintomas de Stress (ISS). *Estudos de Psicologia, 11*(3), 43-49.

Lopes, S.R.A., & Amorim, S.F. (2004). Avaliação psicológica no hospital geral. In W.L. Bruscato, C. Benedetti, & S.R.A. Lopes (Orgs.). *A prática da Psicologia hospitalar na Santa Casa de São Paulo: Novas páginas em uma antiga história* (pp. 53-68). São Paulo: Casa do Psicólogo.

Pasquali, L., Azevedo, M.M., & Ghesti, I. (1997). *Inventário Fatorial de Personalidade: Manual técnico e de aplicação.* São Paulo: Casa do Psicólogo.

Pasquali, L., Gouveia, V.V., Andriola, W.B., Miranda, F.J., & Ramos, A.L.M. (1996). *Questionário de Saúde Geral de Goldberg: Manual técnico.* São Paulo: Casa do Psicólogo.

Pelegrini, L.G., Cerqueira, J.A., & Peres, R.S. (2008). Indicadores de qualidade de vida e sintomas de ansiedade, depressão e estresse em mulheres mastectomizadas no período de reabilitação. *Revista da Sociedade de Psicologia do Triângulo Mineiro, 12*(2), 168-176.

Peres, R.S., & Santos, M.A. (2006). Contribuições do Inventário Fatorial de Personalidade (IFP) para a avaliação psicológica de pacientes onco-hematológicos com indicação para o transplante de medula óssea. *Psicologia em Revista, 12*(19), 22-33.

Romano, B.W. (1999). *Princípios para a prática da Psicologia Clínica em hospitais.* São Paulo: Casa do Psicólogo.

Santana, J.J.R.A., Zanin, C.R., & Maniglia, J.V. (2008). Pacientes com câncer: Enfrentamento, rede social e apoio social. *Paideia (Ribeirão Preto), 18*(40), 371-384.

Silva, G. (2005). *Processo de enfrentamento no período pós-tratamento do câncer de mama.* Dissertação de Mestrado não publicada, Faculdade de Filosofia, Ciências e Letras de Ribeirão Preto, Universidade de São Paulo. Ribeirão Preto.

Veit, M.T., & Carvalho, V. (2008). Psico-oncologia: Conceituação, definições, abrangência de campo. In V.A. Carvalho, M.H.P. Franco, M.J. Kovács, R.P. Liberato, R.C. Macieira, M.T. Veit, M.J.B. Gomes, & L.H.C. Barros (Orgs.). *Temas em Psico-oncologia* (pp. 15-20). São Paulo: Summus.

*Capítulo 9*
# Avaliação neuropsicológica: bases teóricas e aplicações

*Janice da Rosa Pureza*
*Hosana Gonçalves*
*Caroline Cardoso*
*Nicolle Zimmermann*
*Rochele Paz Fonseca*

A neuropsicologia é a ciência que estuda os processamentos cognitivos e sua relação com o funcionamento cerebral, processos estes subjacentes à expressão do comportamento humano (Siksou, 2005). O funcionamento neuropsicológico está relacionado com o desenvolvimento cognitivo, psicossocial e comportamental dos indivíduos, sendo a compreensão dessa relação extremamente importante para o diagnóstico e tratamento de diversos transtornos comportamentais que podem ocorrer na vida dos indivíduos. Nesse sentido, a avaliação neuropsicológica vem a ser o processo que possibilita e/ou facilita essa investigação (Lezak, Howieson & Loring, 2004). Além dos conhecidos correlatos cognição-neurobiologia, a neuropsicologia também é uma área que se preocupa com a compreensão da relação entre componentes cognitivos, mesmo em pessoas sem diagnósticos psiquiátricos e/ou neurológicos. Tal vertente é oriunda da neuropsicologia cognitiva (Seron, 2000).

À luz da neuropsicologia, o presente capítulo pretende oferecer um breve panorama sobre o processo de avaliação neuropsicológica e os principais aspectos que englobam este tema complexo e interdisciplinar: objetivos, aplicabilidade, etapas, baterias e instrumentos de avaliação. Por último, para fins de ilustração e reflexão sobre a importância da interpretação intercomponentes cognitivos, será apresentado e discutido um caso clínico de avaliação neuropsicológica em um quadro de demência frontotemporal.

# 1 Avaliação neuropsicológica: definições e métodos

A avaliação neuropsicológica tem como objetivo identificar e descrever os padrões de funcionamento cognitivo esperados no indivíduo, de acordo com o nível sociocultural, desenvolvimental e outros aspectos relacionados à população à qual está inserido (Fonseca et al., 2012; Strauss, Sherman & Spreen, 2006). Possui como alvo principal de investigação as funções de percepção, atenção, memória, linguagem, raciocínio, funções executivas, entre outras (Hamdan, Pereira & Riechi, 2011). Esse processo procura identificar habilidades neurocognitivas intactas e preservadas e, ainda, habilidades que apresentem déficits, caracterizadas nos mais diversos quadros neurológicos, como acidente vascular cerebral – AVC (Westmacott, Askalan, Macgregor, Anderson & Deveber, 2010), traumatismo cranioencefálico – TCE (Anderson et al., 2010), epilepsias (Kernstock, Prater, Seliger & Feucht, 2009), psiquiátricos, como transtornos do humor, Transtorno de Déficit de Atenção e Hiperatividade – TDAH (Rizzuti, 2008), transtornos globais do desenvolvimento (Keehn, Lincoln, Müller & Towsend, 2010), transtornos de aprendizagem e outros (Stothers & Cardy, 2009). Trata-se de um processo complexo de investigação, com diferentes procedimentos, aplicado às diversas fases do ciclo vital, fornecendo um diagnóstico funcional, representado no cotidiano do paciente (Fonseca, Zimmermann, Bez, Whilhelm & Bakos, 2011; Lezak et al., 2004). Para tanto, torna-se imprescindível, no processo de avaliação, considerar todos os possíveis fatores que podem influenciar o desempenho neuropsicológico de crianças e adultos: fatores biológicos e sociodemográficos, como idade, nível de escolaridade, tipo de escola, nível socioeconômico, frequência de hábitos de leitura e escrita, entre outros (Matute, Chamorro, Inozemtseva, Barrios, Rosselli & Ardila, 2008).

A investigação neuropsicológica pode ser utilizada com vários objetivos, como (1) identificar a presença e/ou ausência de alterações e déficits no funcionamento cognitivo, comportamental e emocional, assim como seu grau de severidade, possibilitando a descrição dos pontos fortes e fracos no funcionamento neuropsicológico do indivíduo; (2) investigar os correlatos biológicos associados aos resultados da avaliação neuropsicológica, sugerindo relações entre as alterações e/ou disfunções observadas e possíveis quadros neurológicos, psiquiátricos, transtornos do desenvolvimento, entre outros; (3) possibilitar o estabelecimento de um prognóstico, por meio da observação da evolução do paciente ao longo do tempo, contribuindo para avaliar a eficácia ou não do tratamento; (4) oferecer orientação e esclarecimento para familiares e cuidadores, assim como para planejamento profissional e/ou educacional do paciente; (5) auxiliar no diagnóstico de transtornos neuropsiquiátricos; (6) auxiliar no planejamento e execução da reabilitação neuropsicológica; (7) desenvolver estudos científicos; (8) auxiliar na elaboração de documentos legais (Hamdan et al., 2011; Hebben & Milberg, 2009).

Com estes objetivos e para uma melhor compreensão dos resultados do exame neuropsicológico, torna-se importante a consideração de alguns fatores no processo de avaliação, como a presença de dissociações e associações entre os diversos componentes no processamento cognitivo. Entende-se por dissociação a presença de déficit em um determinado componente cognitivo em uma tarefa neuropsicológica, enquanto outra função encontra-se preservada em um mesmo indivíduo. Esse fato denota que uma determinada variável clínica, desenvolvimental, sociocultural ou individual pode influenciar o desempenho em uma tarefa e não em outra. A associação caracteriza-se pela presença de dificuldades em mais de uma tarefa, influenciadas pela mesma variável (Smith & Kosslyn, 2007). Na medida em que um teste neuropsicológico não avalia somente um componente específico, pode-se pensar em diversos componentes cognitivos relacionados em cada tarefa, avaliados de forma primária ou secundária (Lezak et al., 2004); por exemplo, uma tarefa que avalia predominantemente memória de curto prazo com *input* visual, visuoverbal ou verbal pode estar examinando secundariamente atenção concentrada focalizada das mesmas modalidades sensoriais. Devido à complexidade desse processo, é fundamental que as baterias neuropsicológicas considerem a investigação das dissociações e associações entre os componentes neuropsicológicos alvos do exame. Além disso, o uso de técnicas e instrumentos validados, para examinar e mensurar os processamentos envolvidos, possibilita a comparação do desempenho neuropsicológico do indivíduo com ele mesmo e com a média de sua população de referência, tornando possível a obtenção de seu perfil neuropsicológico (Fonseca et al., 2011).

De forma didática, a avaliação neuropsicológica pode ser constituída pelos seguintes segmentos: anamnese/entrevista(s) clínica(s); observação; aplicação de escalas e instrumentos neuropsicológicos padronizados e não padronizados (clínicos e/ou ecológicos); e, por último, a devolução, com confecção de um laudo (Fonseca et al., 2012). Esse processo é realizado, em média, em torno de quatro a oito sessões. Ressalta-se, no entanto, que esse período pode variar conforme a demanda de cada caso e a velocidade de processamento de cada paciente.

## 1.1 Anamnese e entrevista neuropsicológica

Uma das primeiras etapas de um processo de avaliação neuropsicológica é a entrevista de anamnese. Nela são coletadas as informações a respeito do motivo do encaminhamento, bem como das queixas do paciente, de familiares e/ou de outras pessoas próximas a ele. Os dados de identificação como nome completo, idade, data de nascimento, dados de escolarização são questionados nesta entrevista.

A entrevista de anamnese costuma ser realizada no primeiro encontro quando devem ser investigados aspectos referentes à sua vida diária, ao seu funcionamento social e laboral/acadêmico, às relações familiares e possíveis fatores estressores, preditores ou mediadores que possam ter contribuído para o surgimento e/ou agravamento dos sintomas (p. ex.: desemprego, condições precárias de sobrevivência, mudança de cidade, dinâmica familiar, entre outros). Durante o processo de avaliação, outros dados referentes à história de vida do paciente podem ser investigados. É com base nas entrevistas iniciais que, muitas vezes, seleciona-se a bateria de testes e técnicas a serem utilizadas durante o processo de avaliação; além disso, observa-se o grau de comprometimento cognitivo e a presença de habilidades necessárias para que o processo de avaliação ocorra, como habilidades mínimas de comunicação, por exemplo (Strauss et al., 2006).

Esta etapa do exame neuropsicológico deve focar nos objetivos da avaliação e pode ter algumas particularidades, dependendo da idade do paciente, sendo fundamental a consulta a fontes secundárias como familiares e/ou cuidadores. No caso de avaliação neuropsicológica com paciente adulto e/ou idoso, procura-se identificar se há prejuízos na vida social, conjugal, laboral e/ou acadêmica desde o surgimento dos sintomas. Busca-se informações a respeito de uso/abuso de drogas, de cirurgias que o paciente tenha feito, acidentes, uso de medicamentos, sinais e sintomas de doenças neurológicas (dores de cabeça, fraqueza, problemas de equilíbrio, sensoriais, como formigamentos, perda de tato, entre outros) e/ou psiquiátricas (alterações de humor, TDAH, entre outros), se há presença/ou não de eventos estressores, dentre inúmeras questões que podem ser promovidas semiestruturadamente, dependendo das respostas dadas pelo paciente/cuidador em busca de um aprofundamento da compreensão clínica de cada caso. Quanto às alterações cognitivas, costuma-se avaliar dificuldades de adaptação a mudanças, de recordação de informações antigas, alterações na linguagem compreensiva e/ou expressiva, gerenciamento de operações financeiras, assim como outros aspectos da vida diária: organização da rotina, de compromissos, habilidades de condução de veículos, entre outros.

Mais especificamente, ao tratar-se de avaliação neuropsicológica infantil, são importantes os dados referentes às condições pré-natais e de nascimento (gestação, parto puerpério, doenças materna e/ou outras complicações, baixo peso, privação de oxigênio), bem como os fatores sociodemográficos, de saúde e culturais, condições de desenvolvimento neuropsicomotor, da linguagem, socioafetivo, além de condições de alimentação, sono, hábitos de leitura e de escrita, aspectos estes que podem interferir na cognição humana e no desenvolvimento da criança até sua fase adulta (Ardila & Rosseli, 2007; Stern, 2009).

O desempenho escolar é um fator importante que deve ser investigado nesta faixa etária, por meio de questionários enviados aos professores, bem como da consulta às avaliações e materiais de aula do paciente. Quando o paciente está em fase pré-escolar, questiona-se a respeito de suas brincadeiras, capacidade de concentração em uma atividade, organização espacial. A busca por informações sobre a escolaridade dos familiares próximos, proficiência em outras línguas (bilinguismo ou multilinguismo) devem constar numa entrevista de anamnese neuropsicológica, pois podem modificar o desempenho e a funcionalidade cognitivos (Scherer, Fonseca & Ansaldo, 2009).

De modo geral, é fundamental a identificação dos primeiros sintomas e evolução da doença (Barkley & Edwards, 2006). A caracterização mais acurada possível do estado neurocognitivo pré-mórbido do paciente é um dos mais importantes alvos da entrevista e da observação clínicas neuropsicológicas. A história clínica pretende caracterizar a época e/ou situação de emergência de sintomas ou de mudanças cognitivas e comportamentais.

Sabe-se que muitos transtornos mentais, sejam eles de origem psiquiátrica ou neurológica, podem causar alterações cognitivas e podem ter uma base genética importante. Por este motivo, é necessário investigar o histórico familiar de todos os quadros suspeitos (Strauss et al., 2006). Com frequência, um déficit sensorial pode ser confundido com um déficit cognitivo, sendo recomendado que o profissional solicite exames auditivos e/ou visuais ao paciente, com o objetivo de certificar-se de que o desempenho do examinando não será influenciado por um déficit em alguns dos sentidos fundamentais para a execução das tarefas cognitivas. Além disso, investiga-se se o paciente tem outros exames clínicos e se já passou por algum tipo de intervenção terapêutica, seja ela medicamentosa, psicoterápica, fonoaudiológica, entre outras. Caso a resposta seja positiva, exames e laudos de tratamentos e avaliações passados devem ser solicitados. É importante, ainda, investigar a velocidade da evolução dos sintomas e dos prejuízos relacionados a eles.

## 1.2 Baterias e instrumentos neuropsicológicos específicos

Os instrumentos neuropsicológicos são ferramentas que permitem avaliar quantitativa e qualitativamente as funções cognitivas e o comportamento do indivíduo (Labos, Perez, Prenafeta & Chonchol, 2008; Lezak et al., 2004). O planejamento e a seleção adequada dos instrumentos que serão utilizados durante a avaliação são de suma importância, sendo necessário considerar os seguintes aspectos: formação e habilidades clínicas neurocognitivas do avaliador; propósito da avaliação; quadro clínico do paciente; idade, nível de escolaridade, gênero e condições socioculturais do examinando; condições internas e externas do momento da avaliação, como motivação e tempo disponível do paciente, respectivamente.

Fonseca et al. (2012) propõem que os instrumentos neuropsicológicos podem ser classificados utilizando diferentes critérios, tais como: quanto ao tempo, foco, modo de aplicação, objetivo, grau de formalidade e grau de flexibilidade. Em relação ao tempo, os autores consideram que os instrumentos podem ser classificados em três grandes grupos: 1) triagem ou *screenings*, com tempo total de aplicação entre 5 e 15 minutos; 2) instrumentos breves, que devem ser administrados em uma única sessão de uma hora; 3) baterias expandidas, com duração de duas ou mais sessões. No que tange à classificação quanto ao foco, os instrumentos podem ser: (1) específicos ou focais, que buscam examinar componentes de uma determinada função cognitiva, e (2) instrumentos completos ou baterias completas, que tem por objetivo avaliar diferentes funções cognitivas em uma mesma ferramenta, a fim de caracterizar o perfil cognitivo do examinando. Além disso, quanto ao modo de aplicação, os instrumentos podem ser classificados em: (1) testes lápis e papel ou comportamentais, e (2) testes ou tarefas computadorizados. Em se tratando do objetivo do instrumento neuropsicológico, há os (1) testes de exame do desempenho, com atribuições de pontos de acertos, erros, tempo de reação, e (2) os testes de avaliação da funcionalidade, que examinam componentes cognitivos no cotidiano, em geral, por meio de escalas e questionários. No que se refere ao grau de formalidade, há: (1) ferramentas formais, que possuem uma padronização de aplicação e de interpretação e (2) ferramentas informais, cada vez mais conhecidas como ecológicas. Por último, quanto à classificação relativa ao grau de flexibilidade do uso dos instrumentos, encontram-se as (1) baterias fixas e (2) baterias flexíveis. Na primeira o conjunto de testes já está predeterminado e são aplicados em uma ordem invariável, independente das condições específicas que apresenta o paciente (Drake, 2007; Hebben & Milberg, 2009). Uma das vantagens de se utilizar uma bateria fixa é que esta já foi aplicada em vários estudos, com diferentes populações de pessoas saudáveis e clínicas e esse conhecimento facilita a interpretação do rendimento do paciente em particular (Labos et al., 2008). Porém, as principais desvantagens dizem respeito ao fato de que as baterias fixas requerem muito tempo de aplicação e não avaliam adequadamente todas as funções cognitivas (Sohlberg & Mateer, 2008). Já nas baterias flexíveis não existe uma seleção *a priori* dos testes. A escolha dos instrumentos dependerá da demanda e da hipótese formulada sobre a hierarquia de componentes cognitivos provavelmente afetados a partir dos relatos dados nas entrevistas clínicas (análise aprofundada da queixa do paciente e de seus familiares) e da observação clínica (Drake, 2007; Hebben & Milberg, 2009). Esta abordagem permite uma análise muito mais completa de funções particulares, como atenção, memória, funções executivas e o ajuste da avaliação às necessidades de cada paciente e à sua patologia e comorbidades. Na Tabela 1, são descritos, para fins de ilustração, alguns instrumentos utilizados tradicionalmente na avaliação neuropsicológica.

*Tabela 1  Ilustração de instrumentos, testes e baterias utilizados em avaliação neuropsicológica*

| Nome do instrumento | Versão brasileira | Funções avaliadas | Classificação |
|---|---|---|---|
| Miniexame do Estado Mental | Chaves & Izquierdo (1992), com normas revistas em Kochhann et al. (2010) | Orientação, atenção, cálculo, memória verbal, linguagem, praxias construtivas. | *Screening*, foco completo, lápis e papel, objetivo desempenho, formal. |
| Bateria de Avaliação Neuropsicológica Breve NEUPSILIN | Desenvolvido no Brasil – Fonseca, Salles & Parente (2009) | Orientação tempo--espacial, atenção concentrada, percepção visual, memória, habilidade aritmética, linguagem, praxia e componentes executivos. | Breve, foco completo, lápis e papel, objetivo desempenho, formal. |
| Bateria NEPSY | Argollo et al. (2009) | Atenção, funções executivas, linguagem, processamento visuoespacial, funções sensório-motora, aprendizagem e memória. | Expandido, foco completo, lápis e papel, objetivo desempenho, formal. |
| Teste D2 | Brickenkamp (2000) | Atenção concentrada | Breve, focal (atenção), lápis e papel, objetivo desempenho, formal. |
| Teste de Cancelamento dos Sinos | Fonseca et al., no prelo | Atenção concentrada, velocidade de processamento, seleção e manutenção de estratégias bem-sucedidas. | Breve, focal (atenção), lápis e papel, objetivo desempenho, formal. |
| Torre de Hanoi | Sant'Anna, Quayle, Pinto, Scaf & Lucia (2007) | Planejamento | Breve, focal (funções executivas), lápis e papel, objetivo desempenho, formal. |
| Fluência Verbal | Brucki & Rocha (2004); Fonseca et al. (2008) | Planejamento, iniciação, inibição, flexibilidade, velocidade de processamento, memória léxico-semântica e habilidades linguísticas. | Breve, focal (funções executivas), lápis e papel, objetivo desempenho, formal. |
| Teste Wisconsin de Classificação de Cartas | Cunha, Trentini, Argimon & Oliveira (2005) | Planejamento, abstração, aprendizagem e manutenção de regras bem-sucedidas e flexibilidade cognitiva. | Breve, focal (funções executivas), lápis e papel, objetivo desempenho, formal. |

| | | | |
|---|---|---|---|
| Teste Hayling | Fonseca et al., (2010) | Iniciação, inibição, flexibilidade cognitiva, velocidade de processamento, interação entre linguagem (processamentos sintático e léxico-semântico e componentes das funções executivas acima mencionados). | Breve, focal (funções executivas), lápis e papel, objetivo desempenho, formal. |
| Iowa Gambling Task | Bechara et al. (1994) | Tomada de decisão com influência emocional. | Breve, focal (funções executivas – tomada de decisão), computadorizado, objetivo desempenho, formal. |
| Teste de Aprendizagem Verbal de Rey | Malloy-Diniz, Da Cruz, Torres & Cosenza (2000) | Memória verbal imediata e tardia, aprendizagem verbal, reconhecimento. | Breve, focal (memória episódica verbal/ aprendizagem verbal), lápis e papel, objetivo desempenho, formal. |
| Teste Figura Complexa de Rey-Osterrieth | Oliveira (1999) Oliveira, Rigoni, Andretta & Moraes (2004) | Habilidades de organização visuoespacial, percepção visual, planejamento, memória visual recente. | Breve, focal (memória) lápis e papel, objetivo desempenho, formal. |
| Teste de Memória Rivermead | Yassuda, Flaks, Viola, Pereira, Memória, Nunes & Forlenza (2010) | Memória episódica, memória semântica, memória prospectiva. | Breve, focal (memória), lápis e papel, objetivo funcional, informal. |
| Escala de Inteligência Wechsler para adultos – 3a ed. (WAIS-III) | Nascimento (2004) | Quociente Intelectual (QI) total, verbal e visuoespacial. | Expandido, completo, lápis e papel, objetivo desempenho, formal, com fins secundários de exame neurocognitivo mediante interpretação específica da relação intertestes. |
| Bateria Montreal de Avaliação da Comunicação | Fonseca et al. (2008) | Processamento discursivo, processamento pragmático-inferencial, processamento léxico-semântico, processamento prosódico. | Expandido, focal (comunicação e linguagem), lápis e papel, objetivo desempenho, formal. |

| Nome do instrumento | Versão brasileira | Funções avaliadas | Classificação |
|---|---|---|---|
| Teste de nomeação de Boston | Mansur et al. (2006) | Nomeação | Breve, focal (linguagem), lápis e papel, objetivo, formal. |
| Bateria Montreal-Toulouse de Avaliação da Linguagem (MTL) | Parente et al., no prelo | Compreensão oral e escrita, nomeação, leitura, escrita, repetição, linguagem automática, discurso oral e escrito, praxia, cálculo. | Breve, focal (linguagem), lápis e papel, objetivo, formal. |

Além da habilidade do avaliador e das características do paciente, durante a eleição dos instrumentos, é importante conhecer a sensibilidade e especificidade de cada teste que será utilizado, assim como analisar se o instrumento possui evidências de parâmetros psicométricos, tais como fidedignidade, validades e dados normativos (Pasquali, 2010). A aplicação de um teste validado e fidedigno facilita a interpretação e comparação dos resultados obtidos (Labos et al., 2008).

Após a seleção dos instrumentos, considerando os aspectos discutidos acima, inicia-se a etapa de administração dos testes. O avaliador deve estar seguro que o rendimento do examinando corresponde a uma disfunção do paciente e não de outros fatores, como o excesso de ansiedade, desmotivação, presença de distratores (ruídos, interrupção), ambiente malplanejado. Estes fatores podem influenciar o desempenho do examinando e contaminar a interpretação dos resultados. Para isso, é importante estabelecer um bom vínculo com o examinando, para diminuir o nível de ansiedade e realizar a avaliação em um ambiente apropriado, ou seja, em um ambiente tranquilo, confortável, iluminado e com temperatura e ventilação adequadas (Drake, 2007).

Logo após a administração dos instrumentos ocorre a pontuação de cada instrumento e inicia-se o processo de interpretação dos resultados. Para a interpretação deve-se levar em conta: 1) dados obtidos pelos informantes e pela observação clínica; 2) dados obtidos nos testes neuropsicológicos aplicados. O desempenho do examinando nos testes é avaliado através da comparação com resultados do seu grupo normativo (grupo de pessoas com similar idade e escolaridade e sem dificuldades neurológicas e psiquiátricas). Além de uma análise quantitativa, se faz necessário uma interpretação qualitativa dos resultados e análise dos erros cometidos durante a realização das atividades (Kaplan, 1990).

Uma preocupação crescente na avaliação neuropsicológica diz respeito à busca por uma maior validade ecológica dos instrumentos (Burgess, Derman, Evans, Emslie & Wilson, 1998), já que um dos objetivos da avaliação neuropsicológica é detectar as dificuldades que o indivíduo apresenta em seu funcionamento cotidiano. Estudos recentes evidenciaram que os testes tradicionais não são capazes de detectar as dificuldades cognitivas que pacientes apresentavam na vida cotidiana, uma vez que não foram desenhados com esse propósito (Torralva, Roca, Gleichgerrcht, Bekinschtein & Manes, 2009). Por essa razão, ultimamente, novos instrumentos vêm sendo elaborados para simular cada vez mais o comportamento que as pessoas apresentam em situações naturais. Alguns instrumentos contendo essa validade ecológica já foram desenvolvidos, tais como Teste do Hotel, *Behavioral Assessment of the Dysexecutive Síndrome* – BADS; Iowa Gambling Task. Estudos com estas ferramentas mais naturalísticas vêm sendo gradativamente cada vez mais alvo de investimento por grupos de pesquisa nacionais (Armentano, Porto, Brucki & Nitrini, 2009).

## 1.3 Questionários e escalas: o exame da funcionalidade

Uma ferramenta de grande utilidade no processo de avaliação neuropsicológica pode ser o uso de escalas e questionários que investiguem manifestações clínicas de disfunções cognitivas. Essas ferramentas podem tanto auxiliar no levantamento e investigação mais profunda de determinado déficit ou hipótese clínica, quanto na corroboração de resultados de testes formais de avaliação (Tate, 2010).

Esses instrumentos podem ter um foco específico, como a investigação de déficits mnemônicos, por exemplo, ou geral, como a investigação da cognição como um todo. Diferentes dos instrumentos formais de desempenho cognitivo, que dão escores que sugerem déficits ou habilidades preservadas, as escalas e questionários podem contribuir para a compreensão desses, em conjunto com a avaliação do nível e severidade do funcionamento no dia a dia do paciente, tanto objetiva quanto qualitativamente. Os questionários tendem a ter uma estrutura mais flexível, sendo compostos de questões abertas, como, por exemplo: "Quais problemas você enfrentou após o traumatismo cranioencefálico?" As escalas, por outro lado, proporcionam questões fechadas em que as respostas mensuram, geralmente, intensidade, frequência, ou outras medidas, como "Com que frequência você esquece seus compromissos?" (Tate, 2010).

Pesquisadores na área da reabilitação neuropsicológica podem ter especial interesse no uso e estudo de escalas e questionários de avaliação funcional (Loschiavo-Alvares et al., 2011). O motivo de tal interesse embasa-se nas poucas evidências de melhora funcional que testes formais podem demonstrar após o tratamento, enquanto que as escalas podem evidenciar isso de maneira mais clara. Na mesma corrente, a avaliação das funções executivas em especial enfrenta a mesma problemática: o desempenho nos testes pode, às vezes, não evidenciar o prejuízo funcional, o que gera uma discrepância entre ferramentas de testagem (Burgess et al., 1998; Sbordone, 2010). A explicação para tal fenômeno pode ser que o ambiente controlado de testagem dá grande suporte e estrutura aos pacientes. Dentro dessa problemática encontra-se, também, o quadro de anosognosia, que se caracteriza pela falta de autopercepção de prejuízos (Jamora, Young & Ruff, 2012). Assim, aconselha-se que escalas e questionários realizados com o paciente sejam aplicados também em familiares ou cuidadores próximos (na perspectiva da avaliação do paciente) para que possíveis discrepâncias sejam observadas.

O uso dessas ferramentas durante o processo de avaliação cognitiva não necessariamente precisa ser restrito à investigação de aspectos cognitivos. Questionários, escalas e inventários que avaliam aspectos emocionais, comportamentais e de personalidade também são relevantes. Isso se aplica principalmente quando se trata da avaliação de pacientes com transtornos psiquiátricos ou alterações emocionais, de personalidade e de comportamento (Teunisse et al., 2012).

Mais à frente se encontram citados questionários e escalas que estão divididos entre: avaliação de funcionamento geral (incluindo sempre o cognitivo) e de funcionamento específico (p. ex.: a avaliação de um subsistema mnemônico). Deve ser observado, no entanto, que questionários/escalas gerais podem ter subfatores em si.

## Avaliação de funcionamento geral

*The Functional Outcome Profile* (FOP) (Joschko & Skelton, 2003). O inventário é composto por 63 itens divididos em seções que avaliam o funcionamento físico/atividades da vida diária, funcionamento cognitivo, funcionamento executivo, funcionamento emocional/comportamental, funcionamento social, atividades e bem-estar geral. O paciente e um familiar/amigo/parente/cuidador devem responder perguntas administradas pelo clínico responsável. Até o presente momento não foi encontrada uma versão adaptada para o Brasil.

*Patient Competency Rating Scale* (PCRS) (Prigatano et al., 1986; Zimmermann et al., 2011). A PCRS tem como objetivo avaliar aspectos cognitivos, da vida diária, do funcionamento social e emocional. Além disso, por ser constituída por três partes (paciente, familiar e clínico), a PCRS fornece um índice de autopercepção do paciente nos aspectos que avalia.

*Everyday Cognition* (ECog) (Farias et al., 2008). Esse instrumento foi desenvolvido para avaliar a funcionalidade de indivíduos idosos, mais especificamente para a avaliação de quadros de declínio cognitivo relacionado ao envelhecimento ou demências. Possui sete fatores, sendo eles: memória do dia a dia, linguagem, habilidades visuoespaciais, planejamento, organização, atenção dividida e funcionamento global.

## Avaliação de funcionamento cognitivo específico

*Comprehensive Assessment of Prospective Memory* (Waugh, 1999). Inicialmente foi desenvolvida com o intuito de avaliar o autorrelato do funcionamento da memória prospectiva no dia a dia em adultos de diferentes idades. Até o presente momento não foi encontrada uma versão adaptada para a língua portuguesa brasileira.

*Dysexecutive Questionnaire* (DEX) (Burgess et al., 1997; Canali, Brucki, Bertolucci & Bueno, 2011). Esse questionário faz parte da Bateria Behavioural Assessment of the Dysexecutive Syndrome, dos mesmos autores. Investiga através de questões o funcionamento executivo e parece ser sensível a diferentes quadros neurológicos e psiquiátricos.

*La Trobe Communication Questionnaire* (Douglas, O'Flaherty & Snow, 2000). Avalia a comunicação por meio de questões que investigam o uso de habilidades pragmáticas, léxico-semânticas, prosódicas e conversacionais através da observação do discurso. Não foram encontradas versões desse questionário para a população brasileira.

*The Melbourne Decision-Making Questionnaire* (Mann, Burnett, Mark & Steve, 1997). Trata-se de um questionário de autorrelato desenvolvido para medir o padrão de enfrentamento em situações de conflitos decisionais. O questionário avalia quatro estilos de tomada de decisão: vigilância (adequado padrão de tomada de decisão), hipervigilância (padrão impulsivo de tomada de decisão), procrastinação (padrão procrastinador de tomada de decisão) e evitação de responsabilidade (padrão evitativo de tomada de decisão). O questionário é formado por 22 afirmativas, com cinco graduações de resposta em uma escala *Likert*.

*The Working Memory Questionnaire* (Vallat-Azouvi, Pradat-Diehl & Azouvi, 2012). Desenvolvida para a investigação de problemas de funcionamento da memória de trabalho comuns em indivíduos com lesão cerebral. Três domínios são investigados: armazenamento de curto prazo, atenção e controle executivo. Não foi encontrada versão adaptada dessa escala para a população brasileira.

Os cuidados no uso de escalas e questionários devem ser os mesmos tomados na utilização de testes de desempenho formais. Os critérios psicométricos de validade, fidedignidade, sensibilidade e especificidade devem ser observados anteriormente ao uso, para que os resultados sejam fidedignos e interpretados de forma correta (Pasquali, 2010).

## 1.4 Elaboração de laudo neuropsicológico e devolução dos resultados ao paciente/família/profissional que encaminhou

A etapa de elaboração da devolução e do relatório de avaliação neuropsicológica deve seguir particularidades e premissas éticas e estruturais, tais como aquelas descritas pelo Conselho Federal de Psicologia brasileiro (resolução 07/2003). É necessário que constem nele cabeçalho, introdução ou histórico, descrição ou desenvolvimento e conclusão. Assim, de acordo com Strauss et al. (2006), devem ser abordados dados de identificação com caracterização da queixa e dos motivos de encaminhamento, descrição das técnicas e dos instrumentos utilizados, especificando componentes cognitivos examinados por cada um, resultados e interpretação específica ou sintética geral, adaptando-se a linguagem no nível de conhecimento do leitor.

O processo de avaliação neuropsicológica pode e deve ser planejado antes do seu início, mas deve também ser replanejado e repensado conforme a avaliação gerar resultados que podem embasar novas hipóteses. Feito isso, deve-se buscar o fechamento de escores e percepções frente ao desempenho cognitivo e observar a presença entre associações e dissociações entre medidas (entrevista, testes, escalas, inventários, observação clínica) e diferentes componentes neurocognitivos de todas as funções neuropsicológicas alvo do exame conduzido. Os conceitos de associação e dissociação na neuropsicologia (Kristensen, Almeida & Gomes, 2001) devem ser compreendidos e dominados pelo clínico responsável. A compreensão da dinâmica do funcionamento neuropsicológico deve ser realizada por meio de uma leitura teórica que a embase. Por exemplo, o prejuízo em uma tarefa de memória de trabalho deve ser interpretado à luz de uma teoria, como a de Baddeley (2000). O conhecimento sobre a multimodalidade dos construtos cognitivos é indispensável para a compreensão neuropsicológica de um caso clínico (*American Academy of Clinical Neuropsychology* [AACN], 2007). Deve-se interpretar o desempenho e a funcionalidade cognitivos a partir de uma análise quantiqualitativa da relação intertarefas aplicadas (para revisão cf. Fonseca et al., 2011, 2012).

Junto a isso, alguns fatores devem ser considerados, como a fadiga, estrutura do teste utilizado, modalidades de estímulo do teste e resposta exigida, ou seja, de *input* e *output* (visual ou verbal), familiaridade do paciente com a atividade/tarefa, fatores emocionais e/ou de personalidade e possíveis dissociações esperadas entre funções de um mesmo construto (como o das funções executivas). Tais fatores, se relevantes no processo de avaliação, devem ser inseridos no parecer a fim de clarear a relação entre resultados e as conclusões do clínico. Em caso de discrepância entre medidas que inicialmente deveriam avaliar o mesmo construto e modalidade, é essencial que observações qualitativas e hipóteses sejam descritas (Hannay & Lezak, 2004).

A seção de conclusão deve ser focada na discussão entre a hipótese inicial e uma síntese dos resultados que representem a hipótese cognitiva funcional. Deve-se evitar uma repetição de resultados das medidas/funções correspondentes a todo custo nessa seção. É importante que os dados da avaliação possam contribuir para o conhecimento sobre a natureza e fatores que contribuem para os déficits ou fraquezas cognitivas, além da relação dos achados com as queixas e implicações para o tratamento e prognóstico (AACN, 2007).

O momento de devolução do processo de avaliação neuropsicológica deve ter foco no cliente, visando à compreensão deste em relação à sua queixa inicial, os métodos de avaliação e os principais achados. É essencial que nesse momento ocorra uma troca entre o paciente e o clínico em relação ao processo de avaliação e os diferentes significados e impactos que os resultados podem ter na vida do paciente. Por exemplo, deve-se explorar durante a avaliação possíveis dúvidas ou implicações dos resultados em termos práticos das queixas e do funcionamento do cliente (AACN, 2007). Perguntas devem ser encorajadas e os meios pelos quais o clínico chega às hipóteses diagnósticas funcionais devem ficar claros. Sugere-se ainda, o uso de exemplos ecológicos do cotidiano do paciente para a explicação de conceitos complexos para leigos, como a memória de trabalho. Para ilustrar o processo de avaliação neuropsicológica, segue um relato de caso.

## 2 Caso clínico: ilustração de um processo de avaliação neuropsicológica

ABC, paciente de 57 anos, sexo masculino, com 17 anos completos de estudo formal, formado em arquitetura, foi encaminhado para avaliação neuropsicológica por seu neurologista, com o objetivo de verificar aspectos mnemônicos e de funções executivas do seu perfil neuropsicológico, relacionando-os à sua história clínica. O paciente e dois familiares relataram queixas atuais de esquecimento de compromissos e tarefas, dificuldades de manter informações que precisam ser utilizadas em período curto de tempo, como recados telefônicos e objetos guardados, nas compras diárias quando não faz uma lista do que precisa comprar, além de apresentar um grande déficit de organização nas suas atividades de modo geral. Além disso, esses aspectos parecem apresentar uma progressão com o passar do tempo, o que tem gerado um grande desconforto no paciente, visto ser um profissional na tentativa de se manter ativo. Quanto ao aspecto laboral, vem apresentando inúmeras perdas profissionais por sinais de síndrome disexecutiva. Seus familiares relatam, também, que desde o início, aproximadamente há três anos, ABC vem apresentando um comportamento de apatia de forma geral, não demonstrando emoção e/ou motivação por atividades que antes exercia com entusiasmo, como passeios, cinema e até sua atividade profissional. Os primeiros sinais mais graves de dificuldades comportamentais executivas, sendo acrescidas por alterações de memória mais importantes nos últimos três meses, foram percebidos há um ano aproximadamente.

Em relação à sua história pregressa, não existem relatos de intercorrências clínicas anteriores, bem como histórico familiar de déficits semelhantes. O paciente apresentou um desenvolvimento normal, sendo uma pessoa que sempre se destacou no seu desempenho na área acadêmica e profissional. Não tem histórico de avaliação e/ou acompanhamento neurológico, psiquiátrico e psicológico. Sua avaliação neuropsicológica foi realizada em seis sessões, concomitantemente à avaliação do neurologista procurado para investigar possíveis causas para as dificuldades apresentadas por ABC, que, além de exames de neuroimagem, fez o encaminhamento para investigação neuropsicológica. O principal exame de neuroimagem foi ressonância magnética, que indicou redução volumétrica maior nos lobos frontais bilaterais e um pouco menor nos lobos temporais. Os resultados dos procedimentos neuropsicológicos encontram-se descritos a seguir.

### Procedimentos

A avaliação neuropsicológica foi realizada a partir da observação clínica, relato do paciente e de familiares e da utilização dos testes e tarefas relacionados a seguir:

1) Escala de Inteligência Wechsler para Adultos – WAIS-III. O WAIS-III é amplamente utilizado para mensurar o desempenho intelectual global e separadamente dos domínios verbais e não verbais, além de averiguar especificamente as diferentes habilidades cognitivas expressas em cada subteste, muito útil ao raciocínio clínico neuropsicológico. É

indicado para pessoas de 16 a 89 anos de idade e é composto por 14 subtestes, agrupados em uma escala verbal (Informação, Semelhanças, Aritmética, Vocabulário, Compreensão e Dígitos) e em uma escala de execução (Completar Figuras, Arranjo de Figuras, Código, Cubos, Armar Objetos, Procurar Símbolos e Labirintos).

2) *Wisconsin CardSorting Test* – WCST – Composto por um baralho de 128 cartas com figuras geométricas que variam quanto a cor, número e forma que deve ser categorizado conforme regras de combinação com quatro cartas-chave. O indivíduo deve procurar manter ou modificar sua estratégia de resposta a partir do retorno dado pelo examinador de acerto ou erro. O WCST avalia as funções executivas de planejamento, flexibilidade cognitiva, abstração, aprendizagem e manutenção de regras bem-sucedidas.

3) Figuras complexas de Rey. Esta tarefa é formada por duas partes. Na primeira parte, o examinando deve copiar uma figura complexa apresentada pelo examinador e, em um segundo momento, após 3 minutos, o examinando deve reproduzir a figura de memória. A tarefa em questão avalia habilidades de organização visuoespacial, percepção visual, planejamento e desenvolvimento de estratégias, bem como memória visual recente.

4) Subtestes do Instrumento de Avaliação Neuropsicológica Breve NEUPSILIN. Nesta avaliação foram administradas as tarefas de orientação temporoespacial, de atenção (Contagem Inversa e Repetição de sequências de dígitos) e memória de trabalho (Ordenamento ascendente de dígitos e *Spam* auditivo de palavras em sentenças). Na tarefa de orientação são avaliados os domínios temporal e espacial. Já quanto às tarefas de atenção, no subteste de Contagem Inversa o paciente deve contar de 50 para trás até 30 (p. ex.: 50, 49, 48 etc.) e na Repetição de Sequência de Dígitos o paciente precisa repetir uma sequência de dígitos na mesma ordem dita pelo examinador. Dos subtestes que avaliam a memória de trabalho (MT), no subteste Ordenamento ascendente de dígitos o avaliador fala uma sequência de números aleatórios e o paciente deve repeti-los

em ordem organizada (crescente). Já o *Spam* de palavras em sentenças envolve a repetição de frases em voz alta, sendo que o paciente deve memorizar a última palavra de cada frase e, após, recordar quais foram estas palavras em ordem. O principal construto cognitivo avaliado nesta tarefa é a memória de trabalho (executivo central e *buffer* episódico).

5) Subtestes da Bateria Montreal de Avaliação da Comunicação – Bateria MAC (Fonseca, Parente, Côté, Ska & Joanette, 2008). É composta por tarefas que avaliam quatro processamentos comunicativos: discursivo, pragmático-inferencial, léxico-semântico e prosódico. Utilizaram-se os subtestes de Fluência verbal (livre, ortográfica e semântica) e Discurso narrativo (reconto parcial, integral, compreensão do texto e processamento de inferências). No subteste de Fluência Verbal, mais especificamente na modalidade livre, o participante é solicitado a evocar todas as palavras que lembrar, desde que não sejam nomes próprios e nem números, por dois minutos e meio. Na fluência ortográfica, deve evocar palavras que começam com a letra "p", e na semântica, palavras que sejam roupas/vestimentas, ambas em dois minutos. Os componentes cognitivos examinados nesta tarefa são planejamento, iniciação e inibição verbais, memória lexical, memória de trabalho e flexibilidade cognitiva. Já o subteste de Discurso narrativo caracteriza-se pelo reconto de uma história apresentada ao participante e engloba três etapas: a) reconto parcial da história, b) reconto integral da mesma; c) avaliação da compreensão do texto, por meio de um título dado para a história e questões de compreensão. Ao longo destas etapas, o examinador deve observar se o participante fez a inferência da moral da narrativa.

6) Teste Hayling (Burgess & Shallice, 1996 e adaptado por Fonseca et al., 2011): O teste consiste de duas partes (A e B), cada uma composta de 15 frases, nas quais está omitida a última palavra. Na parte A, o indivíduo deve produzir a palavra que completa de maneira coerente a sentença. Já na parte B, o participante deve produzir uma palavra que não apresente relação com a frase. Os principais componentes das funções executivas avaliados por esse teste são a velocidade de iniciação e o processo de inibição com estímulos verbais.

7) *Rey Auditory Verbal Learning Test* – Rey verbal (Rey, 1958, e adaptado por Malloy-Diniz et al., 2000) – O teste consiste de 15 substantivos (lista A) lidos para o paciente cinco vezes consecutivas, cada uma seguida por um teste de lembrança. Depois, uma lista de interferência (lista B) é apresentada, seguida por um teste de lembrança. Posteriormente pede-se ao sujeito que recorde as palavras da lista A, sem reapresentá-la. Após 20 minutos, testa-se mais uma vez a lembrança da lista A. Finalmente, testa-se o reconhecimento por meio de uma lista de 50 palavras. O instrumento mede componentes da memória verbal, como a memória recente, aprendizagem verbal, suscetibilidade à interferência, retenção das informações e memória de reconhecimento.

8) *Stroop Test* – versão Golden. A tarefa é dividida em três partes: a página palavra (na qual são escritos nomes de três cores repetidamente), a página cor (na qual são impressas repetidas sequências de letras "x" com as cores da página palavra) e a página cor-palavra (na qual os nomes das palavras estão escritos em diferentes cores e o participante deve nomear a cor que a palavra foi escrita e não a palavra em si). Nesta tarefa são avaliadas as funções cognitivas de inibição, atenção concentrada e flexibilidade cognitiva.

9) Tarefas clínicas de observação das funções executivas e do nível atencional da paciente – sessão realizada em *setting* natural com solicitação de objetivos a serem cumpridos em estabelecimentos comerciais.

## Interpretação dos resultados da avaliação neuropsicológica

*Observação, entrevistas clínicas e realização de tarefas ecológicas*

A partir da observação clínica de ABC, durante as sessões de avaliação, constatou-se que o paciente possui um discurso claro, mas com repetições, perseverações, latência e anomias. Ele demonstrou consciência de suas dificuldades mnemônicas. Segundo a esposa, há sinais de progressão de dificuldades em memória episódica, memória prospectiva e memória de trabalho, associada parcialmente a sinais de ansiedade. No geral, ABC mostrou-se eficaz em suas tarefas, com lentidão de processamento geral, principalmente visuopsicomotor. Demonstrou fazer pouco uso de estratégias compensatórias bem-sucedidas para lembrar agendamentos, compromissos e tarefas. Destacou-se um padrão de desatenção que pode estar justificando ou potencializando as dificuldades de memória encontradas nos testes objetivos.

1) Escala de Inteligência Wechsler para Adultos – WAIS-III

De um modo geral, ABC apresenta uma inteligência mediana, com discrepâncias entre habilidades verbais e visuoespaciais/executivas, sendo as primeiras mais bem-sucedidas do que as últimas, embora se ressalte que ambas se encontram acima da média. Seus índices fatoriais também se encontram em nível médio, exceto o Índice de Compreensão verbal (ICV), que se apresenta em nível médio-superior, estando os demais índices discrepantes com relação a este, mostrando um desempenho inferior ao padrão esperado do próprio paciente para tarefas que demandam memória de trabalho, velocidade processual, e organização perceptiva visuoespacial, conforme pode ser observado na Figura 1.

*Figura 1  QIs e Índices Fatoriais (WAIS-III)*

Nota: QIV = QI Verbal; QIE = QI de Execução; QIT = QI Total; ICV = Índice Compreensão Verbal; IOP = Índice Organização perceptual; IMO = Índice de Memória Operacional; IVP = Índice de Velocidade de Processamento.

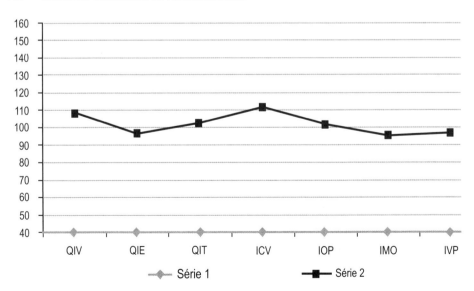

Quanto às suas habilidades medidas por subteste da WAIS-III, na verbal, ABC apresenta habilidades de memória semântica (subteste Informação) acima da média quando comparada às demais habilidades cognitivas verbais. No entanto, houve maior dificuldade para seu próprio padrão no subteste Aritmética, que mensura memória de trabalho para problemas aritméticos com maior demanda linguística. Na Escala visuoespacial/execução, mostrou desempenho superior ao dos demais subtestes no Completar figuras (percepção de detalhes), mas inferior ao esperado para sua própria *performance* em Cubos (estratégias visuoconstrutivas e velocidade para formar figuras com base em modelos). Há, assim, resultados que sugerem uma redução do funcionamento de sua memória de trabalho e de habilidades visuoespaciais e visuoconstrutivas que pode prejudicar ou limitar seu desempenho no cotidiano, como se pode observar na Figura 2.

*Figura 2 Escores ponderados por subteste do WAIS-III*

Nota: Inf = Informação; Sem = Semelhanças; SNL = Sequência de números e letras; Arit = Aritmética; Voc = Vocabulário; Com = Compreensão; Dig = Dígitos; CF = Completar figuras; Cod = Códigos; AF = Arranjo de figuras; Cub = Cubos; RM = Raciocínio matricial; PS = Procurar símbolos

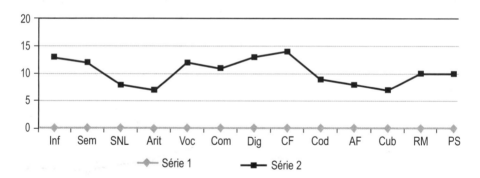

2) *Wisconsin CardSorting Test* – WCST

ABC apresentou nível moderadamente comprometido no escore de acertos e de erros perseverativos, não chegando a completar nenhuma das categorias de classificação de cartas previstas. Os resultados analisados quali e quantitativamente sugerem déficit de planejamento, categorização, conceitualização, além de dificuldades em apresentar flexibilidade cognitiva e inibir respostas, possivelmente associadas à dificuldade de manutenção da memória das estratégias em uso.

3) Figuras complexas de Rey

ABC apresentou um desempenho prejudicado na tarefa de cópia ($z = -2,0$). Lembrou de traços mais gerais na memória imediata, com desempenho abaixo do esperado para sua idade e escolaridade de cópia e de memória visual.

4) Subtestes do Instrumento de Avaliação Neuropsicológica Breve NEUPSILIN

O desempenho de ABC na tarefa de orientação temporoespacial foi adequado (escore máximo atingido), na tarefa de atenção auditiva foi inferior (escore $z = -1,89$) e na memória de trabalho foi limítrofe ao esperado para sua idade e escolaridade (escores $z = -1,13$ no Ordenamento ascendente de dígitos e $z = -1,49$ no *Spam* auditivo de palavras em sentenças).

5) Bateria MAC

No subteste discurso narrativo, ABC apresentou desempenho inferior ($z = -2,44$) para informações essenciais, sugerindo dificuldades em habilidades de compreensão de estímulos verbais complexos (questões de compreensão), memória episódica e de trabalho, elaboração do discurso e planejamento verbal (reconto de histórias), com processamento inferencial (moral da história) ausente (dificuldades executivas e pragmáticas), pois não demonstrou compreensão adequada da moral da história. Sua *performance* em tarefas de fluência verbal livre, fonêmico-ortográfica e semântica foi abaixo do esperado para sua idade e escolaridade ($z < -1,5$), sugerindo dificuldade em buscar vocábulos com estratégias bem-sucedidas de acesso à memória léxico-semântico-fonológica.

6) Teste Hayling

Na parte A, no escore de erros ($z = 0,46$) e somatório do tempo (15 sentenças / $z = +6,41$) o paciente mostrou adequadas atenção e iniciação verbais, porém velocidade de processamento atencional e linguístico lentificada.

Na parte B, no escore – erros/15 (z = -0,75), demonstrou capacidade mínima de inibição. Quanto à qualidade dos erros (análise de tipos de erros/z = +6,42), sugere importante déficit executivo relacionado ao componente inibitório verbal. No tempo (z = +2,98) apresenta déficit grave de velocidade processual para inibição. A relação entre as velocidades para a parte B e A foi de 49,11 (z = +1,43), indicando dificuldades leves de flexibilidade cognitiva.

7) Rey verbal

Demonstrou escores de aprendizagem de palavras novas um pouco inferior à média para sua idade e sexo (total A1-A5 z = -1,19), mas com capacidade de memória episódica crescente. Houve alta frequência de intrusões (falsas memórias) e de perseverações. ABC apresenta dificuldade em resistir à interferência pró-ativa (estímulos anteriores que podem influenciar a aprendizagem de novos estímulos), mas com boas habilidades de resistir à interferência retroativa (estímulos posteriores influenciando na memória já armazenada).

*Figura 3  Gráfico comparativo do desempenho em 2007 (série 1) e em 2011 (série 2) no Rey verbal (de A1 a A5= aprendizagem; B1= interferência pró-ativa; A6= memória recente (sob interferência retroativa); A7 = memória tardia*

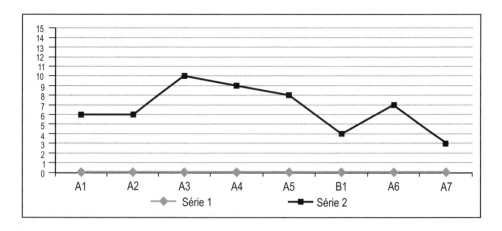

8) Stroop Test

ABC apresentou escore de interferência do cartão 3 em relação aos cartões 1 e 2 (z = -2,57), sugerindo dificuldades de inibir o automatismo de leitura em face da nova tarefa (flexibilidade cognitiva).

9) Tarefas clínicas e ecológicas

ABC apresentou dificuldades executivas importantes nas tarefas de compra, negociação e obtenção de informações em estabelecimentos comerciais, com alterações clinicamente observáveis de iniciativa e inibição/flexibilidade cognitiva. Observou-se, ainda, limitante alteração de tomada de decisão, acompanhada de inadequação de teoria da mente.

## 3 Discussão e síntese de hipóteses diagnósticas neurocognitivas

Esta avaliação neuropsicológica pretendeu compreender e descrever os padrões de funcionamento cognitivo apresentados por ABC, identificando suas capacidades intactas e preservadas e, ainda, habilidades que apresentam déficits e o quanto isso pode interferir em seu funcionamento diário. ABC demonstra um nível intelectual global médio, com habilidades cognitivas visuoespaciais e linguísticas em desempenho elevado, além de ótima memória semântica. Os sinais sugestivos de déficits encontrados foram relativos a uma redução de suas habilidades de memória episódica, prospectiva e de trabalho (sendo esta última apenas para estímulos mais complexos como textos). Destaca-se que estas memórias mais afetadas são as mais relacionadas ao funcionamento executivo. Há, ainda, dificuldades leves de componentes das funções executivas, principalmente iniciação, flexibilidade cognitiva, inibição, velocidade de processamento e teoria da mente.

No que se refere às habilidades linguísticas, observa-se no paciente uma diminuição na capacidade de buscar vocábulos com estratégias bem-sucedidas de acesso à memória léxico-semântica-fonológica (fluência verbal), habilidade esta que vem sendo relacionada ao funcionamento executivo (Nieto, Galtier, Barroso & Espinosa, 2008). Também constata-se prejuízo no desempenho do discurso narrativo (compreensão do texto e moral da história), reforçando a hipótese de déficits em componentes de organização, planejamento e acesso ao léxico-semântico no nível mais complexo da linguagem (Harley, 2001) por envolver uma ampla interação entre funções cognitivas (Gilchrist, Cowan & Naveh-Benjamin, 2009; Van Dijk, 2008).

Associada a estes desempenhos, sua *performance* no WCST e teste Hayling denota, principalmente, déficits de planejamento, flexibilidade cognitiva e inibição de respostas, reforçando as dificuldades relatadas por ABC e familiar no gerenciamento de suas atividades diárias (desorganização nas compras, agendamento de compromissos profissionais). Os erros perseverativos no WCST exemplificam uma rigidez cognitiva, que impede ABC de mudar a estratégia em andamento, embora esta não seja mais eficaz para a execução da tarefa. Nesse sentido, pode-se compreender como estes déficits prejudicam o paciente, pois as funções executivas são necessárias para o gerenciamento da vida diária, por serem consideradas processos cognitivos de controle e integração destinados à execução de comportamentos dirigidos a objetivos (Chan, Shum, Toulopoulou & Chen, 2008).

ABC apresenta, também, um desempenho diminuído nas tarefas que demandam o componente executivo central da MT (NEUPSILIN – Ordenamento ascendente de Dígitos e Span auditivo de palavras em sentenças), que, associado às dificuldades nas habilidades aritméticas percebidas (WAIS-III), reflete prejuízos para o paciente, principalmente, por ter ele uma profissão que demanda o uso destas habilidades (cálculos, tomada de decisões). Ainda em relação ao seu desempenho mnemônico, observa-se déficits nas memórias episódica e prospectiva (dificuldades na recordação de fatos vivenciados, compromissos marcados), capacidades estas importantes para o planejamento e a tomada de decisões no dia a dia (Baddeley, Eysenck e Anderson, 2009).

Em contrapartida, é importante ressaltar que as habilidades linguísticas e cognitivas visuoespaciais, assim como a memória semântica preservadas, podem, de alguma forma, compensar os déficits percebidos em algumas situações. De modo geral, os sintomas observados vêm apresentando um curso progressivo, limitando cada vez mais o desempenho e a eficiência de ABC em sua vida pessoal, social e profissional. Tais dificuldades podem estar associadas a um quadro neurodegenerativo prolongado, acompanhado por sintomas depressivos (apatia, desinteresse e desmotivação observados no paciente). Em conjunto com neurologista e equipe envolvida no atendimento de ABC, ficou evidenciado que o quadro apresentado pelo paciente levanta uma hipótese diagnóstica de sinais sugestivos de demência frontotemporal (DFT) com importantes déficits executivos.

Com base na literatura e em experiências clínicas, um consórcio internacional desenvolveu novas diretrizes para o diagnóstico de DFT variante comportamental. Com o intuito de satisfazer os critérios diagnósticos, o paciente deve apresentar uma deterioração progressiva de comportamento e/ou cognição, verificado através da observação e/ou história do caso. De acordo com os critérios estabelecidos, para o diagnóstico de "possível" DFT é necessário satisfazer três dos seis critérios – desinibição, apatia/inércia, perda de simpatia/empatia, comportamento perseverantes/compulsivo, alteração na dieta e perfil neuropsicológico de déficit executivo. Para o diagnóstico de "provável" DFT, além dos critérios acima citados, o paciente deve apresentar incapacidade funcional significativa e resultados de neuroimagem compatíveis com a variante comportamental de DFT, que discriminam este transtorno de não degenerativos, outras demências e distúrbios psiquiátricos. Por fim, o diagnóstico "definitivo" de DFT baseia-se na presença de uma mutação patogênica ou evidência histopatológica, que só é confirmada por meio da biópsia ou autópsia (Rascovsky et al., 2011).

Por seu caráter progressivo e para verificar possível evolução para demência mista, recomendou-se uma reavaliação neuropsicológica e acompanhamento médico em 6 e 12 meses. Além disso, sugeriu-se que ABC mantivesse acompanhamento psiquiátrico periódico, podendo se beneficiar de reabilitação neuropsicológica, com foco em memória e funções executivas.

## Considerações finais

A avaliação neuropsicológica deve ser considerada um processo multidimensional que envolve diferentes ferramentas para acessar a cognição e o comportamento dela derivado. Cada ferramenta de avaliação (entrevista, anamnese, entre outras) tem suas limitações particulares que devem ser respeitadas. O cerne a ser aprendido sobre o fechamento dos resultados de uma avaliação neuropsicológica deve ser a contemplação dos resultados de forma condensada, com a capacidade de julgamento do avaliador quanto às associações, dissociações e discrepâncias entre resultados e diferentes técnicas. Apesar da história da neuropsicologia ter uma cultura da mensuração de desempenho, deve-se atentar que a observação e investigação clínica neuropsicológica ainda são soberanas na interpretação dos resultados. Além disso, aspectos socioculturais e biológicos, assim como a interação destes, devem ser observados a fim de evitar que resultados falsos positivos ou negativos sejam interpretados.

## Referências

Anderson, V., Spencer-Smith, M., Coleman, L., Anderson, P., Williams, J., Greenham, M., Leventer, R.J., & Jacobs, R. (2010). Children's executive functions: Are they poorer after very early brain insult. *Neuropsychologia, 48*, 2.041-2.050.

Ardila, A., & Rosselli, M. (2007). *Neuropsicología clínica.* México: Manual.

Armentano, C.G.C., Porto, C.S., Brucki, S.M.D., & Nitrini, R. (2009). Study on the Behavioural Assessment of the Dysexecutive Syndrome (BADS) performance in healthy individuals, Mild Cognitive Impairment and Alzheimer's disease: A preliminary study. *Dementia e Neuropsychologia, 3*(2), 101-107.

Baddeley, A., Eysenck, M.W., & Anderson, M.C. (2009). *Memory.* Nova York. Psychology Press.

Baddeley, A.D. (2000). The episodic buffer: A new component of working memory? *Trends in Cognitive Science, 4*, 417-423.

Barkley, R.A., & Edwards, G. (2006). Diagnostic interview, behavior rating scales, and the medical examination. In R.A. Barkley, *Attention-deficit hyperactivity disorder: A handbook for diagnosis and treatment* (3a ed.). Nova York: Spring Street.

Bechara, A., Damásio, A., Damásio, H., & Anderson, S. (1994). Insensitivity to future consequences following damage to human prefrontal cortex. *Cognition, 50*, 7-15.

Board of Directors. (2007). American Academy of Clinical Neuropsychology (AACN): Practice guidelines for neuropsychological assessment and consultation. *The Clinical Neuropsychologist, 21*(2), 209-231.

Brickenkamp, R. (2000). *Teste D2: Atenção Concentrada*. São Paulo: CETEPP.

Brucki, S.M.D., Malheiros, S.M.F., Okamoto, I.H., & Bertolucci, P.H.F. (1997). Dados normativos para o teste de fluência verbal categoria animais em nosso meio. *Arquivos de Neuropsiquiatria, 55*(1), 56-61.

Burgess, P.W., Alderman, N., Evans, J., Emslie, H., & Wilson, B.A. (1998). The ecological validity of tests of executive function. *Journal of the International Neuropsychological Society, 4*, 547-558.

Canali, F., Brucki, S.M.D., Bertolucci, P.H.F., & Bueno, O.F.A. (2011). Reliability study of the Behavioral Assessment of the Dysexecutive Syndrome adapted for a Brazilian sample of older-adult controls and probable early Alzheimer's disease patients. *Revista Brasileira de Psiquiatria, 33*(4), 338-346.

Chan, R.C.K., Shum, D., Toulopoulou, T., & Chen, E.Y.H. (2008). Assessment of executive functions: review of unstruments and identification of critical issues. *Archives of Clinical Neuropsychology, 23*, 201-216.

Chaves, M., & Izquierdo, Y. (1992). Diferential diagnosis between dementia and depression: A study of efficiency increment. *Acta Neurologica Scandinavia, 85*, 378-382.

Cunha, J.A., Trentini, C.M., Argimon, I.L., Oliveira, M.S., Werlang, B.G., & Prieb, R.G. (2005). *Teste Wisconsin de Classificação de Cartas: Manual*. São Paulo: Casa do Psicólogo.

Douglas, J.M., O'Flaherty, C.A., & Snow, P. (2000). Measuring perception of communicative ability: The development and evaluation of the La Trobe Communication Questionnaire. *Aphasiology, 14*, 251-268.

Drake, M. (2007). Introduccíon a la evaluación neuropsicológica. In D., Burin, M. Drake, & P. Harris, *Evaluación neuropsicológica em adultos* (pp. 27-62). Buenos Aires: Paidós.

Farias, S., Mungas, D., Reed, B., & DeCarli, C. (2008). The measurement of everyday cognition (ecog): Scale development and psychometric properties. *Neuropsychology, 22*(4), 531-544.

Fonseca, R.P., Oliveira, C., Gindri, G., Zimmermann, N., & Reppold, C. (2010). Teste Hayling: Um instrumento de avaliação de componentes das funções executivas. In C. Hutz (Org.). *Avaliação psicológica e neuropsicológica de crianças e adolescentes*. São Paulo: Casa do Psicólogo.

Fonseca, R.P., Parente, M.A.M.P., Ortiz, K.Z., Soares, E.C.S., Scherer, L.C., Gauthier, L., & Joanette, Y. (no prelo). *Teste de Cancelamento dos Sinos*. São Paulo: Vetor.

Fonseca, R.P., Parente, M.A.M.P., Côté, H., Ska, B., & Joanette, Y. (2008). *Bateria Montreal de Avaliação da Comunicação – Bateria MAC*. São Paulo: Pró-Fono.

Fonseca, R.P., Salles, J.F., & Parente, M.A.M.P. (2009). *Instrumento de Avaliação Neuropsicológica Breve NEUPSILIN*. São Paulo: Vetor.

Fonseca, R.P., Zimmermann, N., Bez, M.B., Willhelm, A., & Schneider-Bakos, D. (2011). Avaliação neuropsicológica no TDAH e implicações para a terapia cognitivo-comportamental. In C.S. Petersen, R. Weiner, R. et al., *Terapias cognitivo-comportamentais para crianças e adolescentes: Ciência e arte*. Porto Alegre: Artmed.

Fonseca, R.P. et al. (2012). Métodos em avaliação neuropsicológica. In J. Landeira-Fernandez, & S.S. Fukusima (Orgs.). *Métodos em neurociência*. São Paulo: Manole.

Gilchrist, A., Cowan, N., & Naveh-Benjamin, M. (2009). Investigating the childhood development of working memory using sentences: New evidence for the growth of chunk capacity. *Journal of Experimental Child Psychology, 104*, 252-265.

Hamdan, A.C., Pereira, A.P.A., & Riechi, T.I.J.S. (2011). Avaliação e reabilitação neuropsicológica: Desenvolvimento histórico e perspectivas atuais. *Interação em Psicologia, 15* (n. spe), 47-58.

Hannay, H.J., & Lezak, M. (2004). The neuropsychological examination: Interpretation. In M. Lezak, D. Howieson, & D. Loring, *Neuropsychological assessment* (pp. 144-169). Nova York: Oxford University Press.

Harley, T. (2001). *The Psychology of language: From data to theory*. Hove: Psychology Press.

Hebben, N., & Milberg, W. (2009). *Essentials of Neuropsychological Assessment*. Nova Jersey: John Wiley & Sons, Hoboken.

Jamora, C.W., Young, A., & Ruff, R.M. (2012). Comparison of subjective cognitive complaints with neuropsychological tests in individuals with mild vs more severe traumatic brain injuries. *Brain Injury, 26*(1), 36-47.

Joschko, M., & Skelton, R. (2003). *The functional outcome profile*. Unpublished manuscript. University of Victoria.

Kaplan, E. (1990). The process approach to neuropsychological assessment of psychiatric patients. *The Journal of Neuropsychiatry & Clinical Neurosciences, 2,* 72-87.

Keehn, B., Lincoln, A.J., Müller, R.A., & Townsend, J. (2010). Attentional networks in children and adolescents with autism spectrum disorder. *The Journal of Child Psychology and Psychiatry, 51*(11), 1.251-1259.

Kernstock, S., Prater, S., Seliger, E., & Feucht, M. (2009). Speech and school performance in children with benign partial epilepsy with centro-temporal spikes (BCECTS). *Seizure, 18*(5), 320-326.

Kristensen, C.H., Almeida, R.S.M., & Gomes, W.B. (2001). Desenvolvimento histórico e fundamentos metodológicos da Neuropsicologia Cognitiva. *Psicologia: Reflexão e Crítica, 14*(2), 259-274.

Labos, E., Perez, C., Prenafeta, M.L., & Chonchol, A.S. (2008). La evaluación en neuropsicología. In E. Labos, A. Slachevsky, P. Fuentes, & F. Manes. *Tratado de Neuropsicología clínica del adulto* (pp. 71-82). Libraría Akadia Editorial.

Lezak, M., Howieson, D.B., & Loring, D.W. (2004). *Neuropsychological assessment*. Nova York: Oxford University Press.

Loschiavo-Alvares, F.Q. et al. (2011). Tools for efficacy's assessment of neuropsychological rehabilitation programs: A systematic review. *Clinical Neuropsychiatry, 8*(3), 175-185.

Malloy-Diniz, L.F., Da Cruz, M.F., Torres, V., & Cosenza, R. (2000). O teste de Aprendizagem Auditivo-Verbal de Rey: Normas para uma população brasileira. *Revista Brasileira de Neurologia, 36*(3), 79-83.

Mann, L., Burnett, P.C., Radford, M., & Ford, S. (1997). The Melbourne Decision-Making Questionnaire: An instrument for measuring patterns for coping with decisional conflict. *Journal of Behavioral Decision Making, 10*(1), 1-19.

Mansur, L.L., Radanovic, M., Araújo, G.C., Taquemori, L.Y., & Greco, L.L. (2006). Teste de nomeação de Boston: Desempenho de uma população de São Paulo. *Pró-Fono Revista de Atualização Científica, 18*(1), 13-20.

Matute, E., Chamorro, Y., Inozemtseva, O., Barrios, O., Rosselli, M., & Ardila, A. (2008). Efecto de la edad en una tarea de planificacíon y organizacíon ("pirâmide de México") en escolares. *Revista de Neurologia, 47*(2), 61-70.

Nascimento, E. (2004). *WAIS-III: Escala de Inteligência Wechsler para Adultos – Manual técnico*. São Paulo: Casa do Psicólogo.

Nieto, A., Galtier, I., Barroso, J., & Espinosa, G. (2008). Verbal fluency in school-aged Spanich children: Normative data and analysis of clustering and switching strategies. *Revista de Neurologia, 46*(1), 1-15.

Oliveira, M., Rigoni, M., Andretta, I., & Moraes, J.L. (2004). Validação do teste figuras complexas de Rey na população Brasileira. *Avaliação Psicológica, 3*(1), 33-38.

Oliveira, M.S. (1999). *Manual: Figuras Complexas de Rey – Teste de Cópia e de Reprodução de Memória de Figuras Geométricas Complexas*. São Paulo: Casa do Psicólogo.

Parente, M.A.M.P., Ortiz, K.Z., Soares-Ishigaki, E.C., Scherer, L.C., Fonseca, R.P., Joanette, Y., Lecours, A.R., & Nespoulous, J.L. (no prelo). *Bateria Montreal-Toulouse de Avaliação da Linguagem Bateria MTL-Brasil*. São Paulo: Vetor.

Pasquali, L. (2010). *Instrumentação psicológica fundamentos e práticas*. Porto Alegre: Artmed.

Prigatano, G.P., Fordyce, D.J., Zeiner, H.K., Roueche, J.R., Pepping, M., & Wood, B.C. (1986). *Neuropsychological rehabilitation after brain injury*. Baltimore: Johns Hopkins University Press.

Rascovsky, K., Hodges, J.R., Knopman, D. et al. (2011). Sensitivity of revised diagnostic criteria for the behavioural variant of frontotemporal dementia. *Brain, 134*, 2.456-2.477.

Sant'Anna, B.A., Quayle, J., Pinto, K.O., Scaf, M., & Lucia, M.C.S. (2007). Torre de Hanói: Proposta de utilização do instrumento para sujeitos de 13 a 16 anos. *Psicologia Hospitalar, 5*(2), 36-56.

Sbordone, R.J. (2010). Neuropsychological tests are poor at assessing the frontallobes, executive functions, and neurobehavioral symptomsof traumatically brain-injured patients. *Psychological Injury & Law, 3*, 25-35.

Scherer, L.C., Fonseca, R.P., & Ansaldo, A.I. (2009). Methodological issues in research on bilingualism and multilingualism. In E.F. Caldwell (Org.). *Bilinguals: Cognition, education and language processing.* Nova York: Novapublishers.

Seron, X., & Van Der Linden, M. (2000). *Traité de Neuropsychologie clinique.* Marseilles: Solal.

Siksou, M. (2005). *Introduction à la neuropsychologie.* Paris: Dunod.

Smith, E.E., & Kosslyn, S.M. (2007). *Cognitive Psychology: Mind and Brain.* Saddle River, NJ: Prentice Hall.

Sohlberg, M.M., & Matter, C.A. (2008). Avaliação de indivíduos com deficiências cognitivas. In M.M Sohlberg, & C.A. Matter. (Orgs.). *Reabilitação cognitiva: Uma abordagem neuropsicológica integrativa.* São Paulo: Santos.

Stern, Y. (2009). Cognitive reserve. *Neuropsychologia, 47,* 2.015-2.028.

Stothers, M.E., & Cardy, J.O. (2009). Oral language impairments in developmental disorders characterized by language strengths: A comparison of Asperger syndrome and nonverbal learning disabilities. *Research in Autism Spectrum Disorders, 6,* 519-534.

Strauss, E., Sherman, E.M.S., & Spreen, O. (2006). History taking. In E. Strauss, E.M.S. Sherman, & O. Spreen, *A compendium of Neuropsychological Tests: Administration, norms, and commentary.* Nova York: Oxford University Press.

Tate, R.L. (2010). *A compendium of tests, scales, and questionnaires: The practitioner's guide to measuring outcomes after acquired brain impairment.* Nova York: Psychology Press.

Teunisse, J.-P., Roelofs, R.L., Verhoeven, E.W.M., Cuppen, L., Mol, J., & Berger, H.J.C. (2012). Flexibility in children with autism spectrum disorders (ASD): Inconsistency between neuropsychological tests and parent-based rating scales. *Journal of Clinical and Experimental Neuropsychology*, ahead of print.

Torralva, T., Roca, M., Gleichgerrcht, E., Bekinschtein, T., & Manes, F. (2009). A neuropsychological battery to detect specific executive and social cognitive impairments in early frontotemporal dementia. *Brain, 132*, 1.299-1.309.

Vallat-Azouvi, C., Pradat-Diehl, P., & Azouvi, P. (2012). The Working Memory Questionnaire: A scale to assess everyday life problems related to deficits of working memory in brain injured patients. *Neuropsychological Rehabilitation: An International Journal*, ahead of print.

Van Dijk, T.A. (2008). *Discourse and context: A socio-cognitive approach.* Cambridge: Cambridge University Press.

Waugh, N. (1999). *Self-report of the young, middle-aged, young-old and old-old individuals on prospective memory functioning.* Honours Thesis, School of Applied Psychology, GriffithUniversity, Brisbane.

Westmacott, R., Askalan, R., Macgregor, D., Anderson, P., & Deveber, G. (2010). Cognitive outcome following unilateral arterial ischaemic stroke in childhood: effects of age at stroke and lesion location. *Developmental Medicine & Child Neurology, 52*, 386-393.

Yassuda, M.S., Flaks, M.K., Viola, L., Pereira, F., Memória, C., Nunes, P.V., & Forlenza, O.V. (2010). Psychometric characteristics of the Rivermead Behavioural Memory Test (RBMT) as an early detection instrument for dementia and mild cognitive impairment in Brazil. *International Psychogeriatrics, 22*, 1.003-1.011.

Zimmermann, N., Silva, B.M., Reboucas, R.G., Reppold, C.T., Pereira, A.P.A., & Fonseca, R.P. (2011). Autopercepção de déficits e funcionamento executivo e mnemônico de pacientes com TCE: Um estudo piloto com a Patient Competency Rating Scale versão brasileira abreviada. *Resumo dos Anais da II Reunião Anual do Instituto Brasileiro de Neuropsicologia e Comportamento.*

*Capítulo 10*
# Avaliação psicológica no contexto prisional: compartilhando saberes e fazeres

*Vilene Eulálio de Magalhães*
*Rodrigo Ribeiro de Souza*
*Márcia Campos de Arruda Lamêgo*

## Introdução

Neste capítulo pretendemos discorrer sobre a avaliação psicológica no contexto prisional. Verificar-se-á que abordar esse tema significa debruçar-se sobre um complexo campo de relações institucionais e de saberes; e mesmo nos meandros da Psicologia enquanto ciência e profissão existem controvérsias seriíssimas quanto à atuação do psicólogo nesse contexto. Assim, esmiuçar esse campo significa tratar da relação da Psicologia com a avaliação psicológica, com as leis, com o aparato formal do judiciário, com os direitos humanos, com o órgão regulamentador da profissão, com a saúde física e mental do encarcerado, com as condições de trabalho do psicólogo no ambiente do cárcere, e com reticências. Não abordaremos todos esses temas devido à limitação de espaço. Traçaremos, então, um panorama sobre como se dá a atuação da Psicologia no contexto prisional.

A vida entre os muros das prisões é obscura; talvez, por isso, seja tão instigante para alguns. Foucault talvez tenha sido o primeiro a mergulhar nesse universo, tentando desnudá-lo por meio de uma leitura histórica, social, política, cultural e, sobretudo, crítica. Ao despir a realidade prisional, Foucault trouxe à tona o violento atentado ao pudor ao qual o Estado submete parte de seus "desajustados". Pena de morte, castigos físicos, vigilância constante e outras formas cruéis de controle completam o leque das intervenções estatais junto àqueles que não se adequaram à norma. Já Goffman (2001) explicitou, por meio de intervenções etnográficas, como esses "desajustados" são atravessados irremediavelmente pelas entidades que os "acolhem". Goffman chamou tais entidades de "instituições totais". Em nossa interpretação, ele faz uso dessa nomenclatura devido ao "total poder" que essas entidades adquirem na constituição do ser. No interior dessas entidades, estas passam a representar praticamente toda a objetividade que alicerçará a construção das novas subjetividades do sujeito. Em seu estudo, Goffman detalha e nomeia três instituições totais: manicômios, conventos e prisões. Nós nos ateremos a esta última.

A Psicologia, enquanto ciência humana, não pode se furtar de atuar onde quer que haja alguém que represente seu público-alvo, ou seja, o ser humano. Mesmo com a insistência de alguns em classificar autores de crimes graves como sub-humanos, nós não podemos nos esquivar de nosso compromisso ético de suplantar tal (pré)conceito, a fim de possibilitar a esses sujeitos uma chance de ressignificar suas vidas. Contudo, se a proposta de ressignificação subjetiva em sujeitos "normais" não é tarefa fácil, pensemos então nos sujeitos privados de liberdade, odiados, estigmatizados, não dissociados de seu ato segundo alguns. "E aí, psicólogos, o que fazer?"

É impossível para a Psicologia responder a essa questão unilateralmente. Não somente pelo fato de que a Psicologia sempre procurou atuar numa perspectiva agregadora e multidisciplinar. Quando nos referimos ao sujeito privado de liberdade, estamos nos referindo a alguém que está sob a tutela do Estado por intermédio de uma decisão judicial. Ou seja, há uma complexa gama de relações institucionais com as quais a Psicologia precisa dialogar para poder exercer seu papel. Este não é um diálogo fácil, sobretudo quando nos deparamos com a estrutura do direito penal. Essa difícil relação será detalhada no tópico a seguir.

## A inter-relação da Psicologia Jurídica/Forense e Direito – avanços e embates

O termo Psicologia Jurídica "é uma das denominações para nomear essa área da Psicologia que se relaciona com o sistema de justiça" (França, 2004, p. 74). A expressão Psicologia Forense também é utilizada, apesar dessa autora optar pelo termo "Psicologia jurídica" por considerá--lo de maior amplitude. No nosso trabalho fizemos uso dos dois termos como sinônimos, por não considerarmos essas diferenças conceituais relevantes nesse momento. Prosseguindo em sua reflexão, a autora citada aponta o primeiro embate na relação entre as áreas da Psicologia e do Direito: "a Psicologia Jurídica procura tão somente atender à demanda jurídica como uma Psicologia aplicada, cujo objetivo é contribuir para o melhor exercício do Direito" (França, 2004, p. 77). Opinião semelhante é apontada pelos autores Lago, Amato, Teixeira, Rovinski e Bandeira (2009), ao afirmarem que "na Psicologia jurídica há uma predominância das atividades de confecções de laudos, pareceres e relatórios, pressupondo-se que compete à Psicologia uma atividade de cunho avaliativo e de subsídio aos magistrados" (p. 486). Apesar da Psicologia adentrar diversas ramificações desta outra área das ciências humanas como, por exemplo, direito da família, direito da criança e do adolescente, direito civil, direito penal e direito do trabalho; ainda assim a "avaliação psicológica é a principal demanda dos operadores do direito" (Lago et al. 2009, p. 486). Não estariam os psicólogos preparados para atuar com mais efetividade junto às diversas nuanças do poder judiciário? Em algumas instâncias já é possível encontrar o psicólogo atuando como mediador de conflitos, porém, iniciativas como essas ainda são raras.

Quando focamos nossa atenção no ramo do direito penal, mais especificamente no cumprimento das penas privativas de liberdade, emerge outro embate: A que se presta a avaliação psicológica nesse contexto? Para compreendermos um pouco mais sobre essa contrariedade, precisamos recorrer a algumas especificidades do direito penal, mas que tem estreita relação com a atuação da Psicologia. Em 1984 foi promulgada, no Brasil, a Lei de Execução Penal – LEP (Lei n. 7.210, 1984). Carvalho (2004, citado por Lago et al., 2009, p. 488) entende que "esse foi um marco no trabalho dos psicólogos no sistema prisional, pois a partir dela o cargo de psicólogo passou a existir oficialmente". Contudo, a entrada do psicólogo na estrutura do sistema prisional se deu nos moldes já citados, ou seja, o psicólogo é convocado ao papel de avaliador técnico, simplesmente. Além disso, no primeiro momento, cumprir esse papel significou atribuir ao psicólogo a impossível missão de traçar um prognóstico sobre a recuperação do sujeito em cumprimento de pena privativa de liberdade. Em termos práticos isso significou que, ao final de sua avaliação, o profissional da área da assistência social/saúde (muitas vezes o psicólogo), deveria emitir um parecer comumente denominado exame criminológico, documento este que serviria como um aporte ao judiciário. Um instrumento técnico, avaliador do estado geral do sujeito, emitido com o objetivo de auxiliar a decisão do juiz quanto ao futuro do apenado. Até então, a LEP previa o exame criminológico como complementar e não obrigatório. Vejamos o artigo 112 da referida lei:

> A pena privativa de liberdade será executada em forma progressiva, com a transferência para regime menos rigoroso a ser determinada pelo Juiz, quando o preso tiver cumprido ao menos 1/6 (um sexto) da pena no regime anterior e seu mérito indicar a progressão. § único: A decisão será motivada e precedida de parecer da Comissão Técnica de Classificação e do exame criminológico, quando necessário (Lei n. 7.210, 1984).

Observa-se que a concessão de benefícios ao detento estaria condicionada ao parecer de uma Comissão Técnica de Classificação (CTC), formada por uma equipe multidisciplinar, composta de um psiquiatra, um assistente social, um psicólogo, dois chefes de serviço e o diretor do estabelecimento prisional que o preside (Lei n. 7.210, 1984). O exame criminológico seria um recurso auxiliar. Todavia, muito provavelmente devido ao positivismo no qual o Direito se alicerça (Kolker, 2008), o exame criminológico tornou-se uma avaliação permanente, operando num viés de obrigatoriedade. Mesmo com a alteração da LEP em 2003 (Lei n. 10.792, 2003), na qual a CTC e o exame criminológico deixam de ser apontados no texto referindo-se à progressão da pena, ou seja, poderiam ser interpretados como não mais necessários nesse sentido; os operadores do direito não abdicaram desse recurso. Segundo Bandeira, Camuri e Nascimento (2011), a alteração na LEP fortalece expressivamente as discussões sobre o fim do exame criminológico por parte dos profissionais da Psicologia. Contudo, essas autoras apontam que, entre a classe dos psicólogos, o fim do exame criminológico não é uma questão unânime. As discussões se intensificaram e chegaram aos Conselhos Regionais de Psicologia (CRPs). Pouco tempo depois adentram a entidade máxima de fiscalização e controle do trabalho dos psicólogos: o Conselho Federal de Psicologia (CFP). Ao adentrar o CFP, o debate adquiriu um novo viés institucional, político e profissional, já que as decisões tomadas, a partir de então, atravessariam, impreterivelmente, a prática profissional de todos os psicólogos atuantes no sistema prisional do país. Todas essas mobilizações e os inúmeros debates com a categoria resultaram na emissão, por parte do CFP, em junho de 2010, da resolução 09/2010, que regulamenta a prática do psicólogo no sistema prisional. O artigo 4º dessa resolução expunha o seguinte:

> Conforme indicado nos arts. 6 e 112 da lei n. 10.792/2003 é vedado ao psicólogo que atua nos estabelecimentos prisionais realizar exame criminológico e participar de ações e/ou decisões que envolvam práticas de caráter punitivo e disciplinar, bem como documento escrito oriundo da avaliação psicológica com fins de subsidiar decisão judicial durante a execução da pena do sentenciado; a) O psicólogo, respaldado pela lei n. 10.792/2003, em sua atividade no sistema prisional somente deverá realizar atividades avaliativas com vistas à individualização da pena quando do ingresso do apenado no sistema prisional. Quando houver determinação judicial, o psicólogo deve explicitar os limites éticos de sua atuação ao juízo e poderá elaborar uma declaração conforme o parágrafo único: A declaração é um documento objetivo, informativo e resumido, com foco na análise contextual da situação vivenciada pelo sujeito na instituição e nos projetos terapêuticos por ele experienciados durante a execução da pena (resolução n. 09/2010, Conselho Federal de Psicologia).

Estava instaurado, então, um dos maiores embates envolvendo a Psicologia e o Direito. Logo após a publicação da resolução no Diário Oficial da União em 30 de junho de 2010, o judiciário manifestou-se contrariamente. O Ministério Público do Rio Grande do Sul emitiu um documento apontando várias objeções à resolução do CFP. Esse documento citava inclusive que há Súmulas Vinculantes, expedidas pelo Supremo Tribunal de Justiça e pelo Supremo Tribunal Federal que balizam a realização do exame criminológico. Dessa forma, a resolução do CFP estaria contrariando posicionamentos legais superiores. Somem-se a isso as ameaças sofridas pelos psicólogos, caso houvesse recusa em emitir o exame criminológico. Tem-se, então, a partir daí uma reviravolta no caso. Em setembro de 2010 o CFP emite nova resolução (resolução 19/2010), que suspendeu, por seis meses, os efeitos da resolução 09/2010.

A contextualização histórica sobre as divergências concernentes ao exame criminológico, muito bem relatada por Bandeira e colaboradores, culmina na seguinte indagação: "Com qual Psicologia queremos trabalhar e porque direitos queremos lutar?" (Bandeira et al., 2011, p. 53). Restringindo-se ao ambiente penal, o impasse relativo à prática do psicólogo na conjuntura do sistema prisional impôs a necessidade de uma resposta imediata. Assim, em maio de 2011, o Conselho Federal de Psicologia emitiu a resolução 012/2011 que expõe as mais recentes orientações do órgão aos psicólogos. Direitos humanos, construção de cidadania, ênfase nos dispositivos sociais (opondo-se aos dispositivos individuais) que promovem o processo de descriminalização e construção de estratégias que visem o fortalecimento dos laços sociais são expressões-chave dessa nova resolução. Especificamente sobre o exame criminológico, essa resolução traz o seguinte:

> b) A partir da decisão judicial fundamentada que determina a elaboração do exame criminológico ou outros documentos escritos com a finalidade de instruir processo de execução penal, excetuadas as situações previstas na alínea "a"[8], caberá à(ao) psicóloga(o) somente realizar a perícia psicológica, a partir dos quesitos elaborados pelo demandante e dentro dos parâmetros técnico-científicos e éticos da profissão.

---

8. Transcrição literal do artigo 4º e da alínea "a" da resolução CFP 012/2011 do Conselho Federal de Psicologia a fim de complementar as informações: Art. 4º. Em relação à elaboração de documentos escritos para subsidiar a decisão judicial na execução das penas e das medidas de segurança: a) A produção de documentos escritos com a finalidade exposta no caput deste artigo não poderá ser realizada pela(o) psicóloga(o) que atua como profissional de referência para o acompanhamento da pessoa em cumprimento da pena ou medida de segurança, em quaisquer modalidades como atenção psicossocial, atenção à saúde integral, projetos de reintegração social, entre outros.

Ainda:

> § 1º. Na perícia psicológica realizada no contexto da execução penal ficam vedadas a elaboração de prognóstico criminológico de reincidência, a aferição de periculosidade e o estabelecimento de nexo causal a partir do binômio delito-delinquente (resolução n. 12/2011, de 25 de maio de 2011 do Conselho Federal de Psicologia).

Tal resolução parece por fim ao tenso e tumultuado período de reflexões e embates sobre a atuação do psicólogo junto ao sistema prisional. O exame criminológico não é extinto, atendendo ao apelo de alguns profissionais, inclusive da psiquiatria (Araújo & Menezes, 2003, p. 230), mas ganha um novo viés, no qual o prognóstico criminológico de reincidência deixa de fazer parte.

Contudo, a avaliação psicológica no contexto prisional ainda tem outras questões com que se preocupar. Citaremos algumas a seguir. A primeira é a não formação, no nível acadêmico, de profissionais para atuarem nessa área. Huss (2011) chama a atenção para o fato de que a avaliação psicológica no contexto forense não se distancia metodologicamente da avaliação psicológica na perspectiva clínica. Todavia os objetivos de cada intervenção são muito díspares. Enquanto nessa última a decisão de realizar a avaliação está sob a responsabilidade do terapeuta e do cliente, com vistas a alguma intervenção clínica por parte do profissional; na avaliação forense há uma corte que requisita e espera uma manifestação formal do psicólogo. Tal manifestação provavelmente colaborará com alguma decisão judicial. Nesse caso, a avaliação não é, *a priori*, uma ferramenta auxiliar do processo terapêutico. Entretanto, como a formação acadêmica dos psicólogos tende ao papel terapêutico, ao adentrar a rotina das entidades prisionais, esses profissionais procuram gerar mudanças no sujeito atendido, "com isso perdem o referencial de seu trabalho e a possibilidade de construir um conjunto de dados consistentes para fundamentar suas conclusões, criando situações de conflitos éticos de difícil solução, principalmente quanto ao nível de confidencialidade" (Rovinski, 2007, p. 12). Segundo essa autora, os profissionais recém-chegados da academia tendem a focar seus esforços no processo terapêutico, assim investigam profundamente temas de cunho estritamente subjetivo e com pouca relação com a perícia a que foram designados. Tornar público esses temas poderia se configurar na quebra do sigilo que deve haver entre "paciente" e "terapeuta", sendo que o psicólogo não é convocado para atuar nessa perspectiva. Dessa forma a perícia deve focar-se na investigação e descrição das funções cognitivas e emocionais exigidas pela matéria legal.

Outra questão que deve encabeçar a lista de prioridades dos psicólogos que atuam no contexto prisional é a necessidade de não se colocarem a serviço da manutenção de estigmas, nem do fomento de relações perversas de poder. A leitura foucaultiana que Kolker (2008) faz da história do sistema prisional traz um alerta interessante nesse sentido. Nessa mesma obra, intitulada Psicologia Jurídica no Brasil, Carvalho (2008) propõe que

> uma atividade pautada em programas humanistas de redução de danos possibilitaria construir com o apenado técnicas que possibilitassem a minimização do efeito deletério do cárcere. Constatados problemas de ordem pessoal ou familiar, deveria o técnico, junto com o apenado, e tendo como imprescindível sua anuência, colocar em prática um processo de resolução do problema, ou seja, fornecer elementos para superação da crise e não estigmatizá-lo, potencializando-a (Carvalho, 2008, p. 151).

Corroboramos com a proposta desse autor e acrescentamos a necessidade de que sejam trabalhadas com o indivíduo aprisionado questões referentes à sua responsabilização no que se refere ao delito cometido. O termo responsabilização é abordado em profundidade na instância extrajudicial que se propõe a tratar os conflitos de maneira pacífica, qual seja, a mediação de conflitos. Um programa do Governo do Estado de Minas Gerais, que trabalha com essa proposta, já publicou algumas obras sobre sua prática e nessas publicações encontramos algumas referências ao conceito de responsabilização: "ora, tomando uma ideia da teoria jurídica, responsabiliza-se aquele que é capaz de deliberação, pois, ao realizar uma conduta, ele deve ser capaz de assumir os resultados dela. Só falamos, portanto, em responsabilidade para indivíduos que têm plena capacidade de assumir as consequências de suas ações" (Mediação de Conflitos, 2009, p. 62). Defendemos que o sujeito privado de liberdade precisa se apropriar legalmente e subjetivamente das circunstâncias que levaram à sua prisão, de forma que ele possa se posicionar de maneira diferente frente a essas circunstâncias, assumindo as consequências de seu ato e adotando uma postura que permita sua recolocação no cotidiano da sociedade como um sujeito de direitos e deveres. Entendemos, portanto, que o olhar da avaliação psicológica, no contexto prisional, deve focar-se na readaptação social do sujeito, conforme já preconizado pela LEP (Lei n. 10.792, 2003) por meio do Programa Individualizado de Ressocialização (PIR). Mas destacamos que ressocialização e responsabilização são conceitos indissociáveis.

A última condição instigadora da prática profissional do psicólogo que atua na esfera jurídico/penal que citamos nessa introdução diz respeito a pouca produção acadêmica na área, associada à inexpressiva capacitação dos profissionais. Em outras palavras, há muito trabalho sendo executado, mas pouca materialização desse trabalho em documentos acadêmicos e, consequentemente, pouca troca de saberes e fazeres. Cientes somos de que a alteração (positiva) desse quadro favoreceria, sobremaneira, a prática do profissional da Psicologia em todos os seus aspectos. Visando dar nossa contribuição nesse sentido, abordaremos, ao final desse trabalho, aspectos pragmáticos e tácitos presentes na atuação dos psicólogos no processo de avaliação psicológica de sujeitos em cumprimento de pena privativa de liberdade. Antes vamos trazer uma contextualização das especificidades desse tipo de avaliação quando aplicada nessas circunstâncias.

## Os desafios da avaliação psicológica e sua inserção no contexto prisional

Quando pensamos na avaliação psicológica em sua aplicação clínico/terapêutica, podemos afirmar que há sempre a presença (abstrata, implícita, tácita) de terceiros, ou seja, de pessoas que interferiram e/ou ainda interferem na dinâmica subjetiva do sujeito avaliado. Esse mesmo processo ocorre em menor intensidade (espera-se) com o avaliador. Todavia, entre as paredes das prisões, esse terceiro, abstrato, agrega-se a outros muito concretos. Essa concretude pode materializar-se na figura do agente penitenciário que, por motivo de segurança, acompanha algumas avaliações; ou mesmo na figura do avaliador que representa, nesse momento, a materialização do Estado e/ou do Judiciário. Percebe-se, então, que a avaliação psicológica no contexto prisional é permeada de particularidades. Isso não invalida a intervenção, mas a torna bem mais laboriosa. Nesse sentido Rovinski (2008) aponta que

> o psicólogo [...] deve possuir conhecimentos não apenas da área psicológica que está investigando, mas também do sistema jurídico em que vai operar; e conhecer as jurisdições e instâncias com as quais se relaciona a legislação vigente associada ao seu objeto de estudo e às normas estabelecidas quanto a sua atividade (Rovinski, 2008, p. 183).

Além disso, é necessário que o profissional esteja sensível a outras peculiaridades desse tipo de avaliação, tais como o limite cronológico, os objetivos legais, a necessidade de exatidão nas informações que serão prestadas, a possibilidade de resistência do cliente, a natureza coercitiva da relação, os limites da confidencialidade, entre outros. Na avaliação psicológica, três etapas são imprescindíveis: observação, entrevista e testagem. As duas primeiras são preparatórias e orientarão as especificidades da última. Nas entrevistas, talvez seja impossível a não ocorrência de processos de transferência e contratransferência (Ocampo & Arzeno, 1999). Caberá então ao profissional lidar com a relação estabelecida com o cliente de forma madura, não suscitando percepções e expectativas além nem aquém da proposta da avaliação. Como já afirmamos, o percurso da observação e da entrevista determinarão a escolha dos testes. Destacamos, porém, que não há um roteiro prévio de uso de testes em nenhum processo de avaliação psicológica. Mesmo no contexto penal, onde os testes podem ser usados para auxiliar na investigação sobre a imputabilidade/inimputabilidade do réu (exame de verificação de responsabilidade penal – pré-sentença judicial), ou para auxiliar o processo de individualização da pena (exame criminológico – pós-sentença), não há como uma bateria fixa de testes e procedimentos a ser determinada *a priori* (Rovinski, 2008). Cada situação exigirá do psicólogo a readequação de suas técnicas e instrumentos. Ademais, o cenário onde o psicólogo atuará dependerá de quem o convoca: o juiz no decorrer do processo (psicólogo como perito oficial); as condições específicas de trabalho (em função de seu desempenho profissional em uma instituição pública); ou o advogado do réu (perito auxiliar) (Rovinski, 2008). A intervenção ainda pode ocorrer com o psicólogo atuando isoladamente, com outros profissionais da área ou de maneira multidisciplinar.

Retomando a afirmação de Rovinski (2008, p. 183), de que o psicólogo "deve possuir conhecimentos não apenas da área psicológica, que está investigando, mas também do sistema jurídico em que vai operar; e conhecer as jurisdições e instâncias com as quais se relaciona", destacamos a especificidade do sistema prisional mineiro, onde nossa prática está situada. Entre os artigos 38 e 60 da LEP (Lei n. 7.210, 1984), está destacada a regulamentação dos deveres, direitos e da disciplina do condenado. A LEP discorre sobre as faltas de natureza grave, deixando para a legislação local a especificação das leves e médias, assim como as respectivas sanções. Em Minas, a Secretaria de Estado de Defesa Social (SEDS), responsável pela gestão de todo o complexo associado à segurança pública, gerencia, consequentemente, a execução das penas (privativas de liberdade ou não) por meio da Subsecretaria de Administração Penitenciária. Visando atender ao disposto na LEP, essa Subsecretaria aprovou, em março de 2004, o Regulamento Disciplinar Prisional – REDIPRI (resolução 742, 2004. Subsecretaria de Administração Penitenciária/Secretaria de Estado de Defesa Social – SEDS). Esse regulamento institui as faltas de natureza leve e médias, suas respectivas sanções e cria o Conselho Disciplinar que tem, dentre outras, a atribuição de "analisar e julgar faltas disciplinares, sejam elas graves, médias ou leves, aplicar as respectivas sanções, propor elogios e recompensas" (resolução 742, 2004, Subsecretaria de Administração Penitenciária/Secretaria de Estado de Defesa Social – SEDS). O Conselho Disciplinar deve ser composto por pelo menos três membros além do diretor da unidade prisional. Entre esses membros deve haver a indicação do diretor, sempre que possível, de um assistente social e/ou psicólogo e/ou pedagogo. Percebemos, em nossa prática, que a presença do profissional da Psicologia nesse conselho tende a humanizá-lo. Mas os psicólogos encontram empecilhos para atuar nesses espaços devido à resolução 012/2011 do CFP que veta a participação desses profissionais "em procedimentos que envolvam práticas de caráter punitivo, notadamente os de apuração de faltas disciplinares" (resolução 12/2011, de 25 de maio de 2011, do Conselho Federal de Psicologia).

Ao ouvir o som das grades sendo fechadas, o sentenciado experimenta a angústia do inesperado, das reais consequências de seu ato, do que o futuro lhe reserva. Ouvindo o mesmo som o psicólogo que atua no sistema prisional também vivencia suas angústias, já que esse sentenciado poderá ser seu atendido em breve. Mas a angústia não reside somente aí. Ela situa-se, também, no complicado atravessamento e entrelaçamento de relações institucionais que sobrepõem o trabalho desse profissional. A verdade é que "tratar" dos "desajustados" não é tarefa fácil e a exposição massiva destes pela mídia, pelo judiciário, pelos defensores dos direitos humanos e tantos outros; não tem favorecido que se avance o quanto é necessário nas discussões sobre as possibilidades de reajustamento do "delinquente". Enquanto a guerra não chega ao fim, vamos tentando sobreviver executando nosso trabalho da maneira mais humana e ética possível.

## A incoerência tem o seu lugar

Ao sermos convidados a escrever sobre nossa prática em avaliação psicológica no sistema prisional nos vimos diante de um grande desafio e da possibilidade de levar aos que se interessam por este tema um pouco da realidade conflitante que permeia este espaço, o sistema prisional. Sobretudo no momento atual, em que este tem sido observado e extremamente criticado pelo seu *modus operandi*, nas mais diversas áreas: Psicologia, Direito, Serviço Social, Medicina, segurança etc.; sendo algumas dessas críticas bastante pertinentes. Outras, no entanto, pautadas ora no senso comum, ora na ideologia e não na realidade que perpassa o cotidiano dos profissionais que compõem a equipe multidisciplinar, que lá atuam com o propósito de "ressocializar" os sujeitos que se encontram em privação de liberdade em decorrência da prática de um ato delituoso previsto pelo Código Penal Brasileiro.

Também é importante mencionar que o discurso vigente é extremamente contraditório: ao mesmo tempo em que se luta pela evolução do sistema prisional brasileiro, pautando-o na democracia e em direitos humanos, também "lava-se as mãos" quando a mídia apresenta casos como o massacre do Carandiru e tantas outras denúncias de torturas, abusos cometidos pelas polícias (Civil e Militar), linchamentos, entre outros. O questionamento indignado acerca dos direitos dos prisioneiros: alimentação, assistência à saúde, vestuário, escola, trabalho e até à própria vida, ainda são recorrentes na nossa sociedade e alguns cidadãos consideram que esta população deveria ser desprovida de direitos.

A sociedade que faz as críticas é a mesma sociedade que produz indivíduos criminosos, não percebendo que as críticas são, sobretudo, a ela mesma que não quer se implicar, nem se responsabilizar por seus produtos e produtores, o que na prática leva o sujeito aprisionado à mesma situação de não implicação e não responsabilização por suas escolhas, sobretudo no que se refere aos delitos. Fato este que é reforçado pelo Direito, uma vez que se entende que a mentira é um direito legítimo de defesa do sujeito que, frequentemente, de tanto repetir sua versão mentirosa, acaba acreditando nela.

## Análise da prática em avaliação psicológica no sistema prisional

Trabalhando no sistema prisional o profissional de Psicologia tem se deparado rotineiramente com diversas críticas e entraves à realização da avaliação psicológica; situações que nos colocam diante de dilemas éticos, profissionais e pessoais.

Trabalhar com este público sempre trouxe certa inquietação interna. O questionamento acerca do que leva um sujeito a cometer crimes e, sobretudo, a fazer escolhas para o crime em sua vida, são perguntas recorrentes tanto dos profissionais que lidam com eles, como da sociedade como um todo. No início as emoções mais comuns são um misto de insegurança e curiosidade. A insegurança a que nos referimos não se relaciona apenas ao medo de rebeliões para as quais sequer recebemos treinamento sobre como devemos nos comportar caso aconteçam, mas, sobretudo, o medo de não poder efetivamente contribuir para com o processo de mudança ou ressocialização do sujeito privado de liberdade, afinal a academia não nos capacitou "sermos psicólogos de presos"!

Apesar disso somos convocados à realização de diversos tipos de avaliação psicológica, chamados exames periciais: criminológico, sanidade mental, cessação de periculosidade e classificatório. Tais exames podem ser solicitados judicialmente e, apesar do movimento contrário a isso, eles são solicitados frequentemente e são elaborados de forma interdisciplinar, por psicólogos, psiquiatras, assistentes sociais e criminólogo (profissional com especialização em criminologia), o que é considerado "equipe mínima", e visam dar um parecer para subsidiar uma decisão judicial. No intuito de esclarecer ao leitor sobre os propósitos de cada exame pericial, vamos descrevê-los sucintamente. O exame criminológico é realizado quando das penas privativas de liberdade, inclusive em regime semiaberto, para obtenção dos elementos necessários a uma adequada classificação e com vistas à individualização da execução (Lei n. 7.210, 1984). O exame de sanidade mental é realizado quando se suspeita que o indivíduo que praticou o ato delituoso apresenta algum transtorno mental. Caso seja constatada a anomalia, pode ser descartada, pela decisão do juiz, a imputabilidade do sujeito, cabendo então a aplicação de medidas de segurança (Correia, Lima & Alves, 2007, p. 1997). Quanto ao exame de cessação de periculosidade, é importante entender o termo periculosidade como um conceito jurídico e não médico ou psicológico, "implicando a capacidade de se prever o comportamento futuro do sujeito submetido à medida de segurança" (Mecler, 2010, p. 75). "Sendo assim, a averiguação da cessação de periculosidade deve ocorrer mediante exame pericial, o qual será feito ao término do prazo mínimo fixado (de 1 a 3 anos), e repetida de ano em ano, até a cessação da periculosidade" (Branco, 2010, p. 1065).

Essa mesma autora destaca, citando o artigo 97 do Código Penal e os artigos 175 e 176 da LEP, que a qualquer tempo o juiz da execução pode determinar um novo exame. Consideramos importante frisar que a literatura sobre o tema costuma apresentar várias críticas ao exame de cessação de periculosidade. Apesar de não descartar a validade argumentativa desses posicionamentos, consideramos que as críticas geralmente não vêm acompanhadas de uma análise do cotidiano de trabalho dos profissionais que atuam no sistema prisional, o que pode torná-las superficiais ou demasiadamente filosóficas, contrariando assim a proposta prática desse artigo.

Na nossa experiência, aprendemos a lidar de forma não determinista com a avaliação psicológica, utilizamos os instrumentos que são pertinentes ao contexto e ao objetivo da avaliação, não colocando o sujeito à margem do processo. Para elaborar um relatório é fundamental compreender as diferenças psicológicas entre os indivíduos e que tais diferenças são naturais, além de contextuais.

Para trabalhar com avaliação psicológica, o profissional deve estar atualizado em relação aos instrumentos utilizados e ter uma escuta clínica, a fim de não generalizar e esquecer que o ser humano é singular. Uma entrevista bem-feita, em que o sujeito esteja sendo realmente escutado e não o crime que ele cometeu, é o que dá subsídios para a interpretação dos testes, avaliando as potencialidades do indivíduo e compreendendo em que aspecto o seu desenvolvimento *personal* foi prejudicado.

Há alguns anos o Conselho Federal de Psicologia tem discutido e pesquisado amplamente a validade de diversos instrumentos psicométricos. Neste percurso alguns deles foram considerados impróprios e, portanto, inadequados para o uso, devido à sua inconsistente base científica em alguns casos, ausência de fundamentação teórica em outros etc. Atualmente, trabalhamos, na maior parte das vezes, com o Teste das Pirâmides Coloridas de Pfister, mas em casos geradores de dúvidas não hesitamos em utilizar o Teste Palográfico, o Teste de Zulliger ou até mesmo o Rorschach. Este é menos utilizado, pois são poucos os profissionais do Sistema Prisional capacitados para utilizá-lo.

Ao analisarmos os testes usados para auxiliar a avaliação psicológica no contexto prisional, nos deparamos com uma realidade ainda mais complexa; explicaremos o fato a seguir. Em primeiro lugar, destacamos o fato de que a grande maioria dos testes hoje validados pelo Conselho Federal de Psicologia não contemplam os sujeitos privados de liberdade, os criminosos de toda espécie. Como vamos abordar a seguir, o público carcerário possui características socioeconômicas comuns, nas quais a falta de escolaridade, a baixa renda, o trabalho informal e/ou precário e malremunerado, entre outras, constituem-se como fatores da objetividade presentes na formação subjetiva desses sujeitos. Além disso, é um público que tem a formação do seu "Ser" perpassada pelo processo de encarceramento. Seria imprudente afirmar que o atravessamento desses fatores não torna o ambiente prisional muito díspare do contexto extra-muros. Outro aspecto se refere à aplicação do teste, pois há que se considerar se os instrumentos de aplicação não expõem ao risco o aplicador, em decorrência dos objetos utilizados e da proximidade com o sujeito examinado. E, por fim, os tipos de delitos cometidos variam muito de acordo com o grau de periculosidade. Entendemos então que os testes disponibilizados hoje não conseguem abarcar toda essa complexidade e percebemos que é necessário o fomento à pesquisa com vistas à elaboração de novos testes psicológicos voltados especificamente para o público carcerário.

Em segundo lugar, nos deparamos com diversas ideias distorcidas acerca da avaliação psicológica, ora pelos próprios presos, ora pelos demais profissionais que atuam no sistema prisional, que consideram o psicólogo como um ser mágico, capaz de "ler a alma humana" somente com o olhar e, também, como o único responsável pela decisão judicial. Alguns profissionais desconsideram que os diversos tipos de avaliação requisitados pelos operadores do direito são realizados por uma equipe multidisciplinar, ou seja, não expressam somente a visão da Psicologia. Expressam a visão da Psicologia, do Direito, do Serviço Social e da Psiquiatria, pelo menos, pois em alguns casos ainda acrescenta-se a Pedagogia, o setor de produção, o quadro médico clínico do sujeito e do setor de segurança da unidade prisional onde o indivíduo cumpre pena.

Em terceiro lugar, a "urgência da avaliação", exigindo que o profissional a realize em um prazo mínimo. Entretanto, entendemos que a urgência ocorre porque o andamento processual é muito lento e ao ser solicitada a avaliação do sujeito, este já cumpriu o lapso temporal exigido legalmente, o que impacta diretamente na superlotação do sistema prisional brasileiro. Neste contexto o psicólogo sofre uma grande pressão para responder rapidamente à determinação judicial. Fica assim, delegada ao psicólogo, a exigência de um posicionamento contrário à ética. Contudo, o profissional deve priorizar as determinações do Conselho Federal de Psicologia acerca da avaliação psicológica e não ao imediatismo da situação.

Em quarto lugar, temos o problema com o tempo do atendimento, pois este pode apresentar-se como "demorado demais" para o agente penitenciário que realiza a escolta, uma vez que este deve ficar posicionado, caso seja necessário fazer uma abordagem direta. No sistema prisional a segurança ainda é a prioridade e não o sujeito, por isso, frequentemente enfrentamos o problema das algemas, pois, ao solicitar sua retirada para o atendimento, os operadores do sistema de segurança percebem o ato como ameaçador à integridade física dos presentes. Estes embates acabam gerando animosidades entre a segurança e o profissional.

Em quinto lugar, a escolta do sujeito privado de liberdade para o atendimento psicológico demanda uma escolha interna, que fica comprometida pela falta recorrente de agentes penitenciários disponíveis. Como dito anteriormente, a prioridade é a segurança e o Estado trabalha sempre com um quadro reduzido de funcionários. No dia a dia de uma unidade prisional o atendimento psicológico, bem como do Serviço Social, Pedagogia e Enfermagem não são considerados como prioridade, exceto em casos graves de depressão, tentativa de autoextermínio, surtos psicóticos e problemas médicos clínicos graves. A contrariedade do agente penitenciário em realizar a escolta acaba interferindo no atendimento, uma vez que, por não entender o propósito do trabalho psicológico, julga-o desnecessário, e recorrentemente transfere o seu estresse para o preso, que já chega para a avaliação psicológica emocionalmente alterado, fato que interfere no resultado final do parecer psicológico.

Em sexto lugar, não há um consenso acerca dos aspectos psicológicos prioritários a serem avaliados para subsidiar a decisão judicial, sobretudo após a resolução 12/2011 do CFP, que veda "a elaboração de prognóstico criminológico de reincidência, a aferição de periculosidade e o estabelecimento de nexo causal a partir do binômio delito-delinquente", aspectos considerados como prioritários para a decisão judicial. Entretanto, nos vemos diante de um impasse ético quando o sujeito declara a intencionalidade em continuar praticando delitos. Esta não é uma atitude incomum no sistema prisional, apesar de não ser a mais frequente, pois alguns detentos estão tão inseridos na vida criminal que a ascensão criminosa é experimentada como um fator de *status* em seu grupo social. Ao mesmo tempo em que apontar a possibilidade de reincidência fere a ética, nestes casos não apontá-la também fere, já que o psicólogo também deve denunciar todos os casos em que o sujeito atendido ameaçar a vida e/ou integridade física e psicológica de outrem.

Ainda nos resta o questionamento acerca da responsabilidade social do psicólogo nos casos expostos.

Em sétimo, a desapropriação do "Eu", fato muito debatido por Goffman (2001) e tão recorrente nas "instituições totais". Ao ver-se executada a institucionalização, o sujeito torna-se tão submisso aos ordenamentos institucionais que o que se apresenta já nem se pode mais afirmar que seja o sujeito. Com frequência nos perguntamos se esta adaptação tão submissa às regras institucionais é de fato promissora para a ressocialização do indivíduo privado de liberdade e, se sim, onde fica o desenvolvimento crítico do sujeito, que para ser considerado como tal deve se apropriar do seu eu? O que significa dizer que deve manter uma visão crítica do mundo que o circunda, bem como de si mesmo, de suas atitudes e escolhas. Além disso, ao se fazer uma avaliação psicológica no contexto prisional, tem se levado em conta esses aspectos? A resposta para tais questionamentos sempre recai sobre o próprio psicólogo, que, como mencionado outras vezes neste artigo, não recebe um treinamento para atuar junto a esta população, fazendo com que estes aspectos sejam pensados a partir da experiência profissional, da capacidade de interpretação do ambiente em que atua e da ética de cada profissional.

Em oitavo lugar, temos a limitação quanto à aquisição de instrumentos psicométricos. O Estado, ao mesmo tempo em que exige a avaliação psicológica do sujeito privado de liberdade, ignora a importância da aquisição de testes psicológicos validados pelo CFP. Inúmeras vezes vimos ser negada a compra de alguns testes psicológicos sob alegação de serem desnecessários, principalmente se for para subsidiar a avaliação classificatória, ou da inexistência de verba para esta finalidade.

Em nono lugar, apontamos para a seletividade do sistema prisional, que até o momento presente é composto, em sua maioria, por sujeitos com baixo nível de escolaridade, oriundos das camadas mais baixas da sociedade e que ocupavam subempregos. Sujeitos que, de certa forma, já estavam excluídos, mesmo estando em liberdade, fato que com frequência influenciou a sua entrada na criminalidade.

Em décimo lugar, apresentamos a sobrecarga do trabalho do psicólogo, que normalmente se encontra em número reduzido nas unidades prisionais e de quem é exigido o atendimento de variadas demandas e o cumprimento de diversos trâmites burocráticos, com o preenchimento de documentos no Prontuário Geral Padronizado de Saúde (PGPS) e o Prontuário de Classificação, sendo o primeiro de responsabilidade da equipe de saúde (assistente social, enfermeiro, dentista, médico clínico e psicólogo) e o segundo de responsabilidade de todos os membros que compõem a equipe multidisciplinar (advogado, psicólogo, assistente social, enfermeiro, psiquiatra, pedagogo, gerente de produção, um membro da segurança), além de atender as demandas de acompanhamento psicológico, solicitações judiciais e urgências.

Em décimo primeiro lugar, registramos o fato de que os profissionais que atuam no sistema prisional não são incentivados a dar continuidade aos estudos, investir em pesquisas que colaborem para a melhoria do serviço e possibilitem a publicação dessas experiências profissionais. Em certo sentido, o profissional, assim como o seu cliente, o sujeito privado de liberdade, também deve ser destituído de seu "Eu", submetendo-se às normas institucionais sem posicionar-se criticamente diante destas.

Em décimo segundo lugar, retomamos a teoria de Foucault que faz uma reflexão histórica das prisões e das relações de poder existentes nesse tipo de instituição total. Foucault apresenta as técnicas de disciplina como mecanismos que permitem o controle minucioso das operações do corpo no mundo contemporâneo, essas realizam a sujeição constante de suas forças e lhes impõem uma relação de docilidade-utilidade. Considerando como dócil, o "corpo que pode ser submetido, que pode ser utilizado, que pode ser transformado e aperfeiçoado" (Foucault, 2007, p. 132). Dessa forma a disciplina "fabrica" indivíduos. Ela é a técnica específica de um poder que toma os indivíduos ao mesmo tempo como objetos e como instrumentos de seu exercício.

Em décimo terceiro lugar, ainda temos que ressaltar as peculiaridades de cada unidade prisional. Apesar dos esforços de padronização dos procedimentos de todos os profissionais que atuam no sistema prisional, cada unidade funciona como um universo à parte, com demandas e rotinas completamente diferentes umas das outras. O tamanho da unidade (pequeno, médio ou grande porte); a população que ela abriga (*e.g.* mulheres, homens, gestantes, homossexuais, travestis, transgêneros portadores de sofrimento mental); se o sujeito que se encontra privado de liberdade já é condenado ou ainda é provisório; os tipos de regime dos condenados (diferenciado, fechado, semiaberto e aberto) são aspectos que provem uma diferenciação significativa na atividade dos profissionais.

Por fim, em décimo quarto lugar, apontamos o fato dos serviços serem orientados com vistas à quantidade e não à qualidade do trabalho, como uma forma de responder a uma demanda legal. Não há um cuidado, nem preocupação com a repercussão que a avaliação terá na vida do sujeito avaliado e nem mesmo com o profissional que realiza a avaliação psicológica.

A LEP também aponta para a necessidade da avaliação psicológica do sujeito privado de liberdade acontecer quando este inicia o cumprimento da pena, com a finalidade de se traçar o Programa Individualizado de Ressocialização (PIR). Fazendo uma analogia com atendimento clínico, esta avaliação equivaleria à avaliação psicológica realizada no início de um tratamento clínico, que objetiva traçar um caminho para abordar de forma mais assertiva as demandas do cliente. No sistema prisional, o exame classificatório possibilita o planejamento da melhor forma de atender às demandas do sujeito com vistas à sua ressocialização. Normas internas da Secretaria de Estado de Defesa Social de Minas Gerais (SEDS) determinam, ainda, que o sujeito seja reclassificado no período entre seis meses e um ano após a primeira classificação, bem como nas reclassificações subsequentes, com o objetivo de avaliar sua evolução e readequar o seu programa de ressocialização.

Recentemente, ao atendermos uma presa com um vasto histórico de reincidência criminal em decorrência da prática de vários delitos de roubo, artigo 157 do Código Penal Brasileiro, esta questionou a razão do psicólogo não participar mais do Conselho Disciplinar, pois em sua visão, após o CFP vedar a participação do psicólogo em tal procedimento, o julgamento tornou-se mais injusto, já que as condenações parecem ter ficado mais severas, por não considerar o contexto em que a falta teria sido cometida. O que sugere que as ponderações e avaliações do psicólogo durante o Conselho Disciplinar eram levadas em consideração no sentido de humanização do tratamento dado à denúncia do sujeito.

Em certo sentido, a avaliação psicológica no contexto prisional não deve diferir dos outros contextos em que a avaliação psicológica é utilizada. Esta deve compreender as fases da avaliação: observação, entrevista, formulação de hipóteses, aplicação dos métodos psicométricos e programa de tratamento. Em nossa experiência neste campo de atuação entendemos que alguns aspectos devem ser abordados nestas avaliações psicológicas:

1) As relações familiares/afetivas: É importante entender em que bases afetivas estes sujeitos se desenvolveram; identificar se a família ou sua substituta supria as necessidades afetivas do sujeito. A família representa o primeiro grupo social a que o sujeito é inserido e espera-se que esse grupo propicie um desenvolvimento saudável sob o ponto de vista físico, psíquico, moral e também espiritual.

2) Vida laboral: Na população carcerária brasileira, com frequência, as atividades laborais dos sujeitos eram exercidas na informalidade, em funções que normalmente não exigem uma profissionalização e por isso mesmo têm uma baixa remuneração.

3) Transtornos psiquiátricos: A literatura e a experiência apontam que alguns crimes são cometidos em decorrência de surtos psicóticos, depressões etc.

4) Dependência química e/ou álcool: A maior parte dos sujeitos que se encontram atualmente presos tem algum tipo de envolvimento com drogas; ora como dependentes químicos e/ou de álcool, ora como comerciantes destas, ou ambos. Ao longo dos anos, a droga tem sido uma das grandes responsáveis pela entrada de diversos sujeitos na criminalidade.

5) Escolaridade: A população carcerária brasileira costuma apresentar baixo nível de escolaridade, o que, com frequência, explica também as atividades laborais informais e a baixa remuneração. Investigar as razões do alto índice de evasão escolar e as perspectivas do sujeito quanto à educação são aspectos extremamente relevantes, tanto para pensar na ressocialização como também para identificar a presença ou não de condutas antissociais desde a infância, já que a escola é um

espaço onde este tipo de comportamento é recorrente e motivador da expulsão e/ou evasão.

6) Inserção em grupos sociais: Sabe-se que o ser humano é um ser social e, como tal, é latente a necessidade de convivência com outros sujeitos que compõem a rede social do indivíduo. Normalmente essa rede tem início quando o sujeito nasce e é inserido no seio familiar, que constitui o seu primeiro grupo social. Posteriormente, esse grupo se expande e agrega outros grupos, como escolar, trabalho, grupos de encontro para o lazer e/ou prática de esportes, grupos religiosos e, no contexto que estamos trabalhando, há que se pensar também no grupo de relações criminosas.

7) Desenvolvimento de valores humanos: O conjunto de valores que o sujeito forma ao longo do seu desenvolvimento determina seu modo de interação com o mundo que o circunda e consigo mesmo.

8) Aspectos cognitivos: Atenção, senso de percepção, orientação, vivência do tempo e espaço, memória, vontade, psicomotricidade, consciência, pensamento, linguagem, inteligência, juízo da realidade, vivência do eu, afeto e comportamento.

9) Projetos futuros e a consistência desses projetos: Alguns sujeitos procuram traçar metas e objetivos para o seu futuro de forma bastante organizada, realista e produtiva, contando inclusive com as dificuldades enfrentadas por se tratar de um "ex-presidiário". Outros, no entanto, não planejam o futuro ou não traçam metas e objetivos executáveis, apresentando uma pobreza e limitação de ideias acerca de seu futuro.

10) Violência doméstica: O relato de vivências de violência doméstica em suas quatro formas (física, psicológica, sexual e negligência) é bastante recorrente entre os sujeitos privados de liberdade e diversas pesquisas já apontaram que este fato marca o desenvolvimento biopsicossocial do sujeito, podendo provocar danos severos à sua vida.

11) Motivação para o crime: É importante identificar os aspectos que influenciam a escolha do sujeito para o crime. Em alguns casos essas escolhas são motivadas por grandes conflitos familiares, sociais, psíquicos, econômicos, entre outros. Cite-se, como exemplo, o relato de um sujeito que matou o próprio pai quando este tentava matar a sua companheira, no caso, a mãe do sujeito. Ou ainda outro caso, em que o indivíduo estuprou as filhas dos sujeitos que o haviam estuprado na infância.

12) Agressividade: Alguns indivíduos apresentam tendência a condutas agressivas, tanto contra si mesmo como contra o ambiente que o circunda. Eles lançam mão da agressividade como uma forma de se defender do ambiente, que é percebido como ameaçador, bem como de suas próprias angústias, medos, frustrações etc.

13) Labilidade: Deve-se levar em consideração se a instabilidade emocional do sujeito é fruto do contato com o ambiente prisional, que é bastante hostil, ou se constitui um traço de sua personalidade. Frequentemente, no início do cumprimento da pena, encontram-se indivíduos que se sentem extremamente ameaçados e o seu estado emocional oscila entre o mau humor, a revolta, o medo e até um otimismo incoerente com suas reais perspectivas de obtenção de liberdade. Esta instabilidade, muitas vezes, é percebida como ameaçadora da ordem e das normas pelo setor de segurança da unidade prisional, tornando o sujeito alvo de uma vigilância ainda maior.

14) Tolerância à frustração: É importante que o sujeito aprenda a adiar sua própria satisfação. Em muitos casos essa dificuldade acontece porque, no decorrer da vida, o sujeito não encontrou resistência ou dificuldades quando queria algo, mesmo que precisasse burlar as normas e, ao burlá-las, não era punido. Estando no sistema prisional o sujeito mantém o mesmo padrão de comportamento, entretanto, em muitos casos o seu comportamento é deflagrado e denunciado à Comissão Disciplinar, que deverá julgá-lo. Caso esta comissão entenda que o sujeito cometeu uma falta, deverá aplicar as sanções previstas na LEP. Cite-se como exemplo uma presa que vive constantemente em castigo em de-

corrência das faltas cometidas e, assim, praticamente não mantém contato com o mundo externo.

15) Responsabilização: Como dito anteriormente, o sujeito deve ser capaz de assumir as consequências dos seus atos, apropriando-se legal e subjetivamente dos fatos que o levaram à prisão. Implicar-se no processo e não responsabilizar o sistema penitenciário, familiar, jurídico ou qualquer outro por suas atitudes e escolhas reflete suas possibilidades de reposicionamento em sua relação cotidiana com a sociedade, como um sujeito de direitos e deveres.

16) Temor à punibilidade: Apesar do CFP ter vedado que o psicólogo faça "aferição de periculosidade", é importante ressaltar que alguns sujeitos declaram não ter o desejo de abandonar a vida criminal, que é percebida por ele como promotora de *status* social e onde o sujeito se sente plenamente realizado. Dito isso, várias histórias e rostos saltam à nossa memória, pessoas cujas entradas e saídas do sistema prisional são recorrentes e fazem parte do estilo de vida que "escolheram" para si. Nestes casos, traçar um prognóstico de reincidência seria mesmo tão incoerente? Afinal, o sujeito é quem a declara?

17) Reações mediante as figuras de autoridade: Algumas pessoas passam pela vida negando e não reconhecendo a autoridade de qualquer outra pessoa. Assim, vivem em conflito com aqueles que representam a autoridade (pais, professores, diretores das unidades prisionais, agentes penitenciários etc.) nos contextos em que estejam inseridos.

Além de todos os aspectos apresentados, vale ressaltar que, ao se optar por fazer uso da testagem psicológica, deve-se considerar também a avaliação qualitativa: os dados observacionais de como o sujeito realiza a tarefa podem identificar padrões de respostas perseverativas, impulsivas, estereotipias, bem como a presença de *tics*, maneirismos etc. É necessário ressaltar que ainda não existe no Brasil um teste válido que contemple todos os aspectos que foram apontados como importantes de serem avaliados no contexto prisional e alguns serão identificáveis a partir da observação e durante a(s) entrevista(s) realizada(s) com o sujeito.

Faz-se indispensável destacar que os critérios de avaliação sugeridos neste trabalho não devem se limitar à fundamentação da perícia judicial, mas principalmente no embasamento do Programa Individualizado de Ressocialização, que deve traçar um prognóstico psicológico para o indivíduo, já que este deve ser pensado a partir das demandas específicas de cada sujeito. A condução do tratamento e/ou acompanhamento psicológico de um sujeito com algum transtorno de personalidade difere das intervenções que devem ser feitas em um sujeito com déficit cognitivo, por exemplo. Neste último caso o psicólogo ainda tem a responsabilidade de intervir no seu processo de aprendizagem, em parceria com a educação.

Para a realização da avaliação psicológica faz-se necessário que o profissional seja detentor de algumas competências, o que, num certo sentido, o tornaria especialista neste campo de atuação. Apontamos a seguir algumas competências que, em nossa experiência, julgamos necessárias para uma avaliação psicológica eficaz:

• Ter conhecimento não apenas da área psicológica, mas também do sistema penitenciário e de outros saberes (Direito, Serviço Social, Antropologia, Sociologia, Criminologia etc.) e temas que se relacionam com esse campo de atuação (violência doméstica, dependência química e etílica etc.).

• Ter conhecimento sobre a fundamentação teórica básica em educação para valores, em cultura da paz e em Direitos Humanos, pois estes fundamentos também embasarão o trabalho do psicólogo com vistas à ressocialização.

• Ter conhecimentos sólidos sobre psicopatologia.

• Ter conhecimentos sobre os fundamentos básicos dos processos cognitivos.

• Ter domínio da psicometria e de um referencial teórico interpretativo.

• Ter domínio dos procedimentos para aplicação, levantamento e interpretação do(s) instrumento(s) utilizado(s).

• Ter ciência de que os resultados da avaliação psicológica devem ser interpretados levando-se em consideração diversas variáveis do sujeito, como: idade, sexo, nível intelectual, personalidade e nível de funcionalidade.

Consideramos que alguns cuidados são essenciais durante uma avaliação psicológica no contexto prisional, para que as falhas e os danos provocados ao sujeito sejam mínimos ou inexistentes. São eles:

• Verificar se não existem dificuldades específicas da pessoa para realizar o teste, sejam elas físicas ou psíquicas.

• Utilizar o teste dentro dos padrões referidos por seu manual.

• Cuidar da adequação do ambiente, do espaço físico, do vestuário dos aplicadores e de outros estímulos que possam interferir na aplicação.

• Explorar o atendimento lançando mão não somente dos testes psicológicos, mas também da observação e da entrevista, escutando o sujeito em sua totalidade.

• Considerar que o indivíduo não se limita ao(s) crime(s) cometido(s) e que o profissional está diante de um sujeito possuidor de uma história pessoal que merece ser escutada.

• Pautar sua atuação nos requisitos éticos determinados pelo Conselho Federal de Psicologia, por meio do código de Ética Profissional e das resoluções afins.

Frequentemente observam-se alguns erros sendo cometidos durante a avaliação psicológica no contexto prisional:

• Seleção inadequada de instrumentos, que normalmente está relacionada à não formulação prévia de hipóteses diagnósticas.

• "Endeusamento" dos testes psicológicos, considerando estes como suficientes para o diagnóstico e desprezando a observação e a entrevista.

• Interpretação meramente quantitativa dos resultados, menosprezando os dados qualitativos.

- Ausência de diagnóstico funcional para delineamento do programa individualizado de ressocialização.
- Falta de um espaço físico adequado para a realização da avaliação psicológica.
- Avaliação psicológica pautada em um único atendimento.
- Falta de capacitação do profissional para lidar com a avaliação psicológica.

Como a proposta deste livro envolve uma relação entre teoria e prática, relataremos a seguir um caso de avaliação psicológica em contexto prisional.

## Breve relato de caso

A avaliação psicológica sendo realizada por uma equipe multidisciplinar possibilita uma amplitude de visão acerca do sujeito avaliado. Neste contexto, a responsabilidade é partilhada com os demais profissionais que compõem a equipe, ao mesmo tempo em que converge para um diagnóstico mais preciso, construído a partir dos vários saberes e propiciando, assim, tomadas de decisões mais assertivas na promoção da saúde e dos Direitos Humanos. Em suma, promovendo a ressocialização e a inclusão do indivíduo privado de liberdade. Diante do exposto, passamos a relatar um caso de avaliação de cessação de periculosidade, em que é possível observar o trabalho da equipe multidisciplinar.

O paciente W. foi condenado a 11 anos de prisão, porém, no decorrer do cumprimento de pena, ao ser submetido a exame criminológico, a equipe constatou que o mesmo apresentava sinais de sofrimento mental e o encaminhou para tratamento psiquiátrico. Diante de tais fatos, o juiz determinou a transformação de sua pena em Medida de Segurança, o que ocorreu dois anos e dez meses após sua condenação em 2001.

Os pais de W., que residiam a 600km de onde ele se encontrava preso, resolveram fixar residência nos arredores da cidade, para estarem próximos do filho e acompanharem o seu tratamento. W. está em tratamento desde outubro de 2004, já tendo sido submetido a dois exames para constatar a cessação de sua periculosidade, o que não ocorreu, apesar do tratamento. Em sua última avaliação, a equipe de perícias concluiu que, como o quadro que acomete o municiando é permanente, é necessário manter tratamento psiquiátrico regular por toda a vida e que a modulação do regime de internação para ambulatorial seria possível, tendo em vista o apoio psicossocial que W. recebe.

O Exame Criminológico foi realizado utilizando o Teste das Pirâmides Coloridas de Pfister, o Teste de Zulliger, a entrevista e a observação. Este caso é um exemplo de como a avaliação psicológica feita com instrumentos adequados e por profissionais capacitados pode trabalhar a favor do infrator e da sociedade.

Para concluir a avaliação psicológica de W. tivemos três encontros nos quais aplicamos os testes e o entrevistamos, contudo sua fala desconexa e delirante nos levava a pensar que estávamos defronte a um esquizofrênico. Seus pais foram chamados para relatar sua história de desenvolvimento até o momento em que foi preso, e na fala deles W. vinha apresentando comportamento estranho meses antes de cometer o crime. Implicava falar e brigar sozinho, esconder-se dizendo que havia gente o perseguindo e gritar muito durante a noite. Após cada profissional (psicólogo, assistente social e psiquiatra) ter atendido W., tivemos duas reuniões para discussão do caso e chegamos à conclusão que estávamos diante de um caso de Esquizofrenia Paranoide, CID F20.0. Dentro do sistema prisional utilizamos os testes que são oferecidos e quando sentimos necessidade de outros testes disponibilizamos do nosso próprio material. No caso W. os testes aplicados, Pirâmides Coloridas de Pfister e Zulliger, foram satisfatórios.

Como resultado apresentado no teste Pirâmides Coloridas de Pfister que nos levou a levantar a hipótese de Esquizofrenia, podemos citar:

• A criação de dois (2) tapetes furados, denotando fortes indícios de perturbação grave proveniente de dissociações no curso do pensamento.

• Aumento do branco, indicando predisposição ou presença de perturbações graves, como é o caso das psicoses, sendo sua presença negativa tanto em termos diagnósticos quanto prognósticos.

• Aumento do verde e do violeta, sendo que essa combinação compromete o equilíbrio emocional.

- Aumento significativo da Síndrome de Normalidade indicando grande esforço para garantir o equilíbrio e aparentar uma pseudo normalidade, muitas vezes à custa de mecanismos constritivo-inibitórios.

- A Síndrome Fria aumentada, fato observado nos quadros patológicos com características esquizoides.

O paciente recusou o Zulliger dizendo: *"esses monstros vão ficar me perseguindo. Não quero olhar pra eles"* (sic).

Na discussão do caso, o psiquiatra relata "os delírios de cunho persecutório e a fala desconexa", o que acaba sendo confirmado pela entrevista feita pela Assistente Social com os pais, visto que estes disseram que o filho começou a ter "comportamentos estranhos como falar e brigar sozinho, como se alguém estivesse perto dele". A partir desses dados, o diagnóstico foi fechado em equipe.

## Considerações finais

O período de formação em Psicologia estimula o aguçamento da nossa percepção sobre o outro e sobre nós mesmos, fato que nos leva a fazer uso constante de termos como subjetividade, individualidade e singularidade. Todavia, somos instruídos a respeito do fato de que a construção do nosso ser se dá na relação com o outro e com o meio. Nesse processo de emergência do "eu" há uma expectativa social sobre o papel que devemos desempenhar. Desvirtuar-se desse papel pode trazer consequências muito sérias. Uma dessas consequências, pensada a partir do surgimento do Estado, é o encarceramento. Ainda não conseguimos apontar com muita clareza em qual momento do desenvolvimento humano e quais fatores são predominantes na perda do laço social ideal. Convidamos, então, o leitor a apreciar conosco o fragmento da obra a seguir:

> *Cada detento uma mãe, uma crença.*
> *Cada crime uma sentença.*
> *Cada sentença um motivo, uma história de lágrima,*
> *sangue, vidas e glórias, abandono, miséria, ódio,*
> *sofrimento, desprezo, desilusão, ação do tempo.*
> *Misture bem essa química.*

*Pronto: eis um novo detento*
*Lamentos no corredor, na cela, no pátio.*
*Ao redor do campo, em todos os cantos.*
*Mas eu conheço o sistema, meu irmão, hã...*
*Aqui não tem santo.*

Racionais MC's[9]

O trecho exposto foi extraído da música "Diário de um detento", composta por um dos grupos mais tradicionais do *rap* brasileiro. Esses versos dizem um pouco do universo constituinte da história de vida de boa parte dos "desajustados". Expressa, assim, em forma de arte, atenua um pouco a realidade presente no ambiente carcerário, não pelo conteúdo dos versos, mas pela estrutura poética. O foco da avaliação psicológica no contexto prisional é descrever esse mesmo quadro, pautado em mecanismos científicos, direcionado a sujeitos singulares e expresso em linguagem condizente com a esfera do direito. Como na composição em destaque, essa também não é uma tarefa fácil. Requer sensibilidade, observação, diálogo, conhecimento amplo do sistema penal e de outros saberes, manejo para lidar com testes psicológicos e capacidade de agregar tudo isso em um documento ético, claro e conciso. Ademais, é preciso, também, saber lidar com as pressões externas, com os atravessamentos institucionais, com o preconceito daqueles que não conseguem vislumbrar o quão complexo é o trabalho com indivíduos privados de liberdade.

Retornando a questão do laço social, mantemos a esperança de que é possível restabelecê-lo. Para tanto, entendemos que é necessário trabalhar tanto o sujeito como seu contexto, seja nos níveis micro, meso ou macro. Todavia, as grandes transformações nos níveis meso e macro demandam muito esforço, tempo, investimento, enfim. Resta-nos atuar, de maneira mais imediata, junto ao sujeito e junto ao seu contexto micro.

Enquanto psicólogos, desenvolvemos habilidades e instrumentos para lidar com essa complexa situação. Aprimoramos ainda mais as nossas intervenções quando fomos convocados para atuar em instituições que abrigam os sujeitos que não conseguiram manter seu laço com a sociedade.

---

9. Trecho da música *Diário de um detento* (1998). Interpretação: Racionais MC's. Composição: Mano Brown. CD Sobrevivendo o inferno. Gravadora Cosa Nostra.

Neste capítulo procuramos descrever, da forma mais clara possível, como se dá a atuação do psicólogo junto ao sistema prisional. Iniciamos o trabalho descrevendo sucintamente as análises desse universo feitas por Foucault (1987) e Goffman (2001). A seguir tratamos das divergências institucionais entre o Direito e a Psicologia. Resumimos como a avaliação psicológica se adequou ao contexto prisional, destacando suas especificidades quando inserida nesse contexto. Apontamos o discurso incoerente que a sociedade mantém acerca do indivíduo autor de atos ilícitos e, consequentemente, privado de liberdade. Finalizamos destacando a prática da avaliação psicológica no contexto prisional, citando um caso real. Salientamos que a avaliação psicológica nesse contexto, assim como nos demais, não deve se basear apenas na mera aplicação de testes, mas deve fundamentar-se principalmente na entrevista e na observação para o levantamento de hipóteses e posterior checagem destas, podendo ou não fazer uso de testes psicométricos validados pelo CFP. A checagem das hipóteses é de extrema importância, por se apresentar como a possibilidade de integração dos diversos saberes presentificados em uma equipe multidisciplinar.

Acreditamos que o grande questionamento talvez não devesse estar na avaliação psicológica propriamente dita, mas nas limitações que o contexto impõe ao profissional. A exigência deveria ser no sentido de propiciar melhores condições de trabalho para a realização de uma avaliação psicológica de qualidade.

Promover capacitação profissional; investir em pesquisas de campo no contexto prisional, inclusive em instrumentos psicométricos adequados ao contexto prisional; dar lugar à singularidade e autonomia, tanto dos profissionais quanto dos sujeitos abrigados nestas instituições, promovendo a "desinstitucionalização" e a "apropriação do Eu" etc. são demandas urgentes, que emergem como um grito que é sufocado por aqueles que apresentam uma constante necessidade de demonstração de poder e que poderiam fazer uma diferença positiva e não o fazem por atenderem meramente a interesses escusos. Fica a indagação: Quem irá ouvir esse grito? Certo é que uma coisa não nos tiraram: a esperança de construirmos uma sociedade mais livre e justa, utilizando a avaliação psicológica como um instrumento que liberta o sujeito preso dentro dele mesmo e não como um instrumento meramente punitivo.

# Referências

Araújo, C.T.L., & Menezes, M.A. (2003). Execução penal, exame criminológico e apreciação dos indicadores de potencial criminógeno. In S.P. Rigonatti, A.P. Serafim, & E.L. Barros (Orgs.). *Temas em Psiquiatria Forense e Psicologia Jurídica* (pp. 229-246). São Paulo: Vetor.

Bandeira, M.B.B., Camuri, A.C., & Nascimento, A.R. (2011). Exame criminológico: Uma questão ética para a Psicologia e para os psicólogos. *Mnemosine*, 7(1), 27-61.

Branco, T.C. (2010). O exame de periculosidade do agente e a criminalização da doença mental no direito brasileiro, apontamentos críticos. *Anais do XIX Encontro Nacional do CONPEDI* (pp. 1.061-1.067). Fortaleza.

Carvalho, S. (2008). A atuação dos psicólogos no sistema penal. In H.S. Gonçalves, & E.P. Brandão (Orgs.). *Psicologia Jurídica no Brasil* (pp. 141-156). Rio de Janeiro: Nau.

Conselho Federal de Psicologia [CFP] (2010). *Resolução n. 9 de 29 de junho de 2010*. Regulamenta a atuação do psicólogo no sistema prisional. Recuperado de http://www.pol.org.br/pol/export/sites/default/pol/legislacao/legislacaoDocumentos/resolucao2010_009.pdf

Conselho Federal de Psicologia [CFP] (2010). *Resolução n. 19 de 2 de setembro de 2010*. Suspende os efeitos da resolução 009/2010, que regulamenta a atuação do psicólogo no sistema prisional, pelo prazo de seis meses. Recuperado de http://www.pol.org.br/pol/export/sites/default/pol/legislacao/legislacaoDocumentos/resolucao2010_019.pdf

Conselho Federal de Psicologia [CFP] (2011). *Resolução n. 12 de 25 de maio de 2011*. Regulamenta a atuação da(o) psicóloga(o) no âmbito do sistema prisional. Recuperado de http://www.pol.org.br/pol/export/sites/default/pol/legislacao/legislacaoDocumentos/resolucao_012-11.pdf

Correia, L.C., Lima, I.M.S.O., & Alves, V.S. (2007). Direitos das pessoas com transtorno mental autoras de delitos. *Cadernos de Saúde Pública*, 23(9), 1.995-2.012.

Foucault, M. (2007). *Vigiar e punir: História da violência nas prisões*. (Ramalhete, R. Trad.). Petrópolis: Vozes. (Original publicado em 1975.)

França, F. (2004). Reflexões sobre Psicologia Jurídica e seu panorama no Brasil. *Psicologia: Teoria e Prática, 6*(1), 73-80.

Goffman, E. (2001). *Manicômios, prisões e conventos* (7a ed.). (Leite, D.M., Trad.). São Paulo: Perspectiva. (Original publicado em 1961.)

Governo do Estado de Minas Gerais (2004). *Resolução n. 742 de 10 de março de 2004 da Subsecretaria de Administração Penitenciária/Secretaria de Estado de Defesa Social (SEDS).* Aprova o regulamento disciplinar penitenciário do Estado de Minas Gerais. Recuperado de http://www.sindaspmg.org.br/REDIPRI.pdf

Huss, M.T. (2011). *Psicologia Forense: Pesquisa, prática clínica e aplicações* (pp. 19-64). (Rosa, S.M.M. da, Trad.). Porto Alegre: Artmed. (Original publicado em 2009.)

Kolker, T. (2008). A atuação dos psicólogos no sistema penal. In H.S. Gonçalves, & E.P. Brandão (Orgs.). *Psicologia Jurídica no Brasil* (pp. 157-204). Rio de Janeiro: Nau.

Lago, V.M., Amato, P., Teixeira, P.A., Rovinski, S.L.R., & Bandeira, D.R. (2009). Um breve histórico da Psicologia jurídica no Brasil e seus campos de atuação. *Estudos de Psicologia (Campinas), 26*(4), 483-491.

*Lei n. 7.210* (1984, 11 de julho). Institui a Lei de Execução Penal. Recuperado de http://www.planalto.gov.br/ccivil_03/leis/L7210compilado.htm

*Lei n. 10.792* (2003, 01 de dezembro). Altera a Lei n. 7.210, de 11 de junho de 1984 – Lei de Execução Penal e o Decreto-lei n. 3.689, de 3 de outubro de 1941 – Código de Processo Penal e dá outras providências. Recuperado de http://www.planalto.gov.br/ccivil_03/leis/2003/L10.792.htm

Mecler, K. (2010). Periculosidade: Evolução e aplicação do conceito. *Revista Brasileira de Crescimento e Desenvolvimento Humano, 20*(1). Recuperado de http://pepsic.bvsalud.org/scielo.php?script=sci_arttext&pid=S010412822010000100010&lng=pt&nrm=iso>. Acesso em 9 maio 2013.

Mediação de Conflitos. (2009). *Programa Mediação de Conflitos* (pp. 56-62). Belo Horizonte: Ius.

Ocampo, M.L.S., & Arzeno, M.E.G. (1999). Entrevistas para a aplicação de testes. In E.G. Piccolo (Org.). *O processo psicodiagnóstico e as técnicas projetivas* (9a ed., pp. 36-47). (Felzenszwalb, M., Trad.). Bueno Aires: Martins Fontes (Original publicado em 1979.)

Rovinski, S.L.R. (2007). A avaliação psicológica no contexto forense. In J.C. Alchieri (Org.). *Avaliação psicológica: Perspectivas e contextos* (pp. 7-24). São Paulo: Vetor.

Rovinski, S.L.R. (2008). Pesquisa psicológica na área forense. In J.A. Cunha (Org.). *Psicodiagnóstico V* (5a ed., pp. 183-195). Porto Alegre: Artmed.

*Capítulo 11*
# Avaliação psicológica em Orientação Profissional e de Carreira no Brasil: instrumentos disponíveis e evidências empíricas

*Sonia Regina Pasian*
*Lucy Leal Melo-Silva*
*Erika Tiemi Kato Okino*

## Introdução

A preocupação com a qualidade técnico-científica dos instrumentos de avaliação psicológica já se manifesta há muitos anos no cenário internacional. Pesquisas importantes foram realizadas (Hambleton, 2005; Van de Vijver & Poortinga, 2005, Muñiz & Bartram, 2007) no sentido de aprimoramento de parâmetros básicos que permeiam os instrumentos psicológicos, como a validade, a precisão e a construção de normas avaliativas (Anastasi & Urbina, 2000; Urbina, 2007) para cada contexto sociocultural de utilização, obedecendo aos cuidados necessários para adaptação de instrumentos (Lilienfeld et al., 2000; Van de Vijver & Poortinga, 2005).

Em 1999, a *International Test Comission* (ITC) adotou formalmente as Diretrizes Internacionais para a Utilização de Testes, publicando-as, oficialmente, em 2000. O objetivo principal deste documento "é a melhora da qualidade da utilização que os profissionais fazem dos testes" (ITC, 2000, 2003) e também, em longo prazo, aprimorar a formação dos utilizadores dos instrumentos de avaliação psicológica, estabelecendo competências e critérios de exigência para uso dos mesmos. A intenção dos organizadores deste minucioso documento era a de desenvolver orientação aos profissionais que utilizam a avaliação psicológica, não se constituindo como um conjunto de regras impositivas de conduta profissional na área, respeitando-se, assim, os respectivos códigos profissionais nacionais já existentes em cada país com respeito a este tema.

No cenário brasileiro este tipo de preocupação agudizou-se na passagem do século XX para o século XXI, em consonância com o cenário internacional, provocando importantes debates relativos ao uso de instrumentos de avaliação psicológica e suas consequências na prática profissional cotidiana, nos diferentes campos de sua aplicação. Como parte desse processo de aprimoramento dos recursos técnicos utilizados no Brasil, o Conselho Federal de Psicologia (CFP) publicou as resoluções 25/2001 e 002/2003, com o objetivo de definir e regulamentar a elaboração e comercialização de testes psicológicos. Tomou, para tanto, como referência básica os documentos: (a) *Guidelines on Adapting Tests* (ITC, 2000); (b) *Guidelines on Test Use* (ITC, 2000); (c) *Standards for Educational and Psychological Testing*, publicado em 1999 pela *American Educational Research Association* e *American Psychological Association* e *National Council on Measurement in Education* e (d) *Guidelines for Educational and Psychological Testing*, publicado em 1996 pela *Canadian Psychological Association*. A partir dessas resoluções, houve grande estímulo para melhorias no acervo de testes psicológicos disponíveis para comercialização e para uso pelos psicólogos brasileiros, uma vez que os parâmetros psicométricos anteriormente discutidos passaram a receber minuciosa atenção nas análises da Comissão Consultiva de Avaliação Psicológica do CFP (CFP, 2001; 2003).

Neste contexto de maior rigor no uso das técnicas de avaliação psicológica no Brasil, o presente capítulo objetiva: (a) sistematizar informações relativas aos procedimentos adotados em avaliação psicológica no contexto da Orientação Profissional e de Carreira (OPC) brasileira; (b) exemplificar processo de aprimoramento técnico-científico de instrumento de avaliação psicológica, recorrendo ao caso do Teste de Fotos de Profissões de Achtnich (BBT-Br), apresentando sua fundamentação teórica e estudos de sua validade convergente com outro instrumento de avaliação de interesses profissionais (no caso, Questionário de Busca-Autodigirida – SDS).

306

## Avaliação psicológica no contexto da Orientação Profissional e de Carreira

Os processos de Orientação Profissional e de Carreira (OPC), no Brasil, encontram-se embasados em diferentes referenciais teórico-metodológicos. De acordo com a orientação desenvolvimentista de carreira, a OPC apresenta-se como uma ajuda profissional que visa ao favorecimento de escolhas ocupacionais (Super & Bohn Júnior, 1980).

Ao pensar de forma mais abrangente sobre os processos de escolha profissional, Melo-Silva e Jacquemin (2001) e Melo-Silva, Lassance e Soares (2004) argumentaram que a OPC constituir-se-ia num processo auxiliar às pessoas na tomada de decisões, em qualquer momento de sua trajetória profissional. Assim, a avaliação psicológica poderia funcionar como processo facilitador do aprimoramento da compreensão da dinâmica psicológica e social do indivíduo que procura orientação, conquistando uma posição de relevante contribuição na prática profissional do psicólogo. Abrangeria não somente uma compilação de testes, mas de diferentes estratégias técnicas, a saber: entrevistas, observações, análises funcionais e instrumentos específicos e bem-direcionados (Leitão, 2004; Teixeira & Lassance, 2006). Com base nesta perspectiva, a adequada identificação das necessidades individuais e o bom uso dos instrumentos de avaliação psicológica, pertinentes aos objetivos delineados para a intervenção (Noronha et al., 2002), eleva a responsabilidade dos profissionais da área, reforçando a importância da formação em OPC e em avaliação psicológica (Lassance et al., 2007).

Somado a este empenho no aprimoramento técnico-científico dos procedimentos, há que se lembrar o consenso relativo à necessidade do correto diagnóstico inicial das vivências dos indivíduos que procuram OPC, de modo a possibilitar intervenção adequada e assertiva sobre a problemática (Barros, 2005). O diagnóstico, incluindo recursos da avaliação psicológica, portanto, seria o primeiro passo em qualquer processo interventivo (Cunha, 2000). Daí, portanto, decorreria a importância de sua adequação metodológica e técnica também nessa área da OPC, assim como nos demais campos da Psicologia.

Os psicólogos que atuam em OPC deparam-se constantemente com a necessidade de aprimoramento teórico e técnico da tarefa diagnóstica, competência especializada prevista pela *International Association for Educational and Vocational Guidance* (IAEVG) e pelas diretrizes brasileiras para a formação nesta área. Como afirmam Repetto-Talavera, Liévano, Soto, Ferrer-Sama e Hiebert (2004), uma das competências especializadas do orientador é realizar *diagnóstico*, como demonstra a seguinte passagem de seu trabalho:

> [...] análise das características e necessidades dos indivíduos ou grupos para os quais o programa é dirigido, e também dos contextos nos quais elas estão inseridas, incluindo todos os agentes envolvidos. O objetivo é integrar e avaliar dados dos inventários, testes, entrevistas, escalas e outras técnicas que medem capacidades, aptidões, barreiras, papéis de vida, interesses, personalidade, valores, atitudes, realizações educacionais e habilidades de um indivíduo, bem como outras informações relevantes. Essa especialização inclui as competências relacionadas, porém distintas da interpretação de testes, isto é, explicar para o cliente os resultados de uma avaliação e suas implicações (Repetto-Talavera et al., 2004, p. 5).

Para planejar programas mais apropriados de OPC, a literatura científica aponta que é preciso avaliar a pessoa e seu problema e, assim, definir a melhor estratégia e o nível de aprofundamento da intervenção, como também avaliar as intervenções (Melo-Silva, 2011). O processo de avaliação psicológica da pessoa, foco deste capítulo, desenvolve-se por diferentes estratégias técnicas, de natureza e princípios específicos, a depender do modelo teórico adotado.

A escolha e a utilização das estratégias técnicas adequadas às demandas específicas das pessoas são diretamente dependentes dos modelos de intervenção implementados nos diversos serviços (Melo-Silva & Jacquemin, 2001; Melo-Silva et al., 2004). Dentre essas estratégias, pode-se afirmar que a avaliação psicológica configura-se como *"instrumento de base para ajudar os indivíduos a realizarem suas escolhas"* (Duarte, 2008, p. 139) e deve ser compreendida como um processo integrador de determinantes situacionais e características pessoais do indivíduo. Em outras palavras, trata-se de um processo dinâmico, que auxilia as pessoas na compreensão interpretativa de suas necessidades, inseridas num processo contínuo de desenvolvimento que se dá ao longo da vida.

Segundo Duarte (2008), o processo avaliativo (em termos psicológicos) em muito ultrapassa a antiga visão de que avaliar se resume, simplesmente, na aplicação de um conjunto de procedimentos para medição das capacidades do indivíduo, comparando-o ou adequando-o às características exigidas por determinada profissão. É preciso ter em vista que esse processo visa à obtenção de informações que irão ajudar o profissional e o indivíduo avaliado num momento de tomada de decisões (Fensterseifer & Werlang, 2008). A avaliação psicológica aplicada aos processos de OPC exige, portanto, cuidadosa seleção dos instrumentos, a partir dos objetivos da avaliação, sua orientação teórica, a capacitação do avaliador, as características do sujeito (Fensterseifer & Werlang, 2008) e a situação na qual ele se encontra, para que os resultados sejam compreendidos e utilizados de forma correta.

No Brasil, os orientadores profissionais que fazem uso dos recursos da avaliação psicológica como parte do processo de OPC enfrentam também outra problemática de ordem prática. Esta dificuldade está relacionada, sobretudo, às qualidades psicométricas dos instrumentos, constituindo-se em dificuldade instrumental a ser superada, como bem apontaram Melo-Silva e Jacquemin (2001) e Jacquemin, Melo-Silva e Pasian (2002), entre outros pesquisadores. Há também a necessidade de contínua formação e atualização profissional para o adequado uso destes recursos, muitas vezes limitados em válida utilização no cotidiano do trabalho dos psicólogos por déficits de conhecimento técnico-científico. Estas evidências ressaltam, portanto, a importância dos estudos psicométricos das técnicas de avaliação psicológica a serem aplicadas, como forma de contribuição para sua melhoria e também da qualificação do profissional que fará uso das mesmas.

Essas questões técnicas já foram explanadas por Draime e Jacquemin (1989) e, mais tarde, por Noronha et al. (2002), Hutz (2002) e Bandeira, Trentini, Winck e Lieberknecht (2006), entre outros, no sentido de atribuírem os motivos de múltiplos questionamentos aos instrumentos de exame psicológico à inadequada utilização dos mesmos. Outros pesquisadores (Noronha, Primi & Alchieri, 2004; Noronha & Alchieri, 2005) também reafirmaram a importância da qualificação profissional e a ausência de estudos psicométricos da grande maioria dos testes psicológicos disponíveis no Brasil até 2003, sobretudo daqueles materiais utilizados de modo recorrente em processos de OPC. Este panorama colaborou para o desenvolvimento, ao longo da história das práticas de OPC, de preconceitos por parte da população e também dos próprios psicólogos com relação aos instrumentos de avaliação psicológica. Além disso, antes da resolução 25/2001 e 002/2003 do Conselho Federal de Psicologia (CFP, 2001, 2003), muitos instrumentos desatualizados e sem embasamento científico eram livremente comercializados e utilizados por muitos profissionais, sem a preocupação com estudos de validade e/ou padronização ao contexto sociocultural brasileiro.

Ao discutir a relevância e os limites dos processos psicodiagnósticos dentro da OPC, Melo-Silva e Jacquemin (2001) enfatizaram a necessidade de se utilizar instrumentos tecnicamente qualificados aos propósitos desse tipo de intervenção. Essa ideia também é reforçada por Savickas (2004), sucessor de Super, ao afirmar que a avaliação psicológica, adequada ao contexto da OPC e às características do indivíduo, possibilita ao psicólogo acesso a dados mais objetivos sobre a dinâmica vivenciada pelo cliente, obviamente inserido em seu ambiente social.

Em um esforço de realizar um levantamento a respeito dos parâmetros psicométricos de inventários de interesse profissional, Otatti e Noronha (2003) examinaram os testes psicológicos comercializados no Brasil no início do século XXI. Tomaram como critério para avaliar as técnicas psicológicas, as diretrizes da International Test Comission (ITC) e a versão adaptada do Questionário para Avaliar a Qualidade dos Testes (Prieto & Muniz, 2000). Este estudo verificou baixa qualidade técnica em quase todos os instrumentos psicológicos avaliados. A maioria dos problemas referia-se à ausência de estudos de validade, precisão e normas, fatores estes que comprometem gravemente a confiabilidade dos resultados.

A ênfase clínica praticada no Brasil nesta área remeteu, historicamente, a menor rigor na sistematização dos instrumentos utilizados, gerando descrédito aos procedimentos avaliativos. A partir de 2000, no entanto, o Conselho Federal de Psicologia implementou amplo processo de revisão das práticas de avaliação psicológica no Brasil, instituindo o Sistema de Avaliação de Testes Psicológicos (SATEPSI). Foi destacada a necessidade de pesquisas a respeito das qualidades técnicas (em especial psicométricas) dos instrumentos de avaliação psicológica utilizados no Brasil, paralelamente ao processo de aprimoramento na formação profissional dos orientadores nesta área, de modo a otimizar seus recursos técnicos e suas práticas de intervenção. Exemplo desta vertente de investigação científica será descrito a partir do Teste de Fotos de Profissões BBT-Br, detalhando-o em termos históricos e achados empíricos no Brasil. Antes disso, contudo, apresentar-se-á um retrato, a partir dos dados disponíveis em maio de 2012, referente aos testes psicológicos com parecer favorável do CFP (CFP, 2012) e que focalizam dimensões envolvidas em práticas de Orientação Profissional e de Carreira.

Nesta consulta realizada na lista divulgada no sítio do SATEPSI em maio de 2012[10], verificou-se que entre os instrumentos de avaliação psicológica aprovados, somente nove são mais direcionados ao uso em Orientação Profissional e de Carreira, relacionados a seguir em ordem cronológica de sua aprovação.

(a) EMEP – Escala de Maturidade para a Escolha Profissional (Neiva, 1999), parecer favorável de 06/11/2003.

(b) BBT-Br – Teste de Fotos de Profissões. Forma masculina (Jacquemin, 2000), parecer favorável de 06/11/2003. Forma feminina (Jacquemin et al., 2006), parecer favorável de 13/08/2005.

(c) QUATI – Questionário de Avaliação Tipológica (Zacharias, 2003), parecer favorável de 06/11/2003.

(d) EAP – Escala de Aconselhamento Profissional (Noronha, Sisto & Santos, 2007), parecer favorável de 06/07/2007.

(e) HumanGuide (Welter, 2007), parecer favorável de 24/04/2009.

(f) IAO – Inventário de Avaliação Ocupacional (Sofal, 2007), parecer favorável de 09/05/2008.

(g) AIP – Avaliação dos Interesses Profissionais (Levenfus & Bandeira, 2009), parecer favorável de 24/04/2009.

---

10. Atualizada em maio de 2012 (www.pol.org/satepsi). Acesso em: 29 de maio de 2012.

(h) SDS – Questionário de Busca Autodirigida (Primi, Mansão, Muniz & Nunes, 2010), parecer favorável de 26/11/2009.

(i) EAE-EP – Escala de Autoeficácia para Escolha Profissional (Rodolfo Ambiel, 2012), parecer favorável 03/12/2011.

Destaca-se, portanto, que os referidos testes psicológicos atendem aos critérios estabelecidos pelas resoluções normativas do CFP, incluindo evidências empíricas, no contexto brasileiro, de validade, precisão e referenciais normativos para o contexto sociocultural e finalidade pretendida. Portanto, ao profissional atuante na área de OPC é recomendável o desenvolvimento de competências para o uso adequado e ético dos recursos de avaliação psicológica. Isso implica aprendizagem técnica, metodológica e ética, não se dando apenas por experiência prática cotidiana. Significa manter-se atualizado em relação às decisões do CFP, que são dinâmicas e circunscritas também em termos temporais.

Associada à atualização técnico-científica dos procedimentos de avaliação psicológica, há que existir também aprimoramento no tocante ao desenvolvimento conceitual e teórico da área. Nessa perspectiva, ao analisar modelos de avaliação psicológica no campo da OPC, Sparta, Bardaggi e Teixeira (2006) apontam a existência de duas grandes diretrizes: (a) modelo centrado no resultado (abordagem traço e fator, portanto, tipológica) e (b) modelo centrado no processo. Para os referidos autores, esse esquema seria útil para conhecer e refletir sobre a história da OPC e sua repercussão na prática profissional, não se constituindo, no entanto, como uma taxonomia da avaliação psicológica nesse campo do conhecimento. Esses autores, ao detalhar aspectos desses dois referidos esquemas de avaliação psicológica na área de OPC, apontam que o modelo centrado no resultado enfocaria a identificação de características individuais (como inteligência, aptidões, interesses e personalidade) a partir de testes psicológicos. Nesse modelo, o trabalho procuraria combinar resultados dos instrumentos de avaliação psicológica com características e ambientes ocupacionais, a partir do perfil do orientando. A abordagem teórica de sustentação dessa vertente seria a Teoria Traço e Fator, sendo a OPC baseada em conceitos da Psicologia Diferencial e da Psicometria.

No entanto, este modelo incorporou avanços científicos e uma visão dinâmica do desenvolvimento vocacional, agregando relevantes contribuições, por exemplo, da Teoria da Personalidade Vocacional de Holland (1996, 1997). Abriram-se, portanto, perspectivas para o desenvolvimento e a utilização de novos instrumentos de avaliação psicológica, como no caso do Questionário de Busca Autodirigida SDS, estudado no Brasil por Primi et al. (2010).

A partir da segunda metade do século XX houve um declínio e modificação no uso dos testes psicológicos no campo da OPC, ainda segundo Sparta et al. (2006), estimulando-se abordagens centradas nos processos de orientação em si. Nessa perspectiva os instrumentos de avaliação psicológica podem ser utilizados, como os testes psicológicos, porém a ênfase está na aprendizagem sobre o processo de escolha do orientando, inclusive a profissional. Desse modo, vários processos de adaptação e de desenvolvimento de novos instrumentos auxiliares aos processos de OPC foram desenvolvidos, incluindo a modificação em modos de uso dos materiais já disponíveis, interpretados dentro do contexto sociocultural vivenciado pelo orientando. Em conclusão, apontam que o Brasil encontra-se num patamar onde várias necessidades são apontadas para o avanço da área de OPC. Destacam as seguintes perspectivas:

(a) Qualificar os instrumentos de avaliação psicológica, conforme diretrizes do CFP no Brasil.

(b) Disponibilizar as pesquisas e os instrumentos aos profissionais, ou seja, desenvolver estratégias de aproximação entre a pesquisa e as práticas em OPC.

(c) Formar adequadamente profissionais da OPC.

Para retratar estas perspectivas de aprimoramento dessa área no contexto brasileiro faz-se importante citar uma passagem deste trabalho de Sparta, Bardaggi e Teixeira (2006). Em suas palavras:

> Em conclusão, a Orientação Profissional no Brasil precisa incorporar de maneira mais enfática, em suas teorias e práticas, aspectos relacionados à avaliação psicológica, independentemente da abordagem utilizada. Em especial, a formação dos orientadores deve salientar a importância da avaliação como recurso que permite o planejamento das intervenções e a verificação do progresso obtido com o trabalho de orientação (pp. 28-29).

Apesar da utilidade dos instrumentos de exame psicológico no processo de OPC, seu uso deve ser contextualizado e bem-definido, sobretudo diante da complexidade inerente aos processos de decisão na vida, como é a escolha ocupacional. Esta escolha precisa ser examinada sob a ótica dos múltiplos fatores que a determinam. De acordo com Anastasi e Urbina (2000), avaliar características (como interesses e atitudes) dos indivíduos que procuram a OPC pode ser de importância fundamental, uma vez que eles representam aspectos relevantes da personalidade. Considerar as características de personalidade como base primordial no processo de escolha profissional é uma forte vertente observada em relevantes trabalhos de investigação científica desta área, os quais ressaltam a importância de se considerar aspectos constituintes da personalidade como fatores fundamentais no processo de escolha de carreira.

Esta vertente de pesquisa tem sido objeto de vários estudiosos há muitas décadas, sobretudo a partir de 1970, podendo-se destacar dois deles: John L. Holland (nos Estados Unidos) e Martin Achtnich (na Suíça). Esses dois pesquisadores e clínicos da OPC desenvolveram estratégias empíricas para fundamentar práticas eficazes nesta área. Embora contemporâneos em suas iniciativas, trabalharam de forma paralela, sem interlocução registrada. Para ambos, as características de personalidade são compreendidas como aspectos determinantes nos processos de escolha profissional, embora não exclusivos. Desta forma, argumentaram que, ao desempenhar suas atividades profissionais, o indivíduo estaria satisfazendo suas necessidades psíquicas, manifestando suas características de personalidade. Dentro desta concepção, a harmonia entre estas demandas internas e os elementos da realidade profissional seriam condições favorecedoras de preservação da saúde mental do indivíduo (Achtnich, 1991; Holland, 1997; Okino & Pasian, 2010).

## A Teoria de Achtnich e o Teste de Fotos de Profissões (BBT-Br)

Dando seguimento à linha investigativa de associações entre personalidade e interesses como variáveis significativas no processo de escolha ocupacional, a serem examinadas na OPC, o Teste de Fotos de Profissões ou *Berufsbilder-Test* (BBT), elaborado por Martin Achtnich

(1986, 1991), tem se destacado como recurso útil e válido, sobretudo na realidade brasileira. Trata-se do único método projetivo de avaliação psicológica utilizado em OPC, com parecer favorável para uso e comercialização no contexto brasileiro.

Achtnich (1986, 1991) elaborou o seu instrumento de avaliação das inclinações motivacionais (BBT) reconhecendo, por sua ampla prática em atendimentos clínicos, estreita ligação entre a satisfação das necessidades do indivíduo e seu sucesso profissional e pessoal, resultantes da integração das características de personalidade e dos interesses. Para esse autor, a gratificação básica da estrutura de inclinações motivacionais do indivíduo em atividades laborais ou cotidianas seria um elemento favorecedor de sua saúde mental, representando um aspecto de preservação da própria vida. Para Achtnich (1991), as inclinações motivacionais corresponderiam às tendências que os interesses e as necessidades individuais assumiriam no percurso da vida, passíveis de modificação em função de variáveis internas ou do contexto sociocultural, possuindo, portanto, uma natureza de permeabilidade e de desenvolvimento, superando aspectos determinísticos do comportamento humano.

O BBT é um instrumento projetivo composto por 96 fotos de profissionais no exercício de sua profissão, apresentando-se nas versões masculina e feminina. Este teste foi introduzido no Brasil por André Jacquemin na década de 1980 e propõe-se a avaliar as tendências motivacionais do indivíduo, informando sobre suas estruturas (primária e secundária) de interesses e de rejeições de atividades profissionais. Pode ser aplicado com eficiência em processos de OPC (Jacquemin & Pasian, 1991) em função da riqueza das informações e hipóteses interpretativas decorrentes de sua correta utilização (Noce, Okino, Assoni & Pasian, 2006; Pasian & Jardim-Maran, 2008).

Achtnich (1986, 1991) hipotetizou a existência de oito fatores (chamados radicais de inclinação) como elementos básicos para classificar as tendências, as aspirações fundamentais e as inclinações essenciais dos interesses e da vida. Esses oito radicais coexistem num mesmo indivíduo, combinados entre si de maneiras múltiplas, no entanto, com a preponderância de uma ou mais tendências. Esses pareamentos entre os fatores e as possíveis combinações fornecem uma estrutura profissional, a qual Achtnich (1991) nomeou de estrutura de inclinação pessoal. Os oito radicais de inclinação foram assumidos como sendo fatores de determinação do comportamento, embora não exclusivos, por reconhecer a influência sociocultural e a realidade imediata concreta das escolhas humanas, inclusive no processo de decisão profissional. De forma sintética, poder-se-ia apresentar esses oito radicais componentes da personalidade e das motivações humanas conforme informações apresentadas na Tabela 1, retiradas de Okino (2009, p. 66).

De acordo com Okino (2009), a estrutura de inclinação motivacional do indivíduo seria constituída a partir da combinação desses radicais entre si. Achtnich (1986, 1991) afirmava que qualquer atividade profissional poderia ser caracterizada como sendo multifatorial, não podendo ser representada por somente um dos radicais. Essa concepção definiu a composição das fotos do BBT, as quais foram estruturadas de maneira a representarem uma estrutura bifatorial, a saber: um fator primário (representando a atividade principal em foco e apresentado em letra maiúscula) e um fator secundário (representando o objeto profissional e os instrumentos da atividade em foco, apresentado em letra minúscula). Para exemplificar, a foto 11 foi tecnicamente proposta como representativa de Sk (fator principal S e secundário k) representado, neste caso, pela foto do motorista de caminhão (profissional em ação) na versão masculina e enfermeira na versão feminina.

*Tabela 1 Caracterização dos oito fatores (radicais de inclinação) de Achtnich (1991) e seus ambientes e instrumentos de preferência*

| Fator | Características | Ambiente / Instrumento |
|---|---|---|
| W | Necessidade do toque, de estar em contato com outro de forma amável e afetuosa, de colocar-se à disposição do outro. Revela sensibilidade e subjetividade. | Seu ambiente favorecedor de satisfação é o contato pessoal, manifestando-se, de modo preferencial, no trabalho com o corpo, com crianças e materiais macios. |
| K | Necessidade de utilização da força física, da agressividade, da perseverança, do controle e da imposição aos que estão a sua volta. | Seu ambiente caracteriza-se por elementos de força e de rudeza. Prefere exercício de trabalhos físicos desgastantes (bater, cavar, serrar) e trabalho com materiais resistentes (martelo, faca, machado). |

| | | |
|---|---|---|
| S | Trata do senso social, dividido em duas vertentes relacionadas:<br><br>$S_H$: caracteriza-se pela necessidade de ajudar e cuidar do outro.<br><br>$S_E$: caracteriza-se pela energia psíquica, dinamismo, pela necessidade de movimento, busca por mudanças, gosto pelo risco e pelo imprevisto, procura por soluções. | $S_H$: Seu ambiente favorece ações de ajuda.<br><br>$S_E$: Preferência por ambientes de vida e de trabalho onde sejam necessários a energia psíquica, o dinamismo, a movimentação e as mudanças. |
| G | Imaginação criativa, raciocínio abstrato, intuição, inspiração e ideias. | Seu ambiente favorece o desenvolvimento do raciocínio abstrato, voltado à investigação, criação do conhecimento, pesquisa. |
| Z | Necessidade de mostrar-se, estar em evidência, valorização de si e de seu trabalho, apreço ao belo e apuro estético. | Seu ambiente favorece a exposição direta de si ou de seu trabalho, possibilitando contatos que satisfaçam sua necessidade estética. |
| V | Necessidade de objetividade em suas relações, raciocínio lógico, conhecimento, organização, racionalidade e precisão. | Seu ambiente prima pela organização dos elementos que o compõem, de forma lógica e prática, na busca da otimização do rendimento. |
| M | Necessidade de lidar com o concreto da realidade, com limpeza e com fatos passados. Pode apresentar-se sendo paciente, conservador, econômico, avesso a inovações, nostálgico, apegado ao passado e a pessoas. Relaciona-se às características da fase anal, descritas pela psicanálise. | Preferência por trabalhar com a matéria (substâncias químicas, dinheiro, terra, secreções), com limpeza (sujeira e materiais de limpeza) e com fatos passados. |
| O | Trata da oralidade, dividida em duas vertentes:<br><br>$O_R$: necessidade de falar, de comunicar-se com o outro.<br><br>$O_N$: necessidade de alimento, de nutrir e de alimentar. | $O_R$: Seu ambiente favorece o contato interpessoal, por meio do contato verbal e da sociabilidade.<br><br>$O_N$: Seu ambiente favorece o envolvimento em atividade ligada à gastronomia e contato com o outro pela alimentação. |

No BBT de Achtnich (1986, 1991), a estrutura de inclinação profissional seria elaborada a partir da análise da classificação das 96 fotos do teste em três grupos distintos: *fotos de preferência* (que agradam o indivíduo), *fotos rejeitadas* (que desagradam) *e fotos indiferentes*. A escolha das fotos por parte do indivíduo seria dirigida não apenas pelos aspectos racionais de suas representações, mas o aplicador deveria enfatizar ao respondente a questão de que sua classificação dos estímulos deveria passar pelas impressões afetivas sobre as fotos. Com isso seria possível avaliar o processo implícito nas decisões dos indivíduos e, portanto, também em sua escolha profissional, fornecendo informações sobre a organização de suas preferências e rejeições em relação a uma diversidade de possibilidades representadas nas fotos (Okino, 2009; Okino & Pasian, 2010).

Num segundo momento da aplicação, o BBT também prevê que o respondente descreva suas impressões sobre as fotos escolhidas, as quais Achtnich (1986, 1991) nomeou de associações. Por meio destas seria possível acessar as percepções e as reflexões que o indivíduo realizou sobre suas escolhas e suas interpretações sobre as mesmas. Isto constitui a possibilidade projetiva desta técnica, onde as peculiaridades interpretativas têm lugar e podem ser devidamente exploradas e, posteriormente, analisadas no conjunto das evidências técnicas obtidas.

A proposição teórica de Achtnich, bem como seu instrumento BBT, embora comprovadamente úteis na prática clínica (Bernardes, 2000; Melo-Silva & Jacquemin, 2000; Melo-Silva, Noce e Andrade, 2003; Noce, 2003, 2008), alcançaram, até o momento, inserção técnica circunscrita em OPC, apesar de sua relevância e reconhecimento como método projetivo de avaliação psicológica no Brasil (Bandeira et al., 2006; Sparta et al., 2006; Nascimento, 2007).

Com base no conjunto das considerações prévias e na tentativa de contribuir com o aprimoramento científico dos instrumentos de avaliação psicológica utilizados em OPC, configurou-se como profícua a possibilidade de interseções entre a Teoria da Personalidade Vocacional de Holland (1997) e o Modelo das Inclinações Motivacionais de Achtnich (1991), contrapondo-se evidências empíricas de seus dois instrumentos de avaliação psicológica, a saber: o Questionário de Busca Autodirigida (*Self Direct Search*, SDS – Primi, Mansão, Muniz & Nunes (2010), utilizando-se sua forma adaptada ao Brasil) e o Teste de Fotos de Profissões BBT (Achtnich, 1991, utilizando-se já suas formas adaptadas ao Brasil, denominadas BBT-Br). Apesar das especificidades do SDS e do BBT-Br, ambos se dispõem a examinar o mesmo construto (interesses profissionais) dentro de uma perspectiva estrutural (ou tipológica). Os tipos psicológicos do SDS (pessoa e ambiente) são: Realista, Intelectual, Artístico, Social, Empreendedor e Convencional, representados pelo acrônimo RIASEC. Os dois métodos pressupõem, como ponto de partida, que características de personalidade, disposições afetivas e emocionais têm reflexo nas escolhas motivacionais (e profissionais) ao longo do desenvolvimento humano, favorecendo ou não a satisfação de necessidades pessoais e o equilíbrio interno.

Essas análises permitiram a visualização de uma proximidade teórica entre o BBT e o SDS, fato este que motivou a elaboração e o desenvolvimento do estudo de Okino (2009), com foco principal na verificação de evidências da validade do BBT-Br. Desta forma, considerou-se relevante e necessário, por meio de breve descrição dos achados deste trabalho, ilustrar caminhos de aprimoramento técnico-científico necessários aos instrumentos de avaliação psicológica utilizados em OPC no Brasil, atendendo às sugestões de Sparta, Bardaggi e Teixeira (2006) e às orientações profissionais vigentes em nosso país (CFP, 2010, 2011).

## Estudo de convergência entre BBT-Br e Questionário de Busca Autodirigida (SDS)

O trabalho que desenvolveu esta proposta investigativa, de modo detalhado, constituiu-se no Doutorado da terceira autora (Okino, 2009; Okino & Pasian, 2010) deste capítulo, sob orientação da primeira autora, ilustrando minuciosamente os passos tomados para os achados presentemente elaborados, constando como obra de base a ser consultada. Assim, para se verificar as possibilidades de convergência entre resultados do SDS (Holland, 1997) e do BBT-Br (Achtnich, 1991), com objetivo de apresentar evidências de validade convergente deste último, foram calculados os coeficientes de correlação de *Pearson* entre a frequência de escolhas positivas nos oito radicais de inclinação do BBT-Br (W, K, S, Z, G, V, M, O) e os resultados das preferências pelos tipos psicológicos (RIASEC) do SDS de 497 estudantes do terceiro ano do Ensino Médio público de Ribeirão Preto (SP). Esta análise foi realizada, de modo independente, para o grupo masculino ($n = 202$) e para o grupo feminino ($n = 295$). Esta análise correlacional entre os resultados das duas técnicas de avaliação psicológica procurou validar a convergência entre BBT-Br e SDS, como referido, tomando-se como critério-padrão as evidências (já confirmadas pela literatura científica; p. ex.: Mansão & Yoshida, 2006; Okino, Teixeira & Pasian, 2010) relativas ao instrumento de Holland (SDS).

Os protocolos do SDS foram analisados de acordo com recomendações constantes em seus referenciais técnicos (Holland, 1997; Primi et al., 2010). Em princípio, foi preenchida uma folha de apuração para cada protocolo com o intuito de verificação do Código de Holland de cada um dos participantes. A seguir estes resultados foram digitados em planilha de programa computacional (SPSS, versão 16.0) para desenvolvimento das análises estatísticas pertinentes.

Quanto aos protocolos do BBT-Br, todos foram sistematizados segundo padronização apresentada em seus respectivos manuais técnicos (Achtnich, 1991; Jacquemin, 2000; Jacquemin et al., 2006). O posicionamento dos adolescentes (escolha positiva, negativa ou neutra) diante de cada uma das 96 fotos do BBT-Br foi registrado em banco de dados em programa computacional especificamente desenvolvido para este instrumento, possibilitando o acesso a dados individuais/globais de produtividade (número de escolhas positivas, negativas e neutras) e a estrutura de inclinação de cada indivíduo e/ou de um grupo de indivíduos, em função das variáveis sexo, idade e origem escolar. Esta planilha dos dados foi transportada posteriormente para planilhas do programa computacional SPSS (versão 16.0), permitindo o processo de análises estatísticas. Os resultados foram preliminarmente organizados de forma descritiva e, a seguir, interpretados em função de seu referencial normativo disponível na literatura nacional (Achtnich, 1991; Jacquemin, 2000; Jacquemin et al., 2006).

Levando-se em consideração os objetivos deste capítulo e o fato de que o BBT-Br e o SDS (CE) foram aplicados em um mesmo evento e a uma mesma amostra de 497 adolescentes, optou-se pela utilização do Coeficiente de Correlação de *Pearson* (Dancey & Reidy, 2006). Os resultados advindos desta análise estão apresentados na Tabela 2 (participantes do sexo masculino) e na Tabela 3 (participantes do sexo feminino). A avaliação dos dados foi realizada tomando-se como base os parâmetros de análise psicométrica apresentados por Pasquali (2003), Dancey e Reidy (2006) e Sisto (2007).

Considerou-se o índice de correlação igual a 0,30 como ponto de corte para a devida análise das associações significativas encontradas nos atuais resultados. Foi possível observar na Tabela 2 (Okino, 2009; Okino & Pasian, 2010) que, entre os participantes do sexo masculino, o tipo Realista apresentou índices de correlação com os radicais K, S, V e M, sendo que a mais alta ocorreu com o radical K. Estas evidências sugerem, assim, uma direta e forte associação do radical K do BBT-Br ao tipo Realista do SDS, confirmando as características de força, logicidade, pensamento prático, boa coordenação motora, racionalidade e capacidade mecânica a elas atribuídas na construção teórica de Achtnich (1991).

Tabela 2  Índices de correlação (Pearson) entre os resultados das escalas do SDS (CE) e os radicais do BBT-Br (escolhas positivas) nos estudantes do sexo masculino do terceiro ano do Ensino Médio (n = 202)

| Tipos SDS | Radicais BBT | | | | | | | |
|---|---|---|---|---|---|---|---|---|
| | W | K | S | Z | G | V | M | O |
| Realista | 0,261** | 0,536** | 0,367** | 0,142* | 0,271** | 0,406** | 0,371** | 0,185** |
| Investigativo | 0,231** | 0,134 | 0,254** | 0,199** | 0,435** | 0,367** | 0,172* | 0,115 |
| Artístico | 0,218** | 0,092 | 0,235** | 0,559** | 0,421** | 0,107 | 0,200** | 0,268** |
| Social | 0,417** | 0,129 | 0,416** | 0,396** | 0,423** | 0,285** | 0,325** | 0,396** |
| Empreendedor | 0,165* | 0,138* | 0,240** | 0,266** | 0,229** | 0,372** | 0,127 | 0,420** |
| Convencional | 0,281** | 0,054 | 0,169* | 0,195** | 0,254** | 0,418** | 0,129 | 0,284** |

* $p \leq 0,05$; ** $p \leq 0,01$

O tipo Intelectual do SDS, por sua vez, apresentou correlações significativas moderadas (acima de 0,30) com os radicais G e V do BBT-Br. Esta correlação significativa confirma as possibilidades de interpretação do radical G do BBT-Br como referentes ao pensamento abstrato, criatividade, originalidade e interesse em atividades de pesquisa, já consolidadas como hipóteses plausíveis para o tipo Intelectual de Holland, aqui adotado como critério de construto teórico.

Por sua vez, o tipo Artístico de Holland apresentou índices de correlação significativa (acima de 0,30) com os radicais Z e G. Confirmam-

-se, deste modo, as possibilidades interpretativas dos radicais Z e G do BBT-Br como significativamente associadas a características de apuro estético e apreciação do belo, acompanhadas de elementos de criatividade, intuição e emotividade, propostas por Achtnich (1991).

O tipo Social do SDS apresentou índices significativos de correlação com os radicais G, W, S, Z, O e M sendo que as mais altas ocorreram com os radicais G, W e S. Essas evidências confirmam as possibilidades interpretativas do radical S, principalmente em sua vertente *Sh* do BBT-Br, no sentido de expressões sinalizadoras de interesse em atividades que englobam criatividade, raciocínio abstrato, interesse por estudo e pesquisa, relações interpessoais, atenção e delicadeza no cuidado com o outro, ajuda humanitária, sensibilidade, empatia e delicadeza.

Quanto ao tipo Empreendedor, pode-se observar, pela Tabela 2, que ocorreram correlações significativas (acima de 0,30) com os radicais O e V do BBT-Br. Essa aproximação retrata representações de necessidades motivacionais caracterizadas pelo interesse por atividades que envolvam relacionamentos interpessoais, habilidade verbal, motivados pelo dinamismo, entusiasmo e extroversão, permeados pela lógica, precisão e organização do pensamento, como teoricamente proposto por Achtnich (1991).

Por fim, a partir da análise das correlações do tipo Convencional do SDS com o BBT-Br foi possível verificar correlação significativa com o radical V. Este dado pode inferir a existência de sustentação empírica para fundamentar o sentido interpretativo dado ao radical V no BBT-Br, sinalizando marcas de organização, raciocínio lógico, rigidez, conservadorismo e apreço por bens materiais, típicos das características atribuídas ao tipo Convencional de Holland (1997).

A Tabela 3 (Okino, 2009; Okino & Pasian, 2010) apresenta os índices de correlação entre os resultados do SDS e o BBT-Br, encontrados no grupo feminino. Entre os participantes do sexo feminino, o tipo Realista apresentou índices de correlação com os radicais K, V, Z, M e G, sendo que a mais alta, assim como na amostra masculina, ocorreu com o radical K. Estes resultados sugerem forte associação do tipo Realista do SDS com o radical K e associações moderadas com os radicais V, M e Z do BBT-Br, confirmando as características de força, logicidade, pensamento prático, boa coordenação motora, racionalidade, capacidade mecânica, permeadas pelo apuro estético, características atribuídas na construção teórica de Achtnich (1991).

Tabela 3 *Índices de correlação (Pearson) entre os resultados das escalas do SDS (CE) e os radicais do BBT-Br (escolhas positivas) nos estudantes do sexo feminino do terceiro ano do Ensino Médio (n = 295)*

| Tipos SDS | Radicais BBT | | | | | | | |
|---|---|---|---|---|---|---|---|---|
| | W | K | S | Z | G | V | M | O |
| Realista | 0,123* | 0,523** | 0,207** | 0,347** | 0,312** | 0,399** | 0,365** | 0,206** |
| Investigativo | 0,065 | 0,187** | 0,231** | 0,142** | 0,474** | 0,330** | 0,300** | 0,110** |
| Artístico | 0,171** | 0,213** | 0,182** | 0,495** | 0,313** | 0,230** | 0,200** | 0,183** |
| Social | 0,204** | 0,035 | 0,514** | 0,242** | 0,362** | 0,151** | 0,171** | 0,339** |
| Empreendedor | 0,156** | 0,192** | 0,148* | 0,321** | 0,228** | 0,348** | 0,093 | 0,274** |
| Convencional | 0,081 | 0,137* | 0,148* | 0,214** | 0,259** | 0,496** | 0,145* | 0,259** |

*$p \leq 0,05$; ** $p \leq 0,01$

O tipo Investigativo do SDS, por sua vez, apresentou correlações significativas moderadas (acima de 0,30) com os radicais G, V e M do BBT-Br. A mais alta correlação ocorreu com o radical G, confirmando as possibilidades de interpretação deste radical G como referentes ao pensamento abstrato, criatividade, originalidade, interesse em atividades de pesquisa. Considerando-se a correlação com os radicais V e M, pode-se afirmar que estas características de criação e investigação são permeadas pela lógica e praticidade, cuja rotina pode envolver o manuseio de substâncias, investigações de fatos históricos.

Quanto ao tipo Artístico do SDS, apresentou índices de correlação significativa (acima de 0,30) com os radicais Z e G. Confirmam-se, assim, as possibilidades interpretativas dos radicais Z e G do BBT-Br como significativamente associadas a características de apuro estético e apreciação do belo, acompanhadas de elementos de criatividade, intuição e emotividade, propostas por Achtnich (1991).

O tipo Social do SDS apresentou índices significativos de correlação com os radicais S, G e O, sendo que a mais alta ocorreu com o radical S. Essas evidências confirmam as possibilidades interpretativas do radical S, principalmente em sua vertente *Sh* do BBT-Br, no sentido de expressarem interesse por atividades que englobam relações interpessoais de ajuda focadas no cuidado com o outro, ajuda humanitária, sensibilidade e empatia.

Quanto ao tipo Empreendedor, pode-se observar, pela Tabela 3, que ocorreram correlações significativas (acima de 0,30) com os radicais V e Z do BBT-Br. Essa aproximação retrata representações de necessidades motivacionais caracterizadas pelo interesse por atividades que envolvam o uso da lógica, precisão e organização do pensamento, permeadas pelo apuro estético e necessidade de reconhecimento de si ou por seu trabalho, como teoricamente proposto por Achtnich (1991).

Por fim, a partir das análises correlacionais do tipo Convencional do SDS com o BBT-Br foi possível verificar correlação significativa com o radical V. Este dado pode embasar a existência de sustentação empírica que fundamente o sentido interpretativo atribuído ao radical V no BBT-Br, indicando características marcadas pela organização, raciocínio lógico, rigidez, conservadorismo e apreço por bens materiais, típicos das características atribuídas ao tipo Convencional de Holland (1997).

As evidências correlacionais encontradas, tanto no grupo masculino como no feminino, reforçaram as hipóteses investigativas inicialmente postuladas. O modelo RIASEC de Holland, fortemente reconhecido em termos internacionais, mostrou-se claramente associado com os fatores Achtnich, apontando a convergência do SDS e do BBT-Br em termos de acessibilidade aos interesses de adolescentes, como aqui ficou demonstrado. Reúnem-se, deste modo, indicadores positivos de validade do BBT-Br no contexto brasileiro contemporâneo.

A análise dos resultados permitiu observar grande número de correlações significativas entre os referidos instrumentos de avaliação psicológica, tanto no grupo masculino como no grupo feminino, confirmando-se a convergência entre seus resultados. O tipo Realista do SDS de Holland (1997), no grupo masculino, correlacionou-se, de modo significativo, com os radicais K, V, S e M do BBT-Br, destacando-se que a mais alta ocorreu com o radical K. No grupo feminino, o tipo Realista correlacionou-se com os radicais K, V, M, Z e G do BBT-Br. O tipo Intelectual do SDS, por sua vez, apresentou correlações significativas com os radicais G e V no grupo masculino e radicais G, V e M no grupo feminino, associação que também foi assinalada pelos especialistas. Confirmaram-se, assim, as possibilidades de interpretação do radical G como referente ao pensamento abstrato, criatividade, originalidade e interesse em atividades de pesquisa, já consolidadas como hipóteses plausíveis para o tipo Intelectual de Holland, aqui adotado como critério de construto teórico. Por sua vez, o tipo Artístico de Holland apresentou índices de correlação significativa com os radicais Z e G do BBT-Br nos grupos masculino e feminino, confirmando as possibilidades de aproximação assinaladas pelos especialistas e também a proximidade interpretativa dos radicais Z e G. Estes dois radicais de inclinação motivacional do BBT-Br representariam características de apuro estético e apreciação do belo, acompanhadas de elementos de criatividade, intuição e emotividade, propostas por Achtnich (1991). O tipo Social do SDS apresentou índices significativos de correlação com os radicais G, W, S, Z, O e M no grupo masculino e com os radicais S, G e O no grupo feminino, sendo que a mais alta, em ambos os grupos, ocorreu com o radical S. Na análise dos especialistas, a vertente *Sh* estaria associada ao tipo Social e a vertente *Se* ao tipo Empreendedor. As atuais evidências dos dados de correlação dos fatores do SDS aos do BBT-Br confirmaram as possibilidades interpretativas do radical S, principalmente em sua vertente *Sh*, no sentido de expressões sinalizadoras de interesse por relações interpessoais que envolvam cuidado ao outro, ajuda humanitária, sensibilidade, empatia e delicadeza. Quanto ao tipo Empreendedor, no grupo masculino ocorreram correlações significativas com os radicais O e V do BBT-Br e no grupo feminino, com os radicais V e Z. Essa aproximação pareceu representar necessidades motivacionais caracterizadas pelos contatos interpessoais, logicidade e precisão nas relações humanas, habilidade verbal no grupo masculino. E, no grupo feminino, a logicidade é acompanhada por características de apuro estético, valorização do belo e necessidade de reconhecimento de si ou de seu trabalho, como teoricamente proposto por Achtnich (1991). Para finalizar, observou-se correlações significativas entre o tipo Convencional do SDS com o radical V do BBT-Br, nos grupos masculino e feminino, sinalizando, assim, características de organização, raciocínio lógico, rigidez, conservadorismo e apreço por bens materiais, típicos das características atribuídas ao tipo Convencional de Holland (1997).

Cabe destacar que o ponto forte desta investigação realizada por Okino (2009) refere-se à confirmação da validade do BBT-Br, por meio da análise de validade convergente com o SDS. No histórico dos estudos já realizados com este método projetivo no Brasil, como comentaram Pasian, Okino e Melo-Silva (2007), a carência de investigações dessa natureza representava uma fragilidade para o instrumento. Desde a introdução do BBT no Brasil, na década de 1980, sua utilidade e sua relevância na prática clínica em Orientação Profissional emergiram aos olhos de seus utilizadores, no entanto, de modo pouco sistematizado em termos de evidências empíricas sistematizadas. Os estudos já realizados não possibilitavam esta afirmação, por mais favoráveis que fossem suas evidências clínicas. No entanto, a partir dos resultados encontrados em Okino (2009), tornou-se possível afirmar que o BBT-Br mostrou-se capaz de avaliar exatamente o que se propõe, ou seja, interesses profissionais, expressos na linguagem de Achtnich (1991) como inclinações motivacionais. Considera-se, portanto, que o referido trabalho bem como Okino e Pasian (2010) oferecem colaboração relevante para o aperfeiçoamento da área de avaliação psicológica no contexto brasileiro, atingindo o objetivo de demonstrar esforços investigativos para garantir a qualidade técnico-científica dos processos de avaliação psicológica na área de OPC no Brasil.

Diante dos argumentos apresentados, há que se ponderar que o presente trabalho configura-se como mapeamento e ilustração das possibilidades de contribuição técnico-científica dos instrumentos de avaliação psicológica para processos de OPC. Isso foi exemplificado na descrição de parte da investigação desenvolvida por Okino (2009), como já apontado, procurando oferecer alternativas técnicas e estímulo para que os profissionais envolvidos em OPC se apropriem destes avanços instrumentais disponíveis no Brasil, de modo a poder também favorecer o aprimoramento das intervenções práticas realizadas, favorecendo o desenvolvimento humano e as escolhas ocupacionais satisfatórias e promotoras de saúde mental.

### Referências

Achtnich, M. (1986). *Le BBT, test de photos de professions: Méthode projective pour la clarification de l'inclination professionnelle.* Bruxelas: Editest.

Achtnich, M. (1991). *O BBT, Teste de Fotos de Profissões: Método projetivo para a clarificação da inclinação profissional*. São Paulo: Centro Editor de Testes e Pesquisas em Psicologia.

Anastasi, A., & Urbina, S. (2000). *Testagem psicológica* (7a ed.). Porto Alegre: Artmed.

Bandeira, D.R., Trentini, C.M., Winck, G.E., & Lieberknecht, L. (2006). Considerações sobre as técnicas projetivas no contexto atual. In A.P.P. Noronha, A.A.A. Santos, & F.F. Sisto (Orgs.). *Facetas do fazer em avaliação psicológica* (pp. 125-139). São Paulo: Vetor.

Barros, D.T. (2005). Avaliação psicológica em orientação profissional. In *VII Encontro Mineiro de Avaliação Psicológica (EMAP). Cem anos de criação de testes psicológicos: Teorização e Prática* (p. 10). Belo Horizonte.

Bernardes, E.M. (2000). *O Teste de Fotos de Profissões (BBT) de Achtnich: Um estudo longitudinal com adolescentes*. Dissertação de Mestrado, Faculdade de Filosofia, Ciências e Letras de Ribeirão Preto, Universidade de São Paulo. Ribeirão Preto.

Conselho Federal de Psicologia [CFP] (2001). *Resolução 25/2001*. Recuperado de http://www.pol.org.br

Conselho Federal de Psicologia [CFP] (2003). *Resolução 002/2003*. Recuperado de http://www.pol.org.br

Conselho Federal de Psicologia [CFP] (2010). *Avaliação psicológica: Diretrizes na regulamentação da profissão*. Brasília: Autor.

Conselho Federal de Psicologia [CFP] (2011). *Ano da avaliação psicológica: Textos geradores*. Brasília: Autor.

Cunha, J.A. (2000). *Psicodiagnóstico-V* (5a ed.). Porto Alegre: Artes Médicas Sul.

Dancey, C.P., & Reidy, J. (2006). *Estatística sem matemática para Psicologia: Usando SPSS para Windows* (3a ed.). Porto Alegre: Artmed.

Draime, J., & Jacquemin, A. (1989). Os testes em orientação vocacional e profissional. *Arquivos Brasileiros de Psicologia, 41*(3), 95-99.

Duarte, M.E. (2008). A avaliação psicológica na intervenção vocacional: Princípios, técnicas e instrumentos. In M.C. Taveira, & J.T. Silva

(Coords.). *Psicologia Vocacional: Perspectivas para a intervenção* (pp. 139-157). Coimbra: Imprensa da Universidade de Coimbra.

Fensterseifer, L., & Werlang, B.S.G. (2008). Apontamentos sobre o status científico das técnicas projetivas. In A.E. Villemor-Amaral, & B.S.G. Werlang (Orgs.). *Atualizações em métodos projetivos*. São Paulo: Casa do Psicólogo.

Hambleton, R.K. (2005). Issues, designs, and technical guidelines for adapting tests into multiple languages and cultures. In R.K. Hambleton, P.F. Merenda, & C.D. Spielberger (Eds.). *Adapting educational and psychological tests for cross-cultural assessment* (pp. 3-38). Mahwah, NJ: Lawrence Erlbaum Associates.

Holland, J.L. (1996). Exploring careers with a typology: What we have learned and some new directions. *American Psychologist*, 397-406.

Holland, J.L. (1997). *Making vocational choices: A theory of vocational personalities and work environments* (3a ed.). Lutz: Psychological Assessment Resources (PAR).

Hutz, C.S. (2002). Responsabilidade ética, social e política da avaliação psicológica. *Avaliação Psicológica*, 2, 81-74.

International Test Commission (2000). *ITC Guidelines on adapting tests*. International Test Commission: Autor. Recuperado de http://www.intestcom.org

International Test Commission (2003). *Directrizes Internacionais para a utilização de testes*. Comissão para a Adaptação Portuguesa das Directrizes Internacionais para a Utilização de Testes. International Test Commission: Autor.

Jacquemin, A. (2000). O *BBT-Br: Teste de Fotos de Profissões: normas, adaptação brasileira, estudos de caso*. São Paulo: Centro Editor de Testes e Pesquisas em Psicologia.

Jacquemin, A., Noce, M.A., Assoni, R.F., Okino, E.T.K., Kawakami, E.A., & Pasian, S.R. (2001). O Berufsbilder Test (BBT) de Achtnich: Adaptação brasileira da forma feminina. In *IV Encontro da Sociedade Brasileira de Rorschach e outras técnicas de avaliação psicológica* (p. 130). São Paulo: Casa do Psicólogo.

Jacquemin, A., & Pasian, S.R. (1991). O BBT no Brasil. In M. Achtnich, *O BBT, Teste de Fotos de Profissões: Método projetivo para a clarificação da inclinação profissional* (pp. 208-222). São Paulo: Centro Editor de Testes e Pesquisas em Psicologia.

Jacquemin, A., Melo-Silva, L.L., & Pasian, S.R. (2002). O Berufsbilder-Test (BBT). Teste de Fotos de Profissões em processos de Orientação Profissional. In R.S. Levenfus, & D.H.P. Soares (Orgs.). *Orientação Vocacional Ocupacional: Novos achados teóricos, técnicos e instrumentais pra a clínica, a escola e a empresa* (pp. 247-261). Porto Alegre: Artmed.

Jacquemin, A., Okino, E.T.K., Noce, M.A., Assoni, R.F., & Pasian, S.R. (2006). *O BBT-Br feminino: Teste de Fotos de Profissões: Adaptação brasileira, normas e estudos de caso.* São Paulo: Centro Editor de Testes e Pesquisas em Psicologia.

Lassance, M.C.P., Melo-Silva, L.L., Bardagi, M.P., & Paradiso, A.C. (2007). Competências do orientador profissional: Uma proposta brasileira com vistas à formação e certificação. *Revista Brasileira de Orientação Profissional, 8*(1), 87-93.

Leitão, L.M. (Ed.) (2004). *Avaliação psicológica em orientação profissional e escolar.* Coimbra: Quarteto.

Levenfus, R.S., & Bandeira, D.R. (2009). Avaliação dos Interesses Profissionais (AIP). São Paulo: Vetor.

Lilienfeld, S.O., Wood, J.M., & Garb, H.N. (2000). The scientific status of projective techniques. *Psychological Science in the Public Interest, 1*(2), 27-66.

Mansão, C.S.M., & Yoshida, E.P.M. (2006). SDS – Questionário de Busca Autodirigida: Precisão e validade. *Revista Brasileira de Orientação Profissional, 7*(2), 67-79.

Melo-Silva, L.L., & Jacquemin, A. (1997). L'histoire des cinq photos préférées au BBT à deux momentes du processus d'orientation professionelle. *Reviste de Pedagogie, 12*(1), 65-69.

Melo-Silva, L.L., & Jacquemin, A. (2000). Contribuição para a interpretação do BBT de Martin Achtnich: a história das cinco fotos preferidas. *PSIC: Revista de Psicologia da Vetor Editora, 1*(3), 72-79.

Melo-Silva, L.L., & Jacquemin, A. (2001). *Intervenção em orientação vocacional/profissional: Avaliando resultados e processos*. São Paulo: Vetor.

Melo-Silva, L.L. (2011). Intervenção e avaliação em orientação profissional e de carreira. In M.A. Ribeiro, & L.L. Melo-Silva (Orgs.). *Compêndio de Orientação Profissional e de Carreira*. Vol. 2. São Paulo: Vetor.

Melo-Silva, L.L., Lassance, M.C.P., & Soares, D.H.P. (2004). A orientação profissional no contexto da educação e do trabalho. *Revista Brasileira de Orientação Profissional, 5*(2), 31-52.

Melo-Silva, L.L., Noce, M.A., & Andrade, P.P. (2003). Interesses em adolescentes que procuram orientação profissional. *PSIC: Revista de Psicologia da Vetor Editora, 4*(2), 6-17.

Muñiz, J., & Bartran, D. (2007). Improving International tests and testing. *American Psychological Association, 12*(3), 206-219.

Nascimento, R.S.G.F. (2007). Avaliação psicológica em processos dinâmicos de orientação vocacional individual. *Revista Brasileira de Orientação Profissional, 8*(1), 33-44.

Neiva, K.M.C. (1999). *Escala de maturidade para a escolha profissional (EMEP). Manual*. São Paulo: Vetor.

Noce, M.A. (2003). *O BBT-Br – Teste de Fotos de Profissões: Proposta de versão reduzida da forma masculina e seus padrões normativos*. Dissertação de Mestrado, Faculdade de Filosofia, Ciências e Letras de Ribeirão Preto, Universidade de São Paulo. Ribeirão Preto.

Noce, M.A. (2008). *O BBT-Br e a maturidade para a escolha profissional: Evidências empíricas de validade*. Tese de Doutorado, Faculdade de Filosofia, Ciências e Letras de Ribeirão Preto, Universidade de São Paulo. Ribeirão Preto.

Noce, M.A., Okino, E.T.K., Assoni, R.F., & Pasian, S.R. (2008). BBT – Teste de Fotos de Profissões: Teoria, possibilidades de uso e adaptação brasileira. In A.E. Villemor-Amaral, & B.S.G. Werlang (Orgs.). *Atualizações em métodos projetivos* (pp. 367-390). São Paulo: Casa do Psicólogo.

Noronha, A.P.P., Sisto, F.F., & Santos, A.A.A. (2007). *Escala de Aconselhamento Profissional (EAP)*. São Paulo: Vetor.

Noronha, A.P.P., & Alchieri, J.C. (2005). Reflexões sobre os instrumentos de avaliação psicológica. In R. Primi (Org.). *Temas em avaliação psicológica* (pp. 19-36). São Paulo: Casa do Psicólogo.

Noronha, A.P.P., Primi, R., & Alchieri, J.C. (2004). Parâmetros psicométricos: Uma análise de testes psicológicos comercializados no Brasil. *Psicologia: Ciência e Profissão, 24*(4), 88-99.

Noronha, A.P.P. et al. (2002). Em defesa da avaliação psicológica. *Avaliação Psicológica, 2*, 173-174.

Okino, E.T.K. (2009). *O SDS e o BBT-Br em Orientação Profissional: Evidências de validade e precisão.* Tese de Doutorado, Faculdade de Filosofia, Ciências e Letras de Ribeirão Preto, Universidade de São Paulo. Ribeirão Preto.

Okino, E.T.K., & Pasian, S.R. (2010). Evidências de precisão e validade do Teste de Fotos de Profissões (BBT-Br). *Revista Brasileira de Orientação Profissional, 11*(1), 23-35.

Okino, E.T.K., Teixeira, M.O., & Pasian, S.R. (2010). Estudo de precisão e validade do SDS (CE) em amostras do Brasil e de Portugal. In R. Primi, C.M. Mansão, M. Muniz, & M.F.O. Nunes (Orgs.). *Questionário de Busca Autodirigida / Self-Direct Search (SDS): Manual Técnico da Versão Brasileira.* São Paulo: Casa do Psicólogo.

Ottati, F., & Noronha, A.P.P. (2003). Parâmetros psicométricos de instrumentos de interesse profissional. *Estudos e Pesquisa em Psicologia, 3*(2). Recuperado de http://www.rcvispsi.uerj.br/v3n2/artigo2v3n2.html

Pasian, S.R., & Jardim-Maran, M.L.C. (2008). Padrões normativos do BBT-Br em adolescentes: Uma verificação da atualidade das normas disponíveis. *Revista Brasileira de Orientação Profissional, 9*(1), 61-74.

Pasian, S.R., Okino, E.T.K., & Melo-Silva, L.L. (2007). O Teste de Fotos de Profissões (BBT) de Achtnich: Histórico e pesquisas desenvolvidas no Brasil. *Psico-USF, 12*(2), 173-187.

Pasquali, L. (2003). *Psicometria: Teoria dos testes na Psicologia e na Educação.* Petrópolis: Vozes.

Prieto, G., & Muñiz, J. (2000). *Un modelo para evaluar la calidad de los tests utilizados en España.* Recuperado de http://www.cop.es/vernumero.asp?id=41

Primi, R., Mansão, C.M., Muniz, M., & Nunes, M.F.O. (Orgs.) (2010). *SDS – Questionário de Busca Autodirigida / Self-Direct Search (SDS): Manual Técnico da Versão Brasileira*. São Paulo: Casa do Psicólogo.

Psychological Assessment Resources (2009). *Self-Directed-Search Interpretive Report*. Recuperado de http://www.self-directed-search.com

Repetto-Talavera, E.R., Liévano, B.M., Soto, N.M., Ferrer-Sama, P., & Hiebert, B. (2004). Competências internacionais para orientadores profissionais. *Revista Brasileira de Orientação Profissional, 5*(1), 1-14.

Savickas, M. (2004). Um modelo para avaliação de carreira. In L.M. Leitão (Ed.). *Avaliação psicológica em orientação escolar e profissional* (pp. 21-42). Coimbra: Quarteto.

Sisto, F.F. (2007). Delineamento correlacional. In M.N. Baptista, & D.C. Campos (Orgs.). *Metodologias de pesquisa em ciências: Análises quantitativa e qualitativa* (pp. 90-101). Rio de Janeiro: LTC.

Sparta, M., Bardagi, M.P., & Teixeira, M.A.P. (2006). Modelos e instrumentos de avaliação em orientação profissional: Perspectiva histórica e situação no Brasil. *Revista Brasileira de Orientação Profissional, 7*(2), 19-32.

Super, D.E., & Bohn Junior, M.J. (1980). *Psicologia ocupacional*. São Paulo: Atlas.

Teixeira, M.A., & Lassance, M.C.P. (2006). Para refletir sobre a avaliação psicológica na orientação profissional. *Revista Brasileira de Orientação Profissional, 7*(2), 115-117.

Urbina, S. (2007). *Fundamentos da testagem psicológica*. Porto Alegre: Artmed.

Van de Vijver, F.J.R., & Poortinga, Y.H. (2005). Conceptual and methodological issues in adapting tests. In R.K. Hambleton, P.F. Merenda, & C.D. Spielberger (Eds.). *Adapting educational and psychological tests for cross-cultural assessment* (pp. 39-63). Mahwah, NJ: Lawrence Erlbaum Associates.

Welter, G.M.R. (2007). *HumanGuide: Evidências de validade da versão brasileira*. 2007. 182 f. Dissertação de Mestrado, Universidade São Francisco. Itatiba.

Zacharias, J.J.M. (2003). *Questionário de avaliação tipológica*. Versão II (5a ed.). São Paulo: Vetor.

*Capítulo 12*
# Escolhendo uma profissão: um exemplo de processo de orientação profissional

*Sabrina Martins Barroso*

Assim como em outras áreas relacionadas com a avaliação psicológica, existem várias formas de conduzir processos de orientação profissional (OP). Pode-se conduzir processos individuais ou grupais de OP, utilizando ou não instrumentos formais. O presente relato remete a uma orientação profissional realizada ao longo do ano de 2013, de forma individual e integrativa, sem a utilização de instrumentos de testagem referentes aos aspectos profissionais. São explicitados o contrato fechado com a orientanda, a organização das sessões, os principais temas discutidos e o desfecho do processo.

## Contextualização

A autora foi procurada por uma jovem de 21 anos, aqui chamada de Bia, que relatou estar muito indecisa sobre que profissão seguir. A garota já havia iniciado quatro cursos superiores, todos na área da saúde, mas os abandonava após alguns meses. Essa situação estava gerando grande sofrimento para Bia, que passou a somatizar sua ansiedade por meio de problemas estomacais e estava enfrentando grande pressão familiar para parar de estudar e arrumar um emprego.

## A organização do processo

A psicóloga aceitou conduzir o processo de orientação profissional após explicar a Bia que em uma orientação profissional não se aplica um teste que indica qual a profissão a ser seguida e que o psicólogo não dirá

"Você nasceu para ser X", mas que se conversa sobre temas pertinentes para a escolha profissional e os fatores que estão interferindo na escolha profissional. Acordou-se com Bia que a OP contaria com um período entre 6 e 12 encontros mensais, com duração de cerca de 50 minutos, complementados com atividades para serem desenvolvidas por ela em sua casa.

Pela lógica adotada para conduzir o processo de OP de Bia, imaginou-se a necessidade de nove encontros, focados nos objetivos descritos no Quadro 1. Ao realizar esse tipo de planejamento o psicólogo tem que manter em mente que esse roteiro não é fixo e que deverá ser adaptado ao ritmo e necessidades da pessoa que está em orientação.

| 1º e 2º encontros | Autoconhecimento e investigação das influências na escolha profissional |
|---|---|
| 3º e 4º encontros | Levantamento de interesses profissionais e conhecimento da avalianda sobre as profissões |
| 5º a 8º encontros | Estudo e discussão sobre as características das profissões |
| 9º encontro | Fechamento do processo de OP e *feedback* da avalianda |

*Quadro 1  Planejamento das sessões de orientação profissional*

No primeiro encontro retomou-se com Bia seu entendimento sobre o que é um processo de OP, suas expectativas e realizou-se uma entrevista para melhor conhecê-la. O roteiro da entrevista foi semiestruturado, baseado no modelo que consta do Anexo 1 deste texto. Bia relatou sempre ter se interessado pela área de saúde, mas não sabia dizer o que a atraía nas áreas. Ao longo do Ensino Médio e dos dois anos de cursinho havia considerado cursar Psicologia, Odontologia, Enfermagem, Medicina, Biomedicina, Fisioterapia, Nutrição, Medicina Veterinária e Administração de Empresas. Contou que desistiu de Administração pela falta de perspectiva e de Medicina porque deseja ter rotina em sua vida, coisa que não percebe na prática médica. Prestou o primeiro vestibular para Psicologia em uma instituição particular, mas cursou apenas duas semanas, indicando que "pensou melhor e não quer ouvir problemas dos outros a vida inteira". Relatou que prestou também vestibular para Biomedicina e Fisioterapia. Cursou um semestre de Biomedicina, mas sentiu falta de prática e contato com pessoas. Cursou também dois semestres de Fisioterapia, mas não sentia identificação com a profissão. Relata que ninguém em sua família tem curso superior e que não emitem opiniões sobre suas escolhas, apenas indicaram que após tantas tentativas, pode ser que estudar não fosse a melhor opção para Bia. O pai trabalha com locação e venda de imóveis e gostaria que a filha seguisse na mesma profissão.

Ao final do encontro, a psicóloga resumiu os principais pontos trabalhados, combinou o encontro da semana seguinte e pediu que Bia respondesse em casa um questionário biográfico (Anexo 2).

Bia trouxe o questionário biográfico respondido no segundo encontro e foram discutidas algumas de suas respostas a esse instrumento. Como parte do processo de (auto)conhecimento, trabalhou-se com Bia a técnica do "Curtograma" (Anexo 3) e sobre a relação entre as características vistas como necessárias para cada profissão e as características e gostos relatados pela orientanda. Bia destaca seu atual interesse por Enfermagem, Odontologia e Medicina Veterinária, mas as duas últimas profissões não fazem parte das oferecidas na universidade pública existente na cidade e a orientanda relata que não deseja mudar de cidade (e da casa dos pais) e que não possui dinheiro para cursar uma universidade particular. A orientadora alerta Bia sobre a existência de programas de fomento ao ensino e que esse não poderia ser o único limitador de sua escolha profissional. Como atividade de casa Bia levou um questionário para ser preenchido por sua mãe ou pai (Anexo 4).

No terceiro encontro, a conversa girou sobre as repostas dos pais de Bia ao questionário e nas influências que a orientanda percebia estarem influindo em sua escolha. Cabe destacar que Bia relatou estar mais angustiada e mais confusa, verbalizando que não era isso o que esperava de um processo de OP. Apesar dos esclarecimentos iniciais, Bia relatou acreditar que seria direcionada para UMA profissão, que se encaixaria com sua personalidade. Além de esclarecer novamente como funciona uma orientação profissional, a psicóloga conversou com Bia sobre os motivadores e influências que conseguiu perceber, a saber: a vontade da mãe que alguém na família fosse "doutor", a crença que uma faculdade garante boa rentabilidade, o desinteresse pela profissão do pai, sua afinidade com animais e informações fragmentadas que possuía sobre o trabalho dos profissionais de enfermagem recebidas em uma palestra no curso de preparação pré-vestibular que frequentou. Pediu-se a Bia que buscasse informações sobre todas as profissões que já havia considerado para o próximo encontro.

Bia trouxe pouquíssima informação sobre os cursos, mostrando que não buscou conhecer mais profundamente as profissões e quebrar possíveis crenças equivocadas que tivesse sobre elas. Com base nisso, a conversa no quarto encontro foi direcionada às dúvidas e planos de Bia para o futuro, tomando por base os marcos temporais de seis meses, dois anos, cinco e dez anos. Imaginar-se no futuro mostrou-se muito difícil para a orientanda. Ela repetia "Como assim, daqui dez anos?" ou "Eu me vejo normal" com frequência. Bia pediu para ficar com a folha em que as anotações estavam sendo feitas e completar a tarefa em casa.

O sexto e o sétimo encontros foram destinados a estudar e conversar sobre o material que a orientadora levou para Bia. Havia material sobre todas as profissões que Bia já havia mencionado e também sobre os cursos de Fonoaudiologia, Terapia Ocupacional e Farmácia. Ao final desses encontros Bia descartou vários cursos, permanecendo como possíveis objetos de escolha apenas Medicina Veterinária, Enfermagem e Medicina (que foi reincorporada aos interesses de Bia). Pediu-se a Bia que tentasse conversar com pessoas que exerciam essas três profissões ao longo da semana.

Bia chegou ao oitavo encontro relatando que não conseguiu conversar com os profissionais, mas que procurou vídeos de entrevistas na internet. Diante disso, a conversa nesse dia baseou-se nas perguntas que a garota gostaria de fazer aos profissionais e em como as respostas poderiam influenciar em sua escolha. Em conjunto foi organizada uma lista de perguntas por profissão e a orientadora se comprometeu a buscar profissionais para responder as perguntas de Bia.

Ao longo do nono encontro o tema da conversa foram as respostas dos profissionais. Bia descartou Medicina Veterinária ao ler a resposta do profissional a uma de suas perguntas (*Como saber se eu tenho vocação para veterinária? R: Se você consegue se preocupar mais com o bem-estar dos animais do que com a fofura e a beleza deles, essa pode ser sua profissão.*

*Esse bem-estar pode passar por medicá-los, operá-los e até mesmo sacrificá-los, se necessário. Agora, se você está pensando em veterinária porque gosta de cachorros, compre um cachorro).* Ao longo da conversa Bia concluiu que realmente só gostava de animais e não queria trabalhar com eles. Como permaneciam dúvidas sobre Medicina e Enfermagem, organizou-se uma lista de prós e contras, uma lista de atributos, qualidades, facilidades e dificuldades de cada uma dessas profissões. Nessa semana pediu-se a Bia que pensasse melhor sobre as profissões consideradas em sua casa e buscasse aspectos que ainda não houvessem sido discutidos.

O décimo encontro foi o último. Bia chegou indicando haver optado por cursar Enfermagem, pois admirava a profissão, suas expectativas de rendimento e de rotina eram compatíveis com essa profissão e que não desejava a obrigação de estudar tanto quanto os estudantes de Medicina e nem gostaria de ter vidas sob sua responsabilidade. Trabalhou-se com a orientanda os possíveis impactos dessa escolha, sua possibilidade de mudar de ideia a qualquer momento em sua vida e como viabilizar essa escolha.

Em seu *feedback* Bia relatou que o processo a ajudou a "fazer as perguntas certas" e que embora houvesse muita informação disponível sobre as diversas profissões na internet, conversar sobre o que se lê, esclarecer alguns pontos e saber a opinião dos pais sobre suas qualidades e defeitos havia sido importante para ela. Finalizou-se o processo, desejando a Bia toda a boa sorte em sua recém-tomada decisão.

## Considerações finais

O processo de OP não atende ao imediatismo comum entre as pessoas que desejam ajuda para escolher uma profissão, mas pode ser um importante momento de autoconhecimento e um passo importante para a tomada de uma decisão tão importante quanto a escolha de uma profissão. Ao problematizar as influências subjacentes à escolha e as possibilidades e dificuldades de operacionalizar uma opção profissional, as principais características das profissões e da pessoa que deseja exercê-la, bem como informações sobre as profissões, o profissional auxilia que o orientando foque sua atenção para aspectos relevantes da escolha, que por vezes escapam de sua avaliação solitária.

Vale destacar que a OP não é apenas para a escolha de um curso superior. Esse processo representa uma oportunidade de decisão com embasamento e pode ser solicitado para auxiliar na escolha por um curso superior, técnico ou por não cursar o Ensino Superior ou fazer uma reopção de carreira. Além disso, é necessário relembrar que existem diferentes formas de conduzir esse tipo de processo, que podem variar em formato, duração, foco e custo de realização.

## Referências

Bock, A.M.M. et al. (2011). *A escolha profissional em questão* (3a ed.). São Paulo: Casa do Psicólogo.

Giacaglia, L.R.A. (2000). *Atividades para orientação vocacional*. São Paulo: Pioneira.

Levenfus, R.S., & Soares, D.H. (Orgs.) (2010). *Orientação vocacional ocupacional*. Porto Alegre: Artmed.

Moura, C.B. (2004). *Orientação profissional sob o enfoque da análise do comportamento*. São Paulo: Alínea.

ANEXO 1

**Roteiro de entrevista semiestruturada inicial para orientação profissional**

I – Identificação e desenvolvimento
Nome
Idade
Data de Nascimento
Escolaridade (última série completada)
Onde mora?
Teve alguma doença significativa quando criança?
Fez algum tratamento médico mais severo?
Sofre com insônia ou inapetência (ausência de apetite)?

II – Vida Acadêmica

Estudou em quantas escolas

Matérias que mais gosta (gostava). Por quê?

Matérias que menos gosta (gostava). Por quê?

Matérias que aprende com mais facilidade. Por quê?

Matérias que tem mais dificuldade. Por quê?

Em que matérias tira(tirava) melhores notas?

Em que matérias tira(tirava) piores notas?

Faz(ou fez) algum curso extracurricular? Qual?

Frequenta aulas de reforço? Por quê?

Realiza atividades extraclasse (fora cursos)? Quais?

Tem horário regular de estudo?

Já recebeu algum castigo na escola? Por quê?

Considera-se um bom ou um mau aluno?

Tem alguma lembrança significativa do Ensino Fundamental e do Ensino Médio?

III – Interesses

Quais são as coisas que mais gosta de fazer?

Tem interesse em trabalhos manuais?

Tem interesse em escrever, fazer poesias etc.?

Tem interesse em mecânica?

Tem interesse em atividades ao ar livre?

Tem preferência por ficar em ambientes mais resguardados/fechados?

Como é sua rotina em um dia de semana típico?

Como gosta de passar o tempo livre?

Para o lazer, prefere atividades sozinho(a) ou em grupo?

O que fez no último fim de semana?

IV – Vida Social e família

Com quem você mora?

Qual a ocupação de seu pai?

Qual a ocupação de sua mãe?

Você tem irmãos?

Qual a ocupação/situação escolar dos seus irmãos?

Tem algum parente (família não nuclear) com quem tenha mais contato? Qual a ocupação dele(a)?

Como você se relaciona com seus pais?

Tem mais intimidade com pai ou mãe?

Como é sua relação com seus irmãos?

Tem alguém a quem confidenciaria dificuldades e problemas íntimos? Quem? [Caso não tenha, questionar se gostaria de ter]

Quando tem um problema costuma resolvê-lo sozinho ou busca por ajuda?

Sua família já disse algo sobre sua escolha (ou indecisão) profissional? O quê?

Como era seu relacionamento com os colegas no primário?

Atualmente você tem amigos?

Algum relacionamento afetivo (namorado ou namorada)?

Frequenta algum grupo, clube ou academia?


V – Preferências profissionais e prospecção

Já considerou alguma profissão? Qual?

O que não gostaria de ser/fazer/estudar?

Que características acha mais marcantes na(s) profissão(ões) que já considerou?

Conhece pessoalmente alguém que exerça alguma das profissões que considerou?

Como se vê profissional, social e afetivamente nos próximos 5 anos?

Como se vê profissional, social e afetivamente nos próximos 10 anos?

O que entende por "vencer na vida"?

O que entende por "fracassar na vida?


VI – Autodescrição

Como você se descreveria (temperamento, maneira de agir, relacionamento com a família, gostos, preferências etc.).

ANEXO 2

## Questionário biográfico

Data:_____

Nome: _____

Idade: _____

Cidade e estado em que nasceu: _____

Sexo:_____Ocupação:_____

> Instruções:
> • Responda sinceramente, não se preocupe, pois não há respostas erradas;
> • Nas perguntas que tiver que escolher uma resposta, circule a resposta desejada ou marque um "X";
> • Será mantido sigilo de todas as suas respostas

1) Quanto a seu pai (ou padrasto), indicar:

(1) Vivo     (2) Falecido (se falecido, não responder às perguntas 2, 3 e 4)

Nome: _____

Idade: _____

Profissão: _____

Nível de escolaridade: (1) Analfabeto     (2) Ensino Fundamental

(3) Ensino Médio     (4) Ensino Superior

(5) Pós-graduação

2) Sobre a saúde de seu pai (ou padrasto), você a considera:

(1) Ótima          (2) Boa          (3) Regular          (4) Ruim

3) Quais são os passatempos e atividades de lazer do seu pai?

4) O que ele acha da profissão dele?

(1) Gosta muito     (2) Gosta          (3) Tolera          (4) Não gosta

5) O que você acha da profissão dele?

(1) Gosta muito     (2) Gosta     (3) Tolera     (4) Não gosta     (5) Indiferente

Por quê?_____

6) Quanto à sua mãe (ou madrasta), indicar:

(1) Viva    (2) Falecida (se falecida, não responder às perguntas 2, 3 e 4)

Nome: _____

Idade: _____

Profissão: _____

Nível de escolaridade: (1) Analfabeta    (2) Ensino Fundamental

(3) Ensino Médio    (4) Ensino Superior

(5) Pós-graduação

7) Sobre a saúde de sua mãe (ou madrasta), você a considera:

(1) Ótima    (2) Boa    (3) Regular    (4) Ruim

8) Quais são os passatempos e atividades de lazer de sua mãe?

9) O que ela acha da profissão dela?

(1) Gosta muito    (2) Gosta    (3) Tolera    (4) Não gosta

10) O que você acha da profissão dela?

(1) Gosta muito    (2) Gosta    (3) Tolera    (4) Não gosta

(5) Indiferente

Por quê? _____

11) Qual a atual situação conjugal dos seus pais?

12) Há alguma qualidade ou característica que você admira em seu pai (ou padrasto)?

13) Há alguma qualidade ou característica que você não gosta em seu pai (ou padrasto)?

14) Há algum aspecto em que você se acha parecido com ele?

15) Em que aspectos você acha que são bem diferentes?

16) Há alguma qualidade ou característica que você não gosta em sua mãe (ou madrasta)?

17) Há algum aspecto em que você se acha parecido com ela?

18) Em que aspectos você acha que são bem diferentes?

19) Há pais que têm ideias sobre como será a vida dos filhos. Quais são as coisas mais importantes que seus pais esperam de você?

20) Alguma vez vocês tiveram desentendimentos sobre:

(  ) sua forma de vestir

(  ) sua organização (ou a falta dela)

(  ) Horário de voltar para casa

( ) Seus amigos

( ) Seu cuidado pessoal

( ) Outra coisa. Qual? _____

21) Se fizer algo que seus pais não aprovam:

a) O que seus pais fariam?

b) O que acha adequado que eles fizessem?

c) Você já foi (ou ainda é) castigado? Como?

22) Qual (ou quais) a profissão que seus pais, familiares e/ou amigos acham que você deveria escolher? O que alegam para esta escolha?

23) Quais são as profissões que seus pais, familiares e/ou amigos acham que você não deveria escolher de forma alguma? O que alegam para esta escolha?

24) Considerando apenas os últimos 30 dias, marque as atividades que você fez. Após, marque as que mais gostou de fazer. Caso tenha realizado outras atividades, liste-as e marque também.

| Atividade | Fez | Gostei mais |
| --- | --- | --- |
| Artes marciais | | |
| Boxe | | |
| Futebol | | |
| Tênis | | |
| Sinuca | | |
| Basquete | | |
| Boliche | | |
| Vôlei | | |
| Jogos eletrônicos | | |
| Natação | | |
| Outros esportes | | |
| Acampar | | |
| Pingue-pongue | | |
| Xadrez ou damas | | |
| Jogar cartas | | |
| Ouvir música | | |
| Ver TV | | |
| Ir ao cinema | | |
| Encontrar amigos e conversar | | |
| Falar por telefone com amigos | | |
| Festas e/ou bailes | | |

| Atividade | Fez | Gostei mais |
| --- | --- | --- |
| Passeios ao ar livre | | |
| Tocar instrumento musical | | |
| Desenhar ou pintar | | |
| Colecionar coisas | | |
| Ler | | |
| Escrever contos ou poesia | | |
| Cantar em coral | | |
| Estudar expressão corporal ou teatro | | |
| Cozinhar ou costurar | | |
| Visitar exposições ou museus | | |
| Outras coisas: | | |

25) Fez alguma dessas coisas com seus pais?

26) Costuma sair nos fins de semana? Com quem?

27) O que costuma fazer em companhia de seus amigos?

28) Sai com amigos do sexo oposto?

29) Você tem um grupo fixo ou costuma sair com pessoas diferentes?

30) Quais são as principais características que uma pessoa tem que ter para que você a considere um amigo?

31) Na sua opinião a que se deve:

    a) Que uma moça faça sucesso entre os rapazes?

    b) Que um rapaz faça sucesso entre as moças?

32) Se pudesse, o que você gostaria de mudar em você mesmo, seu corpo ou seu modo de ser? Por quê?

33) A seu ver, quais são as principais qualidades que você possui?

34) Em sua opinião, o que de melhor poderia te acontecer?

35) Você tem muitos amigos?

36) A idade dos seus amigos é parecida com a sua?

37) Que livros você se lembra de já ter lido?

38) Gosta de ler sobre algum assunto específico?

39) Você tem alguma religião. Qual? Frequenta com que frequência?

40) Que gêneros de filmes mais te interessam?

41) Lembra de algum em especial? Por quê?

42) Quais são os programas de TV que você assiste? O que te chama a atenção neles?

43) Que coisas lhe causaram mais humilhação ou sensação de fracasso ou de ter falhado?

44) Que profissões já pensou em seguir? Que idade tinha quando pensou nessas profissões?

45) Desistiu de alguma? Por quê?

46) Entre as profissões ou área listadas abaixo, circule as que te interessam e sobre as quais gostaria de saber mais.

| Contabilidade | Serviço bancário – finanças | Serviços de escritório – secretariado |
|---|---|---|
| Geólogo | Astrônomo | Advogado – juiz |
| Serviços domésticos | Economista | Biblioteconomia |
| Serviços de saúde – Enfermagem – Psicologia – Medicina – Terapia Ocupacional – Odontologia | Político | Bombeiro |
| Militar (exército, aeronáutica, marinha) | Alfaiataria – costura | Agricultura – fazendeiro |
| Engenheiro | Artes – pintura – escultura – desenho | Arquitetura – decoração – paisagismo – dança – canto – música |
| Criação de animais | Odontologia | Construção de edifícios ou estradas |
| Administração pública – gerência de empresas | Eletricidade – eletrônica – mecânica | Computadores |
| Educação física | Serviço social | Nutrição |
| Religioso | Cientista – pesquisa – inventor | Ciências – Matemática |
| Química – Bioquímica – Biologia | Farmácia – Biofarmácia | Psicologia |
| Jornalismo – Escritor | Máquinas ou motores | Publicidade – Propaganda |
| Medicina | Aviação (civil ou militar) | Diplomacia |
| Psiquiatria – Psicoterapia | Línguas – tradutor – Intérprete | Sociologia – Antropologia |
| Botânica | Zoologia | História – Geografia |
| Ensino – Professor | Veterinária | Teatro – Locutor |
| Outros: | | |

47) Já pensou em que tipo de vida (em termos materiais, de rotina e de tempo) gostaria de ter? Como seria?

48) Gostaria de se casar algum dia? Já pensou com que idade seria? Por quê?

49) Em que atividades acredita que é bom(boa)?

50) Agora marque, entre as alternativas apresentadas, as que você poderia desempenhar, sentindo-se bem.

|  | |
|---|---|
|  | Atendimento às pessoas |
|  | Movimentação em ambientes fechados |
|  | Trabalho com as mãos |
|  | Trabalho em equipe |
|  | Ligado à instituição |
|  | Que trabalhe com números |
|  | Organização e sistematização de publicações |
|  | Pequenos movimentos manuais precisos |
|  | Que permita trabalhar em mais de um lugar |
|  | Com rotina determinada |
|  | Com horário fixo |
|  | Que trabalhe com crianças |
|  | Que envolva desenho a mão livre |
|  | Se desenvolva em ambiente fechado |
|  | Que exija estar bem-vestido |
|  | Convencer pessoas |
|  | Atendimento a pessoas necessitadas |
|  | Trabalhar sozinho |
|  | Execução gráfica rica em detalhes |
|  | Por conta própria – autônomo |
|  | Manipulação de substâncias |
|  | Uniformizado |
|  | Que permita traje informal |
|  | Com horário flexível |
|  | Imaginar coisas novas |
|  | Ajudar pessoas |
|  | Que auxilie na transformação do mundo |
|  | Ao ar livre |
|  | Ligado à construção |
|  | Direto com a natureza |

| | Que exija responsabilidade e decisão |
| --- | --- |
| | Com atividades que mudam constantemente |
| | Que exija compreensão verbal |
| | Que envolva instrumentos de precisão |
| | Que precisa de tecnologia |
| | Envolva sangue |
| | Envolva animais |

ANEXO 3

## Curtograma

| Gosto e faço | Gosto e não faço |
| --- | --- |
| Não gosto e faço | Não gosto e não faço |

## QUESTIONÁRIO AOS PAIS

1) Nome do respondente: _____

2) Seu(sua) filho(a) teve algum problema ou doença marcante durante a infância?

3) Seu(sua) filho(a) foi ao jardim de infância ou pré-escola? Com quantos anos?

4) Como classifica o comportamento do(a) seu(sua) filho(a) com a mãe (ou madrasta):

( ) Muito carinhoso     ( ) Carinhoso     ( ) Pouco carinhoso

( ) Indiferente     ( ) Agressivo

5) Como classifica o comportamento da mãe (ou madrasta) com o(a) filho(a)?

( ) Compreensiva     ( ) Carinhosa     ( ) Dominadora

( ) Indiferente     ( ) Nervosa

6) Como classifica o comportamento do(a) seu(sua) filho(a) com o pai (ou padrasto):

( ) Muito carinhoso     ( ) Carinhoso     ( ) Pouco carinhoso

( ) Indiferente     ( ) Agressivo

7) Como classifica o comportamento do pai (ou padrasto) com o(a) filho(a)?

( ) Compreensivo     ( ) Carinhoso     ( ) Dominador

( ) Indiferente     ( ) Nervoso

8) Como você classifica o comportamento geral do(a) seu(sua) filho(a):

( ) Obediente     ( ) Rebelde     ( ) Apático

9) Seu(sua) filho(a) tem muitos amigos? De que idade e sexo?

10) Seu(sua) filho(a) já teve dificuldades na escola? Que tipo? Como vocês resolveram a situação?

11) Que profissões ou ocupações você mais valoriza?

12) Você deseja que seu(sua) filho(a) continue estudando? Por quê?

13) Você deseja que seu(sua) filho(a) comece a render economicamente o quanto antes?

14) Há em sua família alguma profissão, negócio ou atividade que requeira que seu(sua) filho(a) continue?

15) Há alguma profissão ou ocupação que você gostaria, em especial, para seu(sua) filho(a)? Por quê?

348

16) Em sua opinião, seu(sua) filho(a) tem as condições necessárias para esta profissão? Quais são?

17) Seu(sua) filho(a) tem alguma habilidade, qualidade ou inclinação destacada?

18) Você sabe quais são as principais influências para a escolha profissional de seu(sua) filho(a)?

19) Como seria sua reação se seu(sua) filho(a) decidisse começar a trabalhar ou aprender um ofício, em vez de seguir estudando?

20) Quais são seus principais temores ou preocupações sobre o futuro de seu(sua) filho(a)?

21) Quais os traços mais positivos que você percebe na personalidade de seu(sua) filho(a)?

22) Quais os traços menos positivos?

23) Você costuma ou costumava ir à escola de seu(sua) filho(a) com que frequência:

    ( ) Com muita frequência    ( ) Com frequência    ( ) Às vezes

    ( ) Nunca              ( ) Só quando solicitado

24) Gostaria de fazer alguma observação?

*Capítulo 13*
# Avaliação psicológica no contexto do trânsito: práticas, alcances e limites

*Tatiane Dias Bacelar*
*Sabrina Martins Barroso*

A avaliação psicológica do trânsito é realizada no Brasil desde meados do século passado. Em 1953 o Conselho Nacional de Trânsito (CONTRAN) determinou que todos os candidatos à Carteira Nacional de Habilitação (CNH) fossem obrigatoriamente submetidos à avaliação psicológica, chamada de "psicotécnico" nesse período. Na atualidade a avaliação psicológica do trânsito continua obrigatória para todos os candidatos à CNH (CONTRAN, 2004, 2008a, 2008b). Nesse contexto, pergunta-se como é realizado o processo de avaliação psicológica no Brasil. Quais características psicológicas são avaliadas? Existe uma relação entre as características psicológicas e socioeconômicas do motorista e o seu desempenho no trânsito? A avaliação psicológica tal como ocorre no Brasil possibilita compreender tal relação? É a partir destes questionamentos que o presente texto desenvolve suas considerações. Inicialmente será contextualizada a avaliação psicológica em contexto do trânsito no mundo e no Brasil. Na sequência serão pontuadas questões emergentes e dificuldades da área e, por fim, será apresentado um estudo de caso ilustrando uma avaliação em contexto do trânsito.

A primeira licença para condução de veículo automotor foi obtida em 1888, pelo inventor Karl Benz. Como o veículo emitia cheiro forte, o inventor precisou de uma licença especial para poder conduzi-lo pelas ruas (Lutteroth, 2008). No entanto, nem Karl Benz e nem a esmagadora maioria dos motoristas habilitados fora do Brasil passaram por um processo de avaliação psicológica para receber sua permissão para guiar.

A maioria dos países que adotam a licença para dirigir veículo automotor para não profissionais exigem apenas exames médicos e uma prova escrita de conhecimentos sobre as regras de trânsito. Em diversos países, como Estados Unidos, Alemanha e Reino Unido, soma-se a esse processo a prova prática de direção na rua (Kelsey, Janke, Peck & Ratz, 1985; Gwyther & Holland, 2012). Apesar de alguns estudos realizados em países europeus indicarem a associação entre características emocionais, psicológicas e o comportamento do motorista, a avaliação psicológica não é pré-requisito para obter habilitação para conduzir veículo automotor, ocorrendo apenas se o motorista perder seu direito a dirigir por alguma razão (Scott-Parker, Watson, King & Hyde, 2013). Nos casos em que o motorista perde sua habilitação, por ter cometido uma infração considerada muito séria, tal como dirigir alcoolizado, precisará ser aprovado em um exame de personalidade, atenção e ser negativamente triado para depressão e comportamento antissocial antes de voltar a dirigir (Risser, Chaloupka, Grundler, Sommer, Häusler & Kaufmann, 2008).

## Avaliação no trânsito em contexto brasileiro

A avaliação psicológica do trânsito no Brasil atualmente é regulamentada pela resolução n. 425/2012 do CONTRAN e pela resolução n. 007/2009, do Conselho Federal de Psicologia (CFP). Além dessas regulamentações nacionais, há determinações estaduais, a partir de decretos e portarias dos Departamentos Estaduais de Trânsito.

Segundo o CONTRAN (2004) a avaliação psicológica é ponto de partida para obtenção da permissão para dirigir veículos automotores, sejam eles carros de passeio (CNH categoria "B"), carros para transporte de carga e passageiros (CNH categorias "C" e "D") e ciclomotores (CNH categoria "A"). A regulamentação é diferenciada para motoristas profissionais e não profissionais. A pessoa habilitada para conduzir veículos nas categorias "A" e "B" (motorista não profissional) realiza avaliação psicológica somente uma vez, quando obtém sua primeira CNH. Para motoristas profissionais exige-se revisão do exame psicológico a cada renovação da CNH.

No ano de 2001, a lei n. 10.350 alterou o Código de Trânsito Brasileiro e determinou a obrigatoriedade da avaliação psicológica no processo de renovação da CNH do condutor que exerce atividade remunerada, por exemplo, para o motorista de transporte coletivo, o "taxista" ou o "caminhoneiro". A avaliação psicológica destes condutores passou a ser realizada regularmente, a cada 5 anos para condutores com até 65 anos de idade e a cada 3 anos para maiores de 65 anos. Esses períodos podem ser alterados, também em caráter de obrigatoriedade, a critério do psicólogo perito examinador de trânsito (CONTRAN, 2012).

Rueda (2011) indicava que desde o início da avaliação psicológica do trânsito no Brasil, em 1953, não há "um perfil do motorista" evidenciado a partir de investigações científicas. Cientes dessa carência, o CFP e o CONTRAN tentaram definir as habilidades mínimas a serem avaliadas nos candidatos à CNH. A resolução 425/2012 determina os fenômenos psicológicos que deverão ser investigados no processo de avaliação psicológica dos candidatos e condutores, sendo eles: tomada de informação, processamento de informação, tomada de decisão, comportamento, autoavaliação do comportamento e traços de personalidade. Esses processos encontram-se resumidamente caracterizados a seguir.

1) Tomada de informação: contempla o fenômeno psicológico de atenção e suas subdivisões: atenção difusa ou vigilância, atenção concentrada seletiva, atenção distribuída. Contempla, também, os aspectos de detecção, discriminação e identificação de estímulos.

2) Processamento de informação: orientação espacial e avaliação de distância; conhecimento cognitivo; identificação significativa; inteligência; memória de curto prazo e longo prazo; julgamento ou juízo crítico.

3) Tomada de decisão: capacidade para escolher dentre as várias possibilidades que são oferecidas no ambiente de trânsito, o comportamento seguro para a situação que se apresenta.

4) Comportamento: tempo de reação, coordenação viso e audiomotora, coordenação em quadros motores complexos, aprendizagem e me-

mória motora. Capacidade para perceber quando suas ações no trânsito correspondem ou não ao que pretendia fazer.

5) Traços de Personalidade: equilíbrio entre os diversos aspectos emocionais da personalidade, socialização, ausência de traços psicopatológicos não controlados. A resolução não faz menção acerca de quais são os aspectos emocionais, nem tampouco sobre os traços psicopatológicos.

A resolução 007/2009 do CFP contempla integralmente o disposto pelo CONTRAN no que se refere às habilidades do candidato à CNH e do condutor de veículos automotores, aos instrumentos de avaliação psicológica, bem como aos seus possíveis resultados. Acrescenta considerações sobre os princípios técnico-científicos e éticos necessários para a realização da avaliação psicológica nesse contexto, com destaque para o caráter obrigatório da entrevista individual e de devolução para todos os avaliados. Acrescenta, ainda, algumas considerações na descrição dos processos psicológicos avaliados. Por exemplo, em relação aos aspectos *detecção, discriminação e identificação,* contemplados no processo de *tomada de informação,* acrescentou-se a seguinte consideração: "Estes aspectos fazem parte e são recursos utilizados quando se responde a um instrumento para avaliar a atenção. Porém, eles também devem ser aferidos por meio da entrevista" (p. 3). Em relação ao item *traços de personalidade,* a resolução esclarece: "equilíbrio entre os diversos aspectos de personalidade, em especial os relacionados a controle emocional, ansiedade, impulsividade e agressividade" (p. 4). Mas, retira o termo traços psicopatológicos, disposto na resolução do CONTRAN.

Recentemente o CFP publicou a nota técnica (001/2011) e a resolução 009/2011 complementando os itens que devem ser avaliados nos condutores. A nota técnica esclarece a necessidade de avaliar pelo menos três tipos de atenção entre os contemplados no processo de *tomada de informação.* Relembra aos psicólogos que essa avaliação só pode ser feita por meio de instrumentos recomendados pelo CFP e que contemplem estudos empíricos favoráveis a sua utilização para o contexto do trânsito. Para a elaboração dos laudos fica mantida a resolução 007/2003 do CFP, que indica as diretrizes do Manual de Documentos Escritos produzidos pelo Psicólogo.

# Formas de realizar a avaliação psicológica no contexto do trânsito

Seguindo a resolução 007/2009, a forma de realizar a avaliação psicológica no trânsito pode variar, mas segundo a legislação da área deverão ser utilizadas as entrevistas individuais, testes psicológicos, dinâmicas de grupo, escuta e intervenções verbais. Está definido que na entrevista inicial deverão ser abordados os seguintes aspectos: identificação pessoal; motivo da avaliação psicológica; histórico escolar, profissional e familiar; indicadores de saúde/doença e aspectos da conduta social. Está igualmente previsto que durante a entrevista de devolução todos os candidatos e condutores receberão o resultado do processo de avaliação psicológica e, caso necessário, encaminhamentos pertinentes.

As duas resoluções, do CONTRAN e do CFP, não fazem menção ao referencial teórico utilizado para descrever os processos psicológicos, nem indicam as evidências científicas que ratificam a escolha desses aspectos psicológicos no desempenho dos condutores no trânsito. Tal situação não constitui uma novidade. Na década de 1980 a carência de pesquisas que corroborassem a necessidade de avaliar as características psicológicas elencadas para aprovação dos condutores no contexto do trânsito foi apontada por Rozestraten (1988), renomado estudioso brasileiro da Psicologia do Trânsito.

A carência de estudos sobre quais são as habilidades necessárias a um condutor e sobre o impacto das características psicológicas avaliadas no desempenho dos condutores após a habilitação tem impacto direto na prática da avaliação psicológica do trânsito. Por exemplo, as resoluções determinam que tanto o condutor profissional, que exerce atividade remunerada, como o candidato à primeira habilitação são avaliados segundo os mesmos critérios. Motoristas amadores e profissionais *devem* ter as mesmas habilidades?

No que diz respeito à escolha dos métodos e técnicas utilizados para avaliação dos processos psicológicos, está definido pelo CFP e também pelo CONTRAN que devem ser utilizados testes psicológicos que estejam de acordo com a regulamentação das resoluções do CFP (recomendados no sistema SATEPSI). Entretanto a autonomia dos psicólogos é cerceada em alguns estados brasileiros, em que a determinação dos processos e instrumentos a serem avaliados é determinada pelos DETRANs (Silva, 2012). Por exemplo, em Minas Gerais, até março de 2013, determinava-se para a avaliação do candidato à CNH a investigação dos processos psicológicos de atenção concentrada e personalidade, realizada por meio dos testes psicológicos AC e Pirâmides Coloridas de Pfister respectivamente (EMAP, 2012; CRP-MG, 2012). Portanto, em desacordo com a resolução 425/2012, que determina que a avaliação psicológica não é definida pelo profissional que a realiza. Em outros estados, como a Bahia, há uma discussão entre os profissionais que atuam com avaliação psicológica do trânsito e a equipe do DETRAN para a definição dos testes psicológicos empregados no processo de avaliação psicológica (EMAP, 2012).

Novamente os profissionais se deparam com a falta de informações sobre a área do trânsito. Não há estudos recentes sobre os procedimentos utilizados na avaliação psicológica do trânsito no Brasil. O último estudo foi realizado pelo CFP em 2006, com a participação de 111 profissionais que atuavam em 20 estados (CFP, 2006), contudo, mesmo a descrição desse trabalho foi apresentada apenas de forma geral. O estudo do CFP observou que 86,5% dos profissionais entrevistados utilizavam a entrevista psicológica em sua prática e 94,6% empregavam a aplicação de testes psicológicos, sendo o teste AC (71,2%) e o TACOM A (32,4%) os principais citados para avaliar a atenção concentrada. Para avaliação da personalidade 49,5% dos entrevistados indicaram sempre adotar o teste Palográfico e 23,4% utilizavam Psicodiagnóstico Miocinético (PMK), que atualmente (janeiro/2014) encontra-se com parecer desfavorável pelo SATEPSI. Para verificar o construto inteligência, 72% dos profissionais entrevistados aplicavam o teste R1 e 12,6% o G36.

Sobre esta avaliação, é importante destacar que há três possíveis resultados para o processo de avaliação psicológica no contexto do trânsito:

1) Apto: quando o condutor apresentar desempenho condizente para a condução de veículo automotor. A respeito do resultado apto, o artigo 9º da resolução 267 acrescenta: "quando apresentar distúrbios ou comprometimentos psicológicos que estejam temporariamente sob controle, o candidato será considerado apto, com diminuição do prazo

de validade da avaliação, que constará na planilha RENACH[11]" (CONTRAN, 2012, p. 3).

2) Inapto temporário: quando o condutor não apresentar desempenho condizente para a condução de veículo automotor, porém seu desempenho é passível de adequação. Esse caso será discutido mais adiante, pois a deliberação acerca do prazo para a realização é realizada pelo Departamento de Trânsito (DETRAN) de cada estado da federação.

3) Inapto: quando não apresentar desempenho condizente para a condução de veículo automotor. O motivo da reprovação na categoria pretendida deve ser irreversível e sem possibilidade de tratamento ou correção.

Essa possibilidade tripla de resultado é outra fonte de críticas e reclamações frequentes por parte dos avaliados. Não é raro o relato de não compreensão do motivo do resultado "inapto temporário". Em abril de 2013, uma candidata dirigiu-se a uma rádio e indignada disse à repórter ter recebido o resultado "inapto temporário" porque não passou no teste das cores, referindo-se ao teste Pirâmides Coloridas de Pfister (Dias, 2013). Segundo a candidata, ela obteve apenas a informação que o teste avaliava a personalidade, demonstrando claramente não ter compreendido a entrevista de devolução recebida. Há também profissionais que simplesmente não realizam a devolutiva, descumprindo a resolução do CFP. Diante disto, pode-se inferir acerca do despreparo dos profissionais da área na prática da avaliação psicológica no contexto do trânsito.

É importante destacar que está prevista a possibilidade de revisão da avaliação psicológica, independente do seu resultado. Para tanto, o candidato/condutor deverá requerer ao órgão de trânsito no prazo de 30 dias, contados após o recebimento do resultado, a instauração de Junta Psicológica para reavaliação. A Junta Psicológica é determinada pelo "órgão ou entidade executivo de trânsito do Estado ou do Distrito Federal, e será constituída por três psicólogos peritos examinadores de

---

11. Registro Nacional de Carteiras de Habilitação.

trânsito ou especialistas em Psicologia de trânsito" (CONTRAN, 2012, p. 4). Entretanto, não há uma regulamentação acerca dos procedimentos necessários à sua operacionalização. Nesta perspectiva, em 2012 foi criado um abaixo-assinado pela Rede Latino-Americana de Psicologia do Trânsito intitulado "Junta de Avaliação Psicológica Pericial de Trânsito"[12] destinado à coordenação da Câmara Temática de Saúde e Meio Ambiente do CONTRAN com a finalidade de solicitar a elaboração dos critérios para a operacionalização da "Junta Psicológica" em todo o Brasil por meio de portaria ou nota técnica. No documento argumenta-se que, em virtude da ausência de regulamentação do trabalho das juntas, existe uma diversidade de *modus operandi* que muitas vezes impactam na qualidade do trabalho realizado e consequentemente no resultado final do processo de avaliação. Por exemplo, a falta de comunicação entre os profissionais que realizam a avaliação, o candidato/condutor é submetido a três avaliações psicológicas pelos membros da junta. O referido documento apresenta sugestões para a padronização do funcionamento da junta psicológica no Brasil, pautadas nos princípios de uma atuação integrada dos profissionais que a compõem, bem como da autonomia na condução dos casos, de acordo com suas especificidades e respeito aos princípios éticos.

### Avaliação psicológica e o desempenho do condutor

Conforme já foi mencionado, a resolução 009/2011 destaca a importância de utilizar instrumentos validados e cujos resultados apresentem relação com o desempenho do testando no contexto prático (p. ex.: número de infrações no trânsito), avaliada por meio de estudos empíricos. Entretanto, não parece ser essa nossa realidade. Rueda e Monteiro (2012) realizaram uma análise das publicações sobre a relação entre a avaliação da atenção no trânsito e um critério externo de desempenho dos condutores. Foram analisados os periódicos de Psicologia, publicados entre 2001 e 2011. Os autores localizaram apenas sete estudos publicados e a inexistência de trabalhos sobre a validade de critério nos

---

12. Recuperado de http://www.peticaopublica.com.br/Default.aspx?pi=P2012N28989

testes psicológicos de atenção empregados. Tal situação também é verificada em relação aos testes psicológicos de avaliação da capacidade intelectual e dos traços de personalidade de candidatos e condutores.

A atual situação dos profissionais de Psicologia que trabalham com a avaliação psicológica no contexto do trânsito é marcada pela angústia dos questionamentos sem respostas. Esses profissionais precisam trabalhar sem um perfil consensual desejado de motorista, sem instrumentos específicos para o contexto do trânsito ou para os diferentes estados brasileiros e sem comprovação sobre a relação entre os aspectos que avaliam e como os condutores agem após a avaliação. Esse é o contexto de trabalho do psicólogo do trânsito. Diante do exposto, apresentam-se questionamentos aos profissionais da área: Quais devem ser os critérios avaliados no contexto do trânsito? Existe uma relação entre as características psicológicas e socioeconômicas do motorista e o seu desempenho no trânsito? Como avançar nos estudos sobre Psicologia do Trânsito quando os DETRANs nem mesmo geram estatísticas sobre quantos candidatos tentam obter a habilitação e são barrados na avaliação psicológica? Como decidir o prazo de validade da CNH, uma vez que o psicólogo não realiza o acompanhamento do candidato ou condutor?

Esses são alguns dos dilemas vivenciados pelos psicólogos que atuam na área e que vão ao encontro das críticas apontadas nos estudos de Vieira, Pereira e Carvalho, de 1953, e de Silva e Alchieri (2008), demonstrando, portanto, que pouco avançamos nessas questões ao longo dos últimos 50 anos. Uma tentativa de lidar com tais questões tem sido arbitrariamente empregada, em geral, pelos setores de "Controle de Clínicas" dos DETRANs. Por exemplo, em Minas Gerais, o candidato à CNH que recebe o resultado de inapto temporário faz uma nova avaliação, popularmente conhecida como "reexame", após 40 dias, caso permaneça inapto temporário, tem uma terceira oportunidade após 70 dias e uma quarta oportunidade com 180 dias. Para o condutor que exerce atividade remunerada esse prazo é diminuído para 30 dias e 60 dias (Ofício 004 circular/2005). Como não há um critério nacional que regulamente a realização de uma nova avaliação psicológica, tal prazo varia de estado para estado, sendo determinado pelo DETRAN. Novamente a determinação do tempo de reavaliação de características psicológicas, que deveria ser definido pelos profissionais da área, é regulamentada arbitrariamente. Como proceder, então, diante da constatação de que um condutor é dependente de álcool e necessita de tratamento? Que acompanhamento efetivo para adição dura apenas 30 dias?

Ainda em relação ao resultado da avaliação psicológica, vale ressaltar também o popular "reteste", amplamente utilizado pelos profissionais da área. No reteste, a pessoa é submetida novamente ao teste em que não obteve o desempenho considerado desejável. O reteste funciona como uma "segunda chance" para dada etapa da avaliação em que o candidato/condutor não apresentou bom desempenho nos instrumentos utilizados. Sabe-se que o reteste é empregado a critério do profissional de Psicologia e geralmente ocorre no prazo de 10 a 15 dias após a realização da primeira avaliação. Por exemplo, repetir apenas o teste de atenção antes de concluir sobre a aptidão ou não de um candidato. Diante deste fato, pode-se argumentar o seguinte: se na primeira avaliação foram respeitados os princípios éticos da avaliação psicológica no que diz respeito aos aspectos do examinando, da qualidade do material e do ambiente, bem como sobre o instrumento utilizado, não há justificativa para realizar um reteste.

Novamente a carência de estudos que deem embasamento às decisões dos psicólogos se faz sentir. Pode-se inferir que um dos fatores responsáveis pela utilização do reteste em larga escala é a dificuldade de chegar a uma conclusão fundamentada, do ponto de vista técnico-científico. A necessidade de novas pesquisas é apontada como consenso entre os pesquisadores da área (Panichi & Wagner, 2006; Rueda & Monteiro, 2012; Silva & Alchieri, 2007, 2008).

Parcas exceções, que têm buscado identificar fatores determinantes do comportamento de condutores, encontram-se descritas a seguir. Marin León e Vizzotto (2003) conduziram um estudo epidemiológico com 1.642 condutores universitários, na faixa etária de 18 a 25 anos, na cidade de Campinas (SP), para verificar a influência de fatores socioeconômicos e comportamentais no desempenho da condução de veículos. Observaram que os condutores com maior número de acidentes de trânsito (AT) pertenciam a famílias mais abastadas, eram do sexo masculino, tinham entre 18 e 20 anos e também apresentavam maior frequência de comportamento transgressor. Os jovens com história de AT apresentaram um perfil transgressor caracterizado por conduzir em excesso de velocidade, avanço de sinal fechado, dirigir após consumo de bebida alcoólica, ultrapassagem em local proibido e já haver recebido multa. Esses condutores se declararam contrários a uma legislação de trânsito mais rigorosa e afirmaram que o *"bom motorista deve ser agressivo"*. Atribuíram, ainda, as causas do AT a fatores externos ao motorista, como por exemplo condições das vias públicas. Em contrapartida, os jovens condutores sem histórico de AT relataram que as causas dos AT estão associadas ao comportamento do motorista.

Outro estudo sobre o mapa da violência no Brasil identificou que o número de acidentes por transporte, no ano de 2008, atingiu 32,4% da população jovem que vai de 15 a 24 anos. Verificou-se um aumento significativo nos óbitos devido a acidentes de transporte na faixa etária de 18 a 29 anos, correspondendo a 31,77% do total. À medida que a faixa etária aumentava, esses índices diminuíam progressivamente. Contudo, verificou-se um novo pico de óbitos a partir dos 70 anos de idade (Instituto Sangari & Ministério da Justiça, 2011a). Em relação ao sexo, foi identificada predominância de óbitos de jovens do sexo masculino (80%) e que 84,4% dos acidentes ocorrem aos sábados.

Ainda entre a população jovem, dois dados chamam a atenção: 51,3% dos óbitos foram atribuídos aos motociclistas (com taxas altamente elevadas entre 19 e 22 anos de idade) e 26,2% ocorreram em automóvel. O estudo aponta a necessidade de intervenção específica para os usuários de motocicletas como meio de transporte, dado o alto nível de vulnerabilidade da categoria (Instituto Sangari & Ministério da Justiça, 2011b).

A influência de variáveis socioeconômicas foi investigada em estudo realizado por uma clínica de avaliação médica e psicológica do norte de Minas Gerais, em 2012. A partir dos dados das avaliações médica e psicológica e dos registros dos boletins de ocorrência policiais ocorridos no ano de 2011 foram identificadas 125 ocorrências policiais decorrentes de infração de trânsito. Após análises dos boletins de ocorrência, foram verificadas 79 ocorrências nas quais os condutores estavam envolvidos ou foram responsáveis pela infração, as demais infrações não foram passíveis de análise devido a imprecisão das informações. Verificou-se que os condutores na faixa etária de 18 a 29 anos foram responsáveis por 35% das infrações (caracterizadas como: 27,8% leve;

38,9% graves; 33,3% gravíssimas), sendo que 50% estavam envolvidos no acidente; 50% foram responsáveis pelo acidente e 50% eram motociclistas. As demais infrações ocorreram na seguinte faixa etária: 30-39 anos (29,11%); 40-49 anos (13,92%); 50-59 anos (12,65%) e acima de 60 anos (8,86%). Outro dado que chamou a atenção foi que das 79 infrações, 68,34% foram cometidas por condutores não profissionais. Entretanto, não foram encontradas relações significativas entre o desempenho dos condutores e as características psicológicas de atenção e inteligência (Bacelar, 2013).

## O psicólogo no contexto do trânsito: uma atuação para além da testagem psicológica

Os questionamentos levantados anteriormente suscitam uma reflexão acerca do exercício da responsabilidade social do psicólogo e da atuação profissional sob um enfoque multiprofissional. Trata-se de entender que a avaliação não se limita ao resultado "apto" ou "inapto", mas que contempla o processo de intervenção, de caráter multiprofissional, bem como o acompanhamento das intervenções realizadas com o condutor ou candidato (Bacelar, 2012; Silva, 2012). A avaliação deve ser um processo pautado na compreensão dos vários fatores que influenciam o motorista na condução de veículos automotores; os seus aspectos emocionais, o processo de tomada de decisão, o ambiente sociocultural, em suma os fenômenos que podem influenciar a segurança no trânsito e a saúde do condutor.

Uma atuação sob este enfoque pode ser iniciada a partir de uma parceria com os serviços públicos de saúde, tais como: os Centros de Atenção Psicossocial (CAPS) e Programa de Saúde da Família. Nos estados, por uma atuação integrada dos prestadores de serviço dos DETRANs, Clínicas de Avaliação Médica e Psicológica e Centro de Formação de Condutores, com os setores de Educação para o Trânsito e Psicologia do Trânsito dos DETRANs. Há casos de candidatos e condutores identificados pelo psicólogo perito examinador do trânsito que demandam intervenção do setor de saúde (*i.e.* alcoolismo, transtorno do estresse pós-traumático). É necessário mencionar também a identificação de características socioemocionais como impulsividade e agressividade, relacionadas ao comportamento de risco na direção (Araújo, Malloy-Diniz & Rocha, 2009; Marín-León & Queiroz, 2000).

Uma possibilidade de intervenção são os encaminhamentos aos CAPS ou outra instituição de saúde e que deveriam ser posteriormente discutidos pelos profissionais de saúde e do trânsito. Outra possibilidade de intervenção dirige-se ao período de preparação para a condução de veículo automotor. O psicólogo do trânsito poderia intervir com treinamentos integrados ao centro de formação de condutores e ao setor de educação para o trânsito do DETRAN. Uma intervenção com foco no processo e não em um resultado imediatista, focado na preparação para motoristas mais conscientes.

## Um caso de avaliação psicológica no contexto do trânsito

O estudo de caso é uma estratégia de pesquisa que apresenta alcances e limites. O presente estudo se configura como uma estratégia pertinente, pois se trata de um caso instrumental, com propósito de prover apoio à compreensão da prática da avaliação psicológica no contexto do trânsito. Trata-se de um caso com acompanhamento longitudinal, pois o mesmo indivíduo foi investigado em distintos intervalos de tempo ao longo de três anos (Yin, 2010).

Foram utilizadas distintas fontes para a coleta de dados, o que permitiu uma abordagem mais ampla dos aspectos comportamentais, sociais e históricos do caso. A inclusão de diferentes fontes possibilitou, também, a realização da triangulação dos dados, ou seja, permitiu a convergência de evidências acerca do fenômeno em estudo – a prática da avaliação psicológica do trânsito. É importante destacar que todos os nomes apresentados ao longo deste texto foram alterados a fim de assegurar o anonimato dos participantes e a utilização das falas foi realizada com a devida autorização (COEP UFTM 2261/2012).

O caso aqui relatado é uma experiência de avaliação psicológica de um condutor profissional (nome fictício Eduardo), sexo masculino, 45 anos, para renovação de sua CNH, categoria AD (habilitação para conduzir motos e carros que excedam oito lugares, excluído o motorista). O candidato inicialmente recebeu o resultado de inapto temporário, por apresentar transtorno comportamental devido ao uso de álcool. O condutor foi atendido em uma Clínica Médica e Psicológica credenciada pelo DETRAN-MG de uma cidade do Norte de Minas Gerais, sendo o acompanhamento realizado ao longo de três anos, em quatro momentos distintos, a saber: 22/10/2008, 03/02/2009, 23/04/2009 e 02/07/2011. Cabe ressaltar que a última avaliação foi realizada a convite da psicóloga responsável pelas primeiras avaliações. Pois, devido à distribuição equitativa de atendimento efetuada pelo sistema de informática do DETRAN-MG, a avaliação psicológica obrigatória para renovação da CNH de Eduardo em 2011 foi realizada por profissionais de outra clínica de avaliação médica e psicológica.

### Instrumentos

Os instrumentos utilizados nas avaliações psicológicas do presente estudo de caso seguiram as determinações do setor de Controle de Clínica do DETRAN-MG, sendo constituídos por entrevista, teste de atenção concentrada, teste de inteligência e de personalidade.

*1) Entrevista semiestruturada:* Foi utilizada com a finalidade de identificar as características socioemocionais do condutor, os seus comportamentos, a história pessoal e familiar, bem como as suas condições de saúde. Para então relacionar as suas experiências, fazer inferências e estabelecer conclusões acerca das suas habilidades à condução de veículos automotores.

*2) Teste Atenção Concentrada (AC):* O teste AC foi utilizado para mensurar a atenção concentrada do condutor. Esse teste tem a finalidade de fornecer informações a respeito da capacidade do indivíduo de manter a atenção em estímulos determinados por um intervalo de tempo. Portanto, avalia a capacidade da pessoa para selecionar um estímulo diante de muitos outros e manter a sua atenção em tal estímulo pelo maior intervalo de tempo, de modo a conseguir qualidade na tarefa realizada e rendimento. O AC pode ser aplicado individual ou coletivamente, respeitando o tempo delimitado no manual (Cambraia, 2009). Por se tratar de um condutor do norte de Minas Gerais, na análise do teste AC foram utilizadas as normas específicas de padronização para o contexto do trânsito na região norte de Minas Gerais (Bacelar, 2011), constantes do manual.

*3) Teste de inteligência geral (R-1):* O teste R1 se caracteriza por ser uma medida não verbal de inteligência, que avalia a capacidade do indivíduo de adquirir conhecimento, pensar de maneira abstrata e de compreender ideias complexas. A inteligência é compreendida como um conjunto de funções mentais integradas, nomeadas como "fator *g*" de inteligência (Alves, 2009). A análise utilizou as normas específicas de padronização para o contexto do trânsito na região norte de Minas Gerais (Bacelar, 2010).

*4) O Teste Psicodiagnóstico Miocinético (PMK)*[13]: O PMK baseia-se na Teoria Motriz da Consciência que parte do pressuposto de que há uma correspondência entre o tônus muscular dinâmico e o tônus emocional. Segundo essa teoria, por meio da análise das tensões musculares involuntárias dos braços, mensuradas por meio dos traçados do teste, pode-se avaliar as características de personalidade de uma pessoa (Galland de Mira, 2004). É um teste expressivo-gráfico, que avalia seis características de personalidade, quais sejam: tônus vital, agressividade, dimensão tensional, reação vivencial, emotividade e predomínio tensional. Possui uma análise quantitativa e uma qualitativa, complementares. O teste foi corrigido pelo software PMK computadorizado – Vetor Editora, segundo normas padronizadas para Minas Gerais.

*5) Entrevista de Devolução:* Trata-se de uma entrevista realizada com o objetivo de esclarecer de forma clara e objetiva os resultados do processo de avaliação psicológica. Para tanto, por meio de uma atitude acolhedora e empática, primeiramente busca-se identificar as impressões do condutor sobre o processo de avaliação que foi submetido. Para então, a partir dessas impressões, apresentar os resultados do processo, bem como as sugestões de intervenção e encaminhamentos que se fizerem necessários.

---

13. O teste PMK encontra-se com parecer desfavorável pelo CFP conforme parecer do CFP de 16 de maio de 2012 (Satepsi, 2012), mas estava recomendado à época da avaliação aqui relatada.

## Procedimentos

O processo de avaliação ocorreu no período de outubro de 2008 a julho de 2011. As entrevistas semiestruturadas e o teste PMK foram administrados de forma individual, enquanto os testes AC e R1 foram aplicados de forma coletiva. Todas as avaliações psicológicas foram realizadas por uma psicóloga, perita examinadora de trânsito, conforme previa a resolução 283/2008 do CONTRAN. O processo de avaliação, contou, também, com a colaboração de uma estagiária de Psicologia, o que é autorizado pela resolução 003/2007 do CFP.

## Resultados

*Primeira avaliação psicológica*

Eduardo dirigiu-se à clínica em 22 de outubro de 2008 e foi submetido ao processo de avaliação psicológica para renovação de sua CNH. Inicialmente foi realizada a entrevista, abordando os seguintes aspectos: identificação pessoal; motivo da avaliação psicológica; histórico escolar e profissional; histórico familiar; condições gerais de saúde e aspectos da conduta social. Durante a entrevista, verificou-se as seguintes características de Eduardo:

- Atua como motorista profissional há 24 anos.
- Escolaridade: Ensino Fundamental completo.
- Desempregado na data da primeira avaliação.
- Estado civil: separado.
- Possui quatro filhos.
- Reside com os pais.
- Faz a ingestão de bebida alcoólica (cinco cervejas por semana), nega o uso abusivo de álcool e consumo de outras substâncias psicoativas.
- Não há registro de familiares que fazem uso agudo ou crônico de bebidas alcoólicas.
- Fuma tabaco há 35 anos (15 cigarros por dia).
- Relata, ainda, estar bem-alimentado, possuir sono tranquilo e na noite anterior à avaliação afirma ter dormido oito horas.

No que diz respeito ao patamar de atenção concentrada, mensurada pelo teste AC, Eduardo revelou uma boa capacidade para manter o foco da atenção em um estímulo em detrimento de outros, num intervalo de tempo. Demonstrou, também, adequada capacidade para resolver problemas, interpretar o significado de estímulos complexos de forma rápida, pensar de maneira abstrata e aprender (mensurado pelo teste R1). A Tabela 1 apresenta uma síntese dos resultados dos aspectos quantitativos e qualitativos das quatro avaliações realizadas.

Entretanto, a partir dos resultados da avaliação da personalidade[14] constatou-se que o condutor apresentava baixa energia vital, com indícios de depressão; autoagressividade aumentada, caracterizada pela presença de traços autopunitivos, revelando uma vivência atual, marcada por sentimentos de culpa e/ou de inferioridade. Observou-se, também, a presença de fortes tremores em todos os traçados do PMK, compatível com um quadro de intoxicação alcoólica, podendo-se inferir que o condutor fazia uso crônico de bebidas alcoólicas.

Tabela 1  Resultados obtidos por Eduardo ao longo do processo de avaliação psicológica

| Avaliação | AC | R1 | PMK |
| --- | --- | --- | --- |
| Primeira 22/10/2008 | Percentil 80 nível médio superior | Percentil 85 nível médio superior | Presença de fortes tremores em todas as folhas do PMK indicativos de alcoolismo; autoagressividade aumentada; baixa energia vital indicativa de depressão. |
| Segunda 03/02/2009 | Percentil 95 nível superior | Percentil 95 nível superior | Presença de tremor leve contínuo em todas as folhas do PMK; energia vital normal; autoagressividade aumentada. |
| Terceira 23/04/2009 | – | – | Ausência de tremores em todas as folhas do PMK; energia vital normal; autoagressividade aumentada. |
| Quarta 02/07/2011 | Percentil 95 nível superior | Percentil 80 nível médio superior | Ausência de tremores em todas as folhas do PMK; energia vital normal; agressividade normal. |

14. Neste estudo não serão apresentados todos os resultados da avaliação de personalidade, apenas alguns relevantes para a compreensão das conclusões discutidas.

Na entrevista de devolução, a princípio Eduardo negou o consumo em excesso de bebidas alcoólicas, limitou-se à argumentação: *"Doutora, preciso passar, preciso renovar a minha carteira para conseguir um trabalho fichado como motorista de escolar"*. Mas, ao ter recebido o resultado de inapto temporário, assumiu exagerar no consumo de álcool há 20 anos. Mencionou que no início bebia cerveja nos finais de semana, depois foi aumentando e atualmente algumas vezes chegava a ingerir três litros de pinga por dia. Relatou sentir desânimo, tristeza e dificuldade de relacionamento com os filhos.

Diante disto, a psicóloga encaminhou Eduardo para acompanhamento psicológico e psiquiátrico. Eduardo demonstrou compreender a necessidade do tratamento para a sua qualidade de vida e perguntou apenas sobre o período de tempo necessário para a realização de uma nova avaliação psicológica. A psicóloga afirmou que, segundo as determinações do DETRAN-MG, o período estipulado seria de 30 dias, mas deixou clara a indicação da realização da avaliação após período mais prolongado, pois o foco naquele momento era o seu tratamento.

*Segunda avaliação psicológica*

Eduardo compareceu à clínica para a sua segunda avaliação psicológica cerca de três meses após a primeira, em 03/02/2009. Durante a entrevista psicológica relatou estar em tratamento psiquiátrico e psicológico no Centro de Atenção Psicossocial (CAPS), sob o uso da medicação *cloridrato de amitripitilina*[15], de 25mg (dois comprimidos ao dia) há três meses e sem consumir bebida alcoólica desde novembro de 2008. Mencionou ter engordado 10kg e acrescentou a informação de que, quando fez a primeira avaliação, estava há vários dias sem dormir e sem se alimentar. Por ocasião dessa avaliação havia conseguido um trabalho como lavador de carros, uma vez que a sua CNH continuava sem renovação.

Os resultados da avaliação das funções cognitivas, atenção e inteligência, mantiveram-se estáveis em relação à primeira avaliação. A respeito das características socioemocionais, verificou-se tônus vital nor-

---

15. O cloridrato amitripitilina é um medicamento antidepressivo com propriedades sedativas.

mal e diminuição significativa dos tremores. A autoagressividade permaneceu aumentada.

Na entrevista de devolução, a psicóloga destacou para Eduardo a sua visível melhora (aparência física, expressão verbal), bem como a importância de ter iniciado o tratamento no CAPS. Entretanto, diante dos tremores apresentados no PMK e também pelo fato de estar em tratamento há apenas três meses, novamente o condutor recebeu o resultado de inapto temporário. Foi solicitado, ainda, que o candidato trouxesse o relatório de seu médico em sua próxima avaliação. Este argumento foi apresentado a Eduardo e, para facilitar a sua compreensão, a psicóloga mostrou o resultado do seu primeiro PMK, comparando-o ao segundo. Ele percebeu a melhora na qualidade do seu teste e demonstrou entender os motivos de novamente ter recebido o resultado de inapto temporário. Enfatizou a necessidade da continuidade ao seu tratamento para conseguir renovar a sua CNH, voltar a trabalhar como motorista, ter o respeito dos filhos e de seus pais novamente.

### Terceira avaliação psicológica

Eduardo compareceu para a terceira avaliação no dia 23/04/2009. Durante a entrevista verificou-se notável diferença na aparência física de Eduardo, do vestuário ao aumento de peso. Em relação a sua saúde física e mental relatou que há seis meses não ingeria bebida alcoólica, continuando o tratamento no CAPS. Conforme foi solicitado na segunda avaliação, Eduardo trouxe o relatório do médico psiquiatra, que continha as seguintes informações: em tratamento há seis meses; em uso da medicação *cloridrato de amitripitilina 25mg*; quadro psicopatológico estável e diagnóstico compatível com o F10.2 da Classificação Internacional de Doenças – Décima Revisão (CID–10), ou seja, transtorno mental e comportamental devido ao uso de álcool – síndrome de dependência.

Em relação às características psicológicas, não foi realizada a avaliação das funções cognitivas do condutor, dispensadas pelo Setor de Controle de Clínicas do DETRAN – MG para situações de segundo reexame. Os resultados da avaliação da personalidade de Eduardo revelaram boa energia vital e ausência de tremores em todas as folhas do PMK. Entretanto, os níveis de autoagressividade permaneceram aumentados.

Diante desses resultados, a psicóloga responsável pelo caso, juntamente com a médica perita examinadora do trânsito, decidiram considerar o condutor como apto, mas o prazo de validade da sua CNH foi reduzido de cinco para dois anos. Para tal decisão foram considerados os seguintes dados: relatório médico de acompanhamento no CAPS, a ausência de tremores no PMK e os relatos de Eduardo na entrevista comparados aos resultados das avaliações anteriores. Esta decisão foi embasada na resolução 267/2008 do CONTRAN. O parágrafo 2º preconiza que nos casos de "distúrbios ou comprometimentos psicológicos que estejam temporariamente sob controle, o candidato será considerado apto, com diminuição do prazo de validade da avaliação, que constará na planilha RENACH" (p. 3). Tal determinação foi mantida na atual resolução 425/2012.

É importante mencionar que o prazo de dois anos para validade da CNH de Eduardo foi decidido de modo arbitrário pelos profissionais da clínica, uma vez que não há orientações do CONTRAN ou do DETRAN-MG a este respeito. Embora tenham sido buscadas, também não foram encontradas evidências científicas no contexto do trânsito que contemplassem a amplitude do caso, podendo servir como norteador para a decisão de reduzir ou não o prazo de validade da CNH.

Na entrevista de devolução a psicóloga rememorou com Eduardo todo o processo de avaliação psicológica realizado por ele ao longo de seis meses. Destacou sua significativa melhora e seu potencial para crescer e se desenvolver, tanto pessoal como profissionalmente. Nesse momento, Eduardo agradeceu o acolhimento recebido durante as avaliações, bem como as orientações para o seu tratamento. Em relação à redução do prazo de validade da sua CNH, demonstrou ter clareza que devido ao seu processo de tratamento para o alcoolismo era necessário uma nova avaliação psicológica em um tempo menor, com o intuito de dar continuidade ao seu acompanhamento.

### Quarta avaliação psicológica

Após os dois anos a CNH de Eduardo venceu. Mas, conforme já mencionado, a avaliação psicológica dele para renovação da habilitação foi realizada por outros profissionais, que o consideraram apto. Diante disto, a psicóloga optou por convidar Eduardo para realizar uma nova avaliação psicológica, com intuito de dar ao caso o seguimento que a ética profissional exigia. Em virtude de todo o processo avaliativo feito com o condutor, a realização de uma avaliação psicológica passados dois anos foi considerada pela psicóloga de suma importância. Tal avaliação criava a possibilidade de verificar o percurso do condutor ao longo desse período, nos contextos familiar, laboral e social com relação à sua saúde física e mental.

Eduardo prontamente aceitou o convite e em 02/07/2011 compareceu para a realização da quarta avaliação psicológica. Durante a entrevista relatou que a sua CNH foi renovada em maio do referido ano (por cinco anos) e que estava se sentindo muito bem. Em relação as suas condições de saúde, mencionou que há dois anos e seis meses não fazia ingestão de bebida alcoólica. Fez o tratamento no CAPS por nove meses, recebeu alta e não fazia mais uso de nenhuma medicação.

No que diz respeito a sua realidade profissional, conseguiu o trabalho de motorista de transporte escolar, tão almejado, logo após a renovação da CNH. Relatou ser um trabalho de muita responsabilidade e que se sentia útil por isto. Nos momentos de folga também trabalha para um vizinho, que é deficiente visual, como motorista e acompanhante. Nesse segundo trabalho fazia compras, serviços de banco, acompanhamento em consultas médicas, entre outros. No âmbito familiar verificou-se que ele ainda morava com os pais. Em relação a sua vida afetiva destacou: *"conheci uma moça, quem diria, estou namorando e vou me casar!"*

Quando perguntado sobre a que fatores ele atribuiu a sua melhora, respondeu: o tratamento no CAPS, o incentivo de sua mãe, o desempenho da atividade de lavar carros e as intervenções feitas pela psicóloga da clínica. Acrescentou *"você acreditou em mim, me explicou o que estava acontecendo e me deu uma chance de continuar a minha vida profissional. Você não precisava fazer isto, podia ter me dado inapto e pronto".*

A avaliação da atenção concentrada e da inteligência, por meio dos testes AC e R1 respectivamente, mostraram resultados semelhantes comparados às avaliações anteriores. Assim, o condutor apresentou uma boa capacidade para manter o foco da atenção por certo intervalo de tempo, bem como adequada capacidade para resolver problemas, pensar de maneira abstrata e aprender. Os resultados das características de personalidade revelaram boa energia vital e ausência de tremores. Verificou-se também um dado importante: adequado autocontrole da agressividade, ou seja, controle dos impulsos agressivos em relação a si e ao meio ambiente.

## Discussão

Algumas considerações acerca dos resultados do presente estudo de caso são necessárias. O alcoolismo causa alterações cognitivas, comportamentais e emocionais. As alterações cognitivas são constatadas, tanto no abuso como na dependência de bebidas alcoólicas e incluem, por exemplo, diminuição da atenção, problemas na memória imediata, na capacidade de abstração, na velocidade de processamento de informações, entre outras (Cunha & Novaes, 2004; Parsons, 1998). Contudo, algumas pessoas que fazem abuso de álcool permanecem com as funções cognitivas sem alteração (Eckardt & Martin, 1986), tal como ocorreu com o condutor em estudo.

A respeito das alterações emocionais e comportamentais provenientes do alcoolismo, as mais comuns são desemprego, acidentes de trânsito, carência nos cuidados pessoais, hábito de fumar, ansiedade, depressão, conflitos familiares (Gigliotti & Bessa, 2004; Jaeger, Oliveira & Freire, 2008). Na primeira avaliação de Eduardo verificou-se a presença do alcoolismo associado a depressão, evidenciada a partir do teste PMK e os sintomas confirmados na entrevista de devolução pelos relatos do condutor. O médico psiquiatra, ao prescrever a medicação *cloridrato de amitripitilina 25mg*, parece também ter identificado tal comorbidade. Segundo King, Nardi e Cruz (2006) a depressão é uma das comorbidades mais associadas ao alcoolismo e em geral as pessoas com essa associação diagnóstica apresentam autoagressividade, baixa autoestima e sentimentos de culpa.

Outro ponto importante a ser destacado é que o papel do avaliador ultrapassa a mera decisão "apto" ou "inapto". As entrevistas realizadas com Eduardo (iniciais e de devolução) tiveram um caráter terapêutico. Durante as avaliações psicológicas procurou-se respeitar os seus sentimentos e as suas experiências a partir de uma atitude empática e acolhedora considerando sempre as suas especificidades, suas potencialidades e sua possível escolha de gerar mudanças produtivas em sua vida.

A eficácia da avaliação psicológica no contexto do trânsito tem sido questionada por pesquisadores da área devido aos parcos estudos que contemplam a sua relação com o comportamento dos condutores na malha viária do Brasil (Silva & Alchieri, 2007, 2008; Rueda, 2011). A necessidade de estudos de validade de critério dos testes psicológicos utilizados neste contexto bem como do processo de avaliação também tem sido apontada. Tal situação vai ao encontro de algumas constatações da área, como a ausência de um perfil de condutor, tanto do que exerce atividade remunerada como do condutor que não a exerce. Há que se mencionar, também, a falta de autonomia dos profissionais da área na escolha dos instrumentos utilizados (Silva, 2012), tendo um impacto direto na qualidade do trabalho realizado e desconsidera os princípios técnico-científicos da área.

Os resultados do presente estudo de caso, entretanto, apontam a possibilidade de alcances da avaliação psicológica no contexto do trânsito quando realizada de forma abrangente, não se limitando a testagem psicológica. Indicam, também, a relevância do acompanhamento dos candidatos e condutores a CNH em situações de risco, como em casos de consumo de bebida alcoólica, uma das principais causas de acidentes de trânsito no Brasil e no mundo. Para tanto, faz-se necessária a integração dos dados coletados ao longo do processo de avaliação psicológica, bem como sua análise a partir de um referencial teórico embasado cientificamente.

Em relação à avaliação da personalidade por meio do PMK, atualmente observa-se várias críticas em relação aos seus parâmetros psicométricos (Sisto, 2010; Vasconcelos, Nascimento & Sampaio, 2011) e em 2013 o instrumento está desaconselhado para uso pelo SATEPSI (CFP, 2012). Entretanto, neste trabalho o PMK possibilitou, por meio da análise dos tremores, a identificação do alcoolismo apresentado por Eduardo, posteriormente confirmado pelo autorrelato do avaliando. Essa realidade aponta a necessidade de estudos sistematizados na área, incluindo variáveis critério, como infrações de trânsito relacionadas a excesso de velocidade, consumo de bebidas alcoólicas, alta pontuação na CNH em detrimento de várias infrações. A identificação de um contraperfil do condutor, ou seja, a investigação de características do condutor que têm impacto negativo na segurança do trânsito, por exemplo, comportamentos de risco, como também a identificação das características de grupos com alto nível de vulnerabilidade, como motociclistas, podem subsidiar a elaboração de intervenções específicas, contribuindo assim para a segurança no trânsito.

Em suma, pode-se afirmar que quando a avaliação psicológica é compreendida como um processo e não como um fim em si mesma contribui para o desenvolvimento do sujeito avaliado, bem como reforça a importância do exercício da responsabilidade social do profissional de Psicologia com a pessoa em avaliação, independente do contexto de atuação. Mais ainda, remete à necessidade de uma atuação com enfoque interventivo e o exercício das práticas da Psicologia do Trânsito não se restringindo a avaliação psicológica do trânsito.

## Referências

Alves, I.C.B. (2009). *R1 Teste Não Verbal de Inteligência*. São Paulo: Vetor.

Araújo, M.M., Malloy-Diniz, L.F., & Rocha, F.L. (2009). Impulsividade e acidentes de trânsito. *Revista Psiquiatria Clínica, 36*(2), 60-68.

Bacelar, T.D. (2010). Avaliaçao da inteligência e da atenção no contexto do trânsito. In *IX Encontro Mineiro de Avaliação & II Congresso Latino-americano de Avaliação Psicológica*. Belo Horizonte: Universidade Federal de Minas Gerais.

Bacelar, T.D. (2011). Normatização do teste AC na área do trânsito: O contexto do norte de Minas Gerais. In *V Congresso Brasileiro de Avaliação Psicológica*. Bento Gonçalves. Recuperado de http://www.ibapnet.org.br/congresso2011/trabalhos/3928.pdf

Bacelar, T.D. (2012). Estudos atuais na avaliação do trânsito. In *X Encontro Mineiro de Avaliação & III Congresso Latino-americano de Avaliação Psicológica*. Belo Horizonte: Pontifícia Universidade Católica de Minas Gerais.

Bacelar, T.D. (2013). *Características socioeconômicas e psicológicas de condutores que cometeram infração de trânsito*. (Relatório Técnico). Pirapora.

Cambraia, S.V. (2009). *Teste AC*. São Paulo: Vetor.

Comitê de Ética e Pesquisa UFTM (2012). *Parecer 2261/2012 do projeto Avaliação psicológica de condutores de trânsito*. Universidade Federal do Triângulo Mineiro (UFTM). Uberaba.

Conselho Federal de Psicologia [CFP] (2003). *Resolução n. 007/2003*. Recuperado de http://site.cfp.org.br/wp-content/uploads/2003/06/resolucao2003_7.pdf

Conselho Federal de Psicologia [CFP] (2003). *Resolução n. 002/2003*. Recuperado de http://site.cfp.org.br/wpcontent/uploads/2003/03/resolucao2003_02_Anexo.pdf

Conselho Federal de Psicologia [CFP] (2006). *Pesquisa exploratória sobre o processo de avaliação psicológica para a obtenção da carteira nacional de habilitação*. Recuperado de http://www.crprj.org.br/publicacoes/relatorios/fiscalizacao.pdf

Conselho Federal de Psicologia [CFP] (2009). *Resolução n. 007/2009*. Recuperado de http://www.pol.org.br/pol/export/sites/default/pol/legislacao/legislacaoDocumentos/resolucao2009_07.pdf

Conselho Federal de Psicologia [CFP] (2011). *Nota Técnica CFP n. 001/2011*. Recuperado de http://site.cfp.org.br/wp-content/uploads/2011/03/nota_tecnica_CFP_001_de_2011.pdf

Conselho Federal de Psicologia [CFP] (2011). *Resolução n. 009/2011*. Recuperado de http://site.cfp.org.br/wp-content/uploads/2011/05/resolucao2011_009.pdf

Conselho Regional de Psicologia de Minas Gerais [CRP-MG] (2012). Avaliação psicológica no contexto do trânsito. In *Seminário Psicologia do Trânsito em Trânsito pelo Brasil*. Belo Horizonte.

Cunha, P.J., & Novaes, M.A. (2004). Avaliação neurocognitiva no abuso e dependência do álcool: Implicações para o tratamento. *Revista Brasileira de Psiquiatria, 26* (Suppl. 1), 23-27.

Departamento de Trânsito de Minas Gerais (2005). *Ofício 004/2005 expedido pelo setor de controle de clínicas do DETRAN-MG*. Belo Horizonte.

Departamento Nacional de Trânsito [DENATRAN] (2008). *Resolução n. 267 de 15 de fevereiro de 2008*. Recuperado de http://www.denatran.gov.br/download/Resolucoes/RESOLUCAO_CONTRAN_267.pdf

Departamento Nacional de Trânsito [DENATRAN] (2008). *Código de trânsito brasileiro*. Recuperado de http://www.planalto.gov.br/ccivil_03/Leis/L9503.htm

Departamento Nacional de Trânsito [DENATRAN] (2012). *Resolução n. 425 de 27 de novembro de 2012*. Recuperado de http://www.denatran.gov.br/download/Resolucoes/(Resolu%C3%A7%C3%A3o%20425.-1).pdf

Dias, A.C. (2013). *Novo exame psicotécnico do DETRAN provoca polêmica e é questionado*. Entrevista concedida à Rádio Itatiaia em 15 de abril de 2013, Belo Horizonte: Minas Gerais. Recuperado de http://www.itatiaia.com.br/site/noticias/noticia/12466

Eckardt, M.J., & Martin, P.R. (1986). Clinical assessment of cognition in alcoholism. *Alcoholism – Clinical and Experimental Research, 10*(2), 123-127.

Freitas, I.C.M., & Moraes, S.A. (2006). Dependência de álcool e fatores associados em adultos residentes em Ribeirão Preto, São Paulo, Brasil, 2006: Projeto OBEDIARP. *Cadernos de Saúde Pública, 27*(10), 2.021-2.031.

Gigliotti, A., & Bessa, M.A. (2004). Síndrome de Dependência do Álcool: Critérios diagnósticos. *Revista Brasileira de Psiquiatria, 26*(1), 11-13.

Gwyther, H., & Holland, C. (2012). The effect of age, gender and attitudes on self-regulation in driving. *Accident Analysis and Prevention, 45,* 19-28.

Instituto Sangari, & Ministério da Justiça (2011a). *Mapa da violência: Os jovens do Brasil*. Caderno Complementar 1. Acidentes de Trânsito. Recuperado de http://mapadaviolencia.org.br/mapa2011.php

Instituto Sangari, & Ministério da Justiça (2011b). *Mapa da violência: Os jovens do Brasil*. Caderno Complementar 1. Acidentes de Trânsito. Recuperado em 17 de maio de 2012, de http://mapadaviolencia.org.br/pdf2011/acidentes_transito.pdf.

Jaeger, A., Oliveira, M.S., & Freire, S.D. (2008). Entrevista motivacional em grupo com alcoolistas. *Temas em Psicologia, 16*(1), 97-106.

Kelsey, S.L., Janke, M., Peck, R.C., & Ratz, M. (1985). License extensions for clean-record drivers: A & year follow-up. *Journal of Safety Research, 16*, 149-167.

King, A.L.S., Nardi, A.E., & Cruz, M.S. (2006). Risco de suicídio em paciente alcoolista com depressão. *Jornal Brasileiro de Psiquiatria, 55*(1), 70-73.

*Lei n. 10.350* (2001, 21 de dezembro). Altera a Lei n. 9.503, de 23 de setembro de 1997 – Código de Trânsito Brasileiro. DENATRAN. Recuperado de http://www.planalto.gov.br/ccivil_03/Leis/L9503.htm

Lutteroth, J. (2008). *"Der Lappen, der die Welt bedeutet": Q day (in Germany)*. Recuperado de http://einestages.spiegel.de/static/authoralbum background/2471/der_lappen_der_die_welt_bedeutet.html

Marín-León, L. (2010). Trânsito versus mobilidade: Antagonismo ou complementaridade? A visão da Saúde Pública. In Conselho Federal de Psicologia [CFP]. *Psicologia e mobilidade: O espaço público como direito de todos*. Brasília: CFP.

Marín-León, L., & Queiroz, M.S. (2000). A atualidade dos acidentes de trânsito na era da velocidade: uma visão geral. *Cadernos de Saúde Pública, 16*(1), 7-21.

Marín-León, L., & Vizzotto, M.M. (2003). Comportamentos no trânsito: Um estudo epidemiológico com estudantes universitários. *Cadernos de Saúde Pública, 19*(2), 515-523.

Panichi, R.M.D., & Wagner, A. (2006). Comportamento de risco no trânsito: Revisando a literatura sobre as variáveis preditoras da condução perigosa na população juvenil. *Interamerican Journal of Psychology, 40*(2), 159-166.

Parsons, O.A. (1998). Neurocognitive deficits in alcoholics and social drinkers: A continuum? *Alcoholism – Clinical and Experimental Research, 22*(4), 954-961.

Risser, R., Chaloupka, Ch., Grundler, W., Sommer, M., Häusler, J., & Kaufmann, C. (2008). Using non-linear methods to investigate the criterion validity of traffic-psychological test batteries. *Accident Analysis and Prevention, 40,* 149-157.

Rozestraten, R.J.A. (1988). *Psicologia do trânsito: Conceitos e processos básicos.* São Paulo: EPU/EDUSP.

Rozestraten, R.J.A. (1990). O uso e a validade dos testes aplicados aos motoristas – dados de uma pesquisa. *Anais da 20ª Reunião Anual de Psicologia,* Ribeirão Preto, 471-476.

Rueda, F.J.M., & Monteiro, R.M. (2012). Avaliação da atenção no contexto da Psicologia do trânsito: Análise das publicações na área. In B. Boruchovitch, A.A.A. dos Santos, & E. do Nascimento (Orgs.). *Avaliação psicológica nos contextos educativo e psicossocial* (pp. 281-297). São Paulo: Casa do Psicólogo.

Scott-Parker, B., Watson, B., King, M.J., & Hyde, M.K. (2013). A further exploration of sensation seeking propensity, reward sensitivity, depression, anxiety, and the risky behaviour of young novice drivers in a structural equation model. *Accident Analysis and Prevention, 50,* 465-471.

Silva, F.H.V.C. (2012). A Psicologia do trânsito e os 50 anos de profissão no Brasil. *Psicologia: Ciência e Profissão, 32* (spe), 176-193.

Silva, F.H.V.C., & Alchieri, J.C. (2008). Revisão das pesquisas brasileiras em avaliação psicológica de habilidades e inteligência de condutores. *Estudos de Psicologia (Natal), 13*(1), 57-64.

Silva, F.H.V.C., & Alchieri, J.C. (2007). Avaliação psicológica da personalidade de condutores: Uma revisão de literatura. *Psico-USF, 12*(2), 189-196.

Vieira, M.V.M., Pereira, A.O., & Carvalho, A.V. (1953). O exame psicotécnico de motoristas no Distrito Federal. *Arquivos Brasileiros de Psicotécnica, 5*(4), 41-50.

Yin, R.K. (2010). *Estudo de caso: Planejamento e métodos.* Porto Alegre: Bookman.

*Capítulo 14*
# Exercícios de apoio para ensino de avaliação psicológica

*Sabrina Martins Barroso*
*Marcela Fortunato*
*Marcela Garrido Reghim*

A avaliação psicológica, única atribuição exclusiva dos psicólogos no Brasil, exige que os estudantes treinem seu olhar para os fenômenos psicológicos e as possibilidades de acessá-los. Os cursos de Psicologia costumavam ofertar disciplinas de "Técnicas de Exame Psicológico", o que deixava a ilusão de que o trabalho de avaliação psicológica era mecânico, baseado apenas em instrumentos formais de mensuração, que, uma vez aplicados, forneceriam todas as informações necessárias para uma rápida tomada de decisão. Com o passar do tempo e com o empenho dos profissionais de Psicologia, conseguiu-se alterar a noção sobre o processo avaliativo e sobre o papel desempenhado pelos testes como instrumentos de avaliação psicológica. Como consequência, os nomes das disciplinas ligadas à avaliação foram alterados na maioria das universidades brasileiras, sendo frequente encontrar disciplinas de "Avaliação Psicológica Infantil, Avaliação Psicológica do Adulto" nas grades curriculares atuais.

Ao realizar seu trabalho, o psicólogo tem que atentar para comportamentos verbais e não verbais, para a escolha das palavras, para sutilezas de comportamento, entre outros. Isso cria a necessidade de preparar os estudantes para olhar tecnicamente, ouvir as palavras e as intenções subjacentes. Aprender a obter e integrar informações. Essa não é uma tarefa fácil.

Algumas habilidades, como a empatia, atenção seletiva, relacionamento de informações, embora não tenham como ser forçadas aos estudantes, podem ser incentivadas e existem atividades que podem auxiliar em seu desenvolvimento. O desenvolvimento dessas atividades é a busca constante dos professores de avaliação psicológica que, para isso, se valem de muita teoria, exercícios individuais e grupais, simulações e práticas supervisionadas. Este capítulo visa contribuir com o processo de ensino-aprendizagem, disponibilizando algumas propostas de exercícios didáticos que podem ser incorporados às práticas dos professores de avaliação psicológica.

O capítulo apresenta propostas relacionadas à observação do comportamento, entrevistas psicológicas, escolha de instrumental para avaliação psicológica e construção de documentos técnicos. Além disso, questões sobre avaliação psicológica que podem ser usadas em debates em sala de aula são elencadas ao final do presente capítulo. Temos consciência que os exemplos apresentados representam apenas uma gota entre as possibilidades de trabalhos didáticos, mas visam auxiliar na sistematização das práticas de ensino de Avaliação Psicológica no Brasil.

## 1  Exercícios sobre observação do comportamento

### 1.1  Utilização da Técnica Grupo de Verbalização – Grupo de Observação (GV-GO) para comportamentos não verbais

A técnica GV-GO é utilizada em diversos contextos, tanto em processos de avaliação psicológica, integração de grupos, quanto em processos de Orientação Profissional. De forma resumida, esse procedimento terá quatro fases:

**1ª fase:** O coordenador do processo separa a turma em pequenos grupos e pede que levantem informações relevantes sobre um determinado assunto. Os subgrupos disporão de 10 minutos para esta conversa inicial.

O coordenador informa que desse grupo uma pessoa deverá ser escolhida para representar o grupo e que as outras pessoas serão responsáveis por anotar os argumentos levantados durante a etapa de debates.

Sugestões de temas para discussão:

• Atividades que deveriam ser privativas dos Psicólogos;

• Por que um teste se torna não recomendado pelo Conselho Federal de Psicologia?;

• Implicações de um psicólogo escolher errado a forma de conduzir um processo de avaliação psicológica.

**2ª fase**: Pede-se, em seguida, que cada subgrupo escolha um integrante para compor o grupo de verbalização (GV). Esse GV se reunirá no centro da sala para debater o assunto escolhido. O GV discutirá o tema escolhido por até 20 minutos. Todos os demais participantes se posicionarão em torno do GV, em um círculo mais amplo e apenas observarão (GO), anotando suas percepções, sem poder interferir no assunto debatido ou fazer comentários.

**3ª fase**: Os subgrupos voltam a se reunir e discutem por 5 minutos sobre suas anotações e percepções.

**4ª fase**: Os grupos se juntam em uma roda integrada e, no lugar de questionar sobre a argumentação debatida, o coordenador questiona sobre os comportamentos não verbais que o GV emitiu durante sua discussão. Em seguida, questiona sobre o comportamento do próprio GO ao longo do exercício.

Pode-se aproveitar para discutir a dificuldade de focar em mais de uma tarefa os momentos-chave em que houve mudanças significantes nos comportamentos não verbais e pontos-chave para observação ao longo de um processo de avaliação psicológica.

## 1.2 Auto-observação

Pedir aos estudantes que filmem seu próprio comportamento enquanto conversam com alguém ou atendem ao telefone, mas não assistam ao vídeo após fazê-lo. Em seguida, pede-se que o estudante descreva a forma como se comportou e que comportamentos relevantes emitiu. Após anotar seus comportamentos, pede-se que ele(a) assista à gravação e veja se houve concordância entre o que percebeu e a forma como se comportou. Além disso, pede-se que o estudante avalie se emitiu algum comportamento sem se dar conta disso.

## 2 Entrevista

### 2.1 Confecção coletiva de roteiro de entrevista

Levar para sala de aula uma descrição de um cargo, contendo a descrição de atividades e competências, rotina de trabalho, salário e requisitos mínimos. Construir, de forma coletiva, um roteiro de entrevista que poderia auxiliar na seleção de candidatos para esse cargo. Exemplos de descrição de cargos e salários:

**Cargo:** Ascensorista

**Descrição Sumária:** Operar elevadores no transporte de pessoas e/ou cargas, acionando os dispositivos de comando e obedecendo a escala de alternância de andares, limites de lotação e carga estipulados. Zelar pelo bom funcionamento e limpeza interna do elevador, constatando e comunicando avarias e outras anormalidades. Tratar com cortesia os passageiros e indicar, quando consultado, a localização de pessoas, órgãos ou empresas.

**Salário médio do cargo em 2012:** R$ 1.000,22[16].

**Cargo:** Secretária bilíngue

**Descrição Sumária:** Executar tarefas relativas à anotação, redação, datilografia e outros serviços de escritório, de forma a assegurar e agilizar o fluxo de trabalho de seu departamento. Assessorar sua chefia em assuntos de rotina e dominar um segundo idioma, de acordo com a sua especialização.

**Salário médio do cargo em 2012:** R$ 3.016,19[17].

**Cargo:** Arquiteto júnior

**Descrição Sumária:** Possuir conhecimento para a solução dos problemas mais simples da área, trabalhando sob supervisão direta. Parti-

---

16. Fonte: Catho On-line. Recuperado de http://www3.catho.com.br/salario/action/site/area_geral.php?state=salario&id_area_especifica=358&id_area_geral=70&id_cargo=1586

17. Fonte: Catho On-line. Recuperado de http://www3.catho.com.br/salario/pesquisa-salarial/cargos-salarios/administracao-geral/secretaria/secretaria-bilingue

cipar na elaboração e auxiliar na execução de projetos de arquitetura de prédios, pontes, interiores e obras em geral, pesquisando características e preparando métodos de trabalho. Não é necessária experiência anterior na área.

**Salário médio do cargo em 2012:** R$ 2.397,67[18].

## 2.2 **Role-play** de entrevista

Simulação de entrevista em sala de aula abordando temas definidos ou simulando um processo de seleção de pessoal. O professor ficará apenas como observador e após a simulação da entrevista, que deverá ser realizada por dois estudantes escolhidos, discutirá com os demais estudantes suas impressões e opiniões sobre as perguntas e a conduta do entrevistador, formas mais funcionais de obter informações, organização do *setting* para entrevista etc.

## 2.3 Selecionando informações relevantes

O professor leva para a sala de aula um roteiro de entrevista semiestruturada longo e contendo perguntas de níveis variados de adequação para a avaliação psicológica que se propôs a realizar. Divide a turma em grupos e entrega uma cópia para cada grupo. Pede, a seguir, que os grupos discutam sobre que perguntas deveriam ser feitas, quais deveriam ser alteradas ou acrescentadas e quais deveriam ser omitidas do roteiro de entrevista original.

Sugestão de tema para a entrevista:

• relacionamento com colegas de trabalho;

• seleção de um professor de informática;

• escolha do representante de turma.

---

18. Fonte: Catho On-line. Recuperado de http://www3.catho.com.br/salario/pesquisa-salarial/cargos-salarios/arquitetura/arquitetura/arquiteto-junior

# 3 Seleção de instrumentos para avaliação psicológica

## 3.1 Parâmetros a considerar para a escolha dos instrumentos de avaliação

Dividir a turma em grupos, distribuir um construto para cada grupo (personalidade, inteligência, atenção etc.) e pedir que cada grupo visite o site do Sistema de Avaliação de Testes Psicológicos (SATEPSI) e verifique que testes existem sobre o construto do seu grupo, quais estão aconselhados e quais não estão recomendados.

Em um segundo momento, os estudantes deverão verificar na base de dados do SciELO pesquisas existentes que envolvam os testes que observaram no SATEPSI. Discussões sobre as formas de construção dos testes psicológicos, qualidades psicométricas, áreas de utilização e lacunas de conhecimento podem ser realizadas.

Endereço SATEPSI: <http://www2.pol.org.br/satepsi/sistema/admin.cfm>

Endereço SciELO: < http://www.scielo.org/php/index.php>

Considerando um objetivo específico (seleção de pessoal, psicodiagnóstico, encaminhamento para profissional de saúde etc.), trazida pelo professor, pedir aos estudantes que definam a forma como será feita a avaliação psicológica, incluindo tempo necessário, instrumentos utilizados, forma de coleta das informações e apresentação da devolutiva.

Sugestões de temas para avaliação psicológica:

• Criança de 8 anos com excelente desempenho acadêmico. A família solicita uma avaliação por exigência da escola para passar a criança do 3º ano (turma com média de idade de 8 anos) para o 5º ano (turma com média de idade de 10 anos).

• Escola encaminha adolescente do sexo masculino de 12 anos, com suspeita de Transtorno Opositivo. A família não aceita encaminhamento para o psiquiatra.

• Seleção de pessoal para o cargo de vendedor(a) de sapatos.


## 3.2 Procedimentos de avaliação psicológica

O professor leva para a turma um dos casos de processos éticos disponibilizados no site do Conselho Federal de Psicologia e discute com os estudantes o que está errado no processo relatado e formas alternativas de realizar a avaliação necessária ao caso.

Casos disponíveis no site do BVS-Psi, no endereço: http://www.bvs-psi.org.br/php/level.php?lang=pt&component=31&item=23

## 3.3 Formas de aplicação e correção dos testes

Dividir a turma em grupos e deixar cada grupo responsável por buscar informações sobre um teste psicológico específico. Cada grupo deverá pesquisar no respectivo manual do teste determinado informações sobre sua forma de aplicação, correção e criação/validação. Em seguida, cada grupo deverá montar uma apresentação passo a passo e explicar para o restante da turma o resultado de sua pesquisa. O professor auxilia fornecendo material e retirando dúvidas sobre o teste.

## 3.4 Identificando erros nas correções de testes

O professor leva um exemplar de teste psicométrico corrigido, mas contendo erros na forma de correção. Divide a turma em grupos, entrega uma cópia do protocolo corrigido incorretamente para cada grupo e pede que os estudantes localizem os erros cometidos e efetuem as alterações necessárias na correção do protocolo. Como uma variação, pode-se pedir que, em seguida, os estudantes confeccionem o relatório sobre o teste corrigido.

## 4 Construção de documentos técnicos

### 4.1 Resoluções e laudos

O professor leva para a sala de aula um exemplo de relatório de teste, em que informações sobre resultados e conclusões encontram-se misturados e geram dificuldade de entendimento. Após entregar uma cópia a cada estudante ou subgrupo, pede-se que os estudantes separem as informações apresentadas, de forma a melhorar a clareza do documento.

Exemplo: Resultados e conclusões extraídos de um protocolo fictício do Teste de Inteligência Geral R-1 e apresentados de forma misturada.

**Resultados:** A avalianda obteve 31 acertos e nove erros, totalizando 31 pontos e se situando no percentil 70. Concluiu o teste em 20 minutos, recebendo classificação de inteligência geral médio superior.

Durante a realização do teste a avalianda apresentou repetidamente falas tais como "Sou burra" e "Não vou conseguir este, é muito difícil", remetendo a uma possível insegurança, que merece investigação posterior.

**Conclusão:** Com base na pontuação e percentil a avalianda foi classificada como tendo potencial cognitivo médio superior, indicando não ter problemas para entender ou executar tarefas que exijam raciocínio abstrato geral, segundo a Tabela Geral por Escolaridade (2008).

Os erros foram cometidos nos seguintes itens: 18, que envolve analogia e mudança de posição, cuja frequência de acerto é 56,4% para a amostra total; item 20, que propõe um problema de subtração, possui uma frequência de acerto de 36,5%; 25, que apresenta progressão por deslocamento de partes, com frequência de 46,9% de acerto; 29, classificado como item de variação, indica alternância e variação numérica, possui uma frequência de acertos de 38,9%; item 30, que indica variação de placas de trânsito, possui uma porcentagem de acertos de 48,3%; 34 é de subtração nas direções horizontal e vertical e possui índice da frequência de acerto de 25,1%; 37, que envolve soma e subtração simultânea de elementos, sendo sua frequência de acertos em relação à amostra total, de 18,2%; 39, item de subtração de elementos internos, com frequência de acertos de 16,3%; e o item 40, que envolve princípios diversos, raciocínio numérico e tem 13% de acertos.

**Resultados:** A avalianda concluiu o teste em 20 minutos e obteve 31 acertos e nove erros, totalizando 31 pontos e se situando no percentil 70, segundo a Tabela Geral por Escolaridade (2008) e recebendo classificação de inteligência geral médio superior.

Os erros foram cometidos nos seguintes itens: 18, que envolve analogia e mudança de posição, cuja frequência de acerto é 56,4% para a amostra total; item 20, que propõe um problema de subtração, possui uma frequência de acerto de 36,5%; 25, que apresenta progressão por deslocamento de partes, com frequência de 46,9% de acerto; 29, classificado como item de variação, indica alternância e variação numérica, possui uma frequência de acertos de 38,9%; item 30, que indica variação de placas de trânsito, possui uma porcentagem de acertos de 48,3%; 34 é de subtração nas direções horizontal e vertical e possui índice da frequência de acerto de 25,1%; 37, que envolve soma e subtração simultânea de elementos, sendo sua frequência de acertos em relação à amostra total, de 18,2%; 39, item de subtração de elementos internos, com frequência de acertos de 16,3%; e o item 40, que envolve princípios diversos, raciocínio numérico e tem 13% de acertos.

**Conclusão:** Com base na pontuação e percentil a avalianda foi classificada como tendo potencial cognitivo médio superior, indicando não ter problemas para entender ou executar tarefas que exijam raciocínio abstrato geral.

Durante a realização do teste a avalianda apresentou repetidamente falas tais como "Sou burra" e "Não vou conseguir este, é muito difícil", remetendo a uma possível insegurança, que merece investigação posterior.

## 4.2 Correção de laudo

O professor leva um laudo ou relatório contendo várias falhas e uma cópia da resolução 07/2003 do Conselho Federal de Psicologia para a aula. Após dividir a turma em pequenos subgrupos, entrega uma cópia de cada material aos grupos e pede aos estudantes que reconstruam o laudo, alterando os itens errados segundo a resolução.

Pode-se utilizar como variação que os estudantes apenas apontem os itens errados e justifiquem com a resolução por que não está adequado.

Exemplo fictício de laudo contendo erros:

**Atividade com laudo**

**Informações relevantes sobre o avaliado:**

Nome do avaliado: Carlos Gouveia

Carlos tem 60 anos, trabalha de motorista profissional há 20 anos e para a empresa PRUDENCE há 5 anos, fazendo transporte de verbas. Carlos pediu afastamento das funções, por afirmar ser ansioso demais para a tarefa e que está desenvolvendo transtorno de pânico como consequência de suas atividades.

Carlos é casado há 25 anos, pai de três filhos. Relata sentir sintomas de ansiedade desde que começou a transportar dinheiro, há 8 anos, mas que tem piorado. Não procurou psiquiatra, mas o clínico geral diagnosticou transtorno de pânico e passou ansiolítico (Lorax), que toma uma vez por dia, e Rivotril sublingual, para os momentos de crise. Gostaria de sair da função, mas não da empresa. Quer ser deslocado para a área de transporte de cargas (empresa terceiriza serviço de entrega de material de construção civil).

A avaliação foi realizada a pedido da empresa PRUDENCE, contato feito pelo gerente de Recursos Humanos (Marco Nanine), visando avaliar problemas psicológicos e prover ou não licença para tratamento de saúde.

Aplicada a escala de avaliação de ansiedade (Escala Beck de Ansiedade – BAI), totalizando 52 pontos (indicativo de ansiedade grave), segundo a tabela de pontos de corte para o Brasil (2012). Aplicada a escala de triagem de depressão (PHQ-9), totalizando 17 pontos (indicativo de depressão maior), segundo validação do instrumento para o Brasil (Osório et al., 2009). Realizada entrevista aberta sobre a vida e o estado emocional.

LAUDO PSICOLÓGICO

## 1. Identificação

**Autor:** José das Couves

**Interessado:** Marcos Nanine

**Avaliado:** Sujeito do sexo masculino, 60 anos, nível médio completo.

**Assunto:** Avaliação do estado emocional, visando verificar presença de pânico.

## 2. Descrição da Demanda

Avaliação do estado emocional, visando verificar presença de pânico

## 3. Procedimento

Realização de entrevista e aplicação de duas escalas de checagem de humor.

## 4. Análise

A entrevista mostrou elevado grau de ansiedade, personalidade marcada por necessidade de reconhecimento, baixa autoestima e preocupação excessiva.

Os testes de ansiedade e depressão indicaram problemas patológicos.

## 5. Conclusão

O paciente apresenta Síndrome do Pânico e Depressão Maior, devendo ser afastado de suas funções e recolocado em outra atividade. Deve, ainda, ser encaminhado para um psiquiatra, para avaliação de seu estado mental.

Uberaba, 10 de fevereiro de 2012.

José das Couves
CRP 04/052.252.990.143
CPF: 362.000.671-29

## 4.3 Correção de teste e confecção de relatório

Fornecer um protocolo de resposta respondido, mas sem a correção. Deve-se pedir que os estudantes corrijam o teste e, em seguida, façam o relatório em sala de aula sobre o teste corrigido. Pode-se utilizar protocolos de diferentes testes e promover uma discussão sobre formas distintas de avaliar o mesmo construto.

## 4.4 Resultados e conclusões

O professor leva para a aula um relatório de teste de personalidade contendo os resultados apresentados de forma correta, mas contendo conclusões tendenciosas ou sem embasamento nos resultados. Divide a turma em subgrupos, entrega uma cópia para cada grupo, e pede que eles analisem o relatório em busca de potenciais problemas. Uma variação possível é levar um relatório contendo conclusões ou indicações que infrinjam o Código de Ética Psicológico e que as correções ou discussão sejam feitas considerando esses aspectos. Exemplo fictício de relatório com problemas:

RELATÓRIO PSICOLÓGICO

**Identificação do Profissional:** Valdemar F. Júnior

**Identificação do Solicitante:** Empresa X.

**Assunto:** Avaliação de inteligência geral e personalidade, para preenchimento de vaga de analista de sistema na Empresa X.

**Motivo da Avaliação:** Aplicação do Teste G-36, CPS e Avaliação da Personalidade.

### Identificação do Avaliando

**Nome:** Marcos Lucas Vicentino

**Sexo:** Masculino

**Etnia:** Branco

**Idade:** 26 anos    **Data de nascimento:** 24-12-1978

**Natural de:** Mogi das Cruzes, SP

**Escolaridade:** Superior Completo

**Procedimento:** A avaliação psicológica em questão ocorreu em um encontro, no dia vinte e três de maio de 2012, no Centro de Psicologia Arethusa May, com duração de cinco horas. Para avaliação da inteligência geral foi aplicado o teste G-36, com duração de vinte e cinco minutos. O G-36 é um teste não verbal, que avalia inteligência geral. A validação do G-36 foi feita considerando sua correlação com o Teste de Dominós, com resultado satisfatório de r = 0,84 (p ≤ 0,05).

A avaliação da personalidade foi feita por meio de dois procedimentos, a aplicação do teste CPS e a confirmação das observações por meio da análise do mapa astrológico de nascimento. As escalas CPS podem ser aplicadas para diversos fins em que seja necessária uma avaliação objetiva da personalidade, para pessoas com nível de escolaridade acima do Ensino Fundamental completo. A validade de construto das CPS foi avaliada pelo método de análise fatorial (Varimax) e sua fidedignidade foi avaliada pelo coeficiente de Alfa de Cronbach (valores entre 0,33 e 0,84). Após a aplicação do CPS os dados observados foram comparados com um mapa astrológico de nascimento, calculado com base na data e horário exatos de nascimento do candidato e dos dados de latitude e longitude da cidade em que ocorreu o nascimento.

**Resultados:** Com trinta e um acertos e cinco erros, sendo três deles do tipo "B", dois do tipo "C" e nenhum do tipo "A", o avaliando alcançou o percentil noventa no teste G-36, segundo a tabela "Percentil em função da escolaridade – amostra seleção pessoal de São Paulo", sendo classificado como "Médio Superior".

Em relação aos resultados do CPS, na escala de validade o avaliando obteve uma pontuação de 33 e na escala de Desejabilidade Social 50. Os resultados obtidos nas escalas foram, para as escalas T e O, 41 pontos e percentil 35 em ambas. Na escala C, foram obtidos 38 pontos e percentil 15. Para a escala A, foram obtidos 44 pontos e percentil 3; na escala S, 39 pontos e percentil 1. Na escala E, foram obtidos 32 pontos e consequentemente percentil 2; na escala M, que avalia masculinidade *versus* feminilidade, verificou-se a obtenção de 32 pontos e percentil 4. Por fim, na escala P, foram obtidos 51 pontos e 55 para o percentil. As análises do mapa de nascimento mostraram um indivíduo com signo solar em capricórnio, ascendente em Touro e elemento Terra para ambos.

**Conclusões:** Por meio dos resultados conclui-se que o avaliando possui uma pontuação dentro da média esperada para a sua região/escolarização em termos de potencial cognitivo. Em relação à análise de sua personalidade, pode-se concluir que essa pessoa tem tendência à desorganização, o que pode dificultar seu trabalho na empresa. Ademais, demonstra forte tendência ao homossexualismo ou vivências de conflitos sexuais. Resultado corroborado pela grande concentração de planetas no quadrante de Virgem em seu mapa de nascimento. Além disso, a escala S mostra que se trata de uma pessoa instável emocionalmente, o que possivelmente dificultaria suas relações com colegas de trabalho. A análise da relação entre seu signo solar e o ascendente mostram tendência à introversão e tendência à teimosia. Mas uma capacidade para raciocínio prático marcada.

Considerando as especificidades do cargo em questão e as características observadas ao longo do processo de avaliação psicológica, recomenda-se a não contratação do candidato em questão.

Psicólogo Valdemar F. Júnior

## 4.5 Resultados e conclusões

A seguir, encontra-se um trecho extraído da conclusão de um laudo psicológico de entrevista inicial para avaliação psicológica, que precedeu a aplicação de testes de inteligência e de personalidade. Nesse trecho é possível verificar equívocos sobre a forma de apresentação dos dados. Identifique esses equívocos, justificando as razões que o levaram a considerá-los incorretos. Em seguida, escreva uma nova versão, indicando a forma adequada de apresentação dos resultados.

**Trecho fictício**

Marília, ao longo dos dois encontros de entrevista inicial, analisou os acontecimentos passados de sua vida de forma bastante crítica. Reconhecia suas características, não se incomodando com os tratamentos e acontecimentos desagradáveis já vivenciados. Marília é bem resolvida quanto ao passado e mostra-se como uma mulher segura e confiante. Está disposta a vivenciar essa nova etapa da vida, sua recém-descoberta gravidez, com otimismo e confiança, mesmo sem o apoio do pai da criança. Marília é uma pessoa bastante curiosa e persuasiva. Considero que ela foi bastante sensata ao relatar os momentos de crise vividos no passado.

Marília gesticulava bastante enquanto falava. Isso indica ansiedade e nervosismo por responder perguntas pessoais. Nos momentos em que contava sobre as crises que teve e sobre a reação do pai da criança quando contou sobre a gravidez, ela desviava o olhar como se estivesse visualizando mentalmente esses episódios de sua vida. Mas agora Marília segue em frente em sua nova etapa de maneira bem otimista.

## 4.6 Corrigindo procedimentos

Imagine que você é professor da disciplina de avaliação psicológica e sua tarefa atual é corrigir os procedimentos de relatórios psicológicos dos seus alunos, de forma que eles consigam entender onde erraram, quando omitiram informações importantes ou quando não foram claros em sua forma de escrever. A seguir são apresentados três exemplos de procedimentos e você deverá corrigi-los, se necessário.

## Procedimento 1

Como foi requisitado na disciplina Avaliação Psicológica, foi realizada a aplicação do teste G-36 na examinanda A.C.O. O teste G-36 tem como objetivo avaliar a inteligência não verbal do testando. Sua validade foi obtida através da correlação com o Teste de Matrizes Progressivas de Raven. Foi constatado que os dois testes medem a mesma variável, indicando um bom grau de validade do G-36 (0,76). Para medir sua fidedignidade, foi utilizado o método das metades e para a verificação do percentil, optou-se pela tabela que indica o nível de escolaridade do sujeito, padronizada para a seleção de pessoal de São Paulo – SP. A aplicação do teste durou uma sessão de 50 minutos.

## Procedimento 2

Como foi requisitado na disciplina Avaliação Psicológica, foi realizada a aplicação do teste Inventário Fatorial de Personalidade (IFP) na examinanda A.C.O. O teste IFP tem como objetivo avaliar a personalidade do testando. O IFP é um inventário de personalidade verbal, validado para o Brasil. Não há tempo determinado para responder o teste, porém, há uma média de 45 minutos.

Os percentis de cada item foram obtidos por meio da folha de apuração do teste IFP e as interpretações dos itens foram baseadas nas descrições das escalas contidas no manual.

## Procedimento 3

A aplicação das Escalas de Personalidade de Comrey (CPS) ocorreram em apenas um encontro, no dia quatro de maio de 2012, no Centro de Psicologia Aplicada.

A fidedignidade do instrumento foi avaliada a partir do Alpha de Cronbach, ou seja, por análise da consistência interna, a partir da conversão dos valores brutos das respostas dadas aos itens que apresentavam polaridade negativa. O valor mais alto encontrado do Alpha de Cronbach foi de 0,839 na Escala E (Extroversão x Introversão) e o mais baixo na Escala C (Conformidade Social x Rebeldia) com o valor de 0,327. A validade de construto foi avaliada pelo método da análise fatorial (Varimax) em comparação com o teste MMPI (Minnesota Multiphasic Personality Inventory).

## 5 Questionamentos ou provocações sobre avaliação psicológica

• Explique a importância que os laudos/relatórios de testes apresentem detalhadamente os procedimentos utilizados no processo de avaliação e as qualidades psicométricas dos instrumentos utilizados.

• Tomando como base a resolução 007/2003 do Conselho Federal de Psicologia, explique sucintamente como se estrutura e os itens indispensáveis a um laudo psicológico.

• Quais cuidados um psicólogo deve tomar ao confeccionar um documento técnico?

• Qual a implicação de utilizar um instrumento ou técnica não recomendado pelo Conselho Federal de Psicologia?

• Os estudos sobre Psicologia do trânsito têm mostrado que não há correlação entre o desempenho do indivíduo na avaliação psicológica para obter carteira nacional de habilitação e cometer ou não infrações de trânsito. Isso significa que a avaliação psicológica deveria ser retirada desse contexto?

## Considerações finais

Este capítulo não esgota as possibilidades de atividades sobre avaliação psicológica e nem tem essa pretensão. Buscou-se apenas problematizar algumas atividades, visando auxiliar os professores e estudantes de avaliação psicológica em seu treinamento. Conhecer os instrumentos, estudar e praticar, esses são os passos do caminho para que um profissional torne-se competente na condução de processos de avaliação psicológica.

# Os autores

**Sabrina Martins Barroso (Organizadora)**

Psicóloga pela Universidade Federal de São João del-Rei, mestre em Psicologia pela Universidade Federal de Minas Gerais e doutoranda em Saúde Pública pela Universidade Federal de Minas Gerais. Professora-assistente da Universidade Federal do Triângulo Mineiro e coordenadora do Laboratório de Avaliação das Diferenças Individuais da UFTM. Atua na área de avaliação psicológica e neuropsicológica, psicometria, saúde mental e Psicologia clínica.

**Fabio Scorsolini-Comin (Organizador)**

Psicólogo, mestre e doutor em Psicologia pela Universidade de São Paulo. Pós-doutorado pela Universidade de São Paulo na área de Tratamento e Prevenção Psicológica. Professor-adjunto do Departamento de Psicologia da Universidade Federal do Triângulo Mineiro. Coordenador do Laboratório de Investigações sobre Práticas Dialógicas e Relacionamentos Interpessoais (PROSA-UFTM-CNPq). Pesquisador do Laboratório de Ensino e Pesquisa em Psicologia da Saúde (LEPPS-USP-CNPq).

**Elizabeth do Nascimento (Organizadora)**

Psicóloga e mestre em Psicologia pela Universidade Federal de Minas Gerais e doutora em Psicologia pela Universidade de Brasília. Professora-associada da Universidade Federal de Minas Gerais. Tem experiência na área de Psicologia, com ênfase em Construção e Validade de Testes, Escalas e Outras Medidas Psicológicas, atuando principalmente nos seguintes temas: inteligência, personalidade, WAIS-III, psicometria, avaliação psicológica e envelhecimento. Bolsista de produtividade em pesquisa do CNPq.

### Alina Gomide Vasconcelos

Psicóloga e mestre em Psicologia pela Universidade Federal de Minas Gerais e doutora em Neurociências pela Universidade Federal de Minas Gerais. Atua como psicóloga vinculada ao quadro de Oficiais de Saúde do Corpo de Bombeiros Militar de Minas Gerais. Possui experiência na área de Avaliação Psicológica, em contextos clínicos e do trabalho. Seus interesses profissionais incluem construção e validação de instrumentos e medidas psicológicas.

### Blanca Susana Guevara Werlang

Psicóloga pelo Instituto de Filosofia Ciências e Letras de Montevidéu/ Uruguai, mestre em Psicologia Social e da Personalidade pela Pontifícia Universidade Católica do Rio Grande do Sul e doutora em Ciências Médicas/Saúde Mental pela Universidade Estadual de Campinas. Professora titular da Faculdade de Psicologia da Pontifícia Universidade Católica do Rio Grande do Sul. Tem experiência na área de Psicologia Clínica, com ênfase em Fundamentos e Medidas da Psicologia (Construção e Validação de Medidas Psicológicas) e Tratamento e Prevenção Psicológica. Atua principalmente nos seguintes temas: Desenvolvimento e Adaptação de Instrumentos de Avaliação e Intervenção Clínica e em Comportamentos Violentos. Bolsista de produtividade em pesquisa do CNPq.

### Carmen Elvira Flores-Mendoza Prado

Mestre em Psicologia Clínica pela Pontifícia Universidade Católica de Campinas e doutora em Psicologia Escolar e do Desenvolvimento Humano pela Universidade de São Paulo. Pós-doutorado pela University of California at Davis e pela Universidad Autónoma de Madrid. Membro da International Society of Study of the Individual Differences e da Society International for Intelligence Research. Professora-associada da Universidade Federal de Minas Gerais. Cofundadora do Laboratório de Avaliação das Diferenças Individuais (LADI) no Departamento de Psicologia da UFMG e líder de grupo de pesquisa CNPq. Tem experiência na área de Psicologia, com ênfase em Psicologia Diferencial, atuando principalmente nos seguintes temas: avaliação psicológica, diferenças individuais em inteligência, processamento cognitivo, personalidade e psicopatia. Bolsista de produtividade em pesquisa do CNPq.

### Caroline de Oliveira Cardoso

Psicóloga e mestre em Psicologia pela Pontifícia Universidade Católica do Rio Grande do Sul. Doutoranda em Psicologia pela Pontifícia Universidade Católica do Rio Grande do Sul. Especialista em Neuropsicologia. Coordenadora regional do Centro de Estudos Avançados em Neuropsicologia (CEAN), do Instituto Brasileiro de Neuropsicologia e Comportamento (IBNeC). Tem experiência nas áreas de Psicologia Clínica, Avaliação Psicológica e Neuropsicológica, Reabilitação Cognitiva e Neuropsicologia do desenvolvimento e da aprendizagem.

### Cilio Ziviani

Psicólogo pela Universidade Federal do Rio de Janeiro, mestre em Psicologia Aplicada pela Fundação Getúlio Vargas e pela Columbia University e doutor em Social Psychology pela Columbia University. Livre docente em Psicologia Social pela Universidade Federal do Rio de Janeiro. Professor titular da Universidade Federal do Rio de Janeiro. Estuda, na área da Psicologia Social, a relação diádica intersubjetiva, atuando principalmente nos temas análise do discurso, avaliação psicológica, psicometria do modelo Rasch de mensuração e modelagem de equações estruturais na díade não independente.

### Erika Tiemi Kato Okino

Psicóloga, mestre e doutora em Psicologia pela Universidade de São Paulo. Psicóloga do Centro de Psicologia Aplicada da Faculdade de

Filosofia, Ciências e Letras de Ribeirão Preto da Universidade de São Paulo. Tem experiência na área de Avaliação Psicológica, atuando principalmente nos seguintes temas: Avaliação Psicológica, Orientação Profissional, BBT-Br e estudos de adaptação de instrumentos de avaliação psicológica.

### Hosana Alves Gonçalves

Psicóloga pela Pontifícia Universidade Católica do Rio Grande do Sul e mestranda em Psicologia pela mesma instituição. Trabalha em consultório particular, principalmente com avaliação e estimulação neuropsicológica infantil e na ONG Mente Viva.

### Irani Iracema de Lima Argimon

Psicóloga, mestre em educação e doutora em Psicologia pela Pontifícia Universidade Católica do Rio Grande do Sul. Professora dos cursos de Graduação e de Pós-graduação em Psicologia da Pontifícia Universidade Católica do Rio Grande do Sul e coordenadora do Grupo de Pesquisa Avaliação e Intervenção no Ciclo Vital na mesma instituição. Tem experiência na área de Avaliação Psicológica e Validação e Normatização de Instrumentos Psicológicos, atuando principalmente nos seguintes temas: ciclo vital, envelhecimento humano, aspectos cognitivos e dependência química.

### Janice da Rosa Pureza

Psicóloga pela Pontifícia Universidade Católica do Rio Grande do Sul. Especialista em Neuropsicologia pela Universidade Luterana do Brasil e mestre em Cognição Humana pela Pontifícia Universidade Católica do Rio Grande do Sul. Pesquisadora-colaboradora do Grupo Neuropsicologia Clínica e Experimental (GNCE) do Programa de Pós-Graduação em Psicologia da Pontifícia Universidade Católica do Rio Grande do Sul.

### Josafá Lima Ramos

Psicólogo pela Universidade Paulista. Especialista em Psicopatologia Clínica pela Universidade Cruzeiro do Sul. Psicólogo da Fundação de Hematologia e Hemoterapia do Amazonas. Realiza atividades de atendimento psicoterápico breve em ambulatório e enfermaria. Foi professor do Instituto de Teologia, Pastoral e Ensino Superior da Amazônia.

### Keith F. Widaman

Graduado em Filosofia pela Whittier College, mestre e doutor em Psicologia do Desenvolvimento pela The Ohio State University. Professor-distinguido da University of California, Davis. Membro do Comitê Executivo da Gatlinburg Conference on Research and Theory in Mental Retardation and Developmental Disabilities e da Society of Multivariate Experimental Psychology. Editor da revista Multivariate Behavioral Research e membro do corpo editorial das revistas Journal of Abnormal Psychology, Intelligence, Structural Equation Modeling, Applied Psychological Measurement, Psychological Methods, Mental Retardation, e Understanding Statistics.

### Lucy Leal Melo-Silva

Psicóloga pela Fundação Educacional de Bauru, mestre em Educação Especial pela Universidade Federal de São Carlos e doutora em Psicologia pela Universidade de São Paulo. Professora-associada do Departamento de Psicologia da Faculdade de Filosofia, Ciências e Letras de Ribeirão Preto da Universidade de São Paulo. Suas linhas de pesquisa e atuação estão relacionadas à Orientação Profissional, educação e desenvolvimento de carreira. Bolsista de produtividade em pesquisa do CNPq.

### Manoel Antônio dos Santos

Psicólogo, mestre e doutor em Psicologia Clínica pelo Instituto de Psicologia da Universidade de São Paulo. Professor-associado do Departamento de Psicologia da Faculdade de Filosofia, Ciências e Letras de Ribeirão Preto da Universidade de São Paulo. Coordenador do Laboratório de Ensino e Pesquisa em Psicologia da Saúde (CNPq). Tem experiência na área de intervenção terapêutica, atuando principalmente nos seguintes temas: Psicologia da Saúde, doenças crônicas não transmissíveis (câncer, diabetes mellitus, anorexia e bulimia nervosa), transplante de medula óssea/transplante de células tronco-hematopoéticas, diversidade sexual, grupo, saúde mental, família/casais, adoção, adolescência e psicoterapia. Bolsista de produtividade em pesquisa do CNPq.

### Marcela Fortunato

Graduanda em Psicologia pela Universidade Federal do Triângulo Mineiro.

### Marcela Garrido Reghim

Graduanda em Psicologia pela Universidade Federal do Triângulo Mineiro.

### Marcela Mansur-Alves

Psicóloga e mestre em Psicologia pela Universidade Federal de Minas Gerais e doutora em Neurociências pela Universidade Federal de Minas Gerais. Professora do Centro Universitário UNA (Belo Horizonte/Minas Gerais) e do Curso de Pós-graduação em Avaliação e Diagnóstico Psicológico da Pontifícia Universidade Católica de Minas Gerais. Pesquisadora-colaboradora do Laboratório de Avaliação das Diferenças Individuais (LADI/UFMG). Tem experiência nas áreas de Psicologia das Diferenças Individuais, Avaliação Psicológica e Psicologia do Desenvolvimento Humano, atuando principalmente nos seguintes temas: personalidade, inteligência, treinamento cognitivo, psicopatologias da infância e adolescência e desenvolvimento infantil.

## Márcia Campos de Arruda Lamêgo

Psicóloga pela Universidade FUMEC. Professora da Faculdade Ciências da Vida, em Sete Lagoas. Atua no sistema prisional de Minas Gerais. Foi professora e supervisora de estágio da Faculdade Metropolitana de Belo Horizonte. Tem experiência na área de Avaliação Psicológica, Teorias e Sistemas em Psicologia, atuando principalmente nos seguintes temas: diagnóstico, criminalidade, comportamento e violência.

## Maria Cristina Barros Maciel Pellini

Psicóloga pelas Faculdades Metropolitanas Unidas, mestre em Psicologia pela Universidade São Marcos e doutora em Psicologia Escolar e do Desenvolvimento Humano pela Universidade de São Paulo. Professora-adjunta e coordenadora auxiliar do curso de Psicologia da Universidade Paulista. Experiência na área de Psicologia do Desenvolvimento Humano, com ênfase em Avaliação Psicológica, atuando e pesquisando os seguintes temas: Psicologia e formação, Método de Rorschach, avaliação psicológica e ética profissional.

## Nicolle Zimmermann

Psicóloga pela Universidade do Vale do Rio dos Sinos e mestre em Psicologia pela Pontifícia Universidade Católica do Rio Grande do Sul. Participa como neuropsicóloga colaboradora da equipe de avaliaçao neuropsicológica do Serviço de Atendimento e Pesquisa em Psicologia da Pontifícia Universidade Católica do Rio Grande do Sul. Atua na área clínica em neuropsicologia e é professora de cursos de especialização em Avaliação Psicológica e Neuropsicologia.

## Renata Saldanha Silva

Psicóloga e mestre em Psicologia pela Universidade Federal de Minas Gerais. Tem experiência na área de Psicologia, com ênfase em Psicologia do Desenvolvimento Humano e Avaliação Psicológica, atuando principalmente nos seguintes temas: diferenças individuais em inteligência e personalidade, desenvolvimento cognitivo infantil.

### Rochele Paz Fonseca

Graduada em Fonoaudiologia pela Universidade Luterana do Brasil e em Psicologia pela Universidade Federal do Rio Grande do Sul. Mestre e doutora em Psicologia do Desenvolvimento pela Universidade Federal do Rio Grande do Sul, com doutorado-sanduíche no Centre de Recherche do Institut Universitaire de Gériatrie de Montréal. Pós-doutorado pela Pontifícia Universidade Católica do Rio de Janeiro, pela Universidade Federal do Rio de Janeiro e pela Universidade de Montreal. Professora-adjunta da Pontifícia Universidade Católica do Rio Grande do Sul, onde coordena o Grupo de Pesquisa Neuropsicologia Clínica e Experimental (GNCE). Bolsista de produtividade em pesquisa do CNPq.

### Rodrigo Ribeiro de Souza

Psicólogo pela Faculdade Metropolitana de Belo Horizonte. Técnico Social do Instituto Elo.

### Rodrigo Sanches Peres

Psicólogo pela Universidade Estadual Paulista "Júlio de Mesquita Filho", mestre e doutor em Psicologia pela Universidade de São Paulo. Professor-adjunto do Instituto de Psicologia da Universidade Federal de Uberlândia. Pesquisador do Laboratório de Ensino e Pesquisa em Psicologia da Saúde (CNPq).

### Samantha Dubugras Sá

Psicóloga, mestre e doutora em Psicologia pela Pontifícia Universidade Católica do Rio Grande do Sul. Professora da Pontifícia Universidade Católica do Rio Grande do Sul e do Curso de Especialização em Direito de Família da Faculdade de Direito da mesma instituição. Tem experiência na área de psicoterapia e psicodiagnóstico, atuando principalmente nos seguintes temas: Psicologia Jurídica, avaliação psicológica, suicídio, homicídio, homicídio seguido de suicídio, comportamento violento, depressão e violência doméstica.

## Sonia Regina Pasian

Psicóloga pela Universidade de São Paulo, mestre em Filosofia pela Universidade Federal de São Carlos e doutora em Saúde Mental pela Universidade de São Paulo. Professora-associada do Departamento de Psicologia da Faculdade de Filosofia, Ciências e Letras de Ribeirão Preto da Universidade de São Paulo. Coordenadora do Centro de Pesquisas em Psicodiagnóstico (CPP-CNPq). Membro-fundador da Associação Brasileira de Rorschach e Métodos Projetivos (ASBRo). Tem experiência na área de Psicologia Clínica e de Avaliação Psicológica, com ênfase em pesquisas de adaptação de instrumentos de avaliação psicológica ao contexto sociocultural brasileiro, investigando especialmente métodos projetivos. Bolsista de produtividade em pesquisa do CNPq.

## Tatiane Dias Bacelar

Psicóloga pela Pontifícia Universidade Católica de Minas. Especialista em Psicologia e Desenvolvimento Humano pela Universidade Federal de Juiz de Fora. Mestre em Psicologia pela Universidade Federal de Minas Gerais. Especialista cm Psicologia do Trânsito pelo Conselho Federal de Psicologia. Diretora da Associação Profissional de Clínicas de Psicologia e Medicina de Trânsito de Minas Gerais. Experiência profissional nas áreas de Psicologia do Trânsito, Avaliação Psicológica e Desenvolvimento Humano.

## Terezinha Féres-Carneiro

Psicóloga e mestre em Psicologia Clínica pela Pontifícia Universidade Católica do Rio de Janeiro e doutora em Psicologia Clínica pela Pontifícia Universidade Católica de São Paulo. Pós-doutorado em Terapia Psicanalítica de Casal e Família pela Universidade de Paris 5 – Sorbonne.

Professora titular da Pontifícia Universidade Católica do Rio de Janeiro. Foi presidente da Associação Nacional de Pesquisa e Pós-graduação em Psicologia, membro do Comitê Assessor de Psicologia do CNPq e membro da Comissão de Avaliação da CAPES. Desenvolve pesquisas sobre conjugalidades e parentalidades contemporâneas e clínica de família e casal. Bolsista de produtividade em pesquisa do CNPq.

### Vilene Eulálio de Magalhães

Psicóloga pela Pontifícia Universidade Católica de Minas Gerais e mestre em Sexologia pela Universidade Gama Filho. Servidora pública na Secretaria de Estado da Defesa Social de Minas Gerais, professora da Faculdade de Estudos Administrativos de Minas Gerais, da Faculdade Ciências da Vida e da Escola Superior de Negócios de Belo Horizonte. Tem experiência na área de Neuropsicologia, atuando principalmente nos seguintes temas: estrutura de personalidade, crimes sexuais, impulsividade e transtorno de personalidade.

Conecte-se conosco:

 facebook.com/editoravozes

 @editoravozes

 @editora_vozes

 youtube.com/editoravozes

 +55 24 2233-9033

www.vozes.com.br

Conheça nossas lojas:
www.livrariavozes.com.br

Belo Horizonte – Brasília – Campinas – Cuiabá – Curitiba
Fortaleza – Juiz de Fora – Petrópolis – Recife – São Paulo

  Vozes de Bolso

**EDITORA VOZES LTDA.**
Rua Frei Luís, 100 – Centro – Cep 25689-900 – Petrópolis, RJ
Tel.: (24) 2233-9000 – E-mail: vendas@vozes.com.br